Para Kelly e Greg.

Com muito carinho, uma recordação do Brasil.

Felicidades e boa sorte!

Da família
Vilmar, Debora
Barbara e Vilmar Jr

PATRIMÔNIO MUNDIAL NO BRASIL

Patrimonio Mundial en Brasil

World Heritage in Brazil

LUIZ INÁCIO LULA DA SILVA
Presidente da República Federativa do Brasil
Presidente de la República Federativa del Brasil
President of the Federative Republic of Brazil

ANTONIO PALOCCI FILHO
Ministro de Estado da Fazenda
Ministro de Hacienda
Brazilian Finance Minister

JORGE EDUARDO LEVI MATTOSO
Presidente da Caixa Econômica Federal
Presidente de la Caja Económica Federal
Chairman of the Federal Building Society

KOICHIRO MATSUURA
Diretor-Geral da Unesco
Director General de la Unesco
Unesco's Director General

MOUNIR BOUCHENAKI
Subdiretor Geral da Unesco para a Cultura
Subdirector General de la Unesco para la Cultura
Unesco's Assistant Director General for Culture

FRANCESCO BANDARIN
Diretor do Centro do Patrimônio Mundial da Unesco
Director del Centro del Patrimonio Mundial de la Unesco
Director of the Unesco World Heritage Centre

JORGE WERTHEIN
Representante da Unesco no Brasil
Representante de la Unesco en Brasil
Unesco's Representative in Brazil

CELSO SALATINO SCHENKEL
Coordenador de Meio Ambiente da Unesco no Brasil
Coordinador del Medio Ambiente de la Unesco en Brasil
Unesco's National Officer for Environment

JUREMA DE SOUSA MACHADO
Coordenadora de Cultura da Unesco no Brasil
Coordinadora de la Cultura de la Unesco en Brasil
Unesco's National Officer for Culture

Organização das Nações Unidas para a Educação, a Ciência e a Cultura
Organización de las Naciones Unidas para la Educación, la Ciencia y la Cultura
United Nations Educational, Scientific and Cultural Organization

SAS - Quadra 5, Bloco H - Lote 6
Edifício CNPq/IBICT/UNESCO
9ª andar - CEP 70.070-914 - Brasília – DF
e-mail: UHBRZ@unesco.org

Patrimônio mundial no Brasil. -- 3.ed. -- Brasília : UNESCO,
Caixa Econômica Federal, 2004.
304p. ; il.

1. Patrinônio Histórico Cultural -- Brasil 2. Patrimônio
Natural -- Brasil I. UNESCO II. Caixa Econômica Federal

CDD 306

PATRIMÔNIO MUNDIAL noBRASIL

Patrimonio Mundial en Brasil

World Heritage in Brazil

VISTA do Salto do Rio
YGUAÇU

Plano do Salto o

Petipè   de Joezas.

Apresentação
Presentación • *Presentation*

Vista do Salto do Iguaçu – 1759. Autor: José Fernandes Pinto de Alpoim
Vista del Salto de Iguaçu – 1759. Autor: José Fernandes Pinto de Alpoim
"Vista of the Iguaçu Falls" - *1759. Painted by José Fernandes Pinto de Alpoim.*

Sítios da memória

Mounir Bouchenaki

SUBDIRETOR GERAL DA UNESCO PARA A CULTURA

A proteção da cultura e da natureza exige um imenso esforço da sociedade como um todo. Preservar essa riqueza permite que o mundo continue a se apreciar e valorizar, sabendo que o patrimônio de cada país pertence a todos os habitantes do planeta. Marcos culturais, centros históricos e áreas naturais nos remetem ao nosso passado e nos servem de ponte para o futuro. Assim, em 1972, a Convenção da Unesco para Proteção do Patrimônio Mundial, Cultural e Natural foi estabelecida com a missão primordial de identificar e proteger sítios culturais e naturais em todo o globo terrestre, considerados como tendo excepcional valor universal. Cinco anos mais tarde, o Brasil ratificou a Convenção.

No ano de 2002, escolhido pela Assembléia Geral da ONU como Ano das Nações Unidas para o Patrimônio Cultural, a Convenção do Patrimônio Mundial comemorou seus 30 anos de existência. A crescente adesão de países e inscrição de novos sítios nos permite afirmar que este é o instrumento internacional de maior difusão e aceitação entre os propostos pela Unesco. Hoje a Convenção conta com 134 Estados-parte e 788 sítios inscritos na Lista do Patrimônio Mundial.

Dezessete bens brasileiros foram inscritos na Lista. Esses sítios refletem o esforço de construção de uma lista equilibrada, capaz de representar a notável diversidade cultural e natural do país. Especialmente após a inscrição, recente e há muito esperada, de sítios naturais emblemáticos, como é o caso da Amazônia e do Pantanal, chegou-se a esse desejado equilíbrio. Atualmente, o conjunto de bens brasileiros, distribuídos entre dez sítios culturais e sete naturais, contempla situações variadas como Brasília, a capital federal com arquitetura modernista, o pré-histórico Parque Nacional Serra da Capivara, a Costa do Descobrimento, com sua singular simbiose entre natureza e cultura, e Goiás, representativa de técnicas e tradições vernaculares.

Se, por um lado, as autoridades governamentais têm como tarefa propor a inclusão dos sítios na Lista do Patrimônio Mundial e garantir sua proteção, cabe à sociedade civil mobilizar-se para manter a classificação dos mesmos como Patrimônio Mundial. Pessoas físicas e jurídicas devem trabalhar em conjunto para preservar esses sítios. O Brasil vem demonstrando e provando seu profundo interesse em reviver e manter suas tradições e conhecimentos, e ainda, o seu meio ambiente tão abundante e diversificado que o mundo sempre admirou.

Este livro, publicado pela primeira vez no ano em que o Brasil comemorava seu quinto centenário, é agora reeditado de modo a incluir os cinco novos sítios inscritos entre 2000 e 2002. Ler e contemplar cada uma de suas páginas é descobrir uma história que entusiasma pessoas de todas as idades. Os jovens certamente apreciarão descobrir uma terra cuja rica história e fantástica riqueza natural e artística geram orgulho e potencial, tanto para as gerações contemporâneas, quanto para muitas outras no futuro.

Lugares de la memoria

Sites of memory

Mounir Bouchenaki

Sub-director General de la Unesco para la Cultura • *Unesco Assistant Director General for Culture*

La protección de la cultura y de la naturaleza exige un inmenso esfuerzo de la sociedad como un todo. Preservar esa riqueza permite que el mundo continúe apreciándose y valorizándose, sabiendo que el patrimonio de cada país pertenece a todos los habitantes del planeta. Marcos culturales, centros históricos y áreas naturales nos remiten a nuestro pasado y nos sirven de puente para el futuro. Así, en 1972, se estableció la Convención de la Unesco para la Protección del Patrimonio Mundial, Cultural y Natural con la misión primordial de identificar y proteger sitios culturales y naturales en todo el globo terrestre, considerados como poseedores de excepcional valor universal. Cinco años más tarde, Brasil ratificó la Convención.

En el año 2002, escogido por la Asamblea General de la ONU como el Año de las Naciones Unidas para el Patrimonio Cultural, la Convención del Patrimonio Mundial conmemora sus 30 años de existencia. La creciente adhesión de países a inscripción de nuevos sitios nos permite afirmar que este es el instrumento internacional de mayor difusión y aceptación entre los propuestos por la Unesco. Hoy la Convención cuenta con 134 Estados parte y 788 sitios inscritos en la Lista del Patrimonio Mundial.

Diecisiete bienes brasileños fueron inscritos en la Lista. Esos sitios reflejan el esfuerzo de construcción de una lista equilibrada, capaz de representar la notable diversidad cultural y natural del país. Especialmente después de la inscripción, reciente y por mucho tiempo esperada, de sitios naturales emblemáticos, como es el caso de Amazonia y del Pantanal, se llegó a esse deseado equilibrio. Actualmente, el conjunto de bienes brasileños, distribuidos entre diez sitios culturales y siete naturales, contempla situaciones variadas como Brasilia, la capital federal con una arquitectura modernista, el prehistórico Parque Nacional Serra de la Capivara, la Costa del Descubrimiento, con su singular simbiosis entre naturaleza y cultura, y Goiás, representativa de técnicas y tradiciones vernaculares.

Si, por un lado, las autoridades gubernamentales tienen como tarea proponer la inclusión de sitios en la Lista del Patrimonio Mundial y garantizar su protección, le cabe a la sociedad civil mobilizarse para mantener su clasificación como patrimonio Mundial. Personas físicas y jurídicas deben trabajar en conjunto para preservar esos sitios. Brasil viene demostrando y probando su profundo interés en revivir y mantener sus tradiciones y conocimientos, y además el medioambiente tan abundante y diversificado que el mundo siempre admiró.

Este libro, publicado por primera vez el año en que Brasil conmemoraba su quinto centenario, es ahora reeditado de modo que incluye los cinco nuevos sitios inscritos entre el 2000 y el 2002. Leer y contemplar cada una de sus páginas equivale a descubrir una historia que entusiasma personas de todas las edades. Los jóvenes ciertamente, apreciarán descubrir una tierra cuya abundante historia y fantástica riqueza natural y artística generan orgullo y potencial tanto para las generaciones contemporáneas como para muchas otras en el futuro.

Protecting culture and nature requires an immense effort from society as a whole. To preserve such wealth allows the world to continue to cherish and value itself, knowing that each country's heritage belongs to everyone on the planet. Cultural landmarks, historic centres and natural areas remind us of our past and give us a step stone for our future. Thus, in 1972, the UNESCO Convention concerning the Protection of the World Cultural and Natural Heritage was established. Its primary purpose is to identify and protect cultural and natural sites across the globe considered to be of outstanding universal value. Five years later Brazil ratified the Convention.

In the year 2002, proclaimed by the General Assembly of the United Nations as the United Nations Year for Cultural Heritage, the World Heritage Convention celebrates its 30 years of existence. The increasing adhesion of countries to the Convention and the inclusion of new sites allow us to state that this is the most widely spread and accepted international instrument adopted by Unesco. So far, 134 countries have become State Parties to the World Heritage Convention and 788 sites are inscribed on the List.

Seventeen Brazilian properties have been inscribed on the World Heritage List. Those sites reflect an endeavour to obtain a well-balanced list able to represent the remarkable natural and cultural diversity found in the country. Especially after the recent and long-awaited inscription of emblematic natural sites such as the Amazon and the Pantanal, the expected balance was finally reached. The ensemble of Brazilian sites, being ten cultural sites and seven natural ones, currently covers many different aspects of the country, such as Brasilia, the country's capital with its modernist architecture, the pre-historic Serra da Capivara National Park, the Discovery Coast and its particular symbiosis between nature and culture, and Goiás, representing vernacular techniques and traditions.

While public authorities have the task to propose the inclusion of sites on the World Heritage List and to ensure their protection, the civil society also must be mobilised in order to maintain the World Heritage status. Individuals and organisations must work together to preserve those sites. Brazil has demonstrated and proven its deep interest in reviving and maintaining its traditions and know-how, as well as its lush and diverse natural habitat which the world has always admired.

This book, initially published in the year when Brazil's 500th anniversary was celebrated, is now re-issued to include five new sites inscribed between 2000 and 2002. To read and contemplate each page in it is to discover a unique story that will delight people of all ages. The young will particularly enjoy discovering a land whose rich history and outstanding natural and artistic wealth generate both pride and potential for generations to come.

Patrimônio Mundial:
uma experiência de compartilhamento

MINISTRO DA CULTURA   MINISTRO DO MEIO AMBIENTE

Do muito que há em comum entre as atuais políticas do Governo Federal para a cultura e o meio ambiente, algo nos chama particularmente a atenção: a disposição para a transversalidade, o desejo de romper fronteiras empobrecedoras e artificiais entre as formas de conhecimento e as estratégias de gestão. O aprofundamento e a maturidade acerca dessas questões levam, necessariamente, a nos encontrarmos em um único território. Hoje, os ministérios da Cultura e do Meio Ambiente estão igualmente comprometidos com a preservação da diversidade, com o desenvolvimento sustentado, com a participação social nos processos de gestão e com o aprimoramento dos sistemas de gerenciamento.

E por que estaríamos afirmando tudo isso ao apresentarmos esta bela coletânea de imagens e informações sobre o Patrimônio Mundial no Brasil, com que nos brindam a Caixa e a Unesco? Justamente por acreditarmos que os sítios naturais e culturais reconhecidos como os mais representativos do país são também expressivos da nossa capacidade, enquanto governo e sociedade, de gerir e de compreender o processo cultural e de desenvolvimento do Brasil.

Diferente de outros países, que optaram por se fazer representar por uma ou outra vertente do seu patrimônio, oferecemos uma lista de dezessete sítios patrimônio mundial, equilibrada entre o cultural e o natural, compatível com a diversidade e a riqueza do país, assim como com o desejo de recusar dicotomias entre esses pretensos dois lados da expressão da nossa identidade.

Como a inscrição de novos sítios, assim como a manutenção dos existentes, tem sido condicionada à capacidade dos países de geri-los e preservá-los, reconhecemos que recai sobre nós, aos olhos atentos de todo o mundo, uma considerável responsabilidade. Não há como fazer frente a essa responsabilidade se as estratégias não forem também cada vez mais coordenadas e complementares. Uma tarefa bastante facilitada por partilharmos de princípios comuns. Dentre essas estratégias, uma das mais importantes é difundir amplamente o conhecimento sobre esses bens, missão para a qual a Unesco e a Caixa, com este belo e oportuno livro, contribuem mais uma vez. Só temos a agradecer.

El Patrimonio Mundial: una experiencia de compartimiento

MINISTRO DE LA CULTURA   MINISTRO DEL MEDIO AMBIENTE

Algo muy notable nos llama especialmente la atención entre lo tanto que hay en común entre las actuales políticas del gobierno federal para la Cultura y para el Medio Ambiente: la disposición para la transversalidad, o sea, el deseo de quebrar las fronteras empobrecedoras y artificiales entre nuestras formas del conocimiento y entre nuestras estrategias de gestión. La profundización y la madurez sobre estas cuestiones nos llevan necesariamente a encontrarnos en un único territorio. Somos hoy dos Ministerios comprometidos con la preservación de la diversidad, con en desarrollo sostenible, con la participación social en los procesos de gestión, con la mejoría de nuestros sistemas de administración.

¿Y porqué estaríamos sosteniendo todo esto al presentar esta bella colección de imágenes e informaciones sobre el Patrimonio Mundial en el Brasil que nos proporcionan la Caixa y la Unesco? Es justamente por creer que los sitios naturales y culturales reconocidos como siendo los de mayor representatividad del país también son expresiones de nuestra capacidad, como gobierno y sociedad, de gestionar y comprender nuestro proceso cultural y de desarrollo.

Con una diferencia con respecto a los otros países, que prefirieron hacerse representar por un o otro aspecto de su patrimonio, tenemos una lista de diecisiete sitios de Patrimonio Mundial equilibrada entre lo Cultural y lo Natural, compatible con la diversidad y la riqueza del país así también como con nuestro deseo de rechazar dicotomías entre estos supuestos dos lados de la expresión de nuestra identidad.

Tal como la inscripción de nuevos sitios, así como también el mantenimiento de aquellos ya existentes se ha condicionado a la capacidad de los países para gestionarlos y preservarlos, reconocemos que se deposita sobre nosotros, frente a los ojos atentos de todo el mundo, una considerable responsabilidad. No se puede afrontar esta responsabilidad si nuestras estrategias no fuesen también cada vez más coordinadas y complementarias, una tarea que es facilitada porque compartimos principios comunes. Dentro de estas estrategias, una de las más importantes es la de divulgar lo más ampliamente posible el conocimiento sobre estos bienes, una tarea para la cual la Unesco y la Caixa contribuyen una vez más con este bello y consistente libro. Lo único que nos resta a hacer es expresar los debidos agradecimientos.

World Heritage: an experience in sharing

MINISTER OF CULTURE   MINISTER OF ENVIRONMENT

Current federal government policies for Culture and the Environment have a great deal in common. One common feature in particular stands out: the disposition to adopt a transversal approach, the desire to make a break with the artificial barriers that impoverish our distinct forms of knowledge and diverse management strategies. Enhanced familiarity and maturity in dealing with such issues necessarily lead us to converge on the same terrain. Both our Ministries are now committed to preserving diversity through sustained development, social involvement in administrative procedures, and improvement of management systems.

Why stress this unity of purpose in the introduction to this superb selection of images and information about World Heritage in Brazil jointly produced by Caixa Econômica Federal and Unesco? Precisely because we believe that the natural and cultural sites acknowledged to be the most representative of our country are also a fair expression of our capacity – as a government and as a society – to administer and comprehend the processes at work in our culture and our development.

Unlike other countries that have chosen to be represented by one or other kind of heritage, we can boast a list of seventeen World Heritage sites evenly divided up between Cultural and Natural Heritage. This reflects Brazil's diversity and wealth. It also manifests our desire to reject the false dichotomy between these two facets comprising our identity.

The listing of new sites and the maintenance of existing ones are determined by countries' capacity to manage and preserve them. We therefore accept the considerable responsibility weighing upon our shoulders in the attentive eyes of the outside world. We cannot hope to face up to such a challenge unless our strategies prove increasingly complimentary and coordinated. However, the fact that we share common principles makes our task easier. Divulging knowledge about these heritage sites as broadly as possible is one of the more important of these joint strategies. By publishing this eye-catching, consistent book, Unesco and Caixa are once again making a splendid contribution. It falls to us to render them much deserved thanks.

Patrimônio, cultura e desenvolvimento: uma estratégia comum

PRESIDENTE DA CAIXA ECONÔMICA FEDERAL   REPRESENTANTE DA UNESCO NO BRASIL

A Caixa e a Unesco associam-se mais uma vez, agora para a terceira edição do livro Patrimônio Mundial no Brasil. Sinal da crescente convergência do pensamento e dos princípios que orientam as duas instituições.

A Unesco vem, desde pelo menos a década de 1960, alertando para a relação entre cultura e desenvolvimento e para a dimensão cultural do processo de desenvolvimento. E a Caixa, um banco público de fomento, vem ampliando cada vez mais o seu conceito de desenvolvimento, compreendendo-o não só no sentido econômico, mas também social e cultural.

A Unesco e a Caixa apresentam neste livro os dezessete sítios naturais e culturais que o Brasil escolheu para se fazer representar na Lista do Patrimônio Mundial. São lugares-síntese do país. Reúnem o que há de mais expressivo no seu meio natural e na forma com que uma determinada trajetória histórica transformou esse meio, conformando uma particular expressão cultural. Também agregam beleza e carga simbólica mobilizadoras das melhores energias em favor da compreensão da diversidade cultural e natural e da importância econômica e social da preservação sustentada dessa diversidade, tanto para o país quanto para o mundo.

É também comum entre a Unesco e a Caixa o entendimento de que os sítios patrimônio não são apenas representações daquilo que o país possui de mais belo e excepcional, mas também lugares a partir dos quais se podem conceber e demonstrar políticas públicas exemplares, que sejam capazes de conciliar cultura, desenvolvimento, bem-estar e inclusão social. É, portanto, oportuno mantê-los em permanente evidência e utilizar sua capacidade de fazer refletir sobre o Brasil, compreender suas especificidades e suas potencialidades.

Além do prazer estético e do prazer de conhecimento que os textos e imagens reunidos neste livro proporcionam, esperamos que ele possa estar sempre ao lado daquelas pessoas que têm a tarefa de zelar, desde a sua comunidade até os níveis centrais de decisão, pela preservação da melhor herança cultural e natural do Brasil para as suas gerações e para o mundo.

El Patrimonio, la Cultura y el Desarrollo: una estrategia común.

Heritage, Culture and Development: a joint strategy

PRESIDENTE DE LA
CAJA ECONÓMICA FEDERAL

REPRESENTANTE DE
LA UNESCO EN BRASIL

FEDERAL BUILDING
SOCIETY CHAIRMAN

UNESCO REPRESENTATIVE
IN BRAZIL

Esta asociación entre la Unesco y la Caixa aparece una vez más, ahora con la tercera edición del libro El Patrimonio Mundial en Brasil, lo cual es una señal de la creciente convergencia del pensamiento y de los principios que orientan ambas instituciones.

Por un lado, la Unesco , que viene alertándonos sobre la relación entre la Cultura y el Desarrollo y para la dimensión cultural del proceso de desarrollo desde, por lo menos, la década de los años 60 del siglo XX. Por el otro, la Caixa, que es un banco público de fomento, que hace cada vez más amplio su concepto de Desarrollo, entendiéndolo no sólo como económico, sino que también social y cultural.

En este libro la Unesco y la Caixa presentan los diecisiete sitios naturales y culturales que Brasil escogió para representarlo en la Lista del Patrimonio Mundial. Son lugares que constituyen la síntesis del país. Ellos reúnen lo que existe de más expresivo en su medio natural y en la forma en la cual una determinada trayectoria histórica transformó ese medio y formó una expresión cultural especial. Ellos reúnen una belleza y una carga simbólica que movilizan entre las mejores energías en pro de la comprensión de la diversidad cultural y natural y de la importancia económica y social de la preservación sostenible de esta diversidad, tanto para Brasil como para el mundo.

Es también común a la Unesco y a la Caixa la comprensión que los sitios-patrimonio no son sólo representaciones de aquello que Brasil posee de más bello y excepcional, sino que son también lugares a partir de los cuales se pueden concebir y demostrar algunas políticas públicas ejemplares, políticas que sean capaces de conciliar la cultura, el desarrollo, el bienestar y la inclusión social. Por lo tanto, es oportuno mantenerlos en permanente exposición y aprovechar su capacidad para que se reflexione sobre Brasil y que se comprendan sus especificidades y potencialidades.

Además del agrado estético y del conocimiento que nos proporcionan los textos e imágenes reunidos en este libro, tenemos la esperanza que él pueda estar siempre al lado de aquellos que, desde su comunidad hasta los niveles centrales de decisión, tienen la tarea de cuidar sobre la preservación de la mejor herencia cultural y natural de Brasil para sus generaciones y para el mundo.

Yet another association between Unesco and Caixa – this time to publish the third edition of "World Heritage in Brazil" – betokens a growing convergence in the thinking and principles that guide the two institutions.

On the one hand, Unesco has been stressing, since at least the 1960s, the close connection between Culture and Development whilst drawing attention to the cultural dimension of development processes. On the other hand, Caixa (a public funding bank) has been broadening its conception of Development, viewing it not solely as an economic phenomenon but also taking stock of its social and cultural significance.

In this book Unesco and Caixa present the seventeen natural and cultural sites Brazil has chosen for listing as World Heritage. They are places that encapsulate the country. They display the best of its natural environment together with the way the passage of history has transformed it, producing a unique cultural expression. They combine beauty and a symbolic weight capable of galvanising the best energies for grasping not only the country's cultural and natural diversity but also the economic and social importance of sustained preservation of that diversity for both Brazil and the world at large.

Unesco and Caixa likewise concur in their understanding that these heritage sites are not merely representations of the country's finest, most exceptional assets. Rather they consider them places where exemplary public policies can be conceived and put into practice, policies capable of reconciling culture, development, welfare, and social inclusion. It is thus opportune to keep them on permanent display, and make the most of their capacity to foster reflection on Brazil and to promote deeper understanding of its peculiarities and potential.

We trust that the texts and images gathered together in this book will provide both aesthetic pleasure and the enjoyment knowledge affords. We likewise hope it may be always on hand for the caretakers, ranging from local communities to central decision-makers. They are the people entrusted with preserving Brazil's best cultural and natural heritage for future generations here and throughout the entire World.

Sumário Sumario · *Contents*

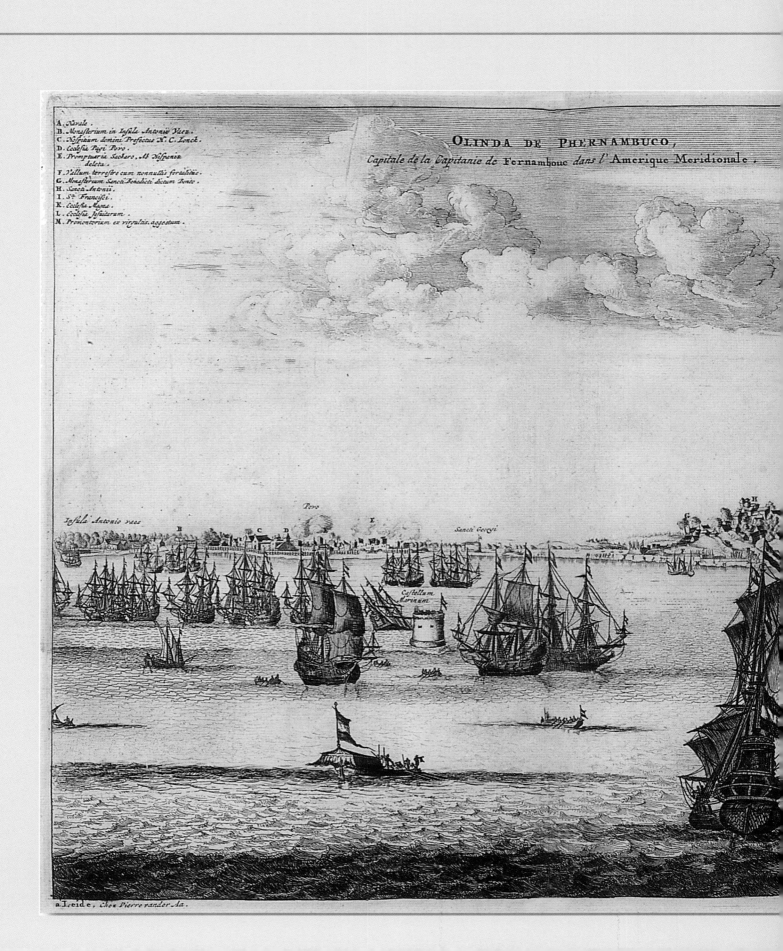

OLINDA DE PHERNAMBUCO,
Capitale de la Capitanie de Fernambouc dans l'Amerique Meridionale.

A. *Navale.*
B. *Monasterium in Insula Antonii Vaez.*
C. *Nosocium domini Prefectus N. C. Lonck.*
D. *Ecclesia Pagi Povo.*
E. *Promptuaria Sachari, Ab Hispanis deleta.*
F. *Vallum terrestre cum nonnullis fortalitiis.*
G. *Monasterium Sancti Benedicti dictum Bento.*
H. *Sancti Antonii.*
I. *St. Francisci.*
K. *Ecclesia Magna.*
L. *Ecclesia Jesuitarum.*
M. *Promontorium ex virgulis aggestum.*

Insula Antonio vaes   *Povo*   *Sancti Georgi*

Castellum Marinum

a Leide, Chez Pierre vander Aa.

Introdução

Introducción • *Introduction*

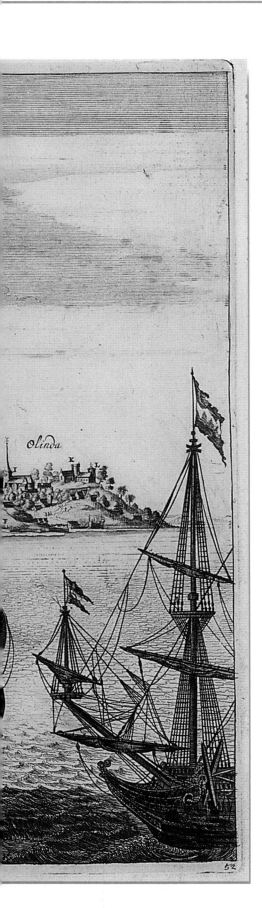

No ano 2000, quando se comemoravam os 500 anos da chegada dos portugueses, a 1ª edição deste livro foi publicada. Orientada por Jean Pierrre Halevy, Aziz Ab'Saber e Augusto da Silva Telles, a organização dos capítulos resultou, à época, de uma reflexão sobre o processo cultural e de formação do território, vistos através do sítios Patrimônio Mundial. Por esta razão, optamos por manter tais textos na sua forma original. O leitor atento observará que, desde então, a lista de sítios brasileiros considerados Patrimônio Mundial vem sendo alterada na direção apontada por estes autores. Esta edição incorpora os sítios inscritos após o ano 2000, preservando a organização da edição original.

El año 2000, cuando se conmemoraban los 500 años de la llegada de los portugueses, fue publicada la 1ª edición de este libro. Orientada por Jean Pierre Halévy, Aziz Ab´Saber y Augusto da Silva Telles, la organización de los capítulos resultó, en la época, de una reflexión sobre el proceso cultural de formación del territorio, vistos a través de los sitios Patrimonio Mundial. Por esta razón, optamos por mantener tales textos en su forma original. El lector atento observará que, desde entonces, la lista de sitios brasileños, considerados Patrimonio Mundial viene siendo alterada en la dirección apuntada por los autores. Esta edición incorpora los sitios inscritos después del año 2000, preservando la organización de la edición original.

In the year 2000, when the 500th anniversary of the arrival of the Portuguese was celebrated, the first edition of this book was published. Directed by Jean Pierre Halevy, Aziz Ab'Saber and Augusto da Silva Telles, the order of the chapters resulted, at that time, in a reflection on the cultural process and the formation of the country, as seen through the World Heritage sites. For this reason, the original format was kept in this new edition. A careful reader may notice that, since then, the list of World Heritage sites has been re-shaped following the direction pointed out by those authors. This second edition incorporates the sites inscribed since 2000, whilst preserving the layout of the original edition.

Vista de Olinda. Gravura do *Atlas Portugalie Monumenta Cartographica.* Autor: João Teixeira Albernaz, 1626.
Vista de Olinda. Grabado del *Atlas Portugalie Monumenta Cartographica.* Autor: João Teixeira Albernaz, 1626.
"A View of Olinda". Engraving from "Atlas Portugalie Monumenta Cartographica" by João Teixeira Albernaz, 1626.

A voz do Brasil

Jean-Pierre Halévy
Historiador

"Precisamos ouvir a voz do Brasil", comentava-se nos corredores do Comitê do Patrimônio Mundial, em 1997. Em pouco mais de dez anos ela só se fez ouvir uma vez, em 1991, no momento da inscrição do Parque Nacional Serra da Capivara na Lista do Patrimônio Mundial. Nos anos precedentes, o Brasil não só propôs a inscrição de seis bens culturais (Ouro Preto, Olinda, Missões Jesuíticas Guarani, Salvador, Santuário do Bom Jesus de Matosinhos, Brasília) e um bem natural (Parque do Iguaçu), como provocou discussões apaixonadas dentro do Comitê, contribuindo para a ampliação e o aprofundamento dos critérios de inscrição.

Em 1985, as candidaturas de Salvador e do Santuário do Bom Jesus de Matosinhos foram precedidas por discussões particularmente enriquecedoras: "Receptáculos de tradições múltiplas e contraditórias, antes de se tornarem, por sua vez, fonte de sinais de originalidade, esses dois sítios, onde as novas formas foram produzidas pelo encontro das culturas, ressentem-se da falta de um critério, onde a noção de influência não seja lida apenas no seu sentido tradicional e quase colonialista. Os fenômenos de aculturamento e de mestiçagem não teriam sido subavaliados na Convenção de 1972 ?", considerava Léon Pressouyre. Em 1987, ao propor a candidatura de Brasília, cidade e arquitetura do século XX, o Brasil abriu uma brecha, nunca mais superada, senão de forma indireta pela Bauhaus alemã, em 1999. A partir de então, o Comitê do Patrimônio Mundial e o Brasil parecem ter seguido caminhos diversos, evoluindo cada um de seu lado.

Nascida da experiência do salvamento do templo de Abou Simbel, a Convenção de 1972 tinha no início a ambição de estabelecer a lista das obras-primas culturais e dos sítios naturais virgens ameaçados pelo "progresso". Mas o Comitê pouco a pouco tomou consciência de que uma lista baseada na salvaguarda de obras-primas arquitetônicas e urbanísticas privilegiava as culturas dominantes e uma certa visão, monumental, de patrimônio. Entre os anos de 1992 e 1994 resolveu adotar uma "estratégia global" para uma lista equilibrada, que fosse representativa de todas as culturas. Afinal, a maior obra-prima da Humanidade não é a sua diversidade cultural? Os biólogos nos ensinam que aquilo que distingue a espécie humana das outras espécies animais é a sua fantástica capacidade de adaptação às condições de vida mais diversas sem se diferenciar em novas espécies. Os esquimós do Pólo Norte e os índios da Amazônia, os sherpas do Himalaia e os pescadores da Oceania, independentemente da diversidade de seus respectivos modos de vida, podem se encontrar, se entender, se amar e dar origem a novos homens, a outras culturas.

Enquanto o Comitê elaborava essa nova leitura do Patrimônio Mundial, o Brasil passava, no âmbito da gestão do seu Patrimônio, por um difícil processo de discussão conceitual e de mudanças institucionais, fatos que poderiam explicar seu longo silêncio nas instâncias do Comitê. A partir de 1997, as iniciativas do Estado do Maranhão e de algumas prefeituras, além dos preparativos para as comemorações do Quinto Centenário do Descobrimento, restabeleceram o diálogo entre o Brasil e o Patrimônio Mundial. Acredito que é preciso insistir no diálogo.

Ao estabelecer a nova abordagem do Patrimônio Mundial, com o intuito de elaborar uma nova leitura do Patrimônio e ajudar na preparação das listas, o Comitê organizou encontros regionais entre os países andinos, do Caribe e, sobretudo, entre os países africanos. Dada a sua extensão territorial e sua unidade, o Brasil constitui um universo cultural à parte, não tendo sido beneficiado do mesmo exercício comparativo, portanto, indispensável. Não é no confronto com os países vizinhos que o Brasil vai definir a originalidade do seu universo cultural, e sim confrontando-se interiormente. E para que isso seja possível, sem prescindir da indispensável distância crítica do olhar estrangeiro, o Brasil terá que explorar todas as aquisições do Patrimônio Mundial e participar ativamente do processo que discute a evolução dos critérios de inscrição na Lista.

Tomemos como exemplo a formação de quatro dentre os grandes Estados surgidos a partir das navegações européias e das grandes descobertas: Brasil, Estados Unidos, Canadá e Austrália. Interessante observar as diferentes maneiras encontradas para inscrever um número equivalente de bens na Lista do Patrimônio Mundial. Os Estados Unidos têm 18 bens inscritos (oito culturais, dez naturais); a Austrália conta com 13 bens inscritos (quatro bens mistos e nove naturais, portanto nenhum bem cultural); o Brasil tem 12 bens inscritos (nove culturais e três naturais); o Canadá tem 11 bens inscritos (cinco culturais e seis naturais). Quatro processos históricos gerando quatro perfis de patrimônios diferentes.

Uma análise mais detalhada revela que dentre os oito bens culturais dos Estados Unidos, quatro referem-se a grupos indígenas (Mesa Verde, Cahokia Mounds, Parque Nacional Chaco e Pueblo de Taos), três estão ligados ao movimento de independência política (Independence Hall, Casa de Thomas Jefferson e Estátua da Liberdade) e um deles pertence a Porto Rico. Entre os cinco bens culturais do Canadá, dois estão ligados aos povos indígenas (Precipício dos Bisons e Ilha Anthony) e um aos primeiros descobridores do continente americano, os Vikings (Anse aux Meadows), além de dois centros históricos (um de origem francesa, Quebec, e um de origem inglesa, Lunebourg). Quanto à Austrália, os quatro bens mistos inscritos estão ligados à primeira ocupação humana ou à presença dos aborígenes nos Parques Nacionais.

Rio São Francisco, década de 40. Foto de Marcel Gautheot. • *Río San Francisco*, década del 40. Foto de Marcel Gautherot. • *San Francisco River, 1940s. Photo by Marcel Gautherot.*

Já no Brasil observa-se uma forte afirmação da criação cultural e ausências como a da Amazônia, dos povos indígenas, das comunidades negras, da cidade do Rio de Janeiro, do período do Império, da civilização do café, do Patrimônio Imaterial. As listas de outros países poderiam relançar no Brasil a reflexão sobre os critérios para as novas proposições brasileiras: bens mistos, naturais e culturais, ou bens representativos da cultura dos povos indígenas, conforme os exemplos australianos e canadenses (parques naturais com os povos nativos que os habitam), ou, ainda, bens que se inspirem no enfoque chinês sobre a paisagem panorâmica, no enfoque filipino das culturas em terraços, no enfoque cubano da cultura do café, no enfoque africano das paisagens lineares, entre outros.

Sem nunca perder de vista os grandes desafios presentes no processo de eleição de bens para a Lista, indagamos: como evitar o catálogo das maravilhas do mundo ou das atrações turísticas? De que forma fazer representar a originalidade de uma cultura? Escolher bens representativos supõe uma interpretação da história e da cultura brasileiras. A atualização dessa interpretação, exigida de todas as propostas de inscrição, é, sem dúvida, a contribuição mais positiva da Lista do Patrimônio Mundial. Tentaremos aqui delinear suas bases a partir de uma reflexão sobre noções opostas e complementares como unidade/diversidade e singularidade/universalidade.

··· H ···

O Brasil é um dos raros países a apresentar uma gama completa de patrimônio, da pré-história a Brasília. Completa e sem rupturas. Entre os homens da pré-história brasileira e os povos indígenas que aqui habitavam no momento da chegada dos portugueses é possível identificar uma continuidade. Entre os índios e os brasileiros, essa continuidade é uma certeza.

A partir desse leque, o Brasil oferece um espetáculo duplo: de um lado a mistura, a mestiçagem; de outro, a preservação dos elementos autônomos constitutivos dessa mestiçagem. Os índios e os negros são, simultaneamente, ancestrais dos brasileiros e de comunidades distintas na sociedade brasileira. Fatos que podem ajudar a esclarecer as duas maneiras de tratar o Patrimônio no Brasil. Seja considerando o produto da mestiçagem, as formas novas e originais engendradas pela fusão de diferentes elementos e suas influências, que era a visão unitária da primeira fase do Instituto do Patrimônio Histórico e Artístico Nacional (Iphan), centrada no barroco mineiro e na arquitetura rural. Encaminhamento que definiu as primeiras propostas enviadas à Unesco. Seja identificando os componentes dessa mistura – os elementos indígenas, africanos, europeus – que é a visão da segunda fase do Iphan, esboçada por Aloísio Magalhães e retomada pelo artigo 216 da Constituição de 1988, quando diz que "constituem patrimônio cultural brasileiro os bens de natureza material ou imaterial (...) portadores de referência à identidade, à ação, à memória dos diferentes grupos formadores da sociedade brasileira". Encaminhamento bastante próximo da Estratégia Global, estipulada desde 1992 pelo Comitê do Patrimônio Mundial.

Se nos ativermos a essa segunda visão, correremos o risco de passar ao largo da originalidade primeira do Brasil, os fundamentos inconscientes de sua cultura: a unidade. Unidade que não é só territorial ou política e que, pela maneira como foi estabelecida, diferencia o Brasil dos impérios forjados pelas guerras e pela violência; dos Estados Unidos, que foi fundado pela segunda vez pela Guerra da Secessão; da Europa, que é composta de "Estados-Nações", cujas fronteiras são "as cicatrizes da história". A unidade brasileira, estabelecida pela justaposição e pela fusão de tantas singularidades, apresenta uma complexidade que não se explica apenas recorrendo a argumentos de tolerância. Unidade e diversidade, a questão que sempre constituiu a grande dificuldade dos impérios ao longo da história apesar da sua aparente evidência, e que o Brasil acabou resolvendo quase sem se dar conta.

··· ···

Para obter sua inscrição na Lista do Patrimônio da Humanidade, um bem cultural deve obedecer a critérios, apresentar um caráter de autenticidade e ser portador de um "valor universal excepcional". Critérios e conceitos de autenticidade continuam sendo analisados e enriquecidos. Mas o "valor universal" não chegou a receber nem mesmo uma definição preliminar, como se houvesse um recuo ante a impossibilidade de se precisar sua natureza. No momento em que se estabeleceu uma orientação de inscrição que privilegiasse a representatividade de todas as culturas na sua originalidade específica, a noção de universalidade ficou ainda mais difícil de ser delimitada, suscitando o questionamento sobre a relação, aparentemente contraditória, que as noções de representatividade e de universalidade mantêm entre si.

A universalidade não é a generalização, em escala planetária, de uma determinada maneira de proceder, a uniformização que implica a globalização. Pode-se dizer que o "valor universal" é aquele que, por meio das diferenças, de "singularidades extremas", faz pressentir a unidade da Humanidade. Afinal, a Convenção do Patrimônio Mundial não está fundada nesse postulado? O Brasil poderia lançar uma bela luz sobre esse debate.

Tenho muito clara a lembrança de um mês de junho, em 1954, quando desci o Rio São Francisco em um barco-gaiola, convivendo durante dez dias com os outros passageiros, pessoas às quais a pobreza conferia uma extrema dignidade. Rapidamente, esqueci que eu era um francês entre brasileiros e tive a impressão de, como aquelas pessoas, ter vindo das terras que atravessávamos. Naquele momento tomei consciência do significado de ser homem na passagem sobre a Terra, descobri o caminho da universalidade. Caminho que descobri também em *Macunaíma*, o herói "sem nenhum caráter", ou sem nenhuma característica particular, ou sem identidade própria, e mais tarde em *Grandes Sertões: Veredas*, de Guimarães Rosa, e em algumas crônicas de Rubem Braga.

Essa universalidade, que eu chamaria de interior, que faz perceber a unidade da espécie humana, hoje já não é tão fácil de discernir. As estradas e os meios de comunicação, a televisão, em particular, transformaram o Brasil. Mas ela explica essa humanidade tão característica do povo brasileiro, que nos faz sentir tão pouco estrangeiro entre ele, e que faz com que ele se sinta tão à vontade entre estrangeiros. Humanidade expressa em formas de sociabilidade calorosa e em toda uma variedade de músicas, festas, danças, que acabam por constituir um surpreendente Patrimônio Imaterial.

Mas pode existir uma outra forma de universalidade, uma universalidade exterior. Durante outra viagem, na curva de uma estrada no interior do Rio Grande do Sul, parei para tomar um cafezinho em um modesto botequim, cujo nome, mal-escrito sobre uma placa na fachada, era "Humanidade". O Brasil pertence à Humanidade, e seu sonho maior não é dominar, mas encantar. Fato que explica a recorrência de apelos "ao mundo inteiro" nos sambas-enredo das escolas de samba. Se é inesperado o refrão destinado a Monteiro Lobato, autor que reintroduziu o saci–pererê no imaginário infantil e tratou da cultura caipira– *A este grande sonhador | que o mundo inteiro deslumbrou* (1967) – não é menos surpreendente o refrão que coube a Aleijadinho – *Foi o marco inicial | da escultura nacional | projetando o Brasil | no conceito mundial | Este grande brasileiro | de rude formação | legou ao Brasil e ao mundo inteiro | o barroco brasileiro* (1961).

Ao mesmo tempo que se voltava para o interior, tomando posse do seu imenso território, o Brasil nunca deixou de se abrir para o resto do mundo, mantendo estreitas ligações com vários países. Contrariamente aos impérios russo e chinês, o império brasileiro não cedeu à tentação de se fechar sobre si. Foram constantes as trocas e as viagens de intelectuais e de estudantes que buscavam contato com os países estrangeiros. Existem jornais brasileiros com mais de 100 anos, ecos imediatos das modas, das novidades culturais e científicas; o primeiro daguerreótipo das Américas é brasileiro.

Essa dupla universalidade, uma redescobrindo as condições primitivas de vida do homem sobre a Terra pela pobreza e pelo isolamento, e a outra procurando definir seu lugar no conjunto das nações, tem criado uma certa tensão. Sobretudo neste momento em que a globalização da economia aumenta a atração pelo cosmopolitismo. A tensão entre essas universalidades, a interior e a exterior, explicaria a dificuldade de decifrar a realidade brasileira mais recôndita. E também a dificuldade encontrada para comemorar o Quinto Centenário do Descobrimento: o brasileiro não sabe se está do lado dos índios, dos europeus ou dos negros. Ou melhor, ele sabe que é os três ao mesmo tempo.

Porém, desde que se estabelece um equilíbrio entre esses dois modos de universalidade, desde que a antropofagia tão cara a Oswald de Andrade se faz realidade, no momento em que a vontade de copiar se alia à necessidade de criar, os resultados são maravilhosos: o barroco mineiro, conferindo uma nova alma ao barroco de Portugal; a Capela da Pampulha, reintroduzindo a curva na poesia do ângulo reto de Le Corbusier; o carnaval do Rio de Janeiro transformando o entrudo português numa celebração popular. Um momento privilegiado dessa capacidade de "copiar-criar" pode ser situado no mês de março de 1936, quando o mesmo grupo de pessoas, intelectuais e políticos, descobriram, simultaneamente, a verdade interior do Brasil e a *avant-garde* européia. Ao convidar Le Corbusier para participar do projeto para a sede do então Ministério da Educação e Saúde, o atual Palácio Gustavo Capanema, e incluir Mário de Andrade na equipe encarregada da organização do Serviço do Patrimônio Histórico e Artístico Nacional, atual Iphan, estava se forjando uma arquitetura moderna e uma visão de patrimônio, novas e brasileiras.

· · · ⟆ · · ·

A noção de Patrimônio Mundial é muitas vezes considerada ambígua. Trata-se de preservar as lembranças, as diferentes respostas de distintas culturas, de preservar a memória da Humanidade? Ou de reunir os vestígios de uma cultura projetada no futuro, de um novo humanismo ampliado, que abarque as experiências de todos os homens?

Em 1492, iniciou-se a lenta e tortuosa reunificação da espécie humana, depois de milênios de dispersão. Esse processo – do qual a globalização atual é apenas uma etapa, sendo sucedida pelas descobertas e a exploração, pelos impérios coloniais e pelas independências conquistadas – teve como conseqüência o desaparecimento das antigas formas de civilização e a destruição de monumentos que eram testemunhos das aventuras da Humanidade. A Convenção do Patrimônio Mundial inscreve-se nesse processo, onde desempenha o papel de contraponto.

Apenas oito anos mais tarde, em 1500, outro processo teve início: a invenção do Brasil, a paciente criação de um outro povo, afirmando seu canto particular no concerto das nações. Ele traz em si a memória de quase todos os povos, de diferentes culturas, e parece guiado pela ambição de esboçar, sozinho, dentro do seu próprio território, a reunificação inaugurada por Cristóvão Colombo.

Pode-se afirmar que existem afinidades profundas entre o processo de formação do Brasil e o projeto idealizado para o Patrimônio Mundial. E é por essa razão que "nós precisamos ouvir a voz do Brasil".

La voz de Brasil

Jean-Pierre Halévy – Historiador

"Precisamos oir la voz de Brasil", se comentaba en los corredores del Comité del Patrimonio Mundial en 1997. En diez años ella se hizo oir sólo una vez, en 1991, en el momento de la inscripción del Parque Nacional Sierra de la Capivara en la Lista del Patrimonio Mundial. Mientras en los años precedentes Brasil no sólo propuso la inscripción de sus bienes culturales (Ouro Preto, Olinda, Salvador, Brasília, Misiones Jesuitas de Río Grande do Sul, Santuario de Buen Jesús de Matosinhos, en Congonhas del Campo) y un bien natural (las Cataratas y el Parque de Iguazú), sino provocó discusiones apasionadas en el seno del Comité, contribuyendo para la ampliación y profundización de los criterios de inscripción.

En 1985 las candidaturas de Salvador y del Santuario de Congonhas del Campo, fueron precedidas por discusiones particularmente enriquecedoras:

"Receptáculos de tradiciones múltiples y contradictorias antes de volverse, a su vez, fuente de señales de originalidad, estos dos sitios donde las nuevas formas fueron producidas por el encuentro de las culturas, hacen resentir la falta de un criterio donde la noción de influencia no sea leída sólo en su sentido tradicional y casi colonialista. Los fenómenos de aculturación y mestizaje no habían sido subvalorizados en la Convención de 1972", consideraba Léon Pressouyre. Y en 1987, al proponer la candidatura de Brasilia, ciudad y arquitectura del siglo XX, Brasil abrió una brecha que nunca más fue superada, sino de forma indirecta por la Bauhaus alemana, en 1999. A partir de entonces, el Comité del Patrimonio Mundial y Brasil parecen haber seguido caminos diferentes, evolucionando cada uno por su lado.

Nacida de la experiencia del salvamento del templo de Abou Simbel, la Convención de 1972 tenía al inicio la ambición de establecer la lista de las obras maestras y de los sitios naturales vírgenes amenazados por el "progreso". Pero el Comité poco a poco tomó conciencia de que una Lista basada en la salvaguarda de obras maestras arquitectónicas y urbanísticas privilegiaba las culturas dominantes y una cierta visión, monumental, de patrimonio. Entre los años de 1992 y 1994 resolvió adoptar una "estrategia global" para una Lista equilibrada, que fuese representativa de todas las culturas. ¿Al final, la mayor obra maestra de la Humanidad no es su diversidad cultural? Los biólogos nos enseñan que aquello que distingue la especie humana de las otras especies animales es su fantástica capacidad de adaptación a las condiciones de vida más diversas sin diferenciarse en nuevas especies. Los esquimales del Polo Norte y los indios de Amazonas, los sherpas del Himalaya y los pescadores de Oceanía, independientemente de la diversidad de sus respectivos modos de vida, pueden encontrarse, entenderse, amarse y dar origen a nuevos hombres, a otras culturas.

Mientras el Comité elaboraba esta nueva lectura del Patrimonio Mundial, Brasil pasaba, en el ámbito de la gestión de su Patrimonio, por un difícil proceso de discusión conceptual y cambios institucionales, hechos

que podrían explicar su largo silencio en las instancias del Comité. A partir de 1997, las iniciativas del Estado de Maranhão y de algunas prefecturas, además de los preparativos para las conmemoraciones del Quinto Centenario del Descubrimiento, restablecieron el diálogo entre Brasil y el Patrimonio Mundial. Creo que es preciso insistir sobre la idea de diálogo.

Para preparar el establecimiento del nuevo abordaje del Patrimonio Mundial, para elaborar una nueva lectura del Patrimonio y ayudar en el establecimiento de las Listas, el Comité organizó encuentros regionales entre los países andinos, los países del Caribe, y sobre todo entre los países africanos. Dada su extensión territorial y su unidad, Brasil se constituye en un nuevo universo cultural aparte, no habiendo sido beneficiado del mismo ejercicio comparativo, por lo tanto indispensable. No es en la confrontación con los países vecinos

Rio São Francisco, década de 40 • Río San Francisco, década del 40 • *San Francisco River, 1940s.*

que Brasil va a definir la originalidad de su universo cultural, y sí enfrentándose a sí mismo. Y para que esto sea posible, sin prescindir de la indispensable distancia crítica de la mirada extranjera, Brasil tendrá que explotar todas las adquisiciones del Patrimonio Mundial y participar activamente del proceso que discute la evolución de los criterios de inscripción en la Lista.

Tomemos como ejemplo la formación de cuatro de entre los grandes Estados surgidos a partir de las navegaciones europeas y de los Grandes Descubrimientos: Brasil, Estados Unidos, Canadá y Australia. Es interesante observar las diferentes maneras encontradas para inscribir un número equivalente de bienes en la Lista del Patrimonio Mundial. Los Estados Unidos tienen 18 bienes inscritos (8 culturales, 10 naturales); Australia cuenta con 13 bienes inscritos (4 bienes mixtos y 9 naturales, por lo tanto ningún bien cultural); Brasil tiene 12 bienes inscritos (9 culturales y 3 naturales); Canadá tiene 11 bienes inscritos (5 culturales y 6 naturales). Cuatro procesos históricos generando cuatro perfiles de patrimonio diferentes.

Un análisis más detallado revela que entre los 8 bienes culturales de los Estados Unidos, 4 se refieren a los grupos indígenas (Mesa Verde, Cahokia Mounds, Parque Nacional Chaco y Pueblo de Taos), 3 están ligados al movimiento de independencia política (Independence Hall, Casa de Jefferson y Estatua de la Libertad) y uno de ellos pertenece a Puerto Rico. Entre los 5 bienes culturales de Canadá, 2 están ligados a los pueblos indígenas (Precipicio de los Bisontes e isla Anthony) y uno a los primeros descubridores del continente americano, los Vikingos (Anse aux Meadows) además de 2 centros históricos (uno de origen francés, Quebec, y uno de origen inglés, Lunebourg). En cuanto a Australia, los 4 bienes mixtos inscritos están ligados a la primera ocupación humana o a la presencia de los aborígenes en los Parques Nacionales.

Ya en Brasil se observa una fuerte afirmación de la creación cultural y ausencias como la de la Amazonia, de los pueblos indígenas, de las comunidades negras, de la ciudad de Río de Janeiro, del período del Imperio, de la civilización del café, del Patrimonio Inmaterial. Las Listas de otros países podrían relanzar en Brasil la reflexión sobre los criterios para las nuevas proposiciones brasileñas: bienes mixtos, naturales y culturales, o bienes representativos de la cultura de los pueblos indígenas, según los ejemplos australianos y canadienses (Parques Naturales con los pueblos nativos que los habitan); o aún bienes que se inspiren en el enfoque chino sobre el paisaje panorámico, en el enfoque filipino de las culturas en terrazas, en el enfoque cubano de la cultura del café, en el enfoque africano de los paisajes lineales, entre otros.

Sin nunca perder de vista los grandes desafíos presentes en el proceso de elección de bienes para la Lista: ¿cómo evitar el catálogo de las maravillas del mundo o de las atracciones turísticas? ¿De qué forma hacer representar la originalidad de una cultura? Escoger bienes representativos supone una interpretación de la historia y de la cultura brasileñas. La actualización de esta interpretación, exigencia de toda propuesta de inscripción, es sin duda la contribución más positiva de la Lista del Patrimonio Mundial. Intentaremos delinear sus bases a partir de una reflexión sobre nociones opuestas y complementarias como unidad/diversidad y singularidad/universalidad.

. . . .

Brasil es uno de los raros países en presentar una gama completa de patrimonio, de la prehistoria hasta Brasilia. Completa y sin rupturas. Entre los hombres de la prehistoria brasileña y los pueblos indígenas que aquí habitaban en el momento de la llegada de los portugueses, es posible indentificar una continuidad. Entre los indios y los brasileños, esta continuidad es una certeza.

A partir de este abanico, Brasil ofrece un doble espectáculo: de un lado la mezcla, el mestizaje, y de otro lado, la preservación de los elementos autónomos constitutivos de este mestizaje. Los indios y los negros son, simultáneamente, ancestrales de los brasileños y comunidades distintas en el seno de la sociedad brasileña.

Hechos que pueden ayudar a aclarar las dos maneras de tratar el Patrimonio en Brasil. Sea considerando el producto del mestizaje, las formas nuevas y originales engendradas por la fusión de diferentes elementos y sus influencias, que era la visión unitaria del primer Iphan, Instituto del Patrimonio Histórico y Artístico Nacional, centrada en el barroco minero y en la arquitectura rural. Encaminamiento que definió las primeras propuestas enviadas a la Unesco. Sea indentificando los componentes de esta mezcla – los elementos indígenas, africanos, europeos – que es la visión del segundo Iphan, esbozada por Aloisio Magalhães y retomada por el artículo 216 de la Nueva Constitución de 1988 cuando dice que "constituyen patrimonio cultural brasileño los bienes de naturaleza material o inmaterial (...) portadores de referencia a la identidad, a la acción, a la memoria de los diferentes grupos formadores de la sociedad brasileña". Encaminamiento bastante próximo de la Estrategia Global estipulada desde 1992 por el Comité del Patrimonio Mundial.

Si nos atenemos a esta segunda visión, correremos el riesgo de pasar de largo la originalidad primera de Brasil, los fundamentos inconscientes de su cultura: la unidad. Unidad que no es sólo territorial o política y que, por la manera como fue establecida, diferencia Brasil de los imperios forjados a través de guerras y violencia; de los Estados Unidos, que fue fundado por segunda vez en la Guerra de Secesión; de Europa que es compuesta de "Estados-Naciones" cuyas fronteras son "las cicatrices de la historia". La unidad brasileña, establecida por la yuxtaposición y fusión de tantas singularidades, presenta una complejidad que no se explica sólo recurriendo a argumentos de tolerancia. Unidad y diversidad. La cuestión que siempre constituye la gran dificultad de los imperios a lo largo de la historia a pesar de su aparente evidencia, y que Brasil acabó resolviendo sin casi darse cuenta.

. . . .

Para obtener su inscripción en la Lista de Patrimonio de la Humanidad, un bien cultural debe obedecer a criterios, presentar un carácter de autenticidad y ser portador de un "valor universal excepcional". Criterios y conceptos de autenticidad continúan siendo analizados y enriquecidos. Pero el "valor universal" no llegó a recibir ni siquiera una definición preliminar, como si hubiese un retroceso ante la imposibilidad de precisar su naturaleza. En el momento en que se estableció una orientación de inscripción que privilegiase la representatividad de todas las culturas en su originalidad específica, la noción de universalidad quedó todavía más difícil de ser delimitada, suscitando el cuestionamiento sobre la relación, aparentemente contradictoria, que las nociones de representatividad y universalidad mantienen entre sí.

La universalidad no es la generalización, en escala planetaria, de una determinada manera de proceder, la uniformización que implica en la globalización. Se puede decir que el "valor universal" es aquel que, a través y mediante las diferencias, de "singularidades extremas" hace presentir la unidad de la Humanidad.

Al final, la Convención del Patrimonio Mundial ¿no está fundada sobre este postulado? Brasil podría lanzar una bella luz sobre este debate.

Tengo muy claro el recuerdo de un mes de junio, en 1954, cuando bajé el río San Francisco en un barco-jaula conviviendo durante diez días con otros pasajeros, personas a las cuales la pobreza confería una extrema dignidad. Rápidamente olvidé que yo era un francés entre brasileños y tuve la impresión de, como aquellas personas, provenir de las tierras que atravesábamos. En ese momento tomé conciencia del significado de ser hombre de paso sobre la tierra, descubrí el camino de la universalidad. Camino que descubrí también en Macunaíma, el héroe "sin ningún carácter", o sin ninguna característica particular, o sin identidad propia, y más tarde en *Grandes Sertões Veredas* de Guimarães Rosa, y en algunas crónicas de Rubem Braga.

Esta universalidad, que yo llamaría de interior, que hace percibir la unidad de la especie humana, hoy ya no es tan fácil de discernir. Las carreteras y los medios de comunicación, la televisión en particular, transformaron Brasil. Pero ella explica esta humanidad tan característica del pueblo brasileño, que nos hace sentir tan poco extranjeros con él, y que hace que él se sienta tan confortable entre extranjeros. Humanidad expresada en formas de sociabilidad cálida y en toda una variedad de músicas, fiestas, danzas, que acaban por constituir un sorprendente Patrimonio Inmaterial.

Pero puede existir otra forma de universalidad, una universalidad exterior. Durante otro viaje , en la curva de una carretera en el interior de Rio Grande do Sul, paré para tomar un cafecito en un modesto bar cuyo nombre, mal escrito sobre una placa en la fachada, era "Humanidade". Brasil pertenece a la Humanidad, y su sueño mayor no es dominar sino encantar. Hecho que explica la recurrencia de llamados "al mundo entero" en las sambas-enredo de las escuelas de samba. Si es inesperado el refrán destinado a Monteiro Lobato, autor que reintrodujo el *saci-pererê* en el imaginario infantil y trató de la cultura campesina:
"A este grande sonhador/ que o mundo inteiro deslumbrou" (1967), es menos sorprendente el refrán que cupo al Aleijadinho : "Foi o marco inicial / da escultura nacional / projetando o Brasil / no conceito mundial / Este grande brasileiro / de rude formação / legou ao Brasil e ao mundo inteiro / o barroco brasileiro" (1961).

Al mismo tiempo que se volvía para el interior, posesionándose de su inmenso territorio, Brasil nunca dejó de abrirse para el resto del mundo, manteniendo estrechas ligazones con varios países. Contrariamente a los imperios ruso y chino, el imperio brasileño no cedió a la tentación de cerrarse sobre sí. Fueron constantes los intercambios y viajes de intelectuales y estudiantes que buscaban contacto con los países extranjeros. Existen diarios brasileños con más de 100 años, ecos inmediatos de las modas, de las novedades culturales y científicas; el primer daguerrotipo de las Américas es brasileño.

Esta doble universalidad, una, descubriendo las condiciones primitivas de vida del hombre sobre la tierra a través de la pobreza y el aislamiento, y la otra, buscando definir su lugar en el conjunto de las Naciones, ha generado una cierta tensión. Sobre todo

en este momento en que la globalización de la economía aumenta la atracción por el cosmopolitismo.

La tensión entre estas universalidades, la interior y la exterior, explicaría la dificultad de descifrar la realidad brasileña más recóndita. Y también la dificultad encontrada para conmemorar el Quinto Centenario del Descubrimiento: el brasileño no sabe si está del lado de los indios, de los europeos o de los negros. O mejor, él sabe que es los tres al mismo tiempo.

Sin embargo, desde que se establece un equilibrio entre estos dos modos de universalidad, desde que la antropofagia tan cara a Oswald de Andrade se hace realidad, en el momento en que la voluntad de copiar se une a la necesidad de crear, los resultados son maravillosos: el barroco minero, confiriendo una nueva alma al barroco de Portugal, la capilla de la Pampula, reintroduciendo la curva en la poesía del ángulo recto de Le Corbusier; el carnaval de Río transformando el antruejo portugés en una celebración popular. Un momento privilegiado de esta capacidad de "copiar-crear" puede situarse en el mes de marzo de 1936, cuando el mismo grupo de personas, intelectuales y políticos, descubrieron simultáneamente la verdad interior de Brasil y la vanguardia europea. Al invitar a Le Corbusier para participar del proyecto para la sede del entonces Ministerio de Educación y Salud, el actual Palacio Gustavo Capanema, e incluir a Mario de Andrade en el equipo encargado de la organización del Servicio del Patrimonio Histórico y Artístico Nacional, actual Iphan, estaba forjándose una arquitectura moderna y una visión de patrimonio, nuevas y brasileñas.

. . . .

La noción de Patrimonio Mundial es muchas veces considerada ambigua. ¿Se trata de preservar los recuerdos, las diferentes respuestas de diferentes culturas, de preservar la memoria de la humanidad? ¿O de reunir los vestigios de una cultura proyectada en el futuro, de un nuevo humanismo ampliado, que abarque las experiencias de todos los hombres?

El año 1492 se inició la lenta y tortuosa reunificación de la especie humana, después de milenios de dispersión. Este proceso – del cual la globalización actual es sólo una etapa, siendo sucedida por los descubrimientos y la explotación, por los imperios coloniales y por las independencias conquistadas – tuvo como consecuencia el desaparecimiento de las antiguas formas de civilización y la destrucción de monumentos que eran testigos de las aventuras de la humanidad. La Convención del Patrimonio Mundial se inscribe en este proceso, donde desempeña el papel de contrapunto.

Sólo ocho años más tarde, en 1500, otro proceso tuvo inicio: la invención de Brasil, la paciente creación de otro pueblo, afirmando su canto particular en el concierto de las naciones. El trae en sí la memoria de casi todos los pueblos, de diferentes culturas, y parece guiado por la ambición de esbozar, solo, en el seno de su propio territorio, la reunificación inaugurada por Cristóbal Colón.

Se puede afirmar que existen afinidades profundas entre el proceso de formación de Brasil y el proyecto idealizado para el Patrimonio Mundial. Y es por esta razón que "nosotros precisamos oir la voz de Brasil".

The voice of Brazil

Jean-Pierre Halévy – Historian

"We must listen to the voice of Brazil" was the call for action frequently heard at World Heritage Committee meetings in 1997. In the preceding ten years, Brazil had only been heard on one occasion, in 1991, when the Serra da Capivara National Park was listed in the World Heritage. In previous years, however, Brazil had not only nominated six cultural properties (Ouro Preto, Olinda, Salvador, Brasília, the Jesuit Missions of Rio Grande do Sul, and the Sanctuary of Bom Jesus de Matosinhos, in Congonhas do Campo) and one natural site (Iguaçú Falls and Park), but also provoked passionate debate in Committee sessions, contributing to the increase and further elaboration of selection criteria.

In 1985, particularly enriching discussions preceded the nominations of Salvador and the Sanctuary at Congonhas do Campo. Léon Pressouyre questioned listing criteria: "As receptacles of multiple and contradictory traditions before finally producing original signs, these two sites at which new forms emerged at the encounter of different cultures suffer from the lack of a criterion by which the notion of influence is not interpreted only in its traditional and nearly colonialist sense. Have not phenomena of acculturation and miscegenation been underestimated in the 1972 Convention?" In 1987, when nominating Brasilia as an of 20th-century architecture and city and as example, Brazil made a breakthrough that has never been matched again, except indirectly by the German Bauhaus, in 1999. After that, the World Heritage Committee and Brazil seemingly have taken different paths.

Stemmed from an international campaign in 1972 to save the Abu Simbel temples, in Egypt, the Convention was initially engaged in listing cultural masterworks and untouched natural sites threatened by "progress." But the Committee gradually realized that, in fact, while focusing on the conservation of architectural and urban masterworks the list was favouring hegemonic cultures and a somewhat monumental notion of heritage. Consequently, between 1992 and 1994 the Committee drafted a "global" strategy for the Heritage list, one that would be representative of all cultures. After all, is not Humanity's greatest masterwork precisely its cultural diversity? Biologists teach us that what distinguishes the human species from other animal species is its fantastic capacity to adapt to the most diverse living conditions without undergoing a differentiation process. Regardless of how diverse their respective ways of life may be, the Eskimos of the North Pole, the indigenous peoples of the Amazon, the Sherpas of the Himalaya Mountains, and the fishermen of the Southern Pacific can come together and understand each other, love each other and create new people and new cultures.

While the Committee was drafting this new approach to World Heritage, Brazil was undergoing a difficult process of discussing concepts regarding heritage and implementing institutional changes – a fact that perhaps explain the country's lack of nominations before the Committee. Beginning in 1997, a number of initiatives

by the state of Maranhão and a few city halls, in addition to the preparation for the commemorations of the 5th Centennial of Brazil's discovery reestablished the dialogue between Brazil and the World Heritage. I believe we should insist on nurturing this dialogue.

To devising a new approach for the World Heritage, so as to establish a new interpretation for heritage, and provide assistance in the creation of World Heritage Lists, the Committee set up regional meetings of Andean, Caribbean, and particularly African country representatives. Given its continental-size territory and its unity, Brazil makes up a separate cultural universe and therefore had not been included nor did it benefit from the application of comparative criteria. Consequently, Brazil has had to ascertain the originality of its cultural universe not by comparison with neighbouring countries, but

Rio São Francisco, década de 40 • Río San Francisco, década del 40 • *San Francisco River, 1940s.*

through internal evaluation. And to make such an assessment without losing the indispensable critical distancing of the foreigner's gaze, Brazil will have to look into all the acquisitions of the World Heritage and actively join the discussion on the evolution of World Heritage listing criteria.

Take, for example, four of the great Nations that emerged as result of European sea voyages and the Great Discoveries: Australia, Brazil, Canada, and the United States. These countries have devised different and interesting ways to inscribe an equivalent number of sites in the World Heritage List. The United States has 18 listed properties (eight cultural and ten natural); Australia, 13 properties (four mixed and nine natural, hence no cultural property); Brazil has 12 listed properties (nine cultural and three natural); and Canada, 11 properties (five cultural and 6 natural). These countries with four distinct historical backgrounds have generated four different heritage profiles.

A more detailed analysis reveals that four of the eight U.S. cultural sites refer to indigenous societies (Mesa Verde, Cahokia Mounds, Chaco National Park and

Pueblo de Taos); three sites are linked to the movement of political independence (Independence Hall, Jefferson's House and the Statue of Liberty), and one site is located in Puerto Rico. Of the five cultural sites in Canada, two are linked to indigenous societies (Head-Smashed-In Buffalo Jump Complex and Anthony Island) and one, to the Vikings, the early discoverers of the American continent (L'Anse aux Meadows National Park), besides two historical areas (one of French origin, in Quebec, and the other of English origin, Lunenburg Old Town). As to Australia's listed heritage, four mixed sites are linked for early human occupation or to the presence of aborigines in national parks.

In turn, Brazil's listed sites show an emphasis on cultural heritage, and there are obvious absences that include the Amazon region, the indigenous peoples, black communities, the city of Rio de Janeiro, the Imperial heritage, the coffee era, and immaterial heritage. Taking as examples the listings from other countries, Brazil should review its criteria and nominate mixed sites and properties that represent the culture of indigenous people, as did Australia and Canada (which listed their natural parks and the native peoples that inhabit them), or nominate natural sites as did China, which focused on its scenic landscapes; the Philippines, on its terraced plantations; Cuba, on its coffee plantations, or Africa, on its linear landscapes, among others.

The question is, how to avoid duplicating the roster of wonders of the world and major tourist attractions, while bearing in mind the enormous challenges involved in the selection of sites for the World Heritage List? How to determine what is representative of an original culture? In Brazil, choosing representative sites presupposes an interpretation of Brazilian history and culture.

Updated reports on this interpretation required for all applications are certainly the World Heritage List's most positive contribution to heritage conservation. I shall attempt to outline the basis for this interpretation, starting from a reflection on opposing and complementary notions of unity and diversity, singularity and universality.

. . . .

Brazil is one of the few countries with a full range of heritage properties, from prehistory to Brasilia. A full and uninterrupted range, I might add. Thus, a series of properties can be identified in chronological order in relation to the period between prehistoric societies and the indigenous groups that inhabited the Brazilian land when Portuguese explorers arrived here. The same applies to sites related to the subsequent immigration of ethnic groups that miscegenated and contributed to form today's Brazilian people.

On the basis of this range of experiences, Brazil offers a twofold attraction: on the one hand, the racial mixture, and, on the other, the preservation of the autonomous elements that contributed to this melting pot. In Brazil, the indigenous peoples and the blacks are at the same time ancestors of Brazilians and distinct communities within Brazilian society.

These facts serve to elucidate the two ways of addressing heritage in Brazil. The first is to bring into focus the product of miscegenation, the new and original forms engendered by the fusion of different elements, and their influences. This homogenizing policy adopted by the original Serviço de Proteção do Patrimônio Histórico e Artístico Nacional (Service for the Protection of the National Historical and Artistic Heritage), which preceded Iphan, concentrated on rural architecture and the Minas Gerais baroque and underpinned the first Brazilian nominations to Unesco's World Heritage List. The second approach is to identify the individual components of this melting pot – the indigenous, African, and European elements, according to the new Instituto do Patrimônio Histórico e Artístico Nacional (Institute for National Historical and Artistic Heritage) – Iphan revised policies as proposed by Aloisio Magalhães and addressed in article 216 of the 1988 Brazilian Constitution: "The Brazilian cultural heritage consists of the assets of a material or immaterial nature (…) which bear reference to the identity, action, and memory of the groups that form Brazilian society." These guiding principles conform to the Operational Guidelines that the Word Heritage Committee established in 1992.

If we were to limit ourselves to this second view, we would risk overlooking the primordial foundation of Brazil, i.e., the unconscious keystone of Brazilian culture: unity. This unity is not only territorial or political: it was brought about in a manner that differentiates Brazil from empires forged through wars and violence; from the United States, which the Civil War founded for the second time; and from European nation-states, whose borders are veritable "scars of history." Established by the superimposition and fusion of so many singularities, Brazil's complex unity cannot be explained away by arguments about tolerance. Unity and diversity constitute an issue that, notwithstanding its apparent obviousness, has always been the stumbling block for empires throughout history. Brazil resolved it, practically unawares.

. . . .

To be included in the World Heritage List, a cultural site must meet certain selection criteria, give proof of authenticity, and bear "exceptional universal value." Although authenticity criteria and concepts continue to be studied and further elaborated, "universal value" has not been defined even in a preliminary way, as if a step backward were taken given the impossibility ascertaining nature. The moment selection criteria were established that enabled all cultures to be represented in their original specifities, the concept of universality became even more difficult to formulate, for it raised the issue of the apparently controversial relationship between the notions of "representative" and "universal."

Universality is not the generalization, on a planetary scale, of a certain procedure or uniformity implicit in globalisation. "Universal" value could be described as one

that fosters the unity of Mankind by ascertaining and taking into account differences and "extreme singularities." After all, is not the World Heritage Convention founded on this assumption? Brazil is in a position to shed considerable light on this debate.

I clearly recollect the month of June 1954, when I sailed down the São Francisco River in steamer, sharing the experience for ten days with local people – people on whom poverty conferred extreme dignity. In no time, I had forgotten I was a Frenchman among Brazilians; I had the impression of having come, just like my travelling companions, from the lands we were crossing. That was when I became aware of the meaning of being an individual and of passing through this world; I discovered the road to universality. I also learned this in "Macunaima", a "hero without any character," i.e., without any particular characteristic or self-identity. Later I found it in "The Devil to Pay in the Backlands", by Guimarães Rosa, as well as in some short stories by Rubem Braga.

Today this universality that I would call "interior" and that exposes the unity of humankind is not easy to distinguish, for the ways and means of communication, particularly television, have transformed Brazil. However, this universality explains the Brazilians' characteristic humanity that makes us feel hardly like a foreigner among then, and that, in turn, makes them feel so at ease among foreigners. Humanity rendered into warm manifestations of sociability and a wide range of music, dance, and merrymaking that constitute an amazingly rich Immaterial Heritage.

But another form of universality is also feasible: exterior universality. On another occasion, while driving through the countryside in Rio Grande do Sul, I stopped for coffee at a modest roadside snack bar whose name had been clumsily written on a sign above the door: "Humanidade" (Humanity). Brazil belongs to Humanity; its greatest dream is to attract, rather than conquer. This explains the recurrent appeals "to the whole world" in samba school's lyrics for carnival parades. As unexpected as the refrain about Monteiro Lobato, the author who restoured the legendary one-legged folk character Saci Pererê to children's imaginary world ("To this great dreamer / who bewitched the whole world " (1967)–, are the verses devoted to Aleijadinho: "He was the first light / of national sculpture / the man who set Brazil / on the world stage / This remarkable Brazilian / who never finished school / ..." (1961).

While looking to its interior, taking possession of its immense territory, Brazil was always open to the rest of the world, establishing close ties with numerous countries. Unlike the Russian and Chinese empires, the Brazilian empire (1826-1889) did not yield to the temptation of becoming self-absorbed. Rather, it stimulated cultural exchange and the travel of Brazilian students and intellectuals who sought to establish contacts abroad. In Brazil there are newspapers founded more than 100 years ago as immediate sounding boards for trends, as well as cultural and scientific novelties. The first daguerreotype in the Americas was Brazilian.

This dual universality – that which, on the one hand, reveals the primitive conditions of human life on earth through poverty and isolation and, on the other hand, seeks to

assert its standing in the concert of Nations – has created a certain tension, particularly at the present time, when the globalisation of the economy boosts the attractiveness of cosmopolitism. The tension created between these two forms of universality, the interior and the exterior, possibly explains the difficulty found in deciphering the most recondite Brazilian reality and in commemorating the 5th centennial of the country's discovery: Brazilians do not know whether they side with the indigenous peoples, the black communities, or the descendants of European immigrants. Or rather, Brazilians know they are a composite of all three groups.

However, the moment there is a balance between these two modes of universality, the moment the cultural cannibalism so dear to Oswald de Andrade comes to the fore, and the moment when the will to copy conbines with the need to create, the results are marvellous: the Minas Gerais baroque that revisited Portuguese baroque and gave it a new soul; the Pampulha chapel, which reintroduced the curve in Le Corbusier's rectangular poetry; and the Rio de Janeiro carnival, which transformed Portuguese pre-Lenten pranks into a lively popular celebration. A fire instance of this flair for "copy-creating" occurred in March 1936, when single group of intellectuals and politicians simultaneously discovered Brazil's interior truth and the European avant-garde. By inviting Le Corbusier to lead the team that designed the Ministry of Education and Health building (now Palácio Gustavo Capanema), and Mário de Andrade to be part of the team responsible for setting up the Service for the Protection of the National Historical and Artistic Heritage, these people contributed to the forging of a modern architecture and a vision of heritage that were both new and genuinely Brazilian.

. . . .

The notion of World Heritage is oftentimes ambiguous. After all, is it meant to preserve recollections, different responses from different cultures, and the memory of humankind, or is it destined to gather the traces of a culture projected into the future, a future of new and expanded humanism, containing the experiences of all peoples?

In 1492, a slow, meandering process was launched to reunify the human species after millennia of dispersion. This process – of which the current globalisation is only a stage preceded by the great discoveries and explorations, colonial governments, and successful independence movements – resulted in the vanishing of ancient civilizations and the destruction of monuments that bore witness to human undertakings. The World Heritage Convention is inscribed in this process, in which it plays the role of counterpoint.

Only eight years later, in 1500, another process was set in motion that forged Brazil. It entailed the patient creation of a new people and the assertion of its voice in the chorus of all nations. Brazil that congregates memories of nearly all peoples of different cultures; seemingly, it is a country inspired by the ambition to render all by itself and in its own territory the reunification initiated by Christopher Columbus.

We could say that Brazil has strong affinities with the project designed for the World Heritage. This is the reason why "we must listen to the voice of Brazil."

O Brasil e o Patrimônio Mundial

Augusto C. da Silva Telles

Arquiteto e Conservador do Patrimônio

A Convenção do Patrimônio Mundial Cultural e Natural foi aprovada pela Unesco, em 1972. Visou à preservação, em nível internacional, dos bens culturais e naturais que, localizados em diferentes países, tivessem um valor excepcional no contexto mundial. A ocorrência de um acidente que provocasse a destruição ou a descaracterização de um desses bens representaria uma perda irreparável para a Humanidade. A Convenção enfatizou que a competência e a responsabilidade da preservação dos bens culturais e naturais cabem, em primeira instância, ao país onde eles se situam, mas o apoio financeiro, técnico, científico e cultural diz respeito ao concerto das nações, quando houver impossibilidade ou deficiência de o país realizar inventários, projetos e obras de restauração ou de valorização de seus bens culturais.

A Convenção entrou em vigor em 1975, quando 20 nações assinaram o termo de adesão. Em 1976, foi criado o Comitê do Patrimônio Mundial, constituído por técnicos representantes dos países que aderiram à Convenção, eleitos, cada terço, de dois em dois anos, por períodos de seis anos. Anualmente, são eleitos o presidente, o relator e os vice-presidentes, os quais compõem o Bureau. Ao Comitê compete organizar seu regulamento interno, definir critérios e realizar a seleção dos bens a serem inscritos nas listas do Patrimônio Mundial e do Patrimônio Mundial em Perigo. Cabe também ao Comitê definir a alocação das verbas do Fundo do Patrimônio Mundial (criado também em 1976), formado pela contribuição bienal dos países–membros. Participam do Comitê, como consultores para a cultura, os representantes do Conselho Internacional de Monumentos e Sítios (Icomos) e do Centro Internacional de Estudos para a Conservação e a Restauração de Bens Culturais (Iccrom) e, para a natureza, da União Internacional para a Conservação da Natureza (Iucn).

O Brasil aderiu à Convenção em 1977.

Em 1980, a cidade de Ouro Preto (MG) foi apresentada pelo Brasil para ser inscrita na Lista do Patrimônio Mundial como obra–prima da criação humana, um núcleo urbano excepcional e íntegro do período do Ciclo do Ouro do século XVIII. Localiza-se ao longo da falda da Serra de Ouro Preto, perpassa os leitos dos córregos onde se minerava e desce até o fundo do vale. Na paisagem urbana, sobressai o acervo barroco-rococó das arquiteturas religiosa e civil, no qual se destacam as matrizes do Pilar e da Conceição e as igrejas do Carmo e de São Francisco de Assis, obras-primas de Antonio Francisco Lisboa, o Aleijadinho.

Seqüencialmente, o Centro Histórico de Olinda (PE) foi inscrito em 1982. Núcleo formado a partir do início da colonização do Brasil, elemento importante do Ciclo da Cana–de–Açúcar, possui alto valor cultural e paisagístico, conservando ainda a trama urbana original e o acervo arquitetônico, onde dominam os conventos e as igrejas do Seiscentos e do Setecentos, envolvidos em uma vegetação tropical luxuriante. Assenta-se em uma sucessão de elevações à beira do oceano. Aloísio Magalhães preparava-se para comparecer ao Bureau do Patrimônio Mundial, a fim de orientar e defender a inscrição do Centro Histórico de Olinda, quando veio a falecer, em Veneza, poucos dias antes. Ele havia produzido uma série de desenhos e litografias sobre Olinda para apresentar aos participantes do Bureau, como elementos de ilustração para a inscrição. Fui indicado para substituí-lo na reunião; mostrei as litografias de Aloísio, as quais foram comentadas e apreciadas pelos participantes, principalmente pelo presidente do Icomos, Michel Parent.

A proposta seguinte se deu em 1983: a das ruínas de São Miguel das Missões, um dos Sete Povos das Missões Jesuíticas, localizadas no Rio Grande do Sul. Essas ruínas são as únicas que mantêm íntegras a frontaria da igreja e a torre sineira. Em um canto da antiga praça foi edificado, em 1983, o Museu das Missões, segundo projeto de Lucio Costa, a fim de recolher e mostrar as esculturas e os elementos construtivos missioneiros existentes no Brasil. No mesmo ano, foi realizada uma reunião com o governo argentino, quando ficou acertado que esse país apresentaria os acervos missioneiros lá existentes no ano seguinte, e que, com o de São Miguel, constituiriam um conjunto transfronteiriço, as Missões Jesuíticas Guarani, o que veio atender a uma indicação formulada pelo Bureau do Patrimônio Mundial. (O Paraguai não fez parte desse acerto por não ter ainda aderido à Convenção e é de se estranhar que seu acervo missioneiro, quando apresentado, não fosse inscrito junto com os acervos argentino e brasileiro). Essas inscrições foram antecedidas por lançamento, pela Unesco (1978), da Campanha Internacional em favor da preservação das Missões Jesuíticas Guarani, por solicitação brasileira, argentina e paraguaia.

Ainda em 1983, ocorreram dois fatos relacionados à Convenção: a entrega, pelo Brasil, da primeira lista indicativa dos bens suscetíveis de serem apresentados ao Patrimônio Mundial e a missão Michel Parent, solicitada à Unesco, com a finalidade de analisar e opinar sobre as indicações. Constavam dessa Lista: o Centro Histórico de Salvador (BA); o Santuário do Bom Jesus de Matosinhos, em Congonhas (MG); o Convento de Santo Antônio, em João Pessoa (PB); o Mosteiro de São Bento e o Palácio Gustavo Capanema, no Rio de Janeiro (RJ). O relatório de Parent, competente, minucioso e exaustivo, analisa e aprova os bens constantes da Lista e propõe outros a serem examinados pelo governo brasileiro: o conjunto arquitetônico da Pampulha, em Belo Horizonte (MG);

Salvador, *Atlas Arnoldus Montanus*, s/ ref. • Salvador, *Atlas Arnoldus Montanus*, s/ ref. • *Salvador, Atlas "Arnoldus Montanus", no ref.*

o Plano Piloto de Brasília (DF); o Centro Histórico de São Luís (MA) e a cidade de Tiradentes (MG); além de um engenho de açúcar, uma fazenda de café e de alguma edificação referente ao Ciclo da Borracha.

Em 1985, o Brasil apresentou ao Conselho do Patrimônio Mundial o Centro Histórico de Salvador (BA), cidade fundada para ser sede do Governo-Geral do Brasil. A cidade está assentada no topo de um espigão, à margem da Baía de Todos os Santos, tendo ao sopé, à beira-mar, o porto e instalações comerciais. O porto, denominado, em documentos da época, "Porto do Brasil", deu apoio às navegações de Portugal para os demais pontos do litoral brasileiro e da costa africana, e à Frota das Índias. Primeira capital do Brasil, adotou o traçado reticulado, mas adaptado ao sítio. Salvador se desenvolveu, mantendo íntegro o traçado inicial, no trecho entre a escarpa marítima e o vale do Rio das Tripas, hoje Baixa do Sapateiro. Os acervos arquitetônicos – civil e religioso – a Casa de Câmara, os conventos e mosteiros, a Santa Casa e igrejas, assim como solares e palácios – representam edifícios notáveis no acervo barroco luso-brasileiro.

Em 1985, foi a vez de o Brasil apresentar o Santuário do Bom Jesus de Matosinhos, em Congonhas, localizado em um outeiro (Alto do Maranhão), fronteiro ao Centro Histórico da cidade. O Santuário é constituído pela Igreja do Senhor Bom Jesus e pelo Adro dos Profetas – localizados no topo do outeiro – e pelas capelas dos Passos, na encosta que dá acesso ao adro. O conjunto arquitetônico e escultórico de Congonhas constitui obra-prima no acervo barroco brasileiro e mundial, elemento marcante entre os sacros montes que foram temas recorrentes nos séculos XVII e XVIII. Entre eles, o Santuário de Congonhas ressalta pela conjugação perfeita entre a arquitetura do Escadório e do Adro e o conjunto escultórico dos Doze Profetas assentes nos parapeitos, obras do arquiteto–escultor, Antonio Francisco Lisboa, o Aleijadinho.

Em 1987, por iniciativa do então governador do Distrito Federal, José Aparecido de Oliveira, o Conjunto Urbanístico do Plano Piloto é apresentado ao Comitê do Patrimônio Mundial. Para isso, um dossiê foi elaborado por um grupo de técnicos do Iphan/Pró–Memória, do governo local, e da Universidade de Brasília (UnB). Havia um problema capaz de dificultar essa inscrição: o fato de o Comitê, pouco antes, ter decidido retardar qualquer aceitação de bem contemporâneo até a

Mapa da Comarca de Villa Rica, século XVIII. · *Mapa de la Comarca de Villa Rica, siglo XVIII.* · *Map of Ouro Preto, XVIII century.*

definição de critérios específicos para a matéria. O Icomos, ao avaliar o dossiê, produziu um relatório do mais alto gabarito cultural, elaborado pelo professor Léon Pressouyre, favorável à inscrição. Brasília foi o primeiro bem cultural, núcleo histórico, contemporâneo, declarado Patrimônio da Humanidade. A cidade idealizada por Lucio Costa se fundamentou nas propostas dos Congressos Internacionais de Arquitetura Moderna(CIAMs) , com características próprias de circulação, de setores diferenciados de ocupação, de massas arbóreas e de áreas livres. Brasília foi inscrita como obra-prima da criação humana, um exemplo eminente que ilustra um período cultural.

O Parque Nacional Serra da Capivara, em São Raimundo Nonato, no sudeste do Estado do Piauí, foi inscrito, em 1991, como bem cultural da Humanidade, por seu valor arqueológico, abrigando a maior concentração de sítios conhecidos nas Américas, com pinturas e gravuras rupestres que datam a presença humana desde cerca de 50 mil anos. Sítio de valor cultural e natural, está sob a responsabilidade da Fundação Museu do Homem Americano (Fundham).

Em 1997, por iniciativa do governo do Estado do Maranhão, foi inscrito, como bem cultural da Humanidade, o Centro Histórico da cidade de São Luís, localizado na confluência dos rios Anil e Bacanga, frente à Baía de São Marcos. Fundada em 1612 pelos franceses, a ilha de São Luís foi reconquistada pelos portugueses logo a seguir, sendo o núcleo urbano organizado segundo plano do engenheiro militar Francisco Frias da Mesquita, com traçado reticulado, a despeito da topografia irregular do sítio. São Luís foi a primeira cidade européia na região equatorial. Foi capital do Estado do Maranhão, quando da divisão do Brasil em dois governos. É notável seu acervo de arquitetura civil, sobrados e térreos com frontarias revestidas de azulejo. Foi inscrita como um conjunto arquitetônico, núcleo urbano adaptado às condições climáticas da América Equatorial, conservando a ambientação paisagística original.

Em 1999, foi a vez de o Centro Histórico da cidade de Diamantina (MG) ser apresentado e inscrito como bem cultural da Humanidade. Núcleo fundado a partir da lavra de diamantes e de pedras preciosas, o Arraial do Tejuco, depois Diamantina, localiza-se em uma paisagem agressiva assente em uma escarpa rochosa, tendo a sua frente a falésia abrupta da Serra dos Cristais. Ao centro do núcleo, em trecho mais plano da topografia, a trama urbana apresenta-se reticulada e se liga, pelos eixos viários, com os arraiais periféricos e as áreas onde se minerava. O acervo arquitetônico apresenta, em sua quase totalidade, estrutura aparente de madeira e vedações de taipa de sebe ou de adobe, tanto nas igrejas, como no acervo civil, na sua maioria constituída por sobrados com dois pisos.

Nesse mesmo ano, foi apresentada ao Patrimônio Mundial a atualização da lista indicativa do Brasil. Além do Centro Histórico de Diamantina, foram acrescentados ou confirmados os seguintes bens culturais: a cidade de Goiás, os conventos franciscanos do Nordeste, o Mosteiro de São Bento no Rio de Janeiro, e os bens contemporâneos: Palácio Gustavo Capanema, no Rio de Janeiro, e o conjunto arquitetônico e de lazer da Pampulha, em Belo Horizonte (MG).

Da relação, constam os seguintes bens da fase barroca: o Mosteiro de São Bento (RJ), de origem Seiscentista, que se mantém autêntico e com a mesma utilização original, e os conventos franciscanos do Nordeste, que formam uma série arquitetônica com características próprias, constituindo exemplares distintos no acervo luso-brasileiro e mesmo mundial. Compreendem unidades localizadas em João Pessoa, na Paraíba; em Olinda, Ipojuca, Igarassu e Recife, em Pernambuco; em Marechal Deodoro e Penedo, em Alagoas; em São Cristóvão, em Sergipe; e em Salvador, São Francisco do Conde, Cairu e Paraguaçu, na Bahia.

Do período contemporâneo, o Palácio Gustavo Capanema, inicialmente Ministério de Educação e Saúde, é a edificação de vulto mais antiga, no âmbito mundial, concebida segundo as propostas de Le Corbusier. Seu projeto é de uma equipe brasileira coordenada por Lucio Costa. O conjunto arquitetônico da Pampulha, obra de Oscar Niemeyer, representou também o início de uma releitura da arquitetura filiada a Le Corbusier, que teve influência maior no acervo brasileiro.

Brasil y el Patrimonio Mundial

Augusto C. da Silva Telles – Arquiteto y Conservador del Patrimonio

La Convención del Patrimonio Mundial – Cultural y Natural fue aprobada por la Unesco en 1972. Se propuso la preservación, a nivel internacional, de los bienes culturales y naturales que, localizados en diferentes países, tuviesen un valor excepcional en el contexto mundial. La ocurrencia de un accidente que provocara la destrucción o la descaracterización de uno de esos bienes representaría una pérdida irreparable para la humanidad. La Convención enfatizó que la competencia y la responsabilidad de la preservación de los bienes culturales y naturales caben, en primera instancia, al país donde ellos se sitúan, y el apoyo financiero, técnico, científico y cultural al concierto de las naciones, cuando haya imposibilidad o deficiencia del país para realizar inventarios, proyectos y/u obras de restauración o de valorización de sus bienes culturales.

La Convención entró en vigor en 1975, cuando veinte naciones habían firmado el término de adhesión. En 1976 fue creado el Comité del Patrimonio Mundial, constituido por técnicos representantes de los países que adhirieron a la Convención, elegidos, cada tercio, de dos en dos años, por períodos de seis años. Anualmente, son elegidos el presidente y los vicepresidentes, los cuales componen el Bureau. Al comité le compete organizar su reglamento interno, definir criterios y realizar la selección de los bienes que serán inscritos en las listas del Patrimonio Mundial y del Patrimonio Mundial en Peligro. Cabe también al Comité definir el destino de los presupuestos del Fondo del Patrimonio Mundial (creado también en 1976), formado por la contribución bienal de los países miembros. Participan del Comité, como consultores para la cultura, los representantes del Icomos, (Consejo Internacional de Monumentos y Sitios) y del Iccrom (Centro Internacional de Estudios Para la Conservación y la Restauración de Bienes Culturales) y, para la naturaleza, del Iucm (Unión Internacional para la Conservación de la Naturaleza).

Brasil se adhirió a la Convención en 1977.

En 1980, la ciudad de Ouro Preto fue presentada, por Brasil, para ser inscrita en la Lista del Patrimonio Mundial, como obra maestra de la creación humana, un núcleo urbano excepcional e íntegro del período del Ciclo de Oro del siglo XVIII. Se localiza a lo largo de la falda de la sierra de Ouro Preto, junto a los lechos de los afluentes donde se practicaba la minería, y baja hasta el fondo del valle. En el paisaje urbano, sobresale el acervo barroco-rococó de la arquitectura religiosa y civil, en el cual se destacan las matrices del Pilar y de la Concepción y las iglesias del Carmen y de San Francisco de Asís, obras maestras de Antonio Francisco Lisboa, el Aleijadinho.

En secuencia, el centro histórico de Olinda fue inscrito en 1982. Núcleo formado a partir del inicio de la colonización de Brasil, elemento importante del Ciclo de la Caña de Azúcar, posee alto valor cultural y paisajístico, conservando aún la trama urbana original y el acervo arquitectónico donde dominan los conventos e iglesias de los Seiscientos y de los Setecientos, envueltos en una vegetación tropical lujuriosa. Se asienta en una sucesión de elevaciones a la orilla del océano. Aloísio Magalhães se preparaba para comparecer al Bureau del Patrimonio Mundial, a fin de orientar

y defender la inscripción de Olinda, cuando falleció en Venecia, pocos días antes. Había producido una serie de diseños y litografías sobre Olinda para presentar a los participantes del Bureau, como elementos de ilustración para la inscripción. Fui indicado para sustituirlo en la reunión donde, al final, mostré las litografías de Aloísio, las cuales fueron comentadas y apreciadas por los participantes, principalmente por el presidente del Icomos, Michel Parent.

La siguiente propuesta se dio en 1983: la de las ruinas de San Miguel de las Misiones, uno de los Siete Pueblos de las Misiones Jesuitas, localizados en el actual territorio brasileño. Esas ruinas son las únicas que mantienen íntegros el frontis de la iglesia y el campanario. En un rincón de la antigua plaza fue edificado, en 1938, el Museo de las Misiones, según el proyecto de Lucio Costa, a fin de acoger y mostrar las esculturas y elementos de la construcción misionera existentes en Brasil. El mismo año (1983), fue realizada una reunión con el gobierno argentino, ocasión en que se acordó que ese país presentaría los acervos misioneros allá existentes al año siguiente, y que, con el de San Miguel, constituirían un conjunto transfronterizo, Misiones Jesuítas de los Guaraníes, lo que vino a atender una indicación formulada por el Bureau del Patrimonio Mundial. (Paraguay no hizo parte de ese acuerdo por no haberse adherido todavía a la Convención y es de extrañar que su acervo misionero, cuando fue presentado, no haya sido inscrito junto con los acervos argentino y brasileño). Esas inscripciones fueron antecedidas por lanzamiento – Unesco, 1978 – de la Campaña Internacional a favor de la preservación de las Misiones Jesuito-Guaraníes, fruto de la solicitud brasileña, argentina y paraguaya.

Aún en 1983, ocurrieron dos hechos relacionados a la Convención: la entrega, por parte de Brasil, de la primera lista indicativa de los bienes susceptibles de ser presentados al Patrimonio Mundial; y la misión Michel Parent, solicitada a la Unesco, con la finalidad de analizar y opinar sobre esas indicaciones. Constaban, de esa lista: el Centro Histórico de Salvador, el Santuario de Buen Jesús de Matosinhos, en Congonhas, el Convento de San Antonio, en João Pessoa, el Monasterio de San Benito y el Palacio Gustavo Capanema, en Río de Janeiro. El informe de Parent, competente, minucioso y exhaustivo, analiza y aprueba los bienes constantes de la lista y propone otros para ser examinados por el gobierno brasileño: el conjunto arquitectónico de Pampulha, en Belo Horizonte, el Plan Piloto de Brasilia, y el centro histórico de San Luiz y la ciudad de Tiradentes, además de un ingenio de azúcar, una hacienda de café y de alguna edificación referente al Ciclo del Caucho.

Al año siguiente (1984), Brasil presentó al Consejo del Patrimonio Mundial el Centro Histórico de la ciudad de Salvador, ciudad fundada para ser sede el Gobierno General de Brasil. Se asienta en lo alto de una sierra, al margen de la bahía de Todos los Santos, teniendo en la falda, a orillas del mar, el puerto con instalaciones comerciales. El puerto, denominado, en documentos de la época, "Puerto de Brasil", dio su apoyo a las navegaciones de Portugal para los demás puntos del litoral brasileño y de la costa africana, y a la Flota de las Indias. Primera capital de Brasil,

adoptó el trazado inicial, en el trecho entre la escarpa marítima y el valle del río de las Tripas, hoy Bajada del Zapatero. El acervo arquitectónico civil y religioso – la Casa de Cámara, los conventos y monasterios, la Santa Casa e iglesias, así como solares y palacios – representan edificios notables en el acervo barroco lusobrasileño.

En 1985, fue la vez de Brasil presentar el Santuario de Buen Jesús de Matosinhos, en Congonhas. Se localiza en un patio conventual (Alto de Maranhão), al frente del centro histórico de la ciudad. El santuario está constituido por la iglesia del Señor Buen Jesús y por el atrio de los Profetas – localizados en lo alto del patio conventual – y por las capillas de los Pasos, en el declive que da acceso al atrio. El conjunto arquitectónico y escultórico de Congonhas constituye obra maestra en el acervo barroco brasileño y mundial, elemento marcante entre los sacromontes que fueron temas recurrentes en los siglos XVII y XVIII. Entre ellos, el santuario de Congonhas se destaca por la conjugación perfecta entre la arquitectura de escalas y del atrio y el conjunto escultórico de los doce profetas afirmados en los parapetos, obras del arquitecto escultor, Antonio Francisco Lisboa, el Aleijadinho.

Por iniciativa del entonces gobernador del Distrito Federal, José Aparecido de Oliveira, Brasilia fue presentada, en 1987, al Comité del Patrimonio Mundial. Para eso, un documento fue elaborado por un grupo de técnicos del Iphan, del gobierno local y de la Universidad de Brasilia. Había un problema capaz de dificultar esa inscripción: el hecho de que el Comité, poco antes, había decidido retardar cualquier aceptación de bien contemporáneo hasta la definición de criterios específicos para la materia. El Icomos, al evaluar el documento, realizó un informe del más alto nivel cultural, elaborado por el profesor León Pressouyr, favorable a la inscripción. Brasilia fue el primer bien cultural, núcleo histórico, contemporáneo, declarado patrimonio de la humanidad. La ciudad idealizada por Lucio Costa se fundamentó en las propuestas de los CIAMs (Congresos Internacionales de Arquitectura Moderna), con características propias de circulación, de sectores diferenciados de ocupación, de masas arbóreas y de áreas libres. Brasília fue inscrita como obra maestra de la creación humana, un ejemplo eminente que ilustra un período cultural.

El Parque Nacional Sierra de Capivara, en San Raimundo Nonato, al sudeste del Estado de Piauí, fue inscrito, en 1991, como bien cultural de la humanidad, por su valor arqueológico, abrigando la mayor concentración de sitios conocidos en las Américas, con pinturas y grabados rupestres que datan la presencia humana, desde cerca de -50.000 años. Es un sitio de valor cultural y natural bajo la responsabilidad de la Fundación del Museo del Hombre Americano (Fundham).

En 1997, por iniciativa del gobierno del Estado de Maranhão, fue inscrito, como bien cultural de la humanidad, el Centro Histórico de la ciudad de San Luiz. Se localiza en la isla de San Luiz, en la confluencia de los ríos Anil y Bacanga, frente a la bahía de San Marcos. Fundada en 1612 por los franceses que habían ocupado la isla, fue reconquistada por los portugueses luego después, siendo el núcleo urbano organizado según el plano del

Brazil and the World Heritage

Augusto C. da Silva Telles – Architect and Heritage Curator

ingeniero militar Francisco Frias da Mesquita, con trazado reticulado, a despecho de la topografía irregular del sitio. San Luiz fue la primera ciudad europea en la región ecuatorial. Fue capital del Estado de Maranhão, cuando Brasil se dividió en dos gobiernos. Es notable su acervo de arquitectura civil, sobrados y plantas bajas con frentes revestidos de azulejos. Fue inscrita como un conjunto arquitectónico, núcleo urbano adaptado a las condiciones climáticas de América Ecuatorial, conservando la ambientación paisajística original.

En 1999, fue la vez de presentar el núcleo histórico de la ciudad de Diamantina y fue inscrito como bien cultural de la humanidad. Núcleo fundado a partir de la extracción de diamantes y piedras preciosas, el Arraial del Tejuco, después Diamantina, se localiza en un paisaje agresivo asentado en una escarpa rocosa, teniendo a su frente, el cañón abrupto de la Sierra de los Cristales. Al centro del núcleo, en trecho más plano de la topografía, la trama urbana se presenta reticulada y se une, a través de ejes viales, con los campamentos periféricos y las áreas donde se hacía minería. El acervo arquitectónico presenta, en casi su totalidad, estructura aparente de madera y amurallado de tapias de tabiques o de adobe, tanto en las iglesias, como en el acervo civil, en su mayoría constituida por sobrados con dos pisos.

En ese mismo año de 1999, fue presentada al Patrimonio Mundial, la actualización de la lista indicativa de Brasil. Además del centro histórico de Diamantina, que se encontraba en análisis, fueron agregados o confirmados los siguientes bienes culturales: ciudad de Goiás, conventos franciscanos del Nordeste, Monasterio de San Benito en Río de Janeiro, y los bienes contemporáneos Palacio Capanema en Río de Janeiro y el conjunto arquitectónico y de esparcimiento de la Pampulha, en Belo Horizonte.

La ciudad de Goiás fue indicada al año siguiente, 2000. Esta ciudad cons-tituye el inicio del avance portugués además de la línea del Tratado de Tordesillas, a partir de la búsqueda de oro y piedras preciosas.

De la relación, constan los siguientes bienes de la fase barroca: los conventos franciscanos del Nordeste que forman una serie arquitectónica con características propias, constituyendo ejemplares distintos en el acervo lusobrasileño e incluso mundial.

Comprenden unidades localizadas en João Pessoa en Paraíba, en Olinda, Ipojuca, Igarassu y Recife en Pernambuco, en Marechal Deodoro y Penedo en Alagoas, en San Cristóbal, en Sergipe y en Salvador, San Francisco del Conde, Cairu y Paraguaçu en Bahía. El Monasterio de San Benito en Río, de origen seiscentista, se mantiene auténtico y con la misma utilización original.

Del período contemporáneo, el Palacio Capanema, inicialmente Ministerio de Educación y Salud, es la edificación de porte más antigua, en el ámbito mundial, concebida según las propuestas de Le Corbusier y su proyecto es de un equipo brasileño coordinado por Lucio Costa; y el conjunto arquitectónico de la Pampulha, obra de Oscar Niemeyer, representó el inicio de una relectura de la arquitectura afiliada a Le Corbusier, que tuvo mayor influencia en el acervo brasileño.

Unesco adopted the Convention on the Protection of the World Cultural and Natural Heritage in 1972 to provide international encouragement for the preservation of cultural and natural properties of outstanding value in the world context. Accidental destruction or damage to one of these sites would be an irreparable loss to mankind. The Convention emphasised that the competence and responsibility for the conservation of cultural and natural property lies, in the first instance, with the individual countries in which said property is found. Nevertheless, if for some reason a particular country cannot draw up proper inventories, execute projects and/or restore work, or enhance its cultural properties, then it is up to the international community to provide financial, technical, scientific, and cultural support to this end.

Twenty nations signed the terms of the Convention at its enactment in 1975. The World Heritage Committee was set up in 1976 with specialists representing the member countries. Every two years, one third of the seats are renewed for a six-year tenure, and a Bureau – consisting of a chairperson, rapporteur, and deputy chairpersons – is elected annually. The Committee rules on procedural matters and sets criteria for selection of the properties to be listed as World Heritage or Endangered World Heritage. It also manages budget allocations from the World Heritage Fund (also set up in 1976), which is financed by biennial contributions from member states. The Committee's work relies on the assistance of culture consultants appointed by the Icomos (International Council on Monuments and Sites), Iccrom (International Centre for the Study of the Preservation and Restoration of Cultural Property), and nature advisers from Iucn (World Conservation Union).

Brazil signed the Convention in 1977.

In 1980, Brazil applied for the town of Ouro Preto to be inscribed in the World Heritage List as a masterwork of human creativity and as an exceptional and complete urban centre dating from the 17th-century gold-mining boom in the state of Minas Gerais. Nestled in the foothills of the Ouro Preto Mountains, it expanded from the riverbeds where miners panned for gold, down to the bottom of the valley. The rococo style of religious and civil architecture prevails in the townscape, particularly the diocesan churches of Our Lady of Pilar and the Immaculate Conception and the parish churches of Our Lady of Carmel and of Saint Francis of Assisi, with the masterpieces by Antonio Francisco Lisboa, known as "Aleijadinho" (the cripple).

Soon after, in 1982, another Brazilian site was listed: the historical centre of Olinda, a town founded at the beginning of the colonial period in the state of Pernambuco which played a key role in the country's economy during the sugarcane boom. Perched on a chain of hills overlooking the ocean, Olinda boasts outstanding cultural and picturesque value in the conservation of its original layout, a fine collection of 16 th and 17th-century architecture including monasteries and churches, and lush tropical vegetation. Aloísio Magalhães was due to visit the World Heritage Bureau to assist with the inscription of Olinda, but just a few days before the meeting he passed away in Venice. He had produced a series of drawings and lithographs on the theme of Olinda to show Bureau members that the town merited listing. I was designated to take Magalhães's place at the meeting, on which occasion I showed his lithographs. As the meeting ended, there was praise and acclaim for his work – particularly from Icomos chairperson, Michel Parent.

The next application for listing was in 1983: the ruins of São Miguel das Missões (Saint Michael of the Missions), one of seven Jesuit mission communities located on what is now Brazilian territory. These ruins are the only remains of mission churches whose façade and belfry remain intact. In 1938, the mission museum (Museo das Missões) designed by Lucio Costa was built to house and display historical sculptures and other antiques from Jesuit missions in Brazil. Returning to 1983, another meeting was held in this same year with the Argentine government, which agreed to nominate its own mission-related sites in the following year. Together with the São Miguel site, they were to constitute a cross-border complex of Jesuit-Guarany Mission communities – a suggestion made by the World Heritage Bureau. (Paraguay was not party to the agreement, as it had not signed the Convention. Later, when its historical mission sites were presented, for some peculiar reason there was no request that they be inscribed in association with the Argentine and Brazilian sites). The inscriptions followed UNESCO's launch of an international campaign for the conservation of the Jesuit-Guarany Missions, in response to requests from Brazil, Argentina and Paraguay (1978).

There were further developments regarding of the Convention in 1983 when Brazil put forward its first list of candidates for World Heritage listing, and a UNESCO mission (led by Michel Parent) was asked to analyse and decide on the proposals. The list comprised the historical town centre of Salvador; the Bom Jesus de Matosinhos Sanctuary, in Congonhas; Convento de São Antonio (Saint Anthony Monastery), in João Pessoa; Mosteiro de São Bento (Saint Benedict Monastery), and the Gustavo Capanema Palace, in Rio de Janeiro. Parent's competent, meticulous, and exhaustive report not only reviewed and approved the sites on the application, but also proposed further properties for the consideration of the Brazilian government: the Pampulha architectural complex, in Belo Horizonte; the Brasilia Pilot Plan; the Centre of São Luiz in Maranhão, and the town of Tiradentes, in Minas Gerais, in addition to a sugar-mill, a coffee plantation, and some buildings associated with the period of the rubber boom.

The following year (1984), Brazil proposed the Historical Town Centre of Salvador (BA), at the World Heritage Council. Salvador was founded in the 16th century to be the capital of the General Government of Brazil. It was built on a hill above All Saints Bay, overlooking the harbour and trading facilities. Initially the settlement, which in the documents of the time is mentioned as "Porto do Brasil," was a port of call for the Indies fleet and Portuguese navigators on their voyages to other parts of the Brazilian and African coasts. Salvador was the first town in Brazil and the country's first capital; it was laid out in a reticulated pattern suited to the topography of the site. As it evolved, the town conserved the original layout in the area between the shore cliffs and the Tripas River valley, known today as Baixa do Sapateiro (literally, Cobbler's Lowland). There are many architectural and religious sites – Casa da Câmara (a council chamber), convents and monasteries, charity hospital, and churches, as well as mansions and palaces – all outstanding buildings in the Brazilian-Portuguese baroque tradition.

In 1985, Brazil nominated the Bom Jesus de Matosinhos Sanctuary, perched on Alto do Maranhão, a hillock on the edge of the historical town centre of Congonhas.

The sanctuary complex comprises the church of Senhor Bom Jesus with its churchyard and statues of the Prophets atop the hillock, and the Passos (chapels and stations of the Cross) on the slope leading to the churchyard. The set of architectural and sculptural properties at Congonhas is a masterwork of Brazilian and world baroque. It stands out among the religious mounts that provided recurrent themes in the 17th and 18th centuries. The sanctuary at Congonhas created by architect and sculptor Antonio Francisco Lisboa, known as Aleijadinho, is particularly noteworthy for the perfect match between the stairway architecture, the courtyard, and the sculptural group of the twelve prophets on the parapets.

At the initiative of the then governor of the Federal District, José Aparecido de Oliveira, Bra-sília's nomination was submitted to the World Heritage Committee in 1987. To this end, a dossier was compiled by a group of specialists drawn from the local government (Iphan) and the University of Brasília. There was a potential hindrance, however, in the fact that the Committee had decided shortly before to delay any acceptance of a contemporary site, pending the establishment of more specific criteria. Upon evaluating the dossier, Icomos produced a cultural report of the highest calibre drafted by Professor Léon Pressouyre, who was favourable to listing. Brasilia was the first contemporary cultural property to be declared World Heritage. The city, designed by Lucio Costa, was based on proposals from CIAMs (International Congresses of Modern Architecture) to include special features for traffic flow, differentiated occupation, green areas, and ample free space. Brasilia was listed as a masterpiece of human creation, an eminent example that illustrates a cultural period.

The Serra da Capivara National Park, in São Raimundo Nonato, in the southeastern region of the state of Piauí, was listed as Cultural World Heritage for its archaeological value in 1991. The park is home to the largest concentration of know sites in the Americas, with cave paintings and inscriptions that date human presence back to around 50,000 years ago. As Cultural and Natural Heritage, it is entrusted to Fundação do Museu do Homem Americano (the Foundation of the Museum of American Man) – FUNDHAM.

In 1997, at the initiative of the Maranhão State Government, the historical town centre of São Luís was inscribed in the World Cultural Heritage. Located on São Luís island, in the delta of the Anil and Bacanga rivers,

Interior da Igreja do Carmo, em Diamantina (Aquarela de Lucio Costa).
Interior de la Iglesia del Carmen, en Diamantina (Acuarela de Lucio Costa).
Interior of Carmo Church in Diamantina (water colour by Lúcio Costa).

near São Marcos bay, the city was founded in 1612 during the French occupation. Soon after that, however, the Portuguese retook the island. Military engineer Francisco Frias de Mesquita, despite the uneven topography of the area, planned the town centre on a rectilinear grid. São Luís was the first European city to be built in the equatorial region. It was designated capital of the state of Maranhão when Brazil was divided into two governments. Its particularly remarkable architecture boasting tiled façades was listed as an architectural property and the town centre adapted to the climatic conditions of Equatorial America so as to conserve its original landscape features.

In 1999, it was the turn of the historical town centre of Diamantina to be nominated and listed as World Cultural Heritage. The original mining settlement, Arraial do Tejuco, was founded in the early 18th century by prospectors of diamonds and precious stones. Later renamed Diamantina, the town is located on rugged terrain atop a rocky escarpment facing the Serra das Cristais cliff. At its centre, on a flatter

stretch of terrain, streets are laid out as a grid and connected through radial roads to the outlying former mining areas and camps. The architecture of both the churches and civil buildings is almost entirely of apparent woodwork structures filled with wattle and daub or adobe, most having two storeys.

In the same year, 1999, Brazil provided the World Heritage with an updated list of prospective sites. In addition to the historical centre of Diamantina, the following cultural properties were added or confirmed: the town of Goiás; Franciscan monasteries in the Northeast; the Saint Benedict monastery in Rio de Janeiro, and the contemporary sites: Palácio Capanema, in Rio de Janeiro, and the Pampulha park and architectural complex, in Belo Horizonte.

The town of Goiás was nominated the following year, 2000. This town stands as landmark of the advance of Portuguese explorers beyond the boundary set by the Treaty of Tordesillas, in search of gold and precious stones.

The following properties from the Brazilian Baroque period are also on the list of nominations: the Franciscan monasteries of the Northeast, which comprise an architectural series with special features, constituting distinctive examples of the Brazilian-Portuguese heritage. These monasteries are located in João Pessoa, in the state of Paraíba; Olinda, Ipojuca, Igarassu, and Recife, in the state of Pernambuco; Marechal Deodoro and Penedo, in the state of Alagoas; São Cristóvão, in the state of Sergipe; Salvador, São Francisco do Conde, Cairu, and Paraguaçu, in the state of Bahia. The 17th-century Benedictine monastery in Rio de Janeiro still serves the same purpose as when originally built.

From the contemporary period, Palácio Capanema, initially the Ministry of Education and Health, is the oldest major construction worldwide to be designed according to Le Corbusier plans, in this case by a Brazilian team under Lucio Costa. The Pampulha complex represents the architecture of Oscar Niemeyer and the onset of a rereading of architectural concepts associated with Le Corbusier, who had a major influence on Brazilian architecture.

Patrimônio Mundial Natural no Brasil

Aziz Ab'Saber

Geógrafo

Mais cedo ou mais tarde, todos os que se iniciam nas difíceis tarefas das ciências da natureza atingem a idéia de que os espaços ecológicos e suas paisagens representativas constituem sempre uma grande herança. Na verdade, uma herança no mais amplo sentido da palavra: herança de processos biogeoquímicos e patrimônio coletivo dos povos que historicamente os herdaram como território de atuação de suas comunidades.

Conhecer outras terras e lugares, ambientes sociais diversos daqueles de seu cotidiano habitual, viajar pelo interior de seu continente ou por distantes paragens de além-mar, aprimora o espírito de observação do homem. As viagens foram – e continuam sendo – oportunidades ímpares para comparar mundos diferentes, em suas variáveis físicas, ecológicas, econômicas e culturais. Mais do que isso, porém, elas foram – e continuam sendo – estímulo propulsor para potencializar a capacidade de comparação sistemática de quadros territoriais por parte de pesquisadores e cidadãos sensíveis, voltados para as ciências da terra, da vida e do homem.

O conhecimento dos atributos territoriais de uma nação tem interesses e fins múltiplos. É, em primeiro lugar, uma empreitada cultural e científica, que sempre envolve o trabalho de muita gente, ao longo de prolongados tempos: viajantes naturalistas, cartógrafos, geólogos e geógrafos. Envolve ainda informações complementares de escritores, ensaístas, técnicos, historiadores, sociólogos e antropólogos.

Uma primeira visão integrada das condições da natureza brasileira foi feita por Pero de Magalhães Gândavo, em seu *Tratado da Terra do Brasil* (1570?). Havia um endereço consciente na obra de Gândavo: alertar os portugueses da Metrópole sobre as qualificações das terras portuguesas de além-mar. "Minha intenção não foi outra neste sumário (discreto e curioso leitor) senão denunciar em breves palavras a fertilidade e abundância da terra do Brasil, para que esta fama venha à notícia de muitas pessoas que nestes Reinos vivem com pobreza, e não duvidem em escolhê-la para seu remédio".

Nos escritos de Gândavo há muito mais densidade de informação do que em todos os cronistas da época: "Há por baixo destes arvoredos grandes matos e muito basto e de tal maneira está escuro e serrado em partes que nunca participa o chão da quentura nem da claridade do Sol, e assim está sempre úmido emanando água de si." Essa é a mais antiga referência empírica sobre a estrutura da mata atlântica brasileira, na visão de um cronista do século XVI. Gândavo foi, neste sentido, o primeiro cronista a cunhar um registro nitidamente ecológico sobre as matas tropicais brasileiras.

O século XVI foi a época em que os colonizadores mantiveram contato com apenas um dos grandes domínios da natureza brasileira. No caso, a fachada atlântica do país. Domínio de climas quentes e úmidos, revestido pelas porções mais costeiras das matas atlânticas. Área que, por oposição à zonalidade das terras amazônicas, é responsável por uma larga faixa norte-sul de florestas atlânticas, em disposição geográfica francamente azonal. Na sua essência, o território português no Brasil Oriental era marcadamente intertropical. Na costa do Brasil, ao terminar o primeiro século de colonização, existiam ao todo dezesseis núcleos ou aglomerações semi-urbanas, totalmente amarradas a fundeadouros naturais para as caravelas portuguesas.

À altura do século XVII, o Brasil já não era mais aquele fatiado geométrico das capitanias hereditárias. Os colonizadores já enfrentavam, nas múltiplas atividades, as condições climáticas, ecológicas e bióticas de diferentes domínios da natureza intertropical: o domínio florestal amazônico, o domínio das caatingas e faixas de transição, o domínio dos cerrados. E, ao mesmo tempo em que se ampliava a conquista do litoral sul, de Iguape a Paranaguá, iniciava-se a conquista dos planaltos de Araucárias, com seus bosques de pinheiros e matas subtropicais associadas. Dessa forma, multiplicavam-se as experiências com outras paisagens e, acima de tudo, com outros ambientes naturais. Testava-se a eficiência produtiva de diversos tipos de espaços, aplicando a cada um deles um sistema de economia mais adequado e plausível: plantações tropicais na zona costeira do Nordeste, pecuária nos sertões dotados de caatingas ou cerrados, coleta nas florestas e pesca nos rios e lagos.

Durante muito tempo, as condições paisagísticas do país foram tachadas de monótonas e extensivas. Observadores estrangeiros que visitaram o Brasil na primeira metade deste século, habituados às diferenças de paisagens existentes, a curto espaço, no território europeu, não tiveram sensibilidade suficiente para perceber as sutis variações nos padrões de paisagens e ecossistemas de nosso território inter e subtropical. Isso provocou um certo retrocesso em relação aos conhecimentos acumulados no decorrer do século XIX, mormente no que concerne às contribuições pioneiras dos viajantes naturalistas.

O território de um país de grandes dimensões, como o Brasil, deve certamente ser conhecido em face do setor do continente em que se localiza, das latitudes que atravessa, dos domínios climáticos e ecológicos que condicionam suas potencialidades produtivas e do ambiente de vida das populações e comunidades nele residentes. É fundamental que as características e saberes populares das civilizações que ocupam uma área sejam levados em conta na formulação de projetos desenvolvimentistas.

Litografia do naturalista Friedich Phillipe de Martius (1836-1850), retratando a floresta Atlântica. *Areca Triarcha – Historia Naturalis Palmarum*, vol. III
Litografía del naturalista Friedich Phillipe de Martins (1836-1850), retratando la floresta Atlántica. • *Lithographic print by naturalist Friedrich Phillipe de Martius (1836-1850) depicting the Atlantic Forest.*

O Brasil ocupa toda a porção centro-oriental do continente sul-americano, envolvendo faixas predominantemente tropicais e extravasando-se por áreas subtropicais e por áreas muito reduzidas de climas temperado-cálidos. Devido à sua magnitude, o território brasileiro comporta um mostruário bastante completo das principais paisagens e ecologias do mundo tropical. Pode-se afirmar que um pesquisador ativo, em poucos anos de investigação, poderia percorrer e analisar a maior parte das grandes paisagens que compõem o mosaico paisagístico e ecológico do país.

Trata-se de uma vantagem que se acrescenta a outras, no incentivo dos estudos sobre as potencialidades paisagísticas regionais brasileiras. No conjunto das terras emersas coube ao mundo tropical a maior herança de biodiversidade da face do planeta Terra. Em acréscimo, parte da riqueza da vida aquática dos mares quentes depende da interação dos ecossistemas e hidrossistemas tropicais com as condicionantes das águas costeiras. Por suas dimensões, o Brasil tem uma enorme responsabilidade mundial, um papel preponderante a ser assumido com convicção.

Pode-se afirmar que os espaços territoriais têm sempre o caráter de inscrições paisagísticas derivadas de processos de atuação antiga, mais propriamente geológicas – remodelados por sincopados processos relativamente recentes. Dessa forma, vistos pela ótica de nosso tempo, espaços ecológicos e paisagens significativas têm o caráter de um palimpsesto da natureza, muitas vezes complicado por ações antrópicas sucessivas.

Mas o homem que decidiu desde tempos coloniais ficar aqui, renunciar ao Velho Mundo e construir o seu próprio Novo Mundo, ainda tem muito que aprender sobre a riqueza que hoje possui o seu país. A ninguém é dado se omitir ou compactuar em relação às múltiplas e interconectadas agressões que ameaçam uma biodiversidade que levou alguns bilhões de anos para ser naturalmente elaborada.

Tremendo deve ter sido o impacto, a surpresa e a paixão dos primeiros viajantes deste país continente. "Se houver paraíso na Terra, não deve ficar longe", afirmou Américo Vespúcio. Como se deu a conciliação entre o homem e a Terra, e se transformou em entusiasmo? Quem primeiro se sentiu bem no novo meio? Devemos entender a riqueza ambiental brasileira não só como um patrimônio científico, natural. Trata-se de uma gigantesca fonte de inspiração e de criatividade para o homem que modelou suas culturas em função dessa riqueza. Desde nossa rica pré-história até os dias de hoje.

Patrimonio Mundial Natural de Brasil

Aziz Ab´Saber – Geógrafo

Más temprano o más tarde, todos los que se inician en las difíciles tareas de las ciencias de la naturaleza alcanzan la idea de que los espacios ecológicos y sus paisajes representativos constituyen siempre una gran herencia, en su significado más amplio. En verdad, se trata de una herencia en todo el sentido de la palabra: herencia de procesos fisiológicos y biológicos, y patrimonio colectivo de los pueblos que históricamente las heredaron como territorio de actuación de sus comunidades.

Conocer otras tierras y lugares, ambientes sociales diferentes de aquellos de su cotidiano habitual, viajar por el interior de su continente o por distantes parajes más allá del mar, perfecciona el espíritu de observación del hombre. Los viajes fueron - y continúan siendo - oportunidades inigualables para comparar mundos diferentes, en sus variables físicas, ecológicas, económicas y culturales.

Navigación sur Rio Doce -1822. (Bico–de–pena). Autor: Maximilian Alexander Phillip.
Navegación sobre el Río Doce -1822 (Plumilla). • *"Navigación sur Rio Doce" (Pen-and-ink drawing).*

Sin embargo, más que eso, los viajes fueron y continúan siendo – estímulo propulsor para potencializar la capacidad de comparación sistemática de cuadros territoriales por parte de investigadores y ciudadanos sensibles, volcados para las ciencias de la tierra, de la vida y del hombre.

El conocimiento de los atributos territoriales de una nación tiene intereses y fines múltiples. En primer lugar, es una empresa cultural y científica, que siempre envuelve el trabajo de mucha gente, a lo largo de prolongados tiempos: viajeros naturalistas, cartógrafos, geólogos y geógrafos. Envuelve además, informaciones complementarias de escritores, ensayistas, técnicos, historiadores, sociólogos y antropólogos.

Una primera visión integrada de las condiciones de la naturaleza brasileña fue hecha por Pero de Magalhães Gândavo: alertar a los portugueses de la Metrópoli sobre las calificaciones de las tierras portuguesas de más allá del mar. "Mi intención no fue otra en este resumen (discreto y curioso lector) si no denunciar en breves palabras la fertilidad y abundancia de la tierra de Brasil, para que esta fama llegue a la noticia de muchas personas que en estos Reinos viven con pobreza, y no duden en escogerla para su remedio".

En los escritos de Gândavo hay mucha más densidad de información que en todos los cronistas de la época: "Hay por debajo de estas arboledas grandes selvas y muy vastas y de tal manera está oscuro y cerrado en partes que nunca participa el suelo del calor ni de la claridad del Sol, y así está siempre húmedo y manando agua de sí". Esa es la más antigua referencia empírica sobre la estructura de la selva atlántica brasileña, en la visión de un cronista del siglo XVI. Gândavo fue, en este sentido, el primer cronista en acuñar un registro nítidamente ecológico sobre las selvas tropicales brasileñas.

El siglo XVI fue la época en que los colonizadores mantuvieron contacto con sólo uno de los grandes dominios de la naturaleza brasileña. En ese caso, la fachada atlántica del país. Dominio de climas cálidos y húmedos, revestido por las porciones más costeras de las selvas atlánticas. Área que, por oposición a la zonalidad de las tierras amazónicas, es responsable por una larga faja norte-sur de florestas atlánticas, en disposición geográfica francamente azonal. En su esencia, el territorio portugués en Brasil Oriental era marcadamente intertropical. En la costa de Brasil, al terminar el primer siglo de colonización, existían por todo dieciséis núcleos o aglomeraciones semi urbanas, totalmente amarradas a fundaderos naturales para las carabelas portuguesas.

A la altura del siglo XVII, Brasil ya no era más aquel delimitado geométrico de las capitanías hereditarias. Los colonizadores ya enfrentaban, a través de múltiples actividades, las condiciones climáticas, ecológicas y bióticas de diferentes dominios de la naturaleza intertropical: el dominio forestal amazónico, el dominio de las caatingas y fajas de transición, el dominio de los cerrados. Y, al mismo tiempo que se ampliaba la conquista del litoral sur, de Iguape a Paranaguá, se iniciaba la conquista de los Planaltos de Araucarias, con sus bosques de pinos y selvas subtropicales asociadas. De esa forma, se multiplicaban las experiencias con otros paisajes y, por encima de todo, con otros ambientes naturales. Se verificaba la eficiencia productiva de diversos tipos de espacios, aplicando a cada uno de ellos un sistema de economía más adecuado y plausible: plantaciones tropicales en la zona costera del Nordeste, pecuaria en los sertones dotados de caatingas o cerrados, cosecha en las florestas y pesca en los ríos y lagos.

Durante mucho tiempo, las condiciones paisajísticas del país fueron tachadas de monótonas y extensivas. Observadores extranjeros que visitaron Brasil en la primera mitad de este siglo, habituados a las diferencias de paisajes existentes, a corto espacio, en el territorio europeo, no tuvieron sensibilidad suficiente para percibir las sutiles variaciones en los padrones del paisaje y ecosistemas de nuestro territorio inter y sub tropical. Eso provocó un cierto retroceso en relación a los acontecimientos acumulados en el transcurso del siglo XIX, mayormente en lo que concierne a las contribuciones pioneras de los viajeros naturalistas.

El territorio de un país de grandes dimensiones, como Brasil, debe ciertamente ser conocido en relación al sector del continente en que se localiza, a las latitudes que atraviesa, a los dominios climáticos y ecológicos que condicionan sus potencialidades productivas y al ambiente de vida de las poblaciones y comunidades que allí viven. Es fundamental que las características y saberes populares de las civilizaciones que ocupan un área sean tomadas en cuenta en la formulación de proyectos desarrollistas.

Brasil, ocupa toda la porción centro oriental del continente sudamericano, envolviendo fajas predominantemente tropicales y extendiéndose por áreas subtropicales y por áreas muy reducidas de climas templadocálidos. Debido a su magnitud, el territorio brasileño representa un mostrario bastante completo de los principales paisajes y ecologías del mundo tropical. Se puede afirmar que un investigador activo, en pocos años de investigación, podría recorrer y analizar la mayor parte de los grandes paisajes que componen el mosaico paisajístico y ecológico del país.

Se trata de una ventaja que se suma a otras, en el incentivo de los estudios sobre las potencialidades paisajísticas regionales brasileñas. En el conjunto de las tierras emersas cupo al mundo tropical la mayor herencia de biodiversidad de la faz del planeta Tierra. En suma, parte de la riqueza de la vida acuática de los mares cálidos depende de la interacción de los ecosistemas e hidrosistemas tropicales con los condicionantes de las aguas costeras. Por sus dimensiones, Brasil tiene una enorme responsabilidad mundial, un papel preponderante para ser asumido con convicción.

Se puede afirmar que los espacios territoriales tienen siempre el carácter de inscripciones paisajísticas derivadas de procesos de actuación antigua, más propiamente geológicas - remodelados por sincopados procesos relativamente recientes. De esa forma, vistos a través de la óptica de nuestro tiempo, espacios ecológicos y paisajes significativos tienen el carácter de un palimsesto de la naturaleza, muchas veces complicado por acciones antrópicas sucesivas.

No obstante, el hombre que decidió desde tiempos coloniales quedarse aquí, renunciar al Viejo Mundo y construir su propio Nuevo Mundo, todavía tiene mucho que aprender sobre la riqueza que hoy posee su país. A nadie le es dado omitirse o concordar en relación a las múltiples e interconectadas agresiones que amenazan una biodiversidad que llevó algunos billones de años para ser naturalmente elaborada.

Tremendo debe haber sido el impacto, la sorpresa y la pasión de los primeros viajeros de este país continente. Si existe paraíso en la tierra, no debe estar lejos, afirmó Américo Vespucio. ¿Cómo se dio la conciliación entre el hombre y la tierra, y se transformó en entusiasmo?. ¿Quién fue el primero en sentirse bien en el nuevo medio? Debemos entender la riqueza ambiental brasileña no sólo como un Patrimonio científico, natural. Se trata de una gigantesca fuente de inspiración y de creatividad para el hombre que modeló sus culturas en función de esta riqueza. Desde nuestra rica prehistoria hasta los días de hoy.

World Natural Heritage in Brazil

Aziz Ab'Saber – Geographer

Sooner or later, all those who rise to the challenging tasks of the natural sciences conclude that ecosystems and their characteristic terrains always constitute a great heritage, in the broadest sense. Actually, they are heritage in the most profound sense of the word: heritage of physiological and biological processes, and collective heritages of the peoples to know they were bequeathed as territories for their communities' activities.

Journeying to other lands and places, discovering social circles that differ from those of our own everyday lives, travelling deep into a continent or embarking on long ocean voyages, sharpens human powers of observation. Travelling offered – and it continues to offer – matchless opportunities to compare different worlds, to contrast their physical, ecological, economic, and cultural variables. Moreover, travelling provided – and it continues to provide – an incentive to enhance a capability for systematic comparison of territories on the part of conscientious citizens and researchers concerned with the earth, life, and human sciences.

The acquisition of knowledge about the territorial attributes of a nation lends itself to a number of interests and purposes. To begin with, it doubles as a cultural and scientific task that involves the labours of many different people for an extended period: naturalists and voyagers, cartographers, geologists, and geographers. It also involves gathering supplementary data from writers, essayists, technicians, historians, sociologists, and anthropologists.

The first overview of Brazil and its natural features was by Pero de Magalhães Gândavo, in his "Treatise on the Land of Brazil " (1570?). There was a conscious purpose in Gândavo's work: to draw to the attention of the Portuguese in the Metropolis the attributes of their overseas possessions. "My intention in this summary (discreet and curious reader) has been none other than to describe briefly the fertility and abundance of the lands of Brazil, so that its fame may come to the attention of the people living in poverty in these Kingdoms, and so that they may not hesitate in choosing this land as their salvation."

Gândavo's writings contain substantially more detailed information than contemporary chroniclers: "Beneath the great forests canopy lies a profuse, thick undergrowth so dark and dense that the ground has never felt the sun's warmth nor seen its light, and so it is forever moist and flowing with water." This is the oldest empirical reference to the structure of the Brazilian Atlantic forest, as described by a 16th-century chronicler. In this sense, Gândavo was the first chronicler to make a distinctly ecological record of Brazilian tropical forests.

The 16th century was when the Portuguese settlers made contact with just one of the great domains of Brazil's natural enviroment, along the Atlantic coastline. It was hot and humid, covered by the coastal reaches of the Atlantic forests. This area, in contrast to the rast of the Amazon lands, comprises a broad north-south belt of Atlantic forests, of azonal, unrelieved geographical

Primeiro documento cartográfico sobre a Baía de Paranaguá, datado de 1653.
Primer documento cartográfico sobre la Bahía de Paranaguá, de 1653
First map of Paranaguá Bay, dated 1653.

disposition. In its essence, the Portuguese territory know as Eastern Brasil was remarkably intertropical. By the end of the first century of settlement, there was a total of sixteen settlements or semi-urban communes in the coastal lands of Brazil, all associated with natural harbours for Portuguese caravels.

By the 17th century, Brazil was no longer geometri-cally divided into hereditary captaincies. In their multiple activities, settlers had to face the varying weather, environmental, and biotic conditions in the different domains of the intertropical lands, namely the Amazon rainforest, scrublands (caatinga), transition zones, and the savanna (cerrados) of stunted, twisted vegetation. At the same time, settlement expanded along the south coast too, from Iguape to Paranaguá, onto plateaux covered with Brazilian coniferous forest (Araucaria) and associated subtropical forests. Thus, settlers learned about the varying terrains and landscapes, and particularly about other natural environments. They verified the productive efficiency of several kinds of areas, adopting in each of them the most appropriate and viable economic system: tropical plantations in the coastal zone of the Northeast; cattle raising in the backlands covered with scrub or savanna; gathering in forests, and fishing in rivers and lakes.

For a long time, the country's landscape was said to be extensive and monotonous. Foreign voyagers visiting Brazil in the first half of this century were accustomed to the varied scenery and short distances of European territory; they lacked sensibility to perceive the subtle variations

in terrains and ecosystems encountered in our interand sub-tropical territory. This caused a certain setback in relation to the knowledge accumulated in the 19th century, chiefly the pioneer contributions of the travelling naturalists.

The territory of a country with such gigantic dimensions, as Brazil should rightly be viewed in relation to the section of the continent where it is located, to the la-titudes, climatic regions, and ecological domains that determine its productive potential, and to the living environment of its peoples and communities. The features and lore of the different kinds of civilization prevalent in an area are crucial when formulating development projects.

Brazil occupies all the centre–east part of the South American continent, comprising mostly tropical regions and stretching into subtropical areas as well as into very much smaller areas of temperate-warm climate. Due to its magnitude, the Brazilian territory display a fairly comprehensive showcase of the chief terrains and ecosystems of the tropical world. It could be claimed that in just a few years of investigation an active researcher could cover most of the major landscapes that compose the country's mosaic of terrains and ecosystems.

This is just one advantage among many that invite research into the potential of Brasil's varied terrain. Among the landmasses that emerged from the waters covering the face of the Earth, bequeathed the greatest biodiversity. In addition, part of the rich aquatic life of the warm ocean depends on the tropical ecosystems and watercourses that determine conditions of coastal waters. Give its size, Brazil has enormous worldwide responsibility, a major role that should be played with full conviction.

It could be said that territorial always posses inscriptions in the lanscape left by ancient (geological) activity, subsequently remodeled by relatively recent syncopated processes. Thus, when seen from the viewpoint of our own times, biomes and major landscapes and terrains are like a natural palimpsest, often confounded by successive human intervention.

Nevertheless, the people that decided to settle in the newly found lands, renouncing the Old World to build their own New World, still have much to learn about the country's Riches. Nobody has the right to be remiss or complacent in the face of the multiple and inter–connected aggressions that are threatening this biodiversity inherited from billions of years of natural development.

The first travellers to this continental country must have been overwhelned by a sense of wonderment, awe and passion. "If there be a earthly paradise", wrote Italian navigator Amerigo Vespucci, "it cannot be far from here". How were man and land reconciled, and how did it become enthusiasm? Who were the first to fully adapt to the new environment? We should view the richness of the Brazilian environment not only as a scientific and natural heritage but also as a gigantic source of inspiration and creativity for the peoples that, from our rich prehistory until the present day, have shaped their cultures to this wealth.

Centro Histórico da Cidade de Goiás
Centro Histórico de la Ciudad de Goiás
Historic Centre of the Town of Goiás

Parque Nacional do Jaú
Parque Nacional del Jaú
Jaú National Park

Centro Histórico de São Luís
Centro Histórico de São Luís
Historic Centre of São Luís

Parque Nacional Serra da Capivara
Parque Nacional Sierra de la Capivara
Serra da Capivara National Park

Ilhas Atlânticas Brasileiras
Islas Atlanticas Brasileñas
Brazilian Atlantic Islands

Centro Histórico de Olinda
Centro Histórico de Olinda
Historic Centre of Olinda

Área de Consevação do Pantanal
Área de Conservación del Pantanal
Pantanal Conservation Area

Centro Histórico de Salvador
Centro Histórico de Salvador
Historic Centre of Salvador

Áreas Protegidas do Cerrado
Áreas Protegidas del Cerrado
Protected Areas of the Cerrado

Costa do Descobrimento: Reservas da Mata Atlântica
Costa del Descubrimiento: Reservas de la Selva Atlántic
Discovery Coast: Atlantic Forest Reserves

Brasília
Brasília
Brasilia

Centro Histórico de Diamantina
Centro Histórico de Diamantina
Historic Centre of Diamantina

Parque Nacional do Iguaçu
Parque Nacional Iguaçu
Iguaçu National Park

Cidade Histórica de Ouro Preto
Ciudad Histórica de Ouro Preto
Historic Centre of Ouro Preto

Missões Jesuíticas Guarani/Ruínas de São Miguel
Misiones Jesuítas Guaraníes/Ruínas de San Miguel
Guarany Jessuit Missions/Ruins of São Miguel

Mata Atlântica: Reservas do Sudeste
Selva Atlántica: Reservas del Sudeste
Atlantic Forest: Southeast Reserves

Santuário do Bom Jesus de Matosinhos
Santuario del Buen Jesús de Matosinhos
Bom Jesus de Matosinhos Sanctuary

Os bens brasileiros

Los bienes brasileños • *The brazilians sites*

O grande escritor José Saramago, com suas emocionadas descrições de Portugal, cuja leitura encanta a ponto de se transformar em desejo de conhecer, foi o inspirador da presença de crônicas no início dos capítulos sobre os Bens Brasileiros Patrimônio da Humanidade.

Trata-se de uma surpresa, escondida até mesmo do sumário desse livro, cuja intenção é aproximar o leitor, introduzindo emoção na sua leitura e na apreciação das imagens. Indo mais além, é convidá-lo a viajar em busca desse patrimônio de natureza e de cultura que o Brasil oferece ao mundo, cujo melhor fruto será a sensibilização em sua defesa.

Seus autores, profundos conhecedores dos seus objetos de encantamento, deles oferecem pontos de vista apaixonados, pelos quais conduzem a imaginação do leitor de florestas a abrigos pré-históricos, de antigas cidades e monumentos de fé à maior ousadia modernista desse século.

A Unesco e a Caixa Econômica Federal sentem-se honrados em ter podido contar com Paulo Nogueira Neto, Almirante Ibsen Gusmão Câmara, Anne-Marie Pessis, Paulo de Tarso Alvim, Cid Teixeira, João Câmara, Tabajara Ruas, Roberto Drummond, Milton Nascimento, Myriam Ribeiro, Luiz Phelipe Andrés, Wladimir Murtinho, Paulo Bertran, Siron Franco, Manoel de Barros, Fernando Mesquita e Thiago de Mello, cujas contribuições engrandecem sobremaneira o conteúdo deste livro.

. . . . . .

El gran escritor José Saramago, con sus emocionadas descripciones de Portugal, cuya lectura encanta a punto de transformarse en deseo de conocer, fue el inspirador de la presencia de crónicas en la introducción de los capítulos sobre los bienes brasileños Patrimonio de la Humanidad.

Se trata de una sorpresa escondida en ese libro, cuya intención es la de seducir el lector, introduciendo emoción en su lectura y en la apreciación de las imágenes. Más allá de conquistar al lector, las crónicas le invitan, a un viaje en búsqueda de ese patrimonio de naturaleza y cultura que el Brasil ofrece al mundo, cuyo mejor fruto será la sensibilización para su defensa.

Sus autores, profundos conocedores de sus objetos de encantamiento, ofrecen sus puntos de vista apasionados, conduciendo la imaginación del lector desde selvas hasta abrigos prehistóricos, de antiguas ciudades y monumentos de fe a la mas grande osadía modernista de este siglo.

La Unesco y la Caixa se sienten honradas con las contribuciones de Paulo Nogueira Neto, Almirante Ibsen Gusmão Câmara, Anne-Marie Pessis, Paulo de Tarso Alvim, Cid Teixeira, João Câmara, Tabajara Ruas, Roberto Drummond, Milton Nascimento, Myriam Ribeiro, Luiz Phelipe Andrés, Wladimir Murtinho, Paulo Bertran, Siron Franco, Manoel de Barros, Fernando Mesquita y Thiago de Mello, que tanto engrandecen el contenido de este libro.

. . . . . .

The great Portuguese writer Jose Saramago, whose passionate descriptions of Portugal enchant readers, kindling a desire in them to visit the country, was the source of inspiration for the short texts introducing the chapters on each of Brazil's World Heritage sites.

This is a surprise element not even visible from the list of contents for the book. The intention is to draw readers closer, to infuse their reading and appreciation of the illustrations with a dram of emotion. More than that, it is to invite them to travel in search of this natural and cultural heritage that Brazil lays before the world, the finest consequence of which will be rallying them to their defence.

The authors, highly knowledgeable about the objects of their enchantment, offer passionate approaches to them, leading readers from rain forests to prehistoric shelters, from old towns to monuments of faith, to this century's boldest modernist venture.

Unesco and Caixa Econômica Federal feel deeply honoured by the presence of Paulo Nogueira Neto, Admiral Ibsen Gusmão Câmara, Anne-Marie Pessis, Paulo de Tarso Alvim, Cid Teixeira, João Câmara, Tabajara Ruas, Roberto Drummond, Milton Nascimento, Myriam Ribeiro, Luiz Phelipe Andrés, Wladimir Murtinho, Paulo Bertran, Siron Franco, Manoel de Barros, Fernando Mesquita and Thiago de Mello, whose contributions vividly embellish the contents of this book.

A força das águas, quando o Rio Iguaçu vence a falha tectônica. · La fuerza de las aguas cuando el Río Iguazú vence la falla tectónica.
The pounding Falls as the Iguaçu River plunges into the tectonic flaw.

Parque Nacional do

Iguaçu

Parque Nacional Iguaçu • *Iguaçu National Park*

Paraná

· ·

PAULO NOGUEIRA NETO

AMBIENTALISTA

As Cataratas do Iguaçu e o futuro do Planeta

As cataratas do Iguaçu estão no coração da América do Sul. Além da sua beleza excepcional, com características únicas no mundo, representam um ponto de união e de convergência de três países: Argentina, Brasil e Paraguai. No passado, na mesma região, houve uma situação conflituosa entre os bandeirantes aguerridos vindos de São Paulo e as missões com os seus índios aculturados e pacíficos, os quais constituíram uma população também com características singulares. Era o encontro, naquela época, não amistoso, de duas civilizações. Hoje, porém, felizmente reina ali a amizade e a certeza de um futuro comum no Mercosul.

Conheci Foz de Iguaçu nos anos 40, quando a pequena vila brasileira era constituída apenas por algumas dezenas de casas e um "campo de aviação", como se dizia na época. Meu pai residia na Argentina, como exilado político, e eu e meu irmão íamos visitá-lo nas férias escolares. Uma das rotas aéreas entre São Paulo e Buenos Aires, em aviões DC-3, passava por Curitiba, Foz do Iguaçu e Assunção. Pouco depois de sair de Curitiba, o avião sobrevoava uma imensa floresta subtropical, belíssima, contínua, que despertava em mim alegria e a esperança de que ela sobreviveria pelos séculos afora. Entre Foz do Iguaçu e Assunção, a floresta continuava sem interrupção até perto da capital paraguaia.

Hoje, cerca de 60 anos depois, a floresta foi destruída quase totalmente. Sobraram fragmentos e principalmente os parques nacionais da Argentina e do Brasil, em Foz do Iguaçu.

O que ocorreu nessa vasta região poderá também acontecer amanhã em vastas partes da Amazônia. O esplendor das cataratas, com o belíssimo espetáculo do estrondoso levantar de espumas brancas e névoas, das águas revoltas sem fim, enquadradas pela magnífica floresta e por penhascos negros de basalto e diabase, constitui para mim os sinos que dobram em memória das matas imensas que somente sobrevivem nas minhas recordações. A incomparável grandeza e a beleza das cataratas são também um rugido, um grito, um imenso e rouco grito a nos dizer que temos que semear novas e grandes unidades de conservação no Brasil e em muitas outras partes do Planeta. Não há tempo a perder. Outros, muitos outros sítios devem ser inscritos na Lista de Bens Naturais do Patrimônio Mundial, por todos os países. A Unesco, grande semeadora de estrelas ambientais, certamente iluminará essa caminhada essencial para a defesa do meio ambiente planetário.

Vista das Cataratas, a partir do *canyon* formado por falha tectônica. · Vista de las Cataratas a partir del cañón formado por la falla tectónica.
A view of the Falls from the canyon formed by a tectonic flaw.

PAULO NOGUEIRA NETO

Ambientalista • *Environmentalist*

Las Cataratas del Iguaçu y el Futuro del Planeta

Las cataratas del Iguaçu están en el corazón de América del Sur. Además de su belleza excepcional, con características únicas en el mundo, representan un punto de unión por la convergencia de tres países: Argentina, Brasil y Paraguay. En el pasado, en esa misma región, hubo una situación conflictiva entre los bandeirantes (exploradores) aguerridos, provenientes de São Paulo, y las Misiones, con sus indios aculturados y pacíficos que constituían una población también con características singulares. Era el encuentro, no amistoso en aquella época, de dos civilizaciones. Sin embargo, afortunadamente, hoy reina allí la amistad y la seguridad de un futuro común en el Mercosur.

Conocí Foz de Iguaçu en los años 40, cuando la pequeña ciudad brasileña estaba formada por sólo algunas decenas de casas y un "campo de aviación", como se decía en la época. Mi padre residía en Argentina, como exilado político, y mi hermano y yo íbamos a visitarlo en las vacaciones escolares. Una de las rutas aéreas entre São Paulo y Buenos Aires, en aviones DC-3, pasaba por Curitiba, Foz de Iguaçu y Asunción. Poco después de salir de Curitiba, el avión sobrevolaba un inmenso bosque subtropical, bellísimo, continuo, que despertaba en mí alegría y la esperanza de que sobreviviría a través de los siglos. Entre Foz de Iguaçu y Asunción, el bosque continuaba sin interrupción hasta cerca de la capital paraguaya.

Hoy, casi 60 años después, el bosque prácticamente ha sido destruido por completo. Sobraron fragmentos y, principalmente, los parques nacionales de Argentina y de Brasil, en Foz de Iguaçu.

Lo que sucedió en esa vasta región también puede suceder mañana en extensas partes de la Amazonía. El esplendor de las cataratas, como el bellísimo espectáculo de la estruendosa subida de espumas blancas y rocío, de las aguas revueltas sin fin, enmarcadas por el magnífico bosque y por peñascos negros de basalto y diabasa, constituyen para mí las campanas que doblan en memoria de las florestas inmensas que sobreviven solamente en mis recuerdos. La incomparable grandeza y belleza de las cataratas son también un rugido, un grito, un inmenso y ronco grito diciéndonos que tenemos que sembrar nuevas y grandes unidades de conservación en la Amazonía y en muchas otras partes del planeta. No hay tiempo que perder. Otras, muchas otras Reservas de la Biósfera deben ser creadas en el mundo entero, por todos los países. La Unesco, gran sembradora de estrellas ambientales, sin duda iluminará esa marcha esencial para la defensa del Medio Ambiente planetario.

The Iguaçu Falls and the Future of the Planet

The Iguaçu Falls stand at the heart of South America. Besides their exceptional beauty and unique characteristics, they are the meeting point where three countries' borders converge: Argentina, Brazil and Paraguay. In the past, this region witnessed conflict between the battle-scarred bandeirante explorers moving Southwest from São Paulo and the Jesuit missionaries with their acculturised, peace-loving Indians in the Missiones, who formed a highly singular community. At the time, this was a clash between two civilisations. Happily, friendship holds sway there today in the certainty of a common future in Mercosur.

I first went to Foz do Iguaçu in the forties when the Brazilian village consisted of just a few dozen houses and an airfield. My father was a political exile in Argentina, and my brother and I used to go to visit him in the school holidays. One of the flights between São Paulo and Buenos Aires on a DC-3 used to call at Curitiba, Foz do Iguaçu and Asunción. Shortly after leaving Curitiba, the plane was winging its way over an immense, stunningly beautiful, subtropical forest that spread out to the horizon and aroused in me a sense of contentment and hope that it would last for centuries. Between Foz do Iguaçu and Asunción, the forest carpet extended continuously to the outskirts of the Paraguayan capital.

Today, about sixty years on, the forest has been almost entirely destroyed. A few pockets remain, principally the Argentine and Brazilian national parks at Iguaçu.

What has taken place in this huge region can just as easily occur in great tracts of the Amazon tomorrow. The splendour of the falls, with the breathtaking spectacle of thunderous pounding of white spray and swirling mists, the endlessly churning waters, framed by the luxuriant forest vegetation and the black basalt and diabase cliffs are to me like bells that toll in memoriam for the vast forests that survive only in my recollection of them. The incomparable grandeur and beauty of the falls are also a roar, a shout, a hoarse yell telling us to sow new, large-scale conservation units in the Amazon and many other parts of the globe. There is no time to lose. More, many more Biosphere Reserves must be created all over the world. Unesco, a great sower of environmental stars will surely light the way for us on this essential march in defence of the planet's Environment.

O Parque do Iguaçu e as Cataratas

Localização do Parque.
Localización del Parque.
Location of the Park.

Estado do Paraná · Estado del Paraná · *Paraná State*

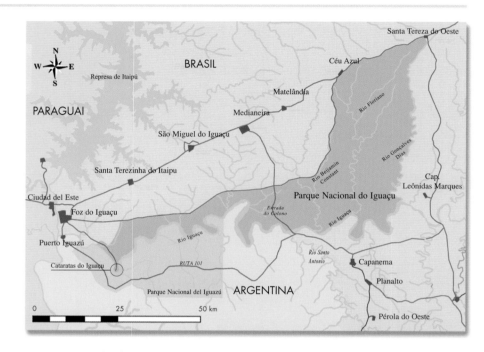

Localização do Parque Nacional do Iguaçu, na divisa entre Brasil, Argentina e Paraguai.
Localización del Parque Nacional Iguaçú, en la frontera entre Brasil, Argentina y Paraguay.
Location of the Iguaçu National Park on the border between Brazil, Argentina and Paraguay.

Imagem de satélite da região onde está inserido o Parque.
Imagen de satélite de la región donde se encuentra el Parque.
Satellite image of the area surrounding the Park.

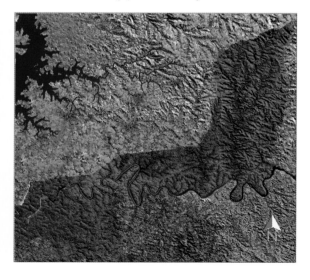

"... o Governador partiu com sua gente da aldeia de Tocanguazu e,

caminhando duas jornadas, chegou a um rio que os índios chamam Iguaçu,

que quer dizer água grande. Esses índios pertencem à tribo dos guarani... e falam uma só língua"

in Cabeza de Vaca – Naufrágios e comentários, ed. L&PM, Porto Alegre, 1999.

As Cataratas do Iguaçu são mencionadas pela primeira vez em 1542, por Alvar Nuñez Cabeza de Vaca, que as batiza como "Cachoeiras de Santa Maria". O comandante espanhol, guiado por índios guarani, lidera a primeira expedição colonizadora que, partindo da costa de Santa Catarina rumo a Assunção (hoje capital do Paraguai), atravessa por terra a região de leste a oeste.

O isolamento e a posterior inclusão da área à Província Jesuítica do Paraguai manteve os índios caigangues com o domínio do território até 1881, quando, apesar das investidas dos bandeirantes paulistas iniciadas em 1609, é efetivada a ocupação da região, com a extração de erva-mate e madeiras nobres.

O povoamento definitivo ocorreu a partir da instalação da Colônia Militar do Iguaçu (1888), no município de Guarapuava, do qual seria emancipada a Vila de Iguaçu, dando origem ao futuro Município de Foz do Iguaçu. Em 1930, chegam os primeiros colonizadores gaúchos, iniciando um novo ciclo de expansão agrícola no oeste paranaense. Hoje, a região é um pólo exportador e importante centro turístico.

Vista geral das Cataratas do Iguaçu, destacando-se o estreitamento do *canyon*, as ilhas que povoam o Rio Iguaçu antes da queda d'água e a suspensão na forma de orvalho que se forma na falha tectônica, dispersando a umidade.

Vista general de las Cataratas de Iguaçu, destacándose el estrechamiento del cañón, las islas que pueblan el Río Iguazú antes de la caída de agua y la suspensión en la forma de rocío que se forma en la falla tectónica, humedeciendo el aire.

General vista of the Iguaçu Falls, showing the narrowing of the canyon, the islands dotting the Iguaçu Falls upstream from the Falls, and the spray forming above the tectonic flaw, dispersing moisture.

O PARQUE

A área do Parque, de 170 mil hectares, é parte do grande planalto formado por lavas basálticas na Era Mesozóica (140 milhões de anos atrás), quando a Bacia do Paraná foi palco da mais intensa atividade vulcânica do Planeta. O derramamento de lava deu-se pelas falhas tectônicas e a alternância de períodos úmidos e secos, no Quaternário, determinou a fisionomia atual da região.

As cataratas são formadas no ponto em que o Rio Iguaçu adentra um *canyon*, resultado da falha tectônica e alargado pela ação das águas. O volume e força são ímpares, tendo seu ponto alto na "Garganta do Diabo", por onde escoa o braço principal do rio, afluente do Paraná. O Rio Iguaçu nasce na Serra do Mar, próximo à cidade de Curitiba, a 300 metros de altitude, percorrendo 500 quilômetros em direção a oeste, por um leito sinuoso e largo, marcado por inúmeras ilhas, até confluir, 28 quilômetros após as Cataratas, com o Rio Paraná, já na Bacia do Prata, 90 metros acima do nível do mar. As quedas d'água, cujo número varia entre 150 e 270, segundo as estações seca e chuvosa, desenvolvem-se ao longo de aproximadamente 2.700 metros, chegando a ter, nas épocas de cheia, uma vazão de 6500 m³/s de água.

Vista do Salto do Iguaçu. – 1759 (detalhe). Autor: José Fernandes Pinto de Alpoim.
Vista do Salto do Iguaçu. – 1759 (detalle). Autor: José Fernandes Pinto de Alpoim.
"View of the Iguaçu Falls" (detail) painted by José Fernandes Pinto de Alpoim (1759).

Salto do Macuco. • Salto del Macuco. • *Macuco Falls.*

Vista do Rio Iguaçu acima do paredão do *canyon*, caracterizado por um grande número de ilhas de vegetação. • Vista del Río Iguaçu arriba del paredón del *cañón*, caracterizado por un gran número de islas de vegetación. *View of the Iguaçu River dotted with vegetation-clad islets above the canyon wall.*

O clima subtropical úmido, associando altos índices pluviométricos ao orvalho desprendido das águas em queda, acolhe a floresta pluvial subtropical, caracterizada por massas arbóreas de indivíduos de grande porte associados a lianas e plantas epífitas, dentre as espécies características da floresta subtropical estratificada, isto é, com alturas de vegetação distintas e espécies características. No dossel, com alturas entre 15 e 25 metros, destacam-se o cedro (*Cedrela fissilis*), o louro, o angico, os ipês, o pau-rosa (*Aspidosperma polyneuron*), este último atingindo até 40 metros de altura. Na faixa com alturas entre cinco e 15 metros, o destaque fica para os palmitos (*Euterpe edulis*) e os fetos arborescentes (xaxins). Junto ao solo aparecem as samambaias e as ervas. As bromélias, cipós, aráceas e orquídeas também compõem a diversidade da flora. Além da floresta subtropical, o Parque do Iguaçu abriga uma área expressiva de mata de araucárias, uma espécie de pinheiro característico da Região Sul do Brasil que, devido ao extrativismo intenso, hoje se encontra ameaçado.

O Parque abriga uma rica e diversificada fauna, com destaque para a onça-pintada (*Pantera onca*), e outros como a jaguatirica (*Felix pardalis*) e o gato–do–mato (*Leopardus tigrina*). A anta (*Tapirus terrestris*), o tamanduá–colete (*Tamandua tetredactyla*), o bugio (*Alouata caraya*), a lontra

Vista aérea do Rio Floriano, que nasce no Parque.
Vista aérea del Río Floriano, que nace en el Parque.
Aerial view of the Park - Floriano River.

Jacaré–de–papo–amarelo.
Jacaré del buche amarillo.
Broad-snouted caiman.

Ariranha, uma das maiores espécies de lontra.
Ariraña, una de las mayores especies de lontra.
Giant Otter.

Porco–do–mato ou Queixada.
Puerco de la selva o "Queixada".
Peccary.

Anta, o maior herbívero brasileiro.
Anta. el mayor hervíboro brasileño.
Tapir, the largest Brazilian herbivore.

Tipo de tucano denominado Araçari-castanho.
Tipo de tucán denominado Araçari-castaño.
Brown araçari toucan.

(*Lutra logi-caudis*) e as ariranhas (*Pteronura brasiliensis*), espécie em extinção, apesar de não serem endêmicos, são animais característicos desse tipo de floresta. Encontra-se um grande número de morcegos, além de uma significativa avifauna onde comparecem diversos tipos de gaviões, a jacutinga, beija-flores, papagaios, tucanos, pato–serrucho (*Mergus otocetaceus*), entre outros. Entre os répteis, destaca-se o jacaré-de-papo-amarelo (*Caiman latirostris*), espécie em extinção. É encontrada também uma grande diversidade de anfíbios, peixes e invertebrados, sobretudo insetos.

PROTEÇÃO

O Parque Nacional do Iguaçu é protegido por Legislação Federal, sendo administrado pelo Ibama. A proteção da área é essencial para a manutenção da integridade física e biológica de uma das maiores reservas de floresta subtropical do mundo. Sua biodiversidade, aliada à beleza cênica das Cataratas do Iguaçu, constitui-se não só num atrativo real, mas fundamental para sensibilizar o público para os problemas do Parque, situado numa região de intensa atividade agrícola e, portanto, ameaçado, especialmente por não possuir zona-tampão.

Apesar do desenvolvimento da consciência ambiental e das perspectivas advindas de novas formas de manejo desenvolvidas pelo Ibama, ainda ocorre o extrativismo clandestino de vegetais na área do Parque, especialmente o palmito e os xaxins, que constam da lista de espécies da flora brasileira seriamente ameaçadas de extinção, por seu valor de mercado.

Da mesma forma, alguns espécimens da fauna, tais como a onça-pintada, a queixada, a lontra e as ariranhas, estão ameaçados pela caça, pela perda de qualidade da água ou por doenças adquiridas de animais domésticos nas áreas vizinhas ao Parque. Por outro lado, os quatis (*Nasua nasua*) e os bugios têm sua população aumentada nas áreas próximas ao centro de visitantes do Parque por alimentação indevida.

Em 30 de novembro de 1999, durante a 23ª sessão do Comitê do Patrimônio Mundial, realizada na cidade de Marrakech, Marrocos, o Parque Nacional do Iguaçu foi inscrito na Lista do Patrimônio Mundial em Perigo. O alerta foi formalizado após a reabertura da Estrada do Colono, que corta o Parque 100 quilômetros rio acima das Cataratas. Esse fato, assim como o incremento da atividade agrícola e o escoamento da produção local, colocam em risco a conservação dos ecossistemas ali protegidos, influenciando diretamente na qualidade das águas, na difusão de espécies invasoras, na disseminação de zoonoses e na fragmentação do ambiente ecológico da fauna nativa.

O trânsito de veículos na área do Parque ocasiona o atropelamento de animais, tais como o tamanduá–colete (*Tamandua tetredactyla*) e a anta (*Tapirus terrestris*), facilita a ação de caçadores e contribui, com o aumento de ruído e a emissão de gases, para a dispersão dos animais. O desenho da estrada, cortando o Parque ao meio, acentua o efeito de borda já presente, além de aumentar o risco de incêndios e a propagação de espécies invasoras.

Do ponto de vista estratégico de preservação, a área do Parque Nacional do Iguaçu representa a quase totalidade das terras não–aráveis do Estado do Paraná e, portanto, é testemunho de uma biodiversidade que antes recobria boa parte da região. O maior esforço despendido na preservação da área do Parque visa ao controle da água dos rios que o atravessam, mas nascem fora de seu perímetro. Dentre esses, destaca-se o trabalho feito no Rio São João, já 80% recuperado.

O Plano de Manejo do Parque determina a diminuição de veículos na área de visitação, a redução da faixa de domínio das estradas e a instalação de rede de alta tensão subterrânea, assim como recomenda o fechamento definitivo da Estrada do Colono, que tem contribuído de forma grave para a degradação do ambiente.

Garganta do Diabo, a vista mais espetacular das Cataratas do Iguaçu. • *Garganta do Diabo*, la vista más espectacular de las Cataratas de Iguaçu.
Devil's Throat, the most spetacular view of The Iguaçu Falls.

Limite entre a área do Parque, ocupada pela floresta subtropical úmida, e as terras agrícolas circundantes.

Límite entre el área del Parque, ocupada por la floresta subtropical húmeda y las tierras agrícolas circundantes.

Divide between the subtropical rainforest in the Park and adjoining farmland.

Cachoeiras do Rio Floriano. • Cascadas del Río Floriano. • *Falls on the Floriano River.*

JUSTIFICATIVA DE INSCRIÇÃO

Situado no oeste do Estado do Paraná, fronteira do Brasil com a Argentina, o Parque Nacional do Iguaçu foi o segundo a ser criado no Brasil, logo após o Parque Nacional de Itatiaia, em 1939. O Parque Nacional do Iguaçu foi inscrito como Bem Natural, na Lista de Patrimônio da Humanidade, em 1986, sob os critérios (iii) e (iv), dois anos após a inscrição do Parque Iguazú, situado em território argentino. Juntos, os dois parques abrigam a totalidade das quedas d'água denominadas "Cataratas do Iguaçu" e formam uma das maiores áreas de floresta subtropical preservadas no mundo, cobrindo 225 mil hectares, dos quais 75% estão em solo brasileiro.

Vista dos dois extratos mais baixos (15 a 0 metros de altura) de floresta subtropical úmida, destacando-se a presença de fetos arbóreos ou xaxins, samambaias e ervas.
Vista de los dos extractos más bajos (15 a 0 metros de altura) de floresta subtropical húmeda, destacándose la presencia de fetos arbóreos o xaxins, samambayas y hierbas.
View of the lowest layer (up to 15 metres tall) of the subtropical rainforest, highlighting ferns and undergrowth.

Vista aérea da Garganta do Diabo por onde escoa o braço principal do Rio Iguaçu.
Vista aérea de la Garganta del Diablo, por donde fluye el brazo principal del Río Iguaçu.
View of the Devil's Throat in the main branch of the Iguaçu River.

El Parque de Iguaçu y las Cataratas

"... El Gobernador partió con su gente de la aldea de Tocanguazu y, caminando dos jornadas, llegó a un río que los indios llaman Iguaçu, que quiere decir agua grande. Esos indios pertenecen a la tribu de los guaraníes... y hablan una sola lengua".

In Cabeza de Vaca – naufragios y comentarios, Ed. L&PM, Porto Alegre, 1999.

Las Cataratas del Iguaçu, son mencionadas por primera vez en 1542, por Alvar Núñez Cabeza de Vaca, que las bautiza como "Cataratas de Santa María". El comandante español, guiado por indios guaraníes, lidera la primera expedición colonizadora que, partiendo de la costa de Santa Catarina rumbo a Asunción (hoy capital de Paraguay), atraviesa por tierra la región de este a oeste.

El aislamiento y la posterior inclusión del área a la Provincia Jesuíta de Paraguay mantuvo los indios caigangues con el dominio del territorio hasta 1881 cuando, a pesar de los ataques de los bandeirantes paulistas iniciados en 1609, es efectivada la ocupación de la región, con la extracción de la yerba mate y maderas nobles.

El poblamiento definitivo de la región ocurrió a partir de la instalación de la Colonia Militar del Iguaçu (1888), en el municipio de Guarapuava, del cual sería emancipada la Villa de Iguaçu , dando origen al futuro Municipio de Foz de Iguaçu. En 1930, llegan los primeros colonizadores gauchos, iniciando un nuevo ciclo de expansión agrícola en el oeste paranaense. Hoy, la región es un polo exportador e importante centro turístico.

El Parque

El área del Parque, de 170 mil hectáreas, es parte del gran plano formado por lavas basálticas en la era Mesozoica (140 millones de años atrás), cuando la Bacía del Paraná fue escenario de la más intensa actividad volcánica del planeta. El derramamiento de lava se dio a través de fallas tectónicas y, la alternancia de períodos húmedos y secos, en el cuaternario, determinó la fisonomía actual de la región.

Las cataratas, formadas por el río Iguaçu en el punto de este estrechamiento radical, adentrando un cañón resultado de una falla tectónica, viene siendo paulatinamente ensanchado por la acción de las aguas, cuyo volumen y fuerza son inigualables, alcanzando su punto más alto en la "Garganta del Diablo", por donde fluye el brazo principal del río. Este, un afluente del Paraná, nace en la Sierra del Mar, próximo a la ciudad de Curitiba, a 1.300 metros de altitud, recorriendo 500 km en dirección al oeste, por un lecho sinuoso y ancho, marcado por numerosas islas, hasta confluir, 28 Km después a las Cataratas, con el río Paraná, ya en la Bacía del Plata, 90 metros encima del nivel del mar. Las caídas de agua, cuyo número varía entre 150 y 270 según las estaciones seca y lluviosa, se extienden a lo largo de aproximadamente 2.700 metros, llegando a tener, en las épocas llenas, una caída de 6500 m3/s de agua.

El clima subtropical húmedo, asociando altos índices pluviométricos al rocío desprendido de las aguas en caída, acoge la floresta pluvial subtropical, caracterizada por masas arbóreas, de individuos de gran tamaño, asociados a lianas y plantas epífitas. De entre las especies características de la floresta subtropical estratificada, es decir, con alturas de vegetación distintas y especies características. En la copa, con alturas entre 15 y 25 metros, se destacan el cedro (*Cedrela fissilis*), el laurel, el angico (*acacia brasileña*), el ipé, el palo de rosa (*Aspidosperma polyneuron*), este último alcanzando hasta 40 m de altura. En la faja con alturas entre 5 y 15 metros, los que se destacan son los palmitos (*Euterpe edulis*) y los fetos arborescentes (xaxins). Junto al suelo, aparecen las samambayas y las hierbas. Las bromelias, isipós, araceas y orquídeas también componen la diversidad de la flora. Además de la floresta subtropical, el Parque abriga una área expresiva de selva de araucarias, una especie de pino característico de la región sur de Brasil, que se encuentra amenazado debido a la extracción intensa.

El Parque abriga una rica y diversificada fauna, destacándose la onza pintada (*Pantera onca*), y otros como la jaguatirica (*Felix pardalis*) y el gato de la selva (*Leopardus tigrina*). La anta (*Tapirus terrestris*), el tamanduá de chaleco (*Tamandua tetredactyla*), el mono bugio, (*Alouata caraya*), la nutria (*Lutra logicaudis*) y las ariarañas (*Pteronura brasiliensis*) – especie en extinción – que a pesar de no ser endémicos, son animales característicos de este tipo de selva. Se encuentra un gran número de murciélagos, además de una significativa avifauna con diversos tipos de gavilanes, la jacutinga, picaflores, papagayos, tucanos, pato serrucho (*Mergus otocetaceus*), entre otros. Entre los reptiles, se destaca el cocodrilo de buche amarillo (*Caiman latirostris*), especie en extinción. Se encuentra también una gran diversidad de anfibios, peces e invertebrados, especialmente insectos.

Protección

La protección del área de Iguaçu, es esencial para la mantención de la integridad física y biológica de una de las mayores reservas de floresta subtropical del mundo. Su biodiversidad, aliada a la belleza escénica de las Cataratas de Iguaçu, se constituyen no sólo en un atractivo real, sino fundamental para sensibilizar el público con los problemas del Parque, situado en una región de intensa actividad agrícola y, por lo tanto, amenazada.

A pesar del aumento de la consciencia ambiental y de las perspectivas provenientes de nuevas formas de manejo desarrollados por el Ibama, todavía ocurre la extracción clandestina de vegetales en el área del Parque, especialmente el palmito y los xaxins, que constan en la lista de especies de la flora brasileña seriamente amenazados de extinción.

De la misma forma, algunos especímenes de la fauna, tales como el jaguar, el pecarí, la nutria y las "ariarañas", están amenazadas por la caza, por la pérdida de calidad del agua o por enfermedades adquiridas de animales domésticos en las áreas vecinas al Parque. Por otro lado, los coatís (*Nasua nasua*) y los monos aulladores, tienen su población aumentada en las áreas próximas al centro de visitantes del Parque por alimentación indebida.

El 30 de noviembre de 1999, durante la 23 a. sesión del Comité del Patrimonio Mundial, realizada en la ciudad de Marrakesch, Marruecos, el Parque Nacional de Iguaçu fue inscrito en la Lista del Patrimonio Mundial en Peligro. Este alerta, fue formalizado después de la reapertura de la carretera del Colono (PR495), que corta el Parque 100 km río arriba de las Cataratas. Este hecho, así como incremento de la actividad agrícola y vaciamiento de la producción local, colocan en riesgo la conservación de los ecosistemas allí protegidos, influyendo directamente en la calidad del agua, en la difusión de especies invasoras, en la diseminación de zoonosis y en la fragmentación del ambiente ecológico de la fauna nativa.

El tránsito de vehículos en el área del Parque ocasiona el atropellamiento de animales tales como el oso hormiguero de chaleco (*Tamandua tetradactyla*) y el tapir (*Tapirus terrestris*), facilita la acción de cazadores y contribuye con el aumento de ruido y la emisión de gases, para la dispersión de los animales. El diseño de la carretera cortando el Parque al medio, acentúa el efecto de margen ya presente, además de aumentar el riesgo de incendios y la propagación de especies invasoras.

Desde el punto de vista estratégico de preservación, el área del Parque Nacional de Iguaçu representa la casi totalidad de tierras no arables del Estado de Paraná y, por consiguiente, es testimonio de una biodiversidad que antes recubría buena parte de esta región. El mayor esfuerzo desplegado en la preservación del área del Parque focaliza el control del agua de los ríos que lo atraviesan, pero nacen fuera de su perímetro. De entre éstos, destacamos el trabajo hecho en el río São João, ya 80 % recuperado.

El Plan de Manejo del Parque, determina la disminución de vehículos en el área de visitas, la reducción de la faja de dominio de las carreteras y la instalación de la red de alta tensión subterránea, así como, recomienda el cierre definitivo de la Carretera del Colono, que ha contribuido de forma grave para la degradación del ambiente.

Justificativo de la Inscripción

Situado en el oeste del Estado de Paraná, frontera de Brasil con Argentina, el Parque Nacional de Iguaçu fue el segundo a ser creado en Brasil, luego después el Parque de Itatiaia, en 1939. El Parque de Iguaçu fue inscrito como Bien Natural, en la Lista de Patrimonio de la Humanidad en 1986, bajo los criterios (iii) e (iv), dos años después de la inscripción del Parque Iguaçu, situado en territorio argentino. Juntos, los dos parques abrigan la totalidad de caídas de agua denominado "Cataratas de Iguazú" y, una de las mayores áreas de floresta subtropical preservadas en el mundo, cubriendo 225.000 hectáreas, de éstas, 75 % en suelo brasileño.

The Iguaçu Park and Falls

"...the Governor and his people set out from the village of Tocanguazu and, after walking for two days, came to a river the native Indians call Iguaçu, meaning 'big water'. These natives belong to the Guarani tribe... and they speak only one language."

in Naufrágios e comentários, (Shipwrecks and comments), Cabeza de Vaca, Porto Alegre: L&PM, 1999 (translated).

It was in 1542 that Alvar Nuñez Cabeza de Vaca wrote the first reference to the Iguaçu Falls, which he called "Santa Maria Falls". Guided by Guarani Indians, the Spanish officer led the first expedition of settlers starting out from the coast of Santa Catarina and heading west, traversing the entire region to Asuncion (now capital of Paraguay).

Initially the remoteness, and later the incorporation of this whole area into the Jesuit Province of Paraguay ensured the survival of the Caigangue Indians in the territory until 1881. Then, in addition to the previous forays of heavily-armed groups of São Paulo explorers and traders (known as the Bandeirantes), which had begun in 1609, the area was gradually occupied by people engaged in macking maté tea and extracting hardwood.

The definitive settlement of the area took place after the establishment of the Iguaçu Military Outpost in 1888, in the municipal district of Guarapuava, from which Villa of Iguaçu later separated to establish the municipal district of Foz do Iguaçu. In 1930, the first gaucho (from the state of Rio Grande do Sul) settlers arrived in the area and launched a new cycle of agricultural expansion in the western reaches of the state of Paraná. Today, the area is known as an export centre and important tourist attraction.

The park

The Park covers an area of 170,000 hectares comprising the great plateau formed by basaltic lava in the Mesozoic era (140 million years ago), when the Paraná River Basin was the scene of the most intense volcanic activity on the planet. Lava surfaced through the tectonic faults and the alternation of humid and dry periods, in the quaternary era, determined the features of the current terrain.

The waterfalls are located on a very narrow stretch of the Iguaçu River that flows into a canyon resulting from a tectonic fault. Gradually widened by the pouding water swirling down the river with natchless power and volume, this canyon culminates at the "Devil's Throat" where the main body of the river concentrates. The Iguaçu River is a tributary of the Paraná River. Its headwaters are in the Serra do Mar mountains, near Curitiba, at 1,300 metres above sea level, from where it flows 500 km to westward on a wide, meandering riverbed dotted with countless islands. Finally, it converges with the Paraná River in the Rio de la Plata Basin, some 28 km downstream from the Falls and 90 meters above sea level. The Iguaçu River waterfalls number 150 to 270, depending on the season. They are found in a 2.7-km stretch of the river that, in the Rainy season, flows at rates of up to 6,500 cubic metres per second.

The humid subtropical climate, with high rainfall and constant spray from the falling waters, provides the ideal conditions for a subtropical rainforest boasting dense foliage and large trees covered in liana creepers and epiphytes. Subtropical forests are stratified, that is, they are formed by different plant species and different heights. The canopy group of 15-to-25-metre tall trees includes the South American cedar (cedrela fissilis), laurel (Lauraceae family), vilca (Anadenanthera colubrina), tecoma, and the peroba rosa (Aspidosperma polyneuron) that may grow to a height of 40 meters. In the group of 5-to-15-metre tall trees, the prominent species are palms (Euterpe edulis) and tree ferns. Near the ground are common ferns and herbs. Bromeliads, lianas, arums, and orchids also add to the diversity of the flora. In addition to its subtropical forest, the Park is home to a large area of araucaria pine forest, characteristic of the south of Brazil, now endangered by intensive exploitation.

The Park shelters rich and diversified fauna, with attractions such as the jaguar (Pantera onça); jaguatirica (Felix pardalis); and bush cat (Leopardus tigrina). There are also a number of endangered species that, although not endemic, are characteristically found in this type of forest: tapir (Tapirus terrestris), collared anteater (Tamandua tetredactyla), howler monkey (Alouata caraya), otter (Lutra logicaudis), and giant otter (Pteronura brasiliensis) There are a great number of bats, in addition to significant avifauna with several types of hawks, black-breasted piping guans, humming birds, parrots, toucans, merganser duck (Mergus otocetaceus), among others. Among the reptiles are the broad-snouted caiman (Caiman latirostris), a species threatened with extinction. There is also a great diversity of amphibians, fish and invertebrates, particularly insects.

Protection

The Iguaçu National Park is protected by federal legislation and is administered by the Brazilian Institute for the Enviroment and Renewable Resources (Ibama).

Protection of the Iguaçu area is essential for the maintenance of the physical and biological integrity of one of the world's largest reserves of subtropical forest. Its biodiversity combined with the scenic beauty of the Iguaçu Falls is not only a real attraction, but also and crucially a call that puts the public on alert about the problems it faces in the park. This biodiversity is located in an area of intense agricultural activity – therefore, an endangered area.

Despite today's more heightened environmental awareness and the prospects Raised by new management methods developed by Ibama, clandestine plant extraction continues in the park area, especially of palm and tree fern species which are high on the list of seriously endangered species of Brazilian flora.

Similarly, certain animal species such as the jaguar, peccary, otter, and giant otter, are threatened by poaching, poor quality water, or disease acquired from domestic animals in areas adjoining the park. On the other hand, the populations of coati (nasua nasua) and howler monkeys have grown in the areas where visitors feed the animals (against the rules).

On November 30, 1999, during the 23rd session of the World Heritage Committee held in Marrakesh, Morocco, the Iguaçu National Park was listed as endangered World Heritage. This conservationist move was taken after the opening of the Colono dirt road (PR495) that crosses the park 100 km upriver from the falls. This fact, as well as the more intensive agriculture and local freight movement endanger the conservation of the protected ecosystems, directly influencing water quality, the spread of invasive species and animal diseases, and the fragmentation of the native fauna's ecological habitat.

Traffic of motorized vehicles in the park is potentially hazardous to animals such as the collared anteater (Tamandua tetredactyla) and tapir (Tapirus terrestris). Roads also facilitate access to poachers and raise noise levels and gas emissions, as well as dispersing animals. By cutting the park in two, the dirt road also accentuates the existing border-threat effect, besides increasing risk of forest fires and the propagation of invasive species.

From the strategic starpoint of conservation, the area of the Iguaçu National Park is virtually the only surviving area of non-arable land in the state of Paraná and should therefore be treated as the remnant of the biodiversity that used to cover much of this area. The main conservation thrust in the park area is aimed at checking pollution of rivers that flow through it but whose headwaters are elsewhere. The work done on the São João River is particularly outstanding, since now it has been 80% reclaimed.

The Iguaçu Park Management Plan calls for a reduction in the number of visitor vehicles in the area, a narrower band of occupation alongside the roads, and the installation of underground power lines; furthermore, it recommends that Colono road be permanently closed owing to significant environmental damage.

Listing Criteria

Located in the western reaches of the state of Paraná, on the border with Argentina, the Iguaçu National Park was the second to be created in Brazil, soon after the Itatiaia Park, in 1939. The World Heritage List listed the Iguaçu Park as Natural World Heritage in 1986, under criteria (iii) and (iv), two years after the listing of Parque Iguazú, on the Argentine side of the river. Together, the two parks contain all the waterfalls that comprise the Iguaçu Falls and one of the world's largest areas of conserved subtropical forest, covering 225,000 hectares, of which 75% are on Brazilian soil.

A presença humana na paisagem. · La presencia humana en el paisaje. · *Human presence in the landscape.*

Mata Atlântica: Reservas do
Sudeste

Selva Atlántica: Reservas del Sudeste • *Atlantic Forest: Southeast Reserves*

São Paulo e Paraná

· · · · · · · · · · · · · · · · · ·

IBSEN GUSMÃO CÂMARA

ALMIRANTE E AMBIENTALISTA

A floresta imponderável

No ano de 1818, percorrendo o Rio Doce, o célebre botânico Augustin de Saint-Hilaire, extasiado com o espetáculo das matas ribeirinhas, assim se expressou: "Tão vasta extensão de terras selváticas é algo imponderável. Sinto-me humilhado em face de tão exuberante natureza; minha imaginação se assusta quando penso que a floresta circundante, de tão imensa dimensão, estende-se para o norte além do Rio Belmonte, ocupa toda a parte leste da Província de Minas Gerais, cobre as Províncias do Espírito Santo, do Rio de Janeiro e a maior parte de São Paulo".

Decorridos 182 anos da viagem do grande naturalista, a densa floresta de "tão imensa dimensão", hoje referida como Mata Atlântica, na maior parte de sua primitiva extensão foi reduzida a fragmentos escassos, de permeio a terras degradadas e erodidas, e seria irreconhecível por Saint-Hilaire se ele pudesse novamente percorrê-la. A única região com extensa cobertura arbórea ainda razoavelmente contínua situa-se sobre os contrafortes da Serra do Mar, do Rio de Janeiro ao

Paraná, com ramificações no litoral e nas ilhas costeiras. O relevo acidentado do terreno, inadequado para a agricultura extensiva, mas nem por isso destituído de relíquias culturais, foi o fator propiciador da permanência da cobertura florestal densa e úmida, ainda incrivelmente rica em diversidade de vida vegetal e animal, apesar das agressões sofridas ao longo dos séculos de ocupação humana.

Antes mesmo de despertar no Brasil o sentimento ecológico, algumas pessoas clarividentes já procuravam preservar, em São Paulo, testemunhos da Mata Atlântica, propondo a criação, em 1896, do Parque Estadual da Capital, a primeira área natural oficialmente protegida de que se tem informação no país. Mas foi principalmente no último século que, gradativamente, foram-se criando novas unidades naquele estado e no Paraná. Hoje, em ambos, existe um magnífico complexo de áreas naturais protegidas, composto de parques nacionais e estaduais, estações ecológicas, reservas particulares de patrimônio natural e áreas de proteção ambiental, extraordinário e diversificado patrimônio cultural, biológico e paisagístico, dificilmente igualado em sua beleza e diversidade em qualquer outra região do país. Florestas infindáveis, rios e riachos, montanhas majestosas, praias imensas e quase desertas, manguezais, baías e enseadas perfazem um conjunto harmonioso de ecossistemas com escassa presença humana e repletos de vida animal, em que se incluem múltiplas espécies raras ou ameaçadas de extinção.

A bem-vinda transformação desse conjunto único em Patrimônio Natural da Humanidade é um reconhecimento ao valor excepcional dos sítios selecionados e um tributo à perspicácia e ao denodo dos conservacionistas que lograram preservá-los para sempre.

Vista do perfil granítico da Serra do Mar que, barrando a umidade vinda do oceano, abriga a Mata Atlântica, desenvolvendo-se até a praia, nos manguezais.
Vista del perfil granítico de la Sierra del Mar que, bloqueando la humedad proveniente del océano, abriga el Bosque Atlántico, extendiéndose hasta la playa, en los manglares.
Vista of the granite profile of Serra do Mar, which retains moisture from the ocean breeze, nurtures the Atlantic Forest extending down to the beach and the mangrove creeks.

IBSEN GUSMÃO CÂMARA

Almirante y ambientalista • *Admiral and Environmentalist*

La floresta imponderable

En el año 1818, recorriendo el río Doce, el célebre botánico Agustín de Saint-Hilaire, extasiado con el espectáculo de las selvas ribereñas, se expresó así: "Tan vasta extensión de tierras selváticas es algo imponderable. Me siento humillado frente a tan exuberante naturaleza; mi imaginación se asusta cuando pienso que la floresta circundante, de tan inmensa dimensión, se extiende para el norte más allá del río Belmonte, ocupa toda la parte este de la Provincia de Minas Gerais, cubre las provincias de Espíritu Santo, de Río de Janeiro y la mayor parte de São Paulo".

Transcurridos 182 años del viaje del gran naturalista, la densa floresta de "tan inmensa dimensión", hoy citada como Selva Atlántica, en la mayor parte de su primitiva extensión fue reducida a escasos fragmentos, entre tierras degradadas y erosionadas, y sería irreconocible por Saint-Hilaire si él pudiese nuevamente recorrerla. La única región con extensa cobertura arbórea, todavía razonablemente continua, se sitúa sobre los contrafuertes de la sierra del Mar, de Río de Janeiro al Paraná, con ramificaciones en el litoral y en las islas costeras. El relevo accidentado del terreno, inadecuado para la agricultura extensiva, pero no por eso destituido de reliquias culturales, fue el factor propiciador de la permanencia de la cobertura forestal densa y húmeda, aún increíblemente rica en diversidad de vida vegetal y animal, a pesar de las agresiones sufridas a lo largo de los siglos de ocupación humana.

Antes incluso de despertar en Brasil el sentimiento ecológico, algunas personas clarividentes ya buscaban preservar en São Paulo testimonios de la Selva Atlántica, con la creación del Parque Estadual de la Capital en 1896, la primera área natural oficialmente protegida de que se tiene información en el país; pero fue principalmente en el último siglo que, gradualmente, se fueron creando nuevas unidades en aquel estado y en el de Paraná. Hoy, en ambos estados existe un magnífico complejo de áreas naturales protegidas, compuesto de parques nacionales y estaduales, estaciones ecológicas, reservas particulares de patrimonio natural y áreas de protección ambiental, extraordinario y diversificado patrimonio cultural, biológico y paisajístico difícilmente igualado en su belleza y diversidad en cualquier otra región del país. Florestas interminables, ríos y riachos, montañas majestuosas, playas inmensas y casi desiertas, manglares, bahías y ensenadas componen un conjunto armonioso de ecosistemas con escasa presencia humana y repletos de vida animal, en el que se incluyen múltiples especies raras o amenazadas de extinción.

La bienvenida transformación de ese conjunto único en Patrimonio Natural de la Humanidad es un reconocimiento al valor excepcional de los sitios seleccionados y un tributo a la perspicacia y al denuedo de los conservacionistas que lograron preservarlos para siempre.

The Inponderable Forest

In the year *1818, travelling up the Doce River, the famous botanist Augustin de Saint-Hilaire observed in ecstasy the spectacular forest crowding along the banks and subsequently wrote: "Such a vast expanse of untouched land is utterly imponderable. I feel reduced to nothing beside such exuberant nature. My imagination quivers when I consider that the surrounding forest of such enormous dimensions extends northwards beyond the Belmonte River, occupies all the eastern portion of the Province of Minas Gerais, covers the entire Provinces of Espirito Santo and Rio de Janeiro and most of São Paulo."*

One hundred and eighty-two years after the great naturalist's voyage, the dense forest "of such enormous dimensions", now referred to as the Atlantic Forest has mostly been reduced from its primitive dimensions to sparse fragments interspersed with eroded, degraded tracts of land that Saint-Hilaire would scarcely recognise were he able to travel it anew. The only area with extensive, reasonably continuous arboreal cover is situated in the foothills of the Mar Range, running from Rio de Janeiro southwards to the State of Paraná, with ramifications in the coastal strip and on the islands flanking the shore. The uneven relief is unsuitable for extensive agriculture but is not destitute of cultural relics. The rugged terrain is one of the reasons the dense rainforest cover has survived, still displaying an incredibly rich diversity of animal and plant life, despite the aggression caused by centuries of human occupation.

Even before ecological awareness had been aroused in Brazil, a few far-sighted people were already seeking to preserve traces of the Atlantic Forest in São Paulo, creating the State Park in the Capital in 1896, the first area on record in Brazil to receive official protection. It was mainly in the last one hundred years, however, that more conservation units were established in São Paulo and in the neighbouring state of Paraná. Today, in both states there is a magnificent complex of protected natural areas consisting of national and state parks, ecological stations, private natural heritage reserves and environmental protection areas, a remarkable, varied cultural, biological and landscape heritage hard to match in beauty and diversity anywhere else in Brazil. Unending forests, rivers and streams, majestic mountains, long, almost deserted beaches, mangrove swamps, bays and coves comprise a harmonious set of ecosystems where human presence is minimal and wildlife abounds, home to many rare species and some threatened with extinction.

The transformation of this unique complex into a single Cultural Heritage of Mankind is welcome acknowledgement of the exceptional value of the sites selected and a tribute to the discernment and courage of the conservationists who have finally succeeded in preserving it for posterity.

A Mata Atlântica no Brasil

Localização do Parque.
Localización del Parque.
Location of the Park.

Estados de São Paulo e Paraná. • Estados de São Paulo y Paraná.
São Paulo and Paraná States.

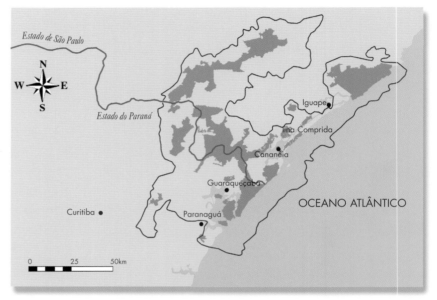

Parques nacionais e estaduais. Parques nacionales y estaduales. *National and states parks.*

Área protegida. Área protegida. *Buffer zone.*

Áreas que compõem o complexo Cananéia-Iguape-Peruíbe. • Áreas que componen el complejo Cananéia-Iguape-Peruíbe.
Areas comprising the Cananéia-Iguape-Peruíbe complex.

Imagem de satélite da região onde estão inseridas as áreas
inscritas na Lista do Patrimônio Mundial.
Imagen de satélite de la región donde están ubicadas las áreas
inscritas en el Patrimonio Mundial.
*Satellite image of the region encompassing the areas
listed as World Heritage.*

Na Era Geológica Mesozóica, durante os períodos Jurássico e Cretáceo, um movimento tectônico separou os continentes africano e sul-americano. O produto resultante das forças que exerceram pressão para a separação dos dois continentes em formação, ocasionou o surgimento de uma falha de gravidade de mais de 11.000 metros (da Bacia de Santos até o topo da Serra); a regressão erosiva deste rompimento produziu a Serra do Mar.

Na região encontra-se bom número de sítios arqueológicos, contendo sambaquis (*Focilíferus pleistocenicos*), que representam a evidência da evolução geomorfológica, das variações do nível do mar e da vida na América do Sul ao longo da história da Terra.

Essas áreas representam a melhor oportunidade para o atual processo de "especiação", isto é, o processo evolutivo no qual ocorre a ramificação de uma espécie em espécies novas, mais adaptadas ao meio, perpetuando ecossistemas tanto costeiros e marinhos quanto comunidades animais e de plantas, muitos deles endêmicos à região. Existem inúmeras espécies de organismos primitivos (*Troglobias*) nas cavernas da região, em diferentes estágios de adaptação ao ambiente subterrâneo, o que confirma que processos evolutivos ainda estão se produzindo na área. O bagre–cego (*Pimelodella kronei*), por exemplo, representa, sem dúvida alguma, um tipo transitório de *Pimelodella* que ocorre em rios superficiais da região.

Cabe destacar que neste litoral foi fundada uma das primeiras vilas portuguesas no Brasil, Cananéia (1503), que no século XVII chegou a ser um dos principais portos no território brasileiro. As tribos de índios Carijós, grupo étnico tupi-guarani, que ali habitavam e que resistiram por quase meio século à ocupação portuguesa, acabaram por miscigenar-se aos europeus, dando origem aos atuais habitantes da região: os caiçaras, uma população de pescadores e pequenos proprietários rurais.

Vista aérea da Mata Atlântica e da praia da Juréia. • Vista aérea de la Selva Atlántica y de la playa de Juréia. • *Aerial view of the Atlantic Forest and Juréia beach.*

A NATUREZA

A Mata Atlântica é considerada uma das mais ricas áreas em diversidade e endemismo biológico do Planeta. Originalmente, cobria em torno de 15% da superfície do Brasil, numa faixa que se estendia do Sul ao Nordeste do país. Hoje, somente 8,8% dessa área é remanescente. Em que pese o fato de localizar-se na proximidade dos maiores pólos econômicos do Brasil na Região Sudeste, manteve-se razoavelmente preservada, em decorrência do isolamento e das dificuldades para urbanização, resultantes de seu relevo acidentado.

A formação geológica da área é dividida em dois grandes sistemas: um formado por maciços e montanhas, testemunhos do movimento tectônico ocorrido na Era Mesozóica, e outro, por praias e mangues, formados por sedimentos trazidos pelos rios e riachos que descem da Serra do Mar, destacando-se, neste cenário, as ilhas Comprida e Superagüi. A exceção é a Ilha do Cardoso, com seus maciços de granito que se elevam até 800 metros acima do nível do mar. A diversidade da vegetação, também decorrente das condições geológicas, varia desde os manguezais, à beira-mar, até a floresta úmida, com árvores altas e copadas, passando por vegetação característica de pedras e terrenos arenosos, como bromélias.

As variações de altitude, aliadas ao clima úmido, às altas temperaturas e à abundância de

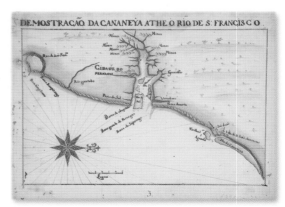

Atlas *Portugalie Monumenta Cartographia*, II (1666), João Teixeira Albernaz.
Atlas *Portugalie Monumenta Cartographia*, II (1666), João Teixeira Albernaz.
João Teixeira Albernaz's "Portugalie Monumenta Cartographia" Atlas (1666).

Vista aérea da entrada da caverna Casa de Pedra. • Vista aérea de la entrada de la Caverna Casa de Piedra. • *Aerial view of the Casa de Pedra cave.*

Papagaio-de-cara-roxa: acasala para toda a vida, dificultando a reprodução em cativeiro.
Papagayo de cara-roja: empareja para toda la vida, dificultando su reproducción en cautiverio.
Purple-faced parrot (Amazona brasiliensis), endemic in the Southeast Atlantic Forest.

mananciais de água, acabaram por formar um ecossistema de grande biodiversidade, com altos índices de endemismo. Em sua área são encontradas 436 espécies de aves, com destaque para o papagaio-de-cara-roxa ou chauá (*Amazona brasiliensis*), variada fauna aquática, com exemplos de endemismo, como o bagre-cego (*Pimelodella kronei*), e vários mamíferos, como o macaco-muriqui (*Brachyteles arachnoides*), o veado-mateiro (*Manzana bororo*) e o mico-leão-de-cara-preta (*Leontophitecus caissara*). Os dois últimos, recentemente descobertos (1990), já estão ameaçados de extinção. Além dessas, várias outras espécies de plantas e de animais têm o seu habitat exclusivo nessas áreas.

A região é um dos ecossistemas mais bem preservados para dezenas de animais ameaçados de extinção, não-endêmicos, como o jacaré-de-papo-amarelo (*Caiman latirostris*), a jacutinga (*Pipile jacutinga*) e a onça (*Panthera onca*). Uma grande variedade de aves constrói os seus ninhos e se alimenta nas áreas de proteção ambiental na zona-núcleo.

São mais de trezentas cavernas na região serrana, uma das maiores concentrações do Brasil, algumas reconhecidas internacionalmente por sua beleza e interesse científico. Pode-se citar a Caverna do Diabo, com mais de oito quilômetros de extensão, a Casa de Pedra, com portal de entrada de 215 metros de altura e a Caverna Petar, que apresenta grande diversidade de espeleotemas.

Inúmeras cachoeiras pontuam o curso dos rios que correm da serra para o mar. Na zona da

Mico-leão-de-cara-preta, espécie recentemente descoberta e já ameaçada de extinção, existente exclusivamente nesta região do Brasil.
Mono-león-cara-negra, especie recientemente descubierta y ya amenazada de exintinción, existente exclusivamente en esta región de Brasil.
Black-faced lion marmoset, a recently discovered species already threatened with extinction, exclusive to this region of Brazil.

costa, além de mais de dois mil quilômetros de mangues intocados, há ilhas com praias e dunas antigas, além de ilhas rochosas, onde pode ser encontrada uma impressionante riqueza de fauna marinha.

PROTEÇÃO

Em 1940, foram criadas as primeiras áreas de proteção na região. Esforços que foram multiplicados a partir de 1960, com a abertura de estradas e o desenvolvimento da indústria extrativista. A partir de 1980, foram criadas mais de 20 novas áreas de proteção, o que manteve a coesão dos ecossistemas e a sua preservação. Além das 25 áreas que integram a zona-núcleo, protegidas quase que perenemente pelos instrumentos legais, existem ainda cinco áreas-tampão, totalizando mais de 1.223.557 hectares, que garantem a integridade do conjunto, num total de quase dois milhões de hectares protegidos.

O plano de manejo dessa área, que representa um dos dez ecossistemas mais ameaçados do mundo, está centrado na conservação da biodiversidade e na educação ambiental, incorporando inclusive, o trabalho com as comunidades locais voltado para o desenvolvimento sustentável,

Bromélia típica de restinga.
Bromelia típica de restinga.
Bromeliaceous species typical of the restinga seaboard.

Sete-cores (*Tangara seledom*).
Siete-colores (*Tangara seledom*).
Seven colours (Tangara seledom).

Veado-mateiro (*Mazana rufina*).
Venado-matero (*Mazana rufina*).
Woodland deer (Mazana rufina).

Serelepe ou esquilo guianense (*Sciurus aestuans*).
Serelepe o ardilla guianense (*Sciurus aestuans*).
Guyanese squirrel (Sciurus aestuans).

conciliando atividades econômicas tradicionais, como a pesca, agregadas ao turismo ecológico.

Tem crescido o interesse científico pela área devido à diversidade de formas de vida relacionadas mutuamente em sistemas complexos, e dos vários exemplos de processos evolutivos e de desenvolvimento biológico, como a especiação. Em espécies recentemente identificadas, como o veado-mateiro (*Mazama bororo*), resultado do processo de especiação existente na região (Barbante, M. -1997), as pesquisas revelam uma diferenciação genética entre cervídeos (veado de floresta), anteriormente incluídos na espécie dos *American Manzana*.

A título de experiências exemplares na preservação de espécies, destaca-se que a região é o principal habitat do maior e mais ameaçado primata americano, o muriqui (*Brachitelles arachinoides*), conhecido no meio científico como *spider monkey*. Quase 600 indivíduos estão sendo protegidos atualmente nesta área, o que representa um quinto do total da população estimada deste primata no Brasil.

JUSTIFICATIVA DE INSCRIÇÃO

A área protegida que compõe o Patrimônio Mundial Natural da Mata Atlântica Sudeste constitui-se de 25 unidades de preservação, de várias categorias de domínio, federal (Ibama) e estaduais (parques, reservas e estações ecológicas). Dez estão situadas no Estado de São Paulo, sete no Estado do Paraná e oito outras compostas por ilhas, mangues e praias, na divisa dos dois estados, em uma extensa faixa que vai do litoral norte do Estado do Paraná ao litoral sul do Estado de São Paulo. A área é um mosaico de níveis de preservação, como estações ecológicas públicas e privadas, áreas de proteção ambiental, reservas ecológicas, parques nacionais, entre outros, abrangendo uma área-núcleo de 493.028 hectares, e 200 quilômetros de largura. É um dos mais significativos corredores biológicos brasileiros com a maior concentração de remanescentes da Mata Atlântica do país.

A Reserva da Mata Atlântica Sudeste foi inscrita na Lista de Patrimônio da Humanidade no ano de 1999, como Bem Natural, confirmando seu valor excepcional. Os critérios que referendaram a inclusão das 25 áreas, levaram em conta que o conjunto em questão atende a três itens descritos na Convenção do Patrimônio Mundial Cultural e Natural: critérios (ii), (iii), (iv).

Vegetação típica de mangue vermelho, que ocorre em águas mixoalivas (água doce e salgada).

Vegetación típica de mangle rojo, que se da en aguas mixtas (dulce y salada).

Typical red mangrove vegetation growing in brackish water.

Exemplar de palmito (*Euterpe edulis*), em meio a densa vegetação da Mata Atlântica, na Ilha do Cardoso.
Ejemplar de palmito (*Euterpe edulis*), en medio de densa vegetación de la Selva Atlántica, en la Isla de Cardoso.
Palm-heart-bearing palm species (Euterpe edulis) in the lush vegetation of Cardoso Island.

Meandros de rio na planície costeira, erodindo e depositando sedimentos nas margens, o que proporciona a formação de mangues.

Meandros de Río en la planicie costera, erosionando y depositando sedimentos en las márgenes, lo que proporciona la formación de mangles.

Meanders of a river on the coastal plain, eroding and depositing sediment on the banks, forming mangrove swamps.

Stalagtites no interior de caverna do Parque Estadual Turístico do Alto da Ribeira.

Estalagtitas en el interior de la caverna del Parque Estadual Turístico del Alto de la Ribera.

Stalactites in a cave in the Alto da Ribeira State Tourist Park.

Os mananciais d'água são abundantes na região. • Los manantiales de agua son abundantes en la región. • *Springs are abundant in the region.*

Viveiro de peixe em meio ao mangue.

Vivero de peces, junto al mangue.

Breeding ground for fish in a mangrove swamp.

La Selva Atlántica en Brasil

En la Era Geológica Mesozoica, durante los períodos Jurásico y Cretáceo, un movimiento tectónico separó los continentes africano y sudamericano. El producto resultante de fuerzas que ejercieron presión para la separación de los dos continentes en formación, ocasionó el surgimiento de una falla de gravedad de más de 11 mil metros (de la bacía de Santos hasta el tope de la Sierra), donde la regresión erosiva de esta ruptura produjo la Sierra del Mar.

En la región se encuentra un buen número de sitios arqueológicos conteniendo sambaquis (*Focilíferus pleistocêncios*), que representan la evidencia de la evolución geomórfica, de las variaciones del nivel del mar y de la vida en América del Sur a través de la historia de la tierra.

Estas áreas representan la mejor oportunidad para el proceso actual de "especiación", es decir, el proceso evolutivo a través del cual se produce la ramificación de una especie en especies nuevas, pero adaptadas al medio, perpetuando tanto ecosistemas costeros y marinos como comunidades animales y de plantas, muchos de ellos endémicos de la región. Existen innumerables especies de organismos primitivos (*troglobias*) en las cavernas de la región, en procesos de adaptación diferentes al ambiente subterráneo, lo que confirma que todavía se están produciendo procesos evolutivos en el área. El bagre ciego (*Pimelodellla kroney*), por ejemplo, representa sin duda alguna, un tipo transitorio de *Pimelodella* que se da en ríos superficiales de la región.

Cabe destacar que en este litoral fue fundada una de las primeras villas portuguesas del Brasil-Cananea (1503), que en el siglo XVII llegó a ser uno de los principales puertos del territorio brasileño. Las tribus de indios carijós, grupo étnico tupi-guarani, que allí habitaban, que resistieron por casi medio siglo a la ocupación portuguesa, y acabaron por mezclarse con los europeos, dando origen a los actuales habitantes de la región: los caiçaras, una población de pescadores y pequeños propietarios rurales.

La naturaleza

El Bosque Atlántico es considerado una de las más ricas áreas en diversidad y endemismo biológico del planeta. Originalmente cubría en torno de 15 % de la superficie de Brasil, en una faja que se extendía del Sur al Nordeste del país. Hoy, solamente 8,8 % de esta área es remanescente. Pese al hecho de localizarse en la proximidad de los mayores polos económicos de Brasil en la región Sudeste, se mantuvo razonablemente preservada, como consecuencia del aislamiento y de las dificultades para urbanización, resultantes de su relieve accidentado.

La formación geológica del área está dividida en dos grandes sistemas: uno formado por macizos y montañas, testimonio del movimiento tectónico ocurrido en la Era Mesozoica, y otro por playas y manglares, formados por sedimentos arrastrados por los ríos y riachuelos que bajan de la Sierra del Mar, destacándose en este escenario, las islas Comprida y Superagüi. La isla del Cardoso con sus macizos de granito que se elevan hasta 800 metros encima del nivel del mar es la excepción. La diversidad de la vegetación, también consecuencia de

Pela sua docilidade, a preguiça é uma espécie muito vunerável.
Por su docilidad, la perezosa es una especie muy vulnerable.
Its docile nature makes the sloth a very vulnerable species.

la condiciones geológicas varía desde los manglares, desde orillas del mar hasta hasta la floresta húmeda, con árboles altos y copados pasando por vegetación característica de piedras y terrenos arenosos, como bromelias.

Las variaciones de altitud, aliadas al clima húmedo, a las altas temperaturas y abundancia de manantiales de agua acaban por formar un ecosisterma de gran biodiversidad, con altos índices de endemismo. En su área se encuentran 436 especies de aves, destacándose el papagayo de cara morada o chauá (*Amazona brasiliensis*); una variada fauna acuática, con ejemplos de endemismo, como el Bagre Ciego (*Pimelodella kronei*); y varios mamíferos como el mono muriqui (*Brachytela arachoides*), el venado matero (*Manzana bororo*) y el mico león de cara negra (*Leontophitecus caissara*), éstos dos últimos, recientemente descubiertos (1990) y ya amenazados de extinción. Además de esas, varias otras especies de plantas y de animales tienen su habitat exclusivo en estas áreas.

La región es uno de los ecosistemas mejor preservados para decenas de animales amenazados de extinción no endémicos, como el cocodrilo de buche amarillo (*Caiman latirostris*), la jacutinga (*Pipile jacutinga*), y la onza (*Panthera onça*). Casi 4.500 aves construyen sus nidos y se alimentan en las áreas de protección ambiental en la zona núcleo.

Son más de trecientas cavernas en la región serrana, una de las mayores concentraciones del Brasil, algunas reconocidas internacionalmente por su belleza e interés científico. Podemos citar la Caverna del Diablo, con más de 8 km de extensión, la Casa de Piedra, con portal de entrada de 215 metros de altura y la Caverna Petar (Santana´s Cave), que presenta gran diversidad de espeleotemas. Innumerables cascadas enfilan el curso de los ríos que corren de la sierra hacia el mar.

En la zona de la costa, además de más de 2.000 km de mangles intocados, hay islas con playas y antiguas dunas, además de islas rocosas donde puede encontrarse una impresionante riqueza de fauna marina.

Protección

En 1940, se crearon las primeras áreas de protección en la región, esfuerzos que fueron multiplicados a par-

tir de 1960, con apertura de carreteras y el desarrollo de la industria extractivista. A partir de 1980, se crearon más de veinte nuevas áreas de protección, lo que mantuvo la cohesión y preservación de los ecosistemas. Además de las veinticinco áreas que integran la zona núcleo, protegidas casi permanentemente a través de instrumentos legales, existen además cinco áreas tapón, totalizando más 1.223.557 hectáreas que garantizan su integridad, en un total de casi dos millones de hectáreas protegidas.

El plan de manejo de esta área, que representa uno de los diez ecosistemas más amenazados del mundo, está centrado en la conservación de la biodiversidad y en la educación ambiental, incorporando incluso, el trabajo con las comunidades locales volcado para el desarrollo sustentable, conciliando actividades económicas tradicionales agregadas al turismo ecológico.

El interés científico del área ha crecido debido a la diversidad de formas de vida, relacionadas mutuamente en sistemas complejos, y a la de los varios ejemplos de procesos evolutivos y de desarrollo biológico, como la especiación. Investigaciones han revelado especies recientemente identificadas, como el venado matero (*Manzana bororo*), resultado del proceso de especiación existente en la región (Barbante, M. –1997), una diferenciación genética entre cervídeos (venado de floresta), anteriormente incluidos en la especie de los *American Manzana*.

A título de experiencias ejemplares en la preservación de especies, destacamos que la región es el principal habitat del mayor y más amenazado primate americano, el muriqui (*Brachitelles arachinoides*), conocido en el medio científico como *spider monkey*.

Casi 600 individuos están siendo protegidos actualmente en esta área, lo que representa 1/5 del total de la población estimada de este primate en Brasil.

Justificativo de la Inscripción

El área protegida que compone el Patrimonio Mundial Bosque Atlántico Sudeste, está integrada por 25 unidades de preservación, con varias categorías de dominio, federal (Ibama) y estaduales (parques, reservas y estaciones ecológicas). De estas, 10 son situadas en el Estado de São Paulo, 7 en el Estado de Paraná y otras 8 compuestas de islas, manglares y playas en la frontera de los dos estados, constituída por extensa faja que va del litoral norte del estado de Paraná al litoral sur del estado de São Paulo.

El área es un mosaico de niveles de preservación, como estaciones ecológicas públicas y privadas, áreas de protección ambiental, reservas ecológicas, parques nacionales, entre otras, alcanzando un área núcleo de 493.028 hc., y 200 km de ancho. Es uno de los más significativos de los corredores biológicos brasileños y el de mayor concentración de remanescentes de la Selva Atlántica del país.

La Reserva de la Selva Atlántica Sudeste fue inscrita en la Lista de Patrimonio de la Humanidad en el año 1999, como Bien Natural, confirmando su valor excepcional. Los criterios que refrendan la inclusión de las 25 áreas, toman en cuenta que el conjunto en cuestión, atiende tres ítems descritos en la Convención para protección del Patrimonio Mundial Natural: criterios (ii), (iii), (iv).

The Atlantic Forest in Brazil

In the Mesozoic geological era, during the Jurassic and Cretaceous periods, a tectonic movement separated the African and South American continents. The final result of the forces exerting pressure toward separation of the two emerging continents caused a gravity fault extending for 11,000 metres (from the basin of Santos to the heights of the Serra), where the erosive regression of this split produced the Serra do Mar (mountain range). A number of archeological sites contain fossil mounds (fociliferus pleistocenicos), as evidence of the geomorphic developments, of variations in sea level and forms of life in South America as part of the history of the planet.

These areas are our best opportunity for the current tasks of "speciation", tracking the process of evolution through which a species branched out into new species, better adapted to the environment, perpetuating coastal and marine ecosystems as well as animal and plant communities, many of them endemic to the region.

There are countless primitive organisms (troglobias) in the region's caves, at different stages of adaptation to the subterranean environment, which confirms that evolutionary processes are still under way in the area. The blind catfish (pimelodella kroney), for example, is certainly a transitional variety of the Pimedodellas found in the region's surface rivers.

It is noteworthy that Cananéia, one of the first Portuguese settlements in Brazil, was founded on this seaboard in 1503. In the 17th century, Cananéia became one of the main ports in the land. The indigenous Carijó peoples, members of the Tupi-Guarani ethnic group that inhabited the region and that for almost half a century resisted to the Portuguese occupation, finally miscigenated with the European settlers – hence the current inhabitants of the region, known as the caiçaras, mostly engaged in fishing or subsistence forming.

Natural features

The Atlantic Forest is considered one of the planet's richest areas interns of biodiversity and biological endemism. Originally, it covered some 15% of Brazil's surface area, in a belt spanning from the South to the Northeast of Brazil: only 8.8% of this area is still forestland. Despite being located near major industrial centres in the Southeast, this remnant has been reasonably well conserved due to its rather isolated location and the difficulties involved in urbanisation on such rugged terrain.

The area's geological formation is divided into two great systems: one consisting of massifs and mountains, signs of the tectonic movement in the Mesozoic era, and the other, of beaches and wetland formed by sediment deposited by rivers and streams flowing down the Serra do Mar range. The highpoints of this scene are island formations, such as Comprida and Superagüi, or the exceptional island of Cardoso with its granite massifs rising 800 metres above sea level. The diversity of the vegetation, also stemming from the geological conditions, ranges from the coastal mangroves to rainforest, with its high-canopied

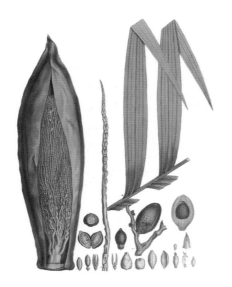

Aréca, palmácea endêmica na região.
Areca, palmácea endémica en la región.
Areca betel palm, endemic in the region.

trees, through to vegetation usually found on stony and sandy soils, such as bromeliaceas.

Varying altitudes combined with the humid climate, high temperatures, and abundant springs combine to form an ecosystem that boasts great biodiversity, with high levels of endemism. In this area some 436 bird species are found of which the purple-faced parrot (Amazona brasiliensis) deserves special mention; a varied aquatic fauna, with examples of endemism, such as the blind catfish (Pimelodella kronei); and several mammals such as the spider monkey (Brachyteles arachnoides), the forest deer (Manzana bororo) and the black-faced lion marmoset (Leontophitecus caissara). The latter two species were discovered recently (1990) but are now threatened with extinction. There are many more plant and animal species that have made these areas their exclusive habitat.

The region is also one of the better conserved ecosystems for dozens of non-endemic animals threatened with extinction, such as broad-snouted caimans (Caiman latirostris), black-fronted piping guans (Pipile jacutinga), and jaguars (Panthera onca). Almost 4,500 birds nest and feed in the environmental protection areas of the core zone.

There are more than three hundred caves in the mountain region, one of Brazil's greatest concentrations of such recesses, some known internationally for both their beauty and their scientific interest. Examples are The Devil's Cave, which is over 8 Km in length, or Casa de Pedra (Stone House), with a 215-metre-high overhanging entrance, or Caverna Petar (Santana's Cave), with a huge variety of stalactites and stalagmites. Countless waterfalls dot the watercourses flowing from the mountains to the ocean.

In the coastal zone, in addition to more than 2,000 km of untouched mangrove swamps, there are islands with beaches and ancient dunes, as well as rocky islands harbouring a strikingly rich marine fauna.

Protection

The first conservation sanctuaries in the region were created in 1940 and there were many more efforts made after 1960, as more roads were opened and extraction activities developed. After 1980, more than twenty new protection areas were established, maintaining the cohesion of the ecosystems and their conservation. In addition to the twenty-five areas in the core zone, almost all permanently protected by law, there are another five buffer zones covering another 1,223,557 hectares to secure the boundaries, making for a total protected area of nearly two million hectares.

The management programme for this area, which is rated one of the tem most threatened ecosystems in the world, focuses on conservation of biodiversity and environmental education, including work with local communities with a view to achieving sustainable development, reconciling traditional economic activities with ecological tourism.

Scientific interest in the area has also grown, due to the diversity of forms of life, mutually inter-related in complex systems and the several examples of evolution and biological development, with speciation. Research has recently discovered a number of species, such as a deer (Mazama bororo), which resulted from a process of speciation in the region (Barbante, M. -1997) giving rise to a genetic differentiation between deer previously included in the American Manzana species.

This region boasts fine examples of species conservation too. It should particularly we mentioned that this is the principal habitat of the largest and most threatened primate in the Americas, the spider monkey (Brachitelles arachinoides). Almost 600 spider monkeys are presently under protection in the area - one fifth of the total estimated population of this primate in Brazil.

Listing Criteria

As a protected area, the World Heritage Atlantic Forest Area of the Southeast comprises some 25 conservation units, of many categories: federal (Ibama) and States (parks, reserves and ecological stations). Ten are located in the state of São Paulo, seven in Paraná, and another eight are composed of islands, mangrove swamps, or beaches on the boundary between the two states, making up a long strip from the northern coast of Paraná to the southern coast of São Paulo. The area is a mosaic of conservation sites, comprising public and private ecological stations, environmental protection areas, wildlife reserves, national parks and others, covering a 200 km-wide core area of 493,028 hectares. This is one of the most significant biological areas in Brazil and the country's highest concentration of remaining Atlantic forest vegetation.

The Atlantic Forest Reserve of the Southeast was listed as a natural part of Human Heritage in 1999, confirming its exceptional value. The criteria for the inclusion of the 25 areas take into account the fact that this group of areas fulfills three requirements – (ii), (iii), and (iv) – of the Convention Concerning the Protection of the World Natural Heritage.

Vista da Pedra-Furada, maciço rochoso no interior do Parque. • Vista de la Piedra Perforada, macizo rocoso en el interior del Parque. • View of the Hollow Stone rock formation in the Park.

Parque Nacional
Serra da Capivara

Parque Nacional Sierra de la Capivara • *Serra da Capivara National Park*
Piauí

. . . .

ANNE-MARIE PESSIS

ARQUEÓLOGA

Santuário cultural da pré-história

Quando as costas do Nordeste do Brasil foram descobertas, há quinhentos anos, os europeus encontraram populações indígenas que aí viviam pelo menos há quinhentos séculos. Sua cultura, forjada na prática milenar da sobrevivência, era transmitida pela tradição oral, criando condições para a continuidade da vida em equilíbrio com a natureza e com as outras comunidades. Os que chegaram de além-mar procuravam riquezas, obtidas da natureza e do trabalho humano. O encontro dos dois grupos provocou um choque cultural devastador. A sucessão de conflitos de poder, a violência e o extermínio, o relacionamento, e as técnicas de guerra falaram mais alto do que a procura do entendimento.

A história traumatizante e preconceituosa do contato impossibilitou o conhecimento dos 500 séculos de pré-história indígena.

O Parque Nacional Serra da Capivara é um santuário cultural da pré-história, no qual se conserva uma densa concentração de sítios com pinturas rupestres, conhecidas como tradição Nordeste.

Representam cenas das vidas cotidiana e cerimonial de grupos étnicos da pré-história. As pinturas, utilizadas como marcadores de memória, reforçaram a transmissão do saber às novas gerações. Permitem conhecer os temas que eram importantes para seus autores, as técnicas criadas para sua realização e os componentes de uma estética que, no decorrer dos milênios, experimentaram transformações e configurou uma identidade cultural.

Há cerca de 6.000 anos, sem razão aparente, os povos da tradição Nordeste deixaram de pintar. As pinturas, ao lado de milhares de outros vestígios de uma vida passada, ficaram nos abrigos, expostas aos efeitos da intempérie e da degradação, como testemunho silencioso de um entendimento entre Homo e natureza.

Mas, por preconceito histórico, esses registros foram olhados, mas não foram vistos.

No início, as pinturas eram claramente expositivas, refletindo uma dinâmica surpreendente. Eclode o movimento e a encenação transborda alegria. Figuras humanas e animais são representadas em atividades lúdicas, com uma grande variedade de composições, mas mantendo os elementos de uma unidade estilística. A simplicidade das figuras e a espontaneidade da ação representados transmitem mensagens abertas e acessíveis a qualquer observador.

Um processo de transformação estilística vai ocorrendo com o passar do tempo e as mesmas temáticas são apresentadas de maneira mais complexa. Na etapa final da tradição aparecem evidências de um maior domínio da técnica gráfica, mas também de um maior hermetismo na temática representada. A ornamentação das figuras passa a ser prioritária e os símbolos predominam em detrimento do caráter explícito do tema das ações representadas.

Muitos dos caminhos que existem hoje no Parque Nacional foram vias utilizadas pelas populações pré-históricas. As trilhas de visitação permitem seguir essa evolução cultural observável nos sítios arqueológicos e integrar, em um único olhar, a paisagem atual, os vestígios pintados e a paisagem pré-histórica, reconstituída a partir das escavações arqueológicas. Numerosos são os gestos criativos que se sucederam, originados por muitas mãos diferentes, pertencentes a muitas gerações, mas o observador pode reconhecer uma unidade cultural e uma clara diferenciação estilística.

A diversidade dos sítios e a riqueza de suas pinturas fazem do Parque Nacional Serra da Capivara uma fonte de informações sobre a vida das primeiras ocupações humanas na América e uma reflexão sobre a origem da cultura.

ANNE-MARIE PESSIS

Arqueóloga • *Archaeologist*

Santuario Cultural de la Prehistoria

Cuando las costas del nordeste de Brasil fueron descubiertas, hace quinientos años, los europeos encontraron poblaciones indígenas que ya vivían allí, por lo menos, unos quinientos siglos. Su cultura, forjada en la práctica milenaria de la supervivencia, era transmitida por la tradición oral, creando condiciones para la continuidad de la vida en equilibrio con la naturaleza y con las otras comunidades. Los que llegaron del otro lado del mar buscaban riquezas, obtenidas de la naturaleza y del trabajo humano. El encuentro de los dos grupos provocó un choque cultural devastador. La sucesión de conflictos de poder, violencia y exterminio, señalaron las relaciones, y las técnicas de guerra hablaron más alto que la búsqueda del entendimiento.

La historia del contacto, traumatizante y plena de prejuicios, no permitió el conocimiento de los 500 siglos de prehistoria indígena.

El Parque Nacional Sierra de la Capivara es un santuario cultural de la prehistoria, donde se conserva una densa concentración de sitios con pinturas rupestres, conocidas como tradición Nordeste. Representan escenas de la vida cotidiana y ceremonial de grupos étnicos de la prehistoria. Las pinturas, utilizadas como marcadores de memoria, reforzaron la transmisión del saber a las nuevas generaciones.

Permiten conocer los temas que eran importantes para sus autores, las técnicas creadas para su realización y los componentes de una estética que, en el transcurso de los milenios, experimentó transformaciones y configuró una identidad cultural.

Hace aproximadamente 6.000 años, sin razón aparente, los pueblos de la tradición Nordeste dejaron de pintar. Las pinturas, junto con miles de otros vestigios de una vida pasada, quedaron en las cavernas, expuestos a los efectos de la intemperie y degradación, como testimonio silencioso de un entendimiento entre Homo y naturaleza.

Pero, por prejuicio histórico, esos registros fueron vistos, pero no fueron mirados.

Al principio, las pinturas eran claramente expositivas, reflejando una dinámica sorprendente. Brota el movimiento y la escenificación desborda alegría. Figuras humanas y animales son representadas en actividades lúdicas, con una gran variedad de composiciones, pero manteniendo los elementos de una unidad estilística. La simplicidad de las figuras y la espontaneidad de la acción representada transmiten mensajes abiertos y accesibles a cualquier observador.

Un proceso de transformación estilística va sucediendo con el paso del tiempo, y las mismas temáticas se presentan de manera más compleja. En la etapa final de la Tradición aparecen evidencias de un mayor dominio de la técnica gráfica, pero también de un mayor hermetismo en la temática representada. La ornamentación de las figuras se vuelve prioritaria y los símbolos predominan, en perjuicio del carácter explícito del tema de las acciones representadas.

Muchos de los caminos que existen hoy en el Parque Nacional eran vías utilizadas por las poblaciones prehistóricas. Los senderos de visitación permiten seguir esa evolución cultural que se observa en los sitios arqueológicos e integrar, en una única mirada, el paisaje actual, los vestigios pintados y el paisaje prehistórico, reconstituido a partir de las excavaciones arqueológicas.

Son numerosos los gestos creativos que se sucedieron, originados por muchas manos diferentes, pertenecientes a muchas generaciones, pero el observador puede reconocer una unidad cultural y una clara diferenciación estilística. La diversidad de los sitios y la riqueza de sus pinturas hacen del Parque Nacional Sierra de la Capivara una fuente de informaciones sobre la vida de las primeras ocupaciones humanas en América y una reflexión sobre el origen de la cultura.

A Sanctuary of Pre-history

When they discovered Brazil's Northeast coast five hundred years ago, the Europeans came into contact with indigenous populations that had inhabited the region for at least five hundred centuries. Their culture, forged by an age-old struggle for survival, was transmitted orally, enabling them to continue living in harmony with Nature and with other communities. The adventurers arriving from overseas were in search of riches acquired from nature and by human labour. The encounter of these two groups provoked a devastating cultural shock. A succession of power struggles, acts of violence and extermination marked their relations, techniques of war speaking louder than the quest for mutual understanding.

The traumatic history of this contact, fraught with prejudice, destroyed any chances there might be of learning about those 500 centuries of indigenous pre-historic.

The Capivara Range National Park is a cultural sanctuary for pre-history preserving a dense concentration of sites containing rock paintings, known as the Northeast Tradition. They depict scenes of everyday life and the ceremonies of pre-historical ethnic groups. The paintings, used as prompts for memory, served to transmit knowledge to younger generations.

They allow us to discern the issues that mattered to their authors. They also display the techniques developed to produce them and the components of an aesthetic which underwent transformations with the passage of millennia, comprising a cultural identity.

About 6,000 years ago, for no apparent reason, the peoples of the Northeast Tradition ceased painting. The paintings, along with thousands of other vestiges of past life, remained in the shelters, exposed to the elements and to degradation, silent witnesses of a by-gone understanding between Homo and Nature.

Through historical prejudice, these records were observed but not seen.

To begin with, the rock paintings were clearly expository, reflecting a surprising dynamics. Movement abounds and the portrayal brims with zest. Human and animal figures are presented in playful activities. The composition is varied yet retains a stylistic unity. The simplicity of the figures and the spontaneity of the action portrayed transmit clear messages readily accessible to any observer.

With the passage of time, a stylistic transformation takes place, and the same themes are presented in a more complex mode. The final phase of the Tradition provides evidence of a greater command of graphic technique but also of a more hermetic treatment of the subject matter. Ornamentation of the figures depicted becomes of prime importance, and symbols prevail to the detriment of the explicit nature of the subjects represented.

Many of the existing trails in the National Park were trails formerly used by pre-historic populations. The trails allow visitors to trace this observable cultural evolution at the archaeological sites and, in a single viewing, to take in the present landscape, the painted vestiges and the pre-historic landscape reconstituted by archaeological excavations. The creative gestures that succeeded each other are numerous, visibly the work of different hands belonging to many generations yet any observer can perceive their cultural unity and the distinctive style of painting. The abundance of sites and the wealth of the paintings make the Capivara Range National Park a precious source of information about the lives of the first human occupants of the American continent, instigating reflection on the origins of culture.

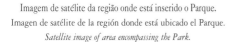

Pré-história do Brasil

Localização do Parque.
Localización del Parque.
Location of the Park.

Estado do Piauí. • Estado de Piauí. • *State of Piauí.*

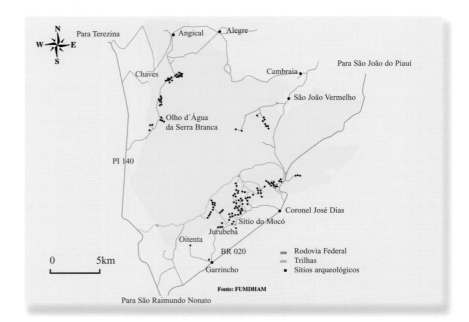

Planta do Parque, com as indicações dos sítios arqueológicos.
Plano del Parque, con las indicaciones de los sitios arqueológicos
Map of the Park indicating the archaeological sites.

Imagem de satélite da região onde está inserido o Parque.
Imagen de satélite de la región donde está ubicado el Parque.
Satellite image of area encompassing the Park.

A pré-história americana ainda é pouco conhecida. Até muito recentemente, os sinais da chegada do homem ao continente americano estava vinculada ao "Homem de Clóvis", esqueleto humano datado de – 11.200 anos (ou seja, 11.200 anos antes do tempo presente), descoberto no Estado do Novo México (EUA), na década de 1930. A partir dessa descoberta, foi aceito no meio científico que o homem americano seria oriundo da Ásia, tendo chegado aqui pelo Estreito de Behring, no final da última era glacial.

Nos últimos anos, descobertas arqueológicas feitas em pontos das Américas, reportam vestígios anteriores à barreira de Clóvis, tais como Meadowcraft (Pensylvania, EUA, –14.500), Monteverde (Chile, –12.500), Lagoa Santa (Minas Gerais, Brasil, a Luzia de –11.000) e Serra da Capivara (Piauí, Brasil, a Zuzu de –11.000), colocando novas perguntas à comunidade científica internacional, sobretudo relativas à origem do homem americano e à forma como chegou ao continente. Como explicar os traços fisionômicos de Luzia, mais próximos do africano que do asiático?

As descobertas realizadas no Sítio do Boqueirão da Pedra Furada, na Serra da Capivara, onde foram encontrados carvões e artefatos de pedra lascada, levantam a hipótese de que o homem poderia ter vivido aí há 50.000 anos. Serão estes vestígios humanos ou o resultado de processos naturais?

A origem e o desenvolvimento das culturas indígenas brasileiras ainda é um assunto pouco estudado. Segundo Niéde Guidon, *deveria ser criado um projeto de âmbito nacional para pesquisar, de modo intensivo e estruturado, as origens pré-históricas dos grupos indígenas brasileiros.*

Nas cavernas da Pedra e da Taperinha, na Região Amazônica, foram encontrados os cacos cerâmicos mais antigos até o momento (–6.800 a –10.500 anos). Essa região permanece pouco explorada no que diz respeito à formação das culturas americanas. Os grupos indígenas, ainda numerosos na Amazônia de hoje, estariam vinculados diretamente aos povoadores pré-históricos ?

Vista da *Cuesta*, Sítio do Mocó, município de Coronel José Dias, limite do Parque Nacional. • Vista de la *Cuesta*, Sitio del Mocó, Municipio de Coronel José Dias, límite del Parque Nacional.
Viem of the "Cuesta", Mocó site, Coronel José Dias municipality, National Park limit.

O PARQUE

O Parque Nacional Serra da Capivara é protegido por Legislação Federal e fiscalizado pelo Ibama em cooperação com a Fundham (Fundação Museu do Homem Americano), encarregada da sua administração. O Parque abarca um trecho da fronteira geológica entre a planície pré-cambriana da depressão periférica do Rio São Francisco e a Bacia Sedimentar Piauí-Maranhão, rasgada por uma serra contínua ou "cuesta". O desnível entre os paredões formados pela borda da chapada e o fundo dos vales pode atingir até 250 metros. Nesses paredões, a erosão diferencial ocasionou o surgimento de abrigos sub-rocha, chamados de "tocas". Apesar de estar situado em uma região de clima semi-árido, o Parque, por questões de relevo, apresenta, no fundo dos vales, uma vegetação mais exuberante, típica de floresta tropical úmida.

Rato da Caatinga (*Mus pyrrhorhinus*) • Ráton. • *Rat.*

O ecossistema caatinga, que cobre 40% do Nordeste brasileiro, caracteriza-se pelo clima semi-árido, de baixo índice pluviométrico e de temperaturas elevadas. A caatinga, palavra indígena que significa floresta branca, compõe-se de vegetação arbórea densa e intrincada, com espécies vegetais capazes de sobreviver com pouca água e sob calor intenso. Nesse ambiente vive uma fauna rica, adaptada às limitações do meio, cujo ritmo biológico coincide com a estação chuvosa.

Cobra-cipó, *oxybelis aeneu.* • Cobra "Cipó". • *"Cipo" snake.*

Vista do alto do Baixão da Pedra Furada.
Vista de lo alto del Baixão de la Pedra Furada.
Viem of the Hollow Stone rock formation.

A região, que já teve um paleoclima mais benéfico, comprovado pelas pesquisas científicas e arqueológicas, apresenta parcos meios de subsistência. A exigüidade de recursos naturais levou as populações do entorno a buscar alimento na caça de animais como o tatu-bola (*Tolypeutes tricinctus*), o tatu-canastra (*Priodontes giganteus*), a cotia (*Dasyprocta prymnolopha*), espécie endêmica e seriamente ameaçada de extinção, e o tamanduá-bandeira (*Myrmecophaga tridactyla*), provavelmente extinto. A caça aos predadores naturais de insetos, como o cupim, tem afetado diretamente o patrimônio arqueológico do Parque, pois a proliferação desses animais age diretamente sobre as paredes das rochas.

Outras ações predatórias do homem, como o desmatamento, para obtenção de carvão e queima de cal, a monocultura e o uso de inseticidas, ameaçam a flora, a fauna e as pinturas rupestres, sensíveis aos desequilíbrios químicos, ao fogo e à ação de fungos.

Devido à sua posição geográfica, o Parque conta com outros ecossistemas, tais como as formações de cerrado no alto das chapadas e as densas matas de galeria nos vales profundos. O fato de não contar com nenhum grande rio perene, acentua os problemas relativos à fauna, prejudicada nas secas mais prolongadas. Hoje, graças ao trabalho educativo e científico desenvolvido, nota-se a recuperação de diversas áreas e o reaparecimento de vários animais.

HISTÓRIA DO SÍTIO

As primeiras descobertas arqueológicas na Serra da Capivara datam de 1960. Em 1978, iniciaram-se as pesquisas na região por meio de um projeto multidisciplinar, conhecido como Missão Franco-Brasileira do Piauí. Apesar da ação predatória do homem, encontram-se extensas áreas bem preservadas, sobretudo os abrigos ou tocas, principais focos da pesquisa arqueológica. Sua preservação deu-se possivelmente pela dificuldade de acesso e pela ocupação humana rarefeita.

A presença de ecossistemas frágeis, constantemente ameaçados, em contraposição à riqueza e à qualidade dos sítios arqueológicos e à beleza cênica do local, motivaram a criação, em 1979, do Parque Nacional Serra da Capivara. Em 1990, a Missão Franco-Brasileira institui a Fundação Museu do Homem Americano (Fundham) que, em parceria com o Ibama, elabora um Plano de Manejo para o Parque (1991), simultaneamente à sua inscrição na Lista do Patrimônio Mundial. O Plano caracteriza-se pelo enfoque multidisciplinar e prevê não só a continuidade das pesquisas arqueológicas, mas também propõe alternativas de desenvolvimento sustentável para a população da região, com subsídios para o turismo ecológico em bases sustentáveis, reintrodução de espécies ameaçadas de extinção e agricultura.

OS SÍTIOS PRÉ-HISTÓRICOS

O estudo da arte rupestre, associado à análise da indústria lítica, tem-se mostrado importante ferramenta de conhecimento das sociedades pré-históricas no Brasil. São sete as tradições principais: a Meridional (-5.665 anos), com gravuras geométricas lineares; a Litorânea (sem data), com gravuras geométricas e biomorfas atribuídas aos tupi-guarani; a Geométrica, comum de Santa Catarina ao Nordeste; a Planalto (de -12.000 a -4.000 anos); a São Francisco (até -8.000 anos), no norte de Minas Gerais; a Nordeste (entre -12.000 e -6.000 anos), com representação humana, de animais, de cenas cotidianas e de rituais; e a Agreste (entre -9.000 e -2.000 anos), talvez uma fusão das tradições Nordeste e São Francisco.

No Parque Nacional Serra da Capivara foram cadastrados 406 sítios arqueológicos, cujos

Cactus "Cabeça de frade". • Cactus " Cabeza de fraile". • *Cactus "Cabeça de frade".*

"Torres" do Baixão da Pedra Furada. • "Torres" del Baixão de la Pedra Furada. • *"Towers" of the Hollow Stone rock formation.*

vestígios indicam que a presença humana na América seria muito mais antiga que o admitido pelas teorias clássicas. As pinturas rupestres identificadas em 260 desses sítios arqueológicos, das quais a mais antiga foi datada em -10.530 anos, constituem-se num rico material de conhecimento da evolução dos povos que ocuparam esta região por 12.000 anos. Os caçadores-coletores registraram sua passagem pelo local em pinturas e gravuras das tradições Nordeste e Agreste.

Na tradição Nordeste, vários grupos sucessivos povoaram toda a área do Parque, de -12.000 a -6.000 anos. A atividade econômica baseada na caça, na pesca e na coleta e a quantidade de grupos dão sinal de um ambiente mais auspicioso e de povos culturalmente ricos, hábeis artesãos, que se valiam do que o meio lhes oferecia. As pinturas desta tradição são as dominantes na área do Parque, apresentando pelo menos três estilos particulares, pertencentes a distintos grupos de ocupantes. A arte rupestre caracteriza-se pela presença de grafismos reconhecíveis (figuras humanas, animais, plantas e objetos) e puros, estes últimos, em menor quantidade. As composições retratam atividades relacionadas à vida cotidiana ou cerimonial. Os temas predominantes são a dança, a caça, o sexo e os rituais em torno de uma figura de árvore. São pinturas requintadas e tecnicamente sofisticadas,

Casal de Cardeais, (*Paroaria dominicana*). • Pareja de Cardenales. • *Pair of cardinals.*

denotando a existência de um sistema de comunicação social.

Com a gradativa aridificação do ambiente e a conseqüente redução dos recursos naturais, esses grupos pré-históricos desaparecem por volta de -6.000 anos, dando lugar a novos grupos que não ocupam o território uniformemente, ficando restritos às áreas previamente ocupadas pela tradição Nordeste nas serras. Trata-se de representantes da tradição Agreste, que aparecem em alguns locais desde -9.000 anos, e criam registros rupestres bem menos elaborados, nos quais predominam figuras humanas de caráter não-narrativo.

Os povos ceramistas-agricultores que habitaram a região, surgidos há -3.000 anos caracterizaram-se por uma forma peculiar de enterramento dos cadáveres. Além do corpo ser depositado, em geral, em recipientes cerâmicos, a cabeça era coberta por cabaça ou recipiente também cerâmico, instalada em posição superior ao resto do corpo, sendo que, algumas vezes, havia uma separação entre os ossos longos e os demais. Os ceramistas habitavam casas dispostas em torno de um centro, na forma aproximada de círculo e possuíam uma agricultura incipiente, plantando a cabaça, o milho e o feijão. As pesquisas relativas a esses grupos foram iniciadas mais tarde, tendo-se, portanto, uma quantidade menor de dados definitivos sobre os mesmos.

Urna funerária – Canabrava.
Urna funeraria – Canabrava.
Funeral urn - Canabrava.

Figuras rupestres do Boqueirão da Pedra Furada; o desenho do veado e do filhote foram escolhidos como símbolo do Parque. Tradição Nordeste.
Figuras rupestres del Boquerón de la Pedra Furada; el venado con la cría fueron escogidos como símbolo del Parque Nacioal. Tradición Nordeste.
Rock paintings at Boqueirão da Pedra Furada - the deer with young have been chosen as emblems for the Park. Northeast Tradition.

Pinturas rupestres da "Tradição Nordeste". • Pinturas rupestres de la "Tradición Nordeste". • *Rock painting of the Northeast Tradition.*

OS SÍTIOS ABERTOS AO PÚBLICO

No setor do Parque Nacional com maior concentração de sítios com pinturas foram estabelecidos cinco circuitos: O "Baixão das Mulheres" (quatro sítios arqueológicos); o "Desfiladeiro da Capivara" (11 sítios, com as pinturas rupestres mais antigas do Parque); o "Baixão da Pedra Furada" (sítio do Boqueirão da Pedra Furada, com vestígios datados de -50 mil anos, um dos maiores abrigos sub-rocha, com 70 metros de comprimento e 80 metros de altura); o "Sítio do Meio"; e o "Baixão do Perna" (quatro sítios).

O Museu do Homem Americano, situado na cidade vizinha de São Raimundo Nonato, expõe vestígios da paleofauna encontrada nas escavações (preguiça-gigante, tigre-de-dente-de-sabre e outros), uma coleção de objetos em pedra-lascada e cerâmica, além de urnas mortuárias.

Pintura da Toca do Salitre. • Pintura de la "Toca do Salitre" • *"Toca do Salitre" painting.*

JUSTIFICATIVA DE INSCRIÇÃO

Situado na Região Sudeste do Estado do Piauí, em uma área de 130 mil hectares, que abrange os municípios de São Raimundo Nonato, São João do Piauí e Canto do Buriti, o Parque Nacional Serra da Capivara, importante área arqueológica do Brasil, foi inscrito em 13 de dezembro de 1991, como Bem Cultural na Lista do Patrimônio Mundial, de acordo com o critério (iii). O Parque congrega importantes sítios pré-históricos, ricos em pinturas rupestres que, além do aspecto estético, demonstram ser fundamentais para o estudo das primeiras ocupações humanas da região.

Pintura na Toca do Caldeirão dos Rodrigues.
Pinturas en la "Toca do Caldeirão dos Rodrigues".
Paintings at "Toca do Caldeirão dos Rodrigues".

Pinturas rupestres da "Tradição Nordeste".
Pinturas rupestres de la "Tradición Nordeste".
Rock painting of the Northeast Tradition..

Pinturas rupestres da entrada da Toca do Pajaú. • Pinturas rupestres de la entrada de la "Toca do Pajaú". • *Rock paintings at the entrance of "Toca do Pajaú".*

(Esquerda) Ponta de projétil que fazia parte do enxoval funerário de um esqueleto do sexo feminino, datado de -11.060 anos (ou seja, 11.060 anos antes do tempo presente);
(centro) seixo lascado unifacial de quartzito, proveniente da Toca do Boqueirão da Pedra Furada, datado de -25.200 anos; (direita) a mais antiga machadinha de pedra polida das Américas, datada de -9.200 anos. (esquerda)
Punta de proyectil, hacía parte del ajuar funerario de un esqueleto de sexo femenino, datado del -11.060 años (11.060 años antes del tiempo presente);
(centro) Piedra lascada unifacial de cuartzo, proveniente de la Toca del Boquerón de "Pedra Furada", datado de -25.200 años; (derecha) la más antigua hacha de piedra polida de las Americas, datada de -9.200 años.
(left) Spearhead belonging to the funeral trousseau accompanying a female skeleton dated 11,060 years old; (centre) quartzite single-edge flintstones from Toca do Boqueirão da Pedra Furada,
dated 25,200 years old; (right) the oldest picket ax made of polished rock found in the Americas, dated 9,200 years old

La prehistoria de Brasil

La prehistoria americana aún es poco conocida. Hasta muy recientemente, las señales de la llegada del hombre al Continente Americano estaba vinculada al "Hombre de Clovis", esqueleto humano datado de −11.200 años, descubierto en el estado de Nuevo México (EUA) en la década de 1930. A partir de este descubrimiento, fue aceptado en el medio científico que el hombre americano sería oriundo de Asia. Habiendo llegado aquí a través del estrecho de Behring, a fines de la última era glacial.

En los últimos años, descubrimientos arqueológicos hechos en puntos de las Américas, reportan vestigios anteriores a la barrera de Clovis, tales como Meadwcraft (Pensylvania / EUA, -14.500), Monteverde (Chile, -12.500) y Laguna Santa (Minas Gerais / Brasil, a Luzia de -11.000) y Sierra de la Capivara (Piuaí / Brasil, a Zuzu de -11.000), planteando nuevas preguntas a la comunidad científica internacional, sobre todo relativas al origen del hombre americano y a la forma como llegó al continente. ¿Cómo explicar los trazos fisionómicos de Luzia, más próximos del africano que del asiático?

Los descubrimientos realizados en el Sitio del Boquerón de la Pedra Furada, en la Sierra de la Capivara, donde fueron encontrados carbones y artefactos de piedra lascada, levantan la hipótesis de que el hombre podría haber vivido ahí hace 50.000 años. ¿Serán éstos vestigios humanos o el resultado de procesos naturales?

El origen y desarrollo de las culturas indígenas brasileñas todavía es un asunto poco estudiado. Según Niéde Guidon, "Debería crearse un proyecto de ámbito nacional para investigar, de modo intensivo y estructurado, los orígenes prehistóricos de los grupos indígenas brasileños". En las cavernas de la Pedra y Taperinha, en la región amazónica, fueron encontrados hasta el momento los tiestos cerámicos más antiguos (-6.800 a 10.500 años). Esta región permanece poco explorada en lo que se refiere a la formación de las culturas americanas. Los grupos indígenas, todavía numerosos en la Amazonas de hoy, están vinculados directamente a los pobladores prehistóricos.

El Parque Nacional

Abarca un trecho de la frontera geológica entre la planicie precambriana de la depresión periférica del río San Francisco y la Bacía sedimentaria Piauí-Maranhão, rasgada por una sierra continua o cuesta. El desnivel entre los paredones formados por el borde de la llanura y el fondo de los valles puede alcanzar hasta 250 m. En estos paredones, la erosión diferencial ocasionó el surgimiento de abrigos bajo roca, llamados de tocas. A pesar de estar situado en una región de clima semiárido, el Parque, por cuestiones de relieve, presenta, en el fondo de los valles, una vegetación más exuberante, típica de floresta tropical húmeda.

El Parque es la única área de Caatinga protegida a nivel Federal. Este ecosistema, que cubre el 40% del Nordeste brasileño, se caracteriza por el clima semiárido, de bajo índice pluviométrico y temperaturas elevadas. La Caatinga, palabra indígena que significa floresta blanca, se compone de vegetación arbórea densa e intrincada, con especies vegetales capaces de sobrevivir con poco agua y bajo calor intenso. En este ambiente, vive una fauna rica, adaptada a las limitaciones del medio, cuyo ritmo biológico coincide con la estación lluviosa.

La región, que ya tuvo un paleoclima más benéfico, comprobado por las investigaciones científicas y arqueológicas, presenta escasos recursos de subsistencia. La exigüidad de recursos naturales llevó a las poblaciones a buscar alimento en la caza de animales como el tatu-bola (*Tolypeutes tricinctus*), el tatu-canasta (*Priodontes giganteus*), las agutís (*Dasyprocta prymolopha*) – especie endémica y seriamente amenazada de extinción y el tamanduá bandeira (*Myrmecophaga tridactila*),

probablemente extinto. La caza a los predadores naturales de insectos, como el cupim (*termita*), ha afectado directamente el patrimonio arqueológico del Parque, pues la proli-feración de estos animales, actúa directamente sobre las paredes de las rocas.

Otras acciones predatorias del hombre como el desflorestamiento, para obtención de carbón y quema de cal, el monocultivo y el uso de insecticidas, amenazan la flora, la fauna y las pinturas rupestres, sensibles a los desequilibrios químicos, al fuego y a la acción de hongos.

El Parque, debido a su posición geográfica, cuenta con otros ecosistemas, tales como las formaciones de cerrado en lo alto de las llanuras y las densas matas de galería en los valles profundos. El hecho de no contar con ningún gran río perenne, acentúa los problemas relativos a la fauna, perjudicada con las sequías más prolongadas. Hoy, gracias al trabajo educativo y científico desarrollado, se nota la recuperación de diversas áreas y el reaparecimiento de varios animales.

Historia del Sitio

Los primeros descubrimientos arqueológicos en la Sierra de la Capibara datan de 1960. En 1978, se iniciaron las investigaciones en la región mediante un proyecto multidisciplinario, conocido como Misión Franco Brasileña de Piauí. A pesar de la acción predatoria del hombre, se encuentran extensas áreas bien preservadas, sobre todo los abrigos o tocas, principales focos de la investigación arqueológica. Su preservación, se dio posiblemente debido a la dificultad de acceso y a la escasa ocupación humana.

La presencia de ecosistemas frágiles, constantemente amenazados, en contraposición a la riqueza y a la calidad de los sitios arqueológicos y a la belleza escénica del lugar, motivaron la creación, en 1979, del Parque Nacional de la Sierra de la Capibara. En 1990, fue creada por la Misión Franco Brasileña, la Fundación Museo del Hombre Americano –Fundham, que en conjunto con el Ibama, elaboró un Plan de Manejo para el Parque (1991), en el momento en que éste fue inscrito en la Lista del Patrimonio Mundial. El Plan se caracteriza por el enfoque multidisciplinario y prevé no sólo la continuidad de las investigaciones arqueológicas, sino también propone alternativas de desarrollo sustentable para la población de la región, con los subsidios para el turismo ecológico, agricultura sustentable y reintroducción de especies amenazadas de extinción.

Los Sitios Prehistóricos

El estudio del arte rupestre, asociado al análisis de la industria lítica, se ha mostrado importante herramienta de conocimiento de las sociedades prehistóricas en Brasil. Son siete las tradiciones principales: la Meridional (-5.665 años), con grabados geométricos lineales; la Litoránea (s/d), con grabados geométricos y biomorfos atribuidos a los tupíguaranies; la Geométrica, común de Santa Catarina al Nordeste; la Planalto (de −12.000 a – 4.000 años); la San Francisco (hasta –8.000 años), en el Norte de Minas Gerais; al Nordeste (entre −12.000 y −6.000 años atrás), con representación de hombres, animales, escenas cotidianas y rituales; y, finalmente, la Agreste (entre −9.000 y −2.000 años), tal vez una fusión de las tradiciones Nordeste y San Francisco.

En el Parque Nacional Sierra de la Capibara fueron catastrados 406 sitios arqueológicos, cuyos vestigios indican que la presencia del hombre en América sería mucho más antigua que el admitido por las teorías clásicas. Las pinturas rupestres, identificadas en 260 de esos sitios arqueológicos, de las cuales la más antigua fue datada en 10.530 años, constituyen un rico material de conocimiento de la evolución de los pueblos que ocuparon esta región por 12.000 años. Los cazadores colectores registraron su paso por el lugar en pin-

turas y grabados de las Tradiciones Nordeste y Agreste.

En la tradición Nordeste, varios grupos sucesivos poblaron toda el área del Parque, de −12.000 a −6000 años. La actividad económica basada en la caza, pesca y cosecha y la cantidad de grupos, dan señal de un ambiente más auspicioso y de pueblos culturalmente ricos, hábiles artesanos, que se valían de lo que el medio les ofrecía. Las pinturas de esta tradición son las dominantes en el área del Parque presentando por lo menos tres estilos particulares, pertenecientes a distintos grupos de ocupantes. El arte rupestre se caracteriza por la presencia de grafismos reconocibles (figuras humanas, animales, plantas y objetos) y puros, éstos últimos, en menor cantidad. Las composiciones, retratan actividades relacionadas a la vida cotidiana o ceremonial. Los temas predominantes son la danza, la caza, el sexo y los rituales en torno a una figura de árbol. Son pinturas perfectas y técnicamente sofisticadas, denotando la existencia de un sistema de comunicación social.

Con la gradual aridez del ambiente y la consecuente reducción de los recursos naturales, estos grupos prehistóricos desaparecen, alrededor de −6.000 años, dando lugar a nuevos grupos que no ocupan el territorio uniformemente, quedando relegados a las áreas previamente ocupadas por la tradición Nordeste en las sierras. Se trata de representantes de la Tradición Agreste, que aparece en algunos lugares desde 9.000 años, y crea registros rupestres mucho menos elaborados, en los cuales predominan figuras humanas de carácter no narrativo.

Los pueblos ceramistas-agricultores que habitaron la región, surgidos hace −3.000 se caracterizan por una forma peculiar de entierro de los cadáveres. Además de depositar el cuerpo, en general, en recipientes cerámicos, la cabeza era cubierta por una calabaza o recipiente también cerámico, colocada en posición superior al resto del cuerpo, siendo que, algunas veces había una separación entre los huesos largos y los otros. Los ceramistas habitaban casas dispuestas alrededor de un centro, en la forma aproximada de un círculo y poseían una agricultura incipiente, plantando la calabaza, el maíz y los frejoles. Las investigaciones relativas a estos grupos fueron iniciadas más tarde, obteniéndose, por lo tanto, una cantidad menor de datos definitivos sobre ellos.

Los sitios abiertos al público

En el sector del Parque Nacional con mayor concentración de sitios con pinturas, fueron establecidos cinco circuitos: El "Baixão das Mulheres", (4 sitios arqueológicos); el "Desfiladero de la Capibara"(11 sitios, con las pinturas rupestres más antiguas del Parque); el "Baixão da Pedra Furada"(sitio del Boquerón de la Pedra Furada, con los vestigios datados de −50 mil años, uno de los mayores abrigos sub-roca, con 70 metros de longitud y 80 de altura); el "Sítio do meio"y el "Baixão da Perna" (4 sitios).

El Museo del Hombre Americano, situado en la ciudad vecina de San Raimundo Nonato expone vestigios de la paleo fauna encontrada en las excavaciones (perezoso-gigante, tigre de diente de sable y otros), además de una colección de objetos en piedra lascada y cerámica y urnas mortuorias.

Justificativo de la Inscripción

Situado en la región Sudeste del Estado de Piauí, en una área de 130.000 hectáreas, que abarca los municipios de São Raimundo Nonato, São João do Piauí y Canto do Buriti, el Parque Nacional Serra de la Capivara, importante área arqueológica de Brasil, fue inscrito el 13 de diciembre de 1991, como Bien Cultural en la Lista del Patrimonio Mundial, de acuerdo con el criterio (iii). El Parque congrega importantes sitios prehistóricos, ricos en pinturas rupestres que, además del aspecto estético, demuestran ser fundamentales para el estudio de las primeras ocupaciones humanas de la región.

Prehistory of Brazil

Even today, very little is known of American prehistory. Until very recently, the traces left by the first peoples on the American continent were thought to be those of the Clovis Man, dated to 11,200 years ago and discovered in the state of New Mexico (USA) in the 1930s. On the basis of this discovery, it was accepted in the scientific community that American man had originated in Asia and arrived here by crossing the Behring straits at the end of the last Ice Age.

In recent years, a number of archaeological findings at different sites in the Americas have yielded traces that are older than Clovis, such as those at Meadowcraft (Pennsylvania, 14,500 years old), Monteverde (Chile, 12,500 years), and Lagoa Santa (Minas Gerais, Brazil, 11,400 years old skeleton known as Luzia), and Serra da Capivara (Piauí, Brazil, 12,000 years old skeleton known as Zuzu). These discoveries have posed new questions for the international scientific community, particularly in relation to the origin of prehistoric American people and the way they reached the continent. One such question is: how can we explain the fact that Luzia has physiognomic features that are more African than Asian?

The discoveries made at Boqueirão da Pedra Furada, a site in Serra da Capivara where charcoal and stone artefacts were found, raise the hypothesis that Man may have lived there 50,000 years ago.

There has been little academic research on the origin and development of Brazilian indigenous cultures. Brazilian archaeologist Niéde Guidon advocates "a nationwide project carrying out intensive and properly organised research into the prehistoric origins of Brazil's indigenous groups." The oldest pottery shards ever found, gauged to be 6,800-10,500 years, were discovered in the caves of Pedra and Taperinha, in the Amazon region. Nevertheless, this area has hardly been explored in relation to the formation of American cultures. Are the indigenous groups, still found in relatively large numbers in the Amazon region today, directly connected to the prehistoric settlers?

The national park

The Serra da Capivara National Park is protected by federal legislation and inspected by Ibama (Environment agency) in cooperation with the American Man Museum Foundation (Fundham, entrusted with administering the park. The park covers a stretch of the geological border between the pre-Cambrian plain, the depression around the San Francisco river basin, and the sedimentary Piauí-Maranhão basin, divided by a continuous mountain range or cuesta. The difference in altitude between the top of the cliffs formed by the tableland ridge and the depths of the valley may be as much as 250 meters. The differential erosion of these escarpments formed shelters under the rocks, known as "dens". Although located in an area of semi-arid climate, the park boasts differences in relief that favour the growth of exuberant vegetation, typical of tropical rain forests, in the lower reaches of the valley.

This park is the only area of caatinga (scrubland) protected by the federal government. This ecosystem, which covers some 40% of northeastern Brazil, features semi-arid climate, low rainfall, and high temperatures. Caatinga is an indigenous word meaning "white forest." It comprises dense and intricately shaped arboreal vegetation, with plant species capable of survival despite scarce irrigation and intense heat. In this environment, a rich fauna has adapted to the limitations and its biological rhythm coincides with the rainy season.

Scientific and archaeological research has shown that once the area had a more beneficial paleo-climate, but today it offers scant resources for subsistence. The scarcity of natural resources has led local populations to feed on animals such as the nine-banded armadillo (Tolypeutes tricinctus), giant armadillo (Priodontes giganteus), agouti (Dasyprocta prymnolopha) - seriously endangered endemic species - and the giant anteater (Myrmecophaga tridactyla), probably extinct. Hunting of natural predators of insects, such as the termite, has directly affected the archaeological heritage of the park, since proliferation has a direct effect on rock walls.

Other predatory human actions such as deforestation for charcoal and lime burning, monoculture, and use of insecticides are endangering the flora, fauna, and cave paintings, which are sensitive to chemical imbalances, fire, and the action of fungi.

Due to its geographical position, the park is home to a number of ecosystems, such as the formations of cerrado (savannah) on the higher tablelands and dense gallery forests in deeper valleys. The lack of a large perennial river brings serious problems for the fauna, which is affected by the long droughts. Today, thanks to educational and scientific work under way, several areas are recovering and various animal species are flourishing.

Site history

The earliest archaeological discoveries in Serra da Capivara date back to 1960. In 1978, a multidisciplinary research programme called the French-Brazilian Mission in Piauí was initiated in the area. In spite of predatory human action, there are extensive, well-preserved areas, particularly the shelters or dens that are the main sites of archaeological research. In fact, conservation has possibly been due to the somewhat difficult access to and scarce human occupation of the area.

The presence of fragile, constantly threatened ecosystems - in contrast to the richness and quality of the archaeological sites, and the scenic landscape - motivated the establishment of the Serra da Capivara National Park in 1979. Some years later, in 1990, the French-Brazilian Mission set up a foundation and museum - Fundação Museu do Homem Americano (Fundham) - that, in partnership with Ibama, drew up a management plan for the park in the year of its listing as World Heritage (1991). The plan has a multidisciplinary focus and seeks not only the continuity of archaeological research, but also sustainable development for the population of the area, with subsidies for ecological tourism, sustainable agriculture, and reintroduction of endangered species.

The prehistoric sites

The study of cave art and the analysis of Stone Age artefacts has proved an important source of knowledge of prehistoric societies in Brazil. Seven main traditions have been discovered: Southern (5,665 years old), with linear geometric depictions; Coastal (undated), with geometric and biomorphic depictions attributed to the Tupi-Guarani; Geometric, which spreads from Santa Catarina to the Northeast; Highlands (from 12,000 to 4,000 years); São Francisco (up to 8,000 years), in the north of Minas Gerais; Northeast (from 12,000 to 6,000 years), with human figures, animals, everyday and ritual scenes; and, finally, Backland (from 9,000 to 2,000 years), perhaps a combination of the Northeast and San Francisco traditions.

In the Serra da Capivara National Park, 406 archaeological sites have been registered, and remains indicate that human presence in America goes back much further than the classic theories supposed. The cave paintings that decorate 260 of these sites, of which the oldest has been dated as 10,530 years old, constitute a rich source of knowledge on the evolution of the peoples that occupied this area for 12,000 years. The hunter-gatherers recorded their passage through the area in paintings and drawings featuring the Northeast and Rural traditions.

In the Northeast Tradition, several successive groups occupied the entire area now occupied by the park, dated from 6,000 to 12,000 years old. The number of groups and their economic activity based on hunting, fishing, and gathering indicate that there was a more auspicious environment for culturally enhanced peoples and skilled artisans, who were capable of making good use of whatever was readily available to them. The paintings of this tradition are predominant in the park area and present at least three particular styles, belonging to different groups of occupants. Cave decorations feature recognisable markings (human figures, animals, plants and objects) - although not always intact. The compositions portray activities related to both everyday and ceremonial situations. The predominant themes are dance, hunting, sex, and rituals performed around a tree figure. They are well finished and technically sophisticated paintings, denoting the existence of a social communication system.

As the setting gradually became more arid, with consequent reduction in natural resources, these prehistoric groups disappeared about 6,000 years ago, giving way to new groups that did not occupy the territory as evenly, but centred in areas in the mountains occupied by the Northeast tradition. This new period was representative of the Backland (forest-scrub transitional zone) Tradition that appeared in some places 9,000 years ago, and created much less elaborate cave depictions, in which non-narrative human figures prevail.

The potter-farmers that inhabited the area appeared around 3,000 years ago and were characterised by a particular form of interment. Besides the bodies usually being deposited within ceramic vessels, heads were also covered by gourds or ceramic vessels and placed over the rest of the body - sometimes the longer bones were separated from the others. The potters lived in dwellings arranged in a near-circle around a centre; they engaged in incipient farming, they planted calabash, corn, and beans. Research on these groups started later, so there is less definitive data available.

Sites open to the public

Five tour routes have been made available to park visitors in the section that houses most sites containing rock paintings: "The Hollow of the Women," (four archaeological sites); the "The Capivara Gorge" (11 sites, containing the oldest cave paintings in the park); "The Hollow of the Pierced Stone", one of the largest sub-rock shelters, 70 meters in length and 80 in height, where remains were found that have been dated 50,000 years); the "Middle Site" and "Hollow of the Leg" (4 sites).

The Museum of American Man, in the neighbouring town of São Raimundo Nonato, features a permanent exhibition of paleofauna remains found in the excavations (giant sloth, saber-tooth tiger, and others) and a collection of chipped stone and ceramic objects, and mortuary urns.

Listing Criteria

Located in the southeast of the state of Piauí, Serra da Capivara National Park covers an area of 130,000 hectares spread across the municipal districts of São Raimundo Nonato, São João de Piauí and Canto de Buriti, and is home to some of the most important archaeological sites in Brazil. On December 13, 1991 it was listed as Cultural Heritage under criterion (iii). Its prehistoric sites are rich in cave paintings that, in addition to their aesthetic features, are proving to be crucial to research into the original human occupation of the area.

Praia com falésia característica da Costa do Descobrimento. • Playa con acantilado, característica de la Costa del Descubrimiento.

Costa do Descobrimento:
Reservas da Mata Atlântica

Costa del Descubrimiento: Reservas de la Selva Atlántica • *Discovery Coast: Atlantic Forest Reserves*

Bahia e Espírito Santo

. . . .

PAULO DE TARSO ALVIM

AMBIENTALISTA

Berço da nação brasileira

"As flores são aves que pousam nas matas,

as aves são flores que voam no céu"

Castro Alves

A Reserva da Mata Atlântica, situada ao sudeste do Estado da Bahia, destaca-se não apenas em função de suas atrações turísticas, mas, sobretudo, pelo interesse que desperta entre botânicos e naturalistas que se dedicam as pesquisas sobre a vegetação e a ecologia de regiões tropicais úmidas. Faz parte dessa famosa região a faixa de terra pela primeira vez avistada pelos navegadores portugueses que descobriram o Brasil em 22 de abril de 1500, motivo pelo qual tornou-se conhecida como "Costa do Descobrimento". Poderia também chamar-se "berço da nação brasileira" por ter sido o país batizado com o nome de uma árvore nativa – o Pau-Brasil, ou "ibirapitanga" para os indígenas e Caesalpina echinata para os botânicos – planta de cujo lenho se extrai uma tinta "cor de brasa", hoje conhecida por "brasilina".

Sob o ponto de vista puramente turístico, as atrações maiores da região localizam-se em sua faixa litorânea, onde são encontradas algumas das mais belas praias do país, muitas delas ainda circundadas por exuberantes remanescentes da Mata Atlântica nativa. Igualmente atraentes são as pitorescas cidades e vilas situadas nessa região, entre as quais se destaca a histórica Porto Seguro, incontestavelmente um dos maiores centros de atração turística do continente.

Os ecossistemas naturais da região, cujas características variam conforme a gradual diminuição das chuvas no sentido da costa para o interior, ocupam uma faixa de terra com largura variável de 150 a 200 quilômetros, diferenciando-se em quatro classes: a mata de restinga, a mata higrófila, a mata mesófila e a mata de cipó. Lamentavelmente, grande parte desses ecossistemas sofreram inescrupulosas intervenções por parte de madeireiros, especialmente após a abertura das vias de comunicação terrestre com o sul do país. Por sorte ainda, restam preciosos remanescentes da flora nativa, assim como algumas áreas de preservação permanente, entre as quais merecem especial referência o Parque Nacional do Monte Pascoal, a Estação Ecológica do Pau-Brasil e a Reserva Biológica de Una. A extraordinária riqueza da flora regional encontra-se devidamente catalogada no herbário do Centro de Pesquisas de Cacau da Comissão Executiva do Plano da Lavoura Cacaueira (Ceplac), em Itabuna, cujo acervo está estimado em mais de 85 mil espécimes, entre as quais 40 novos gêneros e cerca de 500 novas espécies.

Pesquisas realizadas em 1993, em colaboração com especialistas do New York Botanical Garden, alcançaram repercussão internacional – inclusive merecendo destaque em notas editoriais da imprensa popular – pela revelação do fato de a mata higrófila da Bahia ser o ecossistema mais rico do mundo em termos de biodiversidade, contendo por hectare 450 espécies arbóreas pertencentes a 61 diferentes famílias, referentes a um total de 2.556 plantas de diâmetro superior a 5 centímetros.

A Igreja, construída no período inicial da colonização, foi reconstruída em 1773-1774. • La iglesia, construida en el período inicial de la colonización, fue reconstruída en 1773-1774.
The Church, erected in the early colonial period, was rebuilt in 1773-1774.

PAULO DE TARSO ALVIM

Ambientalista • *Environmentalist*

Cuna de la nación brasileña

*"Las flores son aves que posan en las matas,
las aves son flores que vuelan en el cielo".*
Castro Alves

La Reserva de la Selva Atlántica (floresta atlántica), ubicada al sudeste del Estado de Bahía, se destaca no sólo debido a sus atracciones turísticas, sino también, y sobre todo, por el interés que despierta entre botánicos y naturalistas que se dedican a investigaciones sobre la vegetación y ecología de regiones tropicales húmedas. Forma parte de esa famosa región la franja de tierra por primera vez avistada por los navegadores portugueses que descubrieron Brasil el 22 de abril de 1500 D.C., motivo por el que quedó conocida como "costa del descubrimiento". También podría llamarse "cuna de la nación brasileña" por el país haber sido bautizado con el nombre de un árbol nativo – el Palo Brasil o "ibirapitanga" para los indígenas y *Caesalpina echinata* para los botánicos – planta de cuya madera se extrae una tinta "del color de la brasa", actualmente conocida como "brasilina".

Desde el punto de vista puramente turístico, las principales atracciones de la región están localizadas en su franja costera, donde se encuentran algunas de las playas más bellas del País, muchas de ellas aún circundadas por exuberantes remanentes de la floresta atlántica nativa. Igualmente atractivas son las pintorescas ciudades y aldeas ubicadas en dicha región, entre las que se destaca la histórica Porto Seguro, indiscutiblemente uno de los mayores centros de atracción turística del continente.

Los ecosistemas naturales de la región, cuyas características varían de acuerdo con la gradual disminución de las lluvias en el sentido de la costa hacia el interior, ocupan una franja de tierra con un ancho que varía de 150 a 200 km, diferenciándose en cuatro clases: el bosque de galería, el bosque higrofítico, el bosque mesófilo y el bosque de lianas.

Lamentablemente, una gran parte de dichos ecosistemas han sufrido inescrupulosas intervenciones por parte de madereros, principalmente después de la apertura de las vías de comunicación terrestre con el sur del país. Por suerte aún quedan preciosos remanentes de la flora nativa, así como algunas áreas de preservación permanente, entre las que merecen especial referencia el Parque Nacional de Monte Pascoal, la Estação Ecológica do Pau Brasil y la Reserva Biológica de Una. La extraordinaria riqueza de la flora regional se encuentra debidamente catalogada en el herbario del Centro de Pesquisas de Cacau da Ceplac (Comité Ejecutivo del Plan de Cultivo del Cacao), en Itabuna, cuyo acervo está estimado en más de 85,000 especímenes, entre los que se cuentan 40 nuevos géneros y cerca de 500 nuevas especies. Investigaciones realizadas en 1993, en colaboración con especialistas del New York Botanical Garden, obtuvieron repercusión internacional – mereciendo realce, incluso, en notas editoriales de la prensa popular – por haber revelado que el bosque higrofítico de Bahía es el ecosistema más rico del mundo en términos de biodiversidad, conteniendo, por hectárea, 450 especies arbóreas pertenecientes a 61 familias diferentes, referentes a un total de 2,556 plantas con diámetro superior a 5 cm.

Cradle of the Brazilian Nation

*"The flowers are birds flocking to the forest,
the birds are flowers flying in the sky".*
Castro Alves

The Atlantic Forest Reserve in the Southeast of the State of Bahia is noteworthy not merely on account of its tourist attractions but above all for its interest to botanists and naturalists devoted to researching the vegetation and ecology of tropical rainforest areas. This region encompasses the coastal strip first sighted by the Portuguese navigators who discovered Brazil on April 22nd in the year 1500 AD, which explains the epithet: the "Discovery Coast". It could equally well be called the "cradle of the Brazilian nation" since the country was named after a native tree, the brazilwood tree (ibirapitanga to the native Indians or Caesalpina echinata to modern-day botanists) from the wood of which a "live-coal-coloured" dye is extracted that goes by the name of "brazilin".

From a purely touristic standpoint, the region's main attractions are located in the coastal strip, which boasts some of the finest beaches in Brazil, many of them still surrounded by exuberant remains of the native Atlantic forest. Equally attractive are the region's picturesque towns and villages, the jewel in the crown being the historical town of Porto Seguro, undeniably one of the continent's major tourist venues.

The natural ecosystems in the region vary as one moves inland from the coast and the level of rainfall diminishes. Four main ecosytems occupy a stretch of land that ranges from 150 to 200 km in width: restinga seashore forest; hygrophilous forest; mesophyllous forest; and liana forest. Sadly, large portions of these ecosystems have suffered unscrupulous exploitation at the hands of timber merchants, more intensely so since roads were built linking the region to the south of the country. Fortunately, precious remnants of the native flora still remain, as do a few permanent preservation areas. Among these, the Monte Pascoal National Park, the Una Biological Reserve and the Pau Brasil Ecological Station deserve special mention.

The extraordinary variety of the flora in the region has been duly catalogued at the herbarium of the Cocoa Research Centre run by Ceplac (Executive Commission for the Cocoa Cultivation Plan) in Itabuna. The collection at the herbarium is estimated at more than 85,000 specimens, including 40 new genera and about 500 new species. Research carried out in 1993 in collaboration with specialists from the New York Botanical Garden attained international fame - even meriting editorial coverage in the general press - by revealing that the hygrophilous forest in Bahia is the richest ecosystem in the world in terms of biodiversity. Per hectare, it houses 450 arboreal species belonging to 61 different families, with a total of 2,556 plants with diameters of over 5 cm.

Terra à vista!

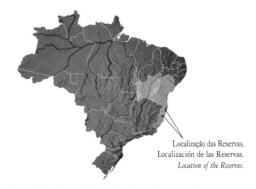

Estados da Bahia e Espírto Santo. · Estados de Bahia y Espíritu Santo.
State of Bahia and Espirito Santo.

Localização das Reservas.
Localización de las Reservas.
Location of the Reserves.

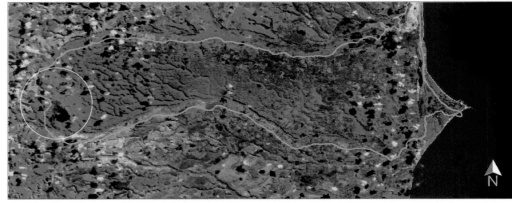

Imagem de satélite do Parque Nacional do Monte Pascoal, com o monte assinalado no círculo.
Imagen de satélite del Parque Nacional de Monte Pascoal, con el monte señalado en el círculo.
Satellite image of the Monte Pascoal National Park, the Mount circled.

Costa do Descobrimento: áreas inscritas no Patrimônio Mundial.
Costa del Descubrimiento: áreas inscritas en el Patrimonio Mundial.
Discovery Coast: World Heritage areas.

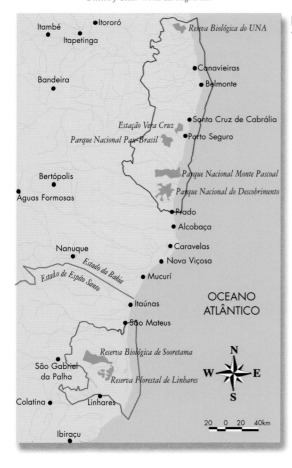

Parques nacionais e estaduais. Parques nacionales y estaduales. *National and state parks.*
Área protegida. Área protegida. *Buffer zone.*

Foi nessa região que aportaram os navegadores portugueses em 1500, dando início à colonização do Brasil, como parte do movimento de expansão territorial do renascimento europeu. Conforme o relato da Carta de Pero Vaz de Caminha ao Rei de Portugal, após 43 dias de viagem em alto-mar, a visão da esquadra de Pedro Álvares Cabral foi "primeiramente dum monte, mui alto e redondo", que pela proximidade da Páscoa foi batizado Monte Pascoal. Naquela enseada protegida por arrecifes ocorreram os primeiros contatos entre os marinheiros portugueses e os habitantes da terra, indígenas do ramo lingüístico tupi.

Nesse trecho da Costa Atlântica foi rezada a Primeira Missa em solo brasileiro, seguida de danças dos índios. Apesar do interesse econômico português pela região recém–descoberta ser menor que o despertado pela Ásia, estabeleceu-se um sistema de escambo com os habitantes do lugar, baseado em gêneros alimentícios e uma espécie de madeira que produzia tinta, o Pau-brasil, nome pelo qual ficaria conhecida a nova terra: *Terra Brasilis* e, mais tarde, Brasil.

O interesse pela preciosa madeira, também negociada pelos índios com outras nações, ocasionará a criação de feitorias de extração do pau-brasil (*Caesalpinea echinata*), dando início à efetiva ocupação do território pelos portugueses.

São testemunhos dessa ocupação primeva diversos povoados e cidades históricas como Cabrália, Trancoso, Arraial d'Ajuda e Porto Seguro – a maior delas – situados em posições estratégicas, junto à foz de rios, em promontórios, pontos naturais de observação favorecidos pela falésia natural junto às praias.

Vista da faixa litorânea com arrecifes e o Parque Nacional do Monte Pascoal com o monte ao fundo. • Vista de la faja litoránea con recifes y Parque Nacional del Monte Pascoal con el monte al fondo.
View of the coastal strip with barrier reef and Monte Pascoal National Park, the Mount in the background.

A NATUREZA

A região da Costa do Descobrimento sofreu uma intensa devastação, restando hoje intacta apenas 0,5% da floresta original. Localizada no núcleo de uma reserva da biosfera da Mata Atlântica, a biodiversidade desta área é caracterizada por uma mescla de endemismos regionais da Mata Atlântica e da Floresta Amazônica, sobretudo espécies de aves e de vegetais, o que leva a crer que possam ter existido corredores de ligação entre as duas florestas.

As oito áreas-núcleo da Costa do Descobrimento são: a Reserva Biológica do Una, a Estação Ecológica de Vera Cruz, a Estação Experimental Pau–Brasil/Ceplac, o Parque Nacional Pau-Brasil, o Parque Nacional do Monte Pascoal, o Parque Nacional do Descobrimento, a Reserva Biológica de Sooretama e a Reserva Florestal de Linhares, que apresentam aspectos particulares, tanto no que se refere à biodiversidade vegetal, quanto às espécies animais do que, outrora, foi uma faixa contínua de floresta. Nos sítios que formam o conjunto inscrito pela Unesco, destacam-se espécies características de cada lugar (endêmicas), raramente encontradas em outros locais. Fator relevante no conjunto das unidades constitutivas do Patrimônio Mundial é que as áreas protegidas atingem

Baleia Jubarte: nesta espécie cada indivíduo pode ser identificado pelo desenho da cauda.
Ballena Jubarte: en esta especie cada individuo puede ser identificado por el diseño de la cola.
Humpback whale: each individual being identified by markings on the tail fin.

Barra de desembocadura de rio com a restinga, mangues e canais em forma de meandros no litoral da Costa do Descobrimento..
Barra de desembocadura de río con los recifes, mangles y canales en forma de meandros en el litoral de la Costa del Descubrimiento.
Sandbar on a river estuary with restinga spit vegetation, mangrove creeks and meandering channels on the Discovery Coast seaboard.

Tartaruga na área do Projeto Tamar.
Tortuga en el área del Proyecto Tamar.
Tagging turtles at the Tamar Project.

largo espectro de condições climáticas, de solo e de altitude: de solos arenosos na costa até o platô terciário. Entre as áreas protegidas, encontra-se uma reserva indígena, próxima ao Parque Nacional do Monte Pascoal, onde vivem os índios Pataxó, originário de outra região.

Na Reserva Biológica de Una (Ibama) encontram-se dois tipos de floresta: a de restinga e a floresta úmida, de acordo com o tipo de solo. Já foram cadastradas mais de 800 espécies na área, que apresenta endemismos importantes tanto na flora como na fauna. Dentre os mamíferos endêmicos destaca-se o mico-leão-de-cara-dourada (*Leontopithecus chrysolelas*), espécie ameaçada de extinção. O Parque Nacional Pau-Brasil (Ibama) possui a maior reserva dessa árvore (*Caesalpinea echinata*), sendo um dos poucos locais onde hoje é ainda encontrada. No Parque Nacional do Monte Pascoal (Ibama) aparecem espécies de orquídeas raras como a *Cattleya schilleriana*, madeiras preciosas e endêmicas como a arruda (*Swartzia euxilophora*) e animais em perigo de extinção como a ariranha (*Pteronura brasillensis*).

O Parque Nacional do Descobrimento (Ibama) é constituído por um trecho de floresta úmida que apresenta uma quantidade de espécies de aves. Dentre as 152 catalogadas, 30% são consideradas raras. A Reserva Biológica Sooretama (Ibama) e a Reserva Florestal de Linhares apresentam uma diversidade de madeiras raras, entre estas destaca-se a peroba-rosa (*Aspidosperma*

Floresta Atlântica mostrando diferentes estratos vegetais.
Floresta Atlántica mostrando diferentes extractos vegetales.
Atlantic Forest showing different plant species.

polineuron). Há, também, uma variedade de primatas, como o bugio (*Alouatta fusca*) e algumas variedades de macacos do gênero *Callithrix*.

PROTEÇÃO

A proteção e o controle nas áreas de reserva, nas estações biológicas e nos parques nacionais atingem diferentes níveis de preservação e uso, assim como englobam diversas figuras jurídicas de propriedade e de administração. As áreas protegidas estão dispersas no território em excelente estado de conservação da paisagem natural, além de serem os únicos testemunhos de tamanho significativo, contendo espécies endêmicas distintas e ilustrativas do conjunto preexistente em toda a faixa da Costa Atlântica. Todas as áreas sofreram extração madeireira até os anos 80 sem ter sido grandemente descaracterizadas por essa atividade. Os planos de manejo específicos têm garantido a regeneração monitorada das espécies sob extrativismo intenso, sobretudo de madeiras nobres.

As zonas-tampão, geralmente próximas às áreas preservadas, são constituídas de fragmentos florestais em estado precário de conservação ou muito pequenos para justificar sua nomeação como reservas por si mesmas. Ademais, a proximidade entre algumas das zonas-núcleo, como, por exemplo,

Bugio, Barbado ou Guariba (*Alouata Fusca*).
Bugio, Barbado o Guariba (*Alouata Fusca*).
Howling monkey (Alouata Fusca).

Índios Pataxó, habitantes da Costa do Descobrimento. · Índios Pataxó, habitantes de la Costa del Descubrimiento. · *Pataxó indians, inhabitants of the Discovery Coast.*

Uma das numerosas espécies de *Psitacídeos* da região.
Una de las numerosas especies de *Psitacídeos* de la región.
One of many parrot species in the region.

as Estações Experimentais Pau–Brasil/Ceplac e Vera Cruz ou a Reserva Biológica de Sooretama e a Reserva Florestal de Linhares, tem contribuído para a recuperação e a conservação do conjunto.

No manejo das áreas englobadas, tanto de administração pública como privada, destaca-se a cooperação com as comunidades circunvizinhas, o monitoramento constante, a presença de Organizações Não–Governamentais (ONGs) ao lado do Poder Público Federal e o empenho em estabelecer a pesquisa científica, a classificação e identificação de mais de 800 espécies vegetais e a criação de bancos genéticos, com o intuito de reflorestar, usando espécies vegetais ameaçadas de extinção.

Quanto à utilização das áreas, a maioria apresenta possibilidade de visitação apenas em zonas restritas, sendo que o objetivo máximo é a preservação dos biomas, apenas abertos a pesquisadores e a cientistas. Existem grandes diferenças, tanto geomórficas quanto ambientais, entre as áreas protegidas e o esforço maior tem sido despendido em identificar espécies e reconstituir as áreas degradadas.

A Reserva Indígena dos Pataxó, tribo do tronco lingüístico tupi, constitui uma das áreas englobadas na Costa do Descobrimento. Em relação a esta comunidade, o maior esforço tem sido o de oferecer alternativas de subsistência aos silvícolas, pois, tradicionalmente, eles se valem do corte

Modo de transporte tradicional nas estradas da região, utilizando burros arreados com caçuás. • Modo de transporte tradicional en las carreteras de la región, utilizando burros arreados con carga.
Means of road transport - laden donkeys, traditional in the region.

de madeiras nobres, em risco de extinção, para a confecção de artesanato, em boa parte comercializado. O Ibama tem testado alternativas de sustentabilidade e, como medida emergencial, tem distribuído, entre as tribos, madeira cortada irregularmente na Amazônia e confiscada pelo Poder Público, como forma de garantir a renda dessas comunidades.

JUSTIFICATIVA DE INSCRIÇÃO

Situada a leste da costa brasileira, na faixa litorânea que vai do norte do Espírito Santo ao sul da Bahia, a Costa do Descobrimento foi inscrita, em 4 de dezembro de 1999, na Lista do Patrimônio Mundial, como Patrimônio Natural, sob os critérios (ii) e (iv). A inscrição deve-se à conjunção do significado histórico desse local para o país e à importância de preservação do ecossistema da Mata Atlântica remanescente.

O conjunto das oito áreas que compõem a Costa do Descobrimento, juntamente com a Mata Atlântica Sudeste e algumas áreas isoladas no litoral dos estados da Paraíba, Pernambuco e Alagoas, compõe um ecossistema bastante ameaçado, sendo que hoje restam apenas em torno de 8% do total de 1 milhão de quilômetros quadrados originais.

Beija–flor em descanso.
Picaflor en descanso.
Humming bird at rest.

Desenbocadura do Rio do Frade. Desembocadura del Río del Fray. *Estuary River Frade.*

Pesca artesanal na região de manguezal, tendo ao fundo coqueiral. • Pesca artesanal en la región de manglales, con un cocotal de fondo.
Fishing in a mangrove creek, coconut grove in the background.

Canal de planície sob efeito das marés, colonizado com Mangue Vermelho. • Canal de planicie bajo efecto de las mareas, colonizado con Mangle Rojo. • *Intertidal mudflat channel with red mangrove.*

Mangue protegido do mar aberto por restinga. • Mangue protegido del mar abierto por la restinga.
Mangrove protected from the open ocean by restinga spit.

¡Tierra a la Vista!

Trechos da Costa do Descobrimento, registrados por João Teixeira Albernaz, *Atlas do Brasil II (1666)*. • Trechos de la Costa del Descubrimiento, registrados por João Teixeira Albernaz.
Stretches of the Discovery Coast registered in João Teixeira Albernaz's.

Fue en esta región que desembarcaron los navegadores portugueses en 1500, dando inicio a la colonización de Brasil como parte del movimiento de expansión territorial del renacimiento europeo. Según el relato de la Carta de Pero Vaz de Caminha al Rey de Portugal, después de 43 días de viaje en alta mar, la visión de la Escuadra de Pedro Álvarez Cabral fue, "primeramente de un monte, muy alto y redondo", que por la proximidad de Pascua fue bautizado Monte Pascual. En aquella ensenada protegida por arrecifes, ocurrieron los primeros contactos entre los marineros portugueses y los habitantes de la tierra, indígenas del ramo lingüístico tupi.

En este trecho de la Costa Atlántica fue rezada la Primera Misa en suelo brasileño, seguida de danzas de los habitantes locales. A pesar de que el interés económico portugués por la región recién descubierta fue menor que el despertado por Asia, se estableció un sistema de trueque con los habitantes del lugar, basado en géneros alimenticios y una especie de madera que producía tinta – el *pau-brasil*, nombre por el cual quedaría conocida la nueva tierra: Terra Brasilis y, más tarde, Brasil. El interés en la preciosa madera, también negociada por los indígenas con otras naciones, iría a ocasionar la fundación de factorías de extracción del *pau-brasil* (*Caesalpinea echinata*), dando inicio a la efectiva ocupación del territorio por los portugueses. Son testigos de esta primera ocupación diversos poblados históricos como Cabralia, Arraial d'Ajuda y Porto Seguro – el mayor de ellos – situados en posiciones estratégicas, junto a la embocadura de ríos, en promontorios, puntos naturales de observación favorecidos por el acantilado natural junto a la playa.

La naturaleza

La región de la Costa del Descubrimiento, sufrió una intensa devastación, quedando hoy intacta sólo el 0,5 % de la floresta original. Localizada en el núcleo de una Reserva de la Biósfera de la Selva Atlántica y Floresta Amazónica, sobre todo especies de aves y vegetales, lo que lleva a creer que pueden haber existido corredores de unión entre las dos florestas.

Las ocho áreas núcleo de la Costa del Descubrimiento son la Reserva Biológica del Una, la Estación Experimental Pau-Brasil/Ceplac, el Parque Nacional Pau-Brasil, el Parque Nacional Monte Pascual, el Parque Nacional del Descubrimiento, la Reserva Biológica de Sooretama y la Reserva Florestal de Linhares, que presentan aspectos particulares, tanto en lo que se refiere a la biodiversidad vegetal, como en lo que atañe a las especies animales de la que, en otro tiempo fue una faja continua de floresta. En los sitios que forman el conjunto de los inscritos por la Unesco, se destacan especies ca-

racterísticas de cada lugar (endémicas), raramente encontradas en otros lugares. Factor relevante en el conjunto de unidades constitutivas del Patrimonio Mundial y que las áreas protegidas alcanzan amplio espectro de condiciones climáticas, de suelo, de altitud: de suelos arenosos en la costa hasta el plató terciario. Existe también, dentro de las áreas protegidas la Reserva Indígena de los Pataxós, próxima al Parque Nacional del Monte Pascual.

En la Reserva Biológica del Una (Ibama), se encuentran dos tipos de floresta: la de restinga y la de floresta húmeda, de acuerdo con el tipo de suelo. Y fueron cadastradas más de 800 especies en el área, que presenta endemismos importantes tanto en la flora como en la fauna. De entre los mamíferos endémicos se destaca el Mono León de Cara Dorada (*Leontopithecus chrysolelas*), especie amenazada de extinción. El Parque Nacional Pau-Brasil (Ibama), posee la mayor reserva de este árbol (*Caesalpinea echinata*) y, es uno de los pocos lugares donde todavía hoy puede encontrarse. En el Parque Nacional Monte Pascual (Ibama) aparecen especies de orquídeas raras como la *Cattleya schilleriana*, maderas preciosas y endémicas como la Arruda (*Swartzia euxilophora*) y animales en peligro de extinción como la ariraraña (*Pteronura brasillensis*).

El Parque Nacional del Descubrimiento (Ibama) está constituido por un gran trecho de floresta húmeda, que presenta gran cantidad de especies de aves. De entre las 152 catalogadas, 30% son consideradas raras. La Reserva Biológica Sooretama (Ibama) y la Reserva Florestal de Linhares, presentan una gran diversidad de maderas raras, entre éstas, destacamos la peroba rosa (*Aspidosperma polineuron*). Hay también una gran diversidad de primates como el bugio (*Alouatta fusca*) y algunas variedades de monos del género *Callithrix*.

Protección

La protección y el control en las áreas de reserva, estaciones biológicas y Parques Nacionales, alcanza diferentes niveles de preservación y uso, así como engloban diversas figuras jurídicas de propiedad y administración. Las áreas protegidas están dispersas, en excelente estado de conservación del paisaje natural, además de ser los únicos testimonios de tamaño significativo conteniendo especies endémicas distintas e ilustrativas del conjunto pre-existente en toda la faja de la Costa Atlántica. Todas las áreas sufrieron extracción maderera hasta los años 80, sin haberse descaracterizado mucho por esta actividad. Los planes de manejo específicos han garantizado la regeneración monitorada de las especies bajo extracción intensa, sobre todo de maderas nobles.

Las zonas tapón, generalmente próximas a las áreas preservadas, están constituídas de fragmentos florestales en estado precario de conservación o son muy pequeños

para justificar su nominación como reservas por sí mismas. Además, la proximidad entre algunas de las zonas núcleo, como por ejemplo las Estaciones Experimentales Pau Brasil/Ceplac y Vera Cruz o reserva Biológica de Sooretama y reserva Florestal de Linhares, han contribuido para la recuperación y conservación del conjunto.

En el manejo de las áreas englobadas, tanto de administración pública como privada, se destacan la cooperación con las comunidades circunvecinas, el monitoramiento constante, la presencia de Organizaciones No Gubernamentales (ONGs) al lado del Poder Público Federal y el empeño en establecer la investigación científica, la clasificación e identificación de más de 800 especies vegetales y la creación de bancos genéticos con el intento de reflorestar usando especies vegetales amenazadas de extinción.

En cuanto a la utilización de las áreas, la mayoría presenta posibilidad de ser visitada sólo en zonas restrictas, siendo que el objetivo máximo es la preservación de los biomas, sólo abiertos a los investigadores y científicos. Existen grandes diferencias tanto geomórficas como ambientales entre las áreas protegidas y el esfuerzo mayor ha sido dispendiado en identificar especies y reconstruir las áreas degradadas.

La Reserva Indígena de los Pataxós, tribu del tronco lingüístico tupi, constituye una de las áreas englobadas en la Costa del Descubrimiento y, en relación a esta comunidad, el mayor esfuerzo ha sido en ofrecer alternativas de subsistencia a los silvícolas pues, tradicionalmente ellos se valen del corte de maderas nobles, hoy en riesgo de extinción, para confeccionar artesanía, en buena parte comercializada. El Ibama ha testado alternativas de sustentación y, como medida emergencial, ha distribuido entre las tribus madera cortada irregularmente en la Amazonia y confiscada por el Poder Público, como forma de asegurar la renta de estas comunidades.

Justificativo de la Inscripción

Situada en el tramo Este de la costa brasileña, en la faja litoral que va del norte de Espíritu Santo al Sur de Bahía, fue inscrita el 4 de diciembre de 1999 como patrimonio natural, en la Lista del Patrimonio Mundial, bajo los criterios (ii) e (i). La inscripción se debe a la conjunción del significado histórico de ese lugar para el país y la importancia de preservación del ecosistema de Selva Atlántica remanente. El conjunto de las ocho áreas que componen la Costa del Descubrimiento, juntamente con la Selva Atlántica Sudeste y algunas áreas aisladas en el litoral de los estados de Paraíba, Pernambuco y Alagoas, compone un ecosistema bastante amenazado, quedando hoy sólo en torno de un 8% del millón de km² originales.

Land ahoy!

It was in this area that the Portuguese navigators first landed in 1500, thus beginning the settlement of Brazil, as part of the drive for territorial expansion undertaken by the European Renaissance. From the newly found land court scribe Pero Vaz de Caminha wrote in his travelogue to the King of Portugal how, after a voyage of 43 days on the high seas, the fleet under Pedro Álvares Cabral sighted "...firstly a hill, high and round" named Monte Pascoal (Mount Paschal) after the approaching feast of the Passover.

This inlet protected by reefs provided the scenario for the first contact between the Portuguese seamen and the indigenous people, from the Tupi linguistic family.

It was here, on the shores of the Atlantic, that the first mass ever celebrated on Brazilian soil took place, followed by the dances performed by the local inhabitants. Although the recently discovered area was less interesting from a trading point of view than Asia, the Portuguese bartered with the natives, obtaining food and a kind of wood that produced dye, called pau brasil (brazilwood, caesalpinea echinata), after which the new land was named Terra Brasilis and, later, Brazil. The interest in this precious wood, which was also traded by other nations, led to the establishment of trading stations (feitorias) based on the extraction of brazilwood as the real beginning of Portuguese occupation of the territory.

This first wave of occupation produced a several settlements turned into historical landmarks - Cabrália, Arraial d´ Ajuda and Porto Seguro, the largest of them all - at strategic locations near estuaries and on headlands where there were natural observation points on the cliffs near the shoreline.

Natural features

The Discovery Coast area has suffered severe devastation and today only 0.5% of the original forest remains intact. Located in the heart of the Atlantic Forest Biosphere Reserve, the biodiversity of this area features a mixture of regional endemic species of Atlantic forest and Amazon forest, especially birds and plant species, which suggests that there may have been areas linking the two types of forest.

The eight core areas on the Discovery Coast are: the UNA Biological Reserve; Veracruz Ecological Station; Pau Brasil/Ceplac Experimental Station; Pau Brasil National Park; Monte Pascoal National Park; Descobrimento National Park; Sooretama Biological Reserve, and Linhares Forest Reserve. All display a great variety of animal and plant species in what was formerly a continuous swathe of forest. On the sites that make up the area listed by Unesco a number of characteristic (endemic) species for each area stand out that are rarely found in other localities. An important feature of the World Heritage list is that the protected

Coleta de ovos de tartaruga: Maximilian A. Phillip (1822).
Colecta de huevos de tortuga: Maximilian A.Phillip (1822).
Gathering turtles' eggs: Maximilian A. Phillip (1822).

areas include widely varying climates, soil types, and altitudes, ranging from sandy coast to the tertiary plateau. The protected areas also include the Pataxó Reservation, near the Monte Pascoal National Park.

The Una Biological Reserve (Ibama) contains both the shoreline forest and rainforests with their varying soil types. Over 800 species have been logged that show important endemism in both flora and fauna. One of the endemic mammals is the endangered golden lion tamarin monkey (Leontopithecus chrysolelas). The Pau Brasil National Park (Ibama), home to the largest reserve of its namesake tree (caesalpinea echinata), is one of the few places where this endangered monkey is still found. Monte Pascoal National Park (Ibama) has rare orchid species such as Cattleya schilleriana, precious and endemic trees such as those of the rue family and umbú (Swartzia euxilophora), and endangered animals such as the giant otter (Pteronura brasiliensis).

The Descobrimento National Park (Ibama) comprises a large rainforest with a wealth of bird species: of the 152 classified species, 30% are considered rare.

The Sooretama Biological Reserve (Ibama) and the Linhares Forest Reserve have great diversity of rare woods, such as rosewood (Aspidosperma polineuron).

There is also a great diversity of primates such as the howler monkey (Alouatta fusca) and some varieties of the genus Callithrix.

Protection

Protection and control of the reservation areas, biological stations, and national parks determines different levels of conservation and use, as well as several varieties of legal possession and management. The protected areas scattered around the territory boast an excellent state of conservation of the natural landscape and are the only significant remains containing the endemic species that were formerly found throughout the belt on the Atlantic Coast. All the areas were affected by lumber extraction until the 1980s, but have not been totally spoiled by this activity.

Targeted management programmes have guaranteed the monitored regeneration of species affected by intense lumber activity, particularly hardwoods.

The buffer zones, usually established areas, are made up of precarious forest fragments or are too small to justify the denomination of "reserve".

The proximity of buffer zones to core zones, such as the Pau Brasil/Ceplac Experimental Stations and Vera Cruz or Biological Reserves of Sooretama and the Linhares Forest Reserve, has contributed to the recovery and conservation of these areas.

In the management of the areas included, both public and private, cooperation with the surrounding communities is emphasised, as is constant monitoring through the presence of nongovernmental organisations (NGOs) and the Federal government. Scientific research is focussed on the classification and identification of more than 800 plant species and the creation of gene banks with a view to reforestation with endangered species.

As to their utilisation, most of these areas are accessible only to researchers and scientists or have restricted visiting, since the main aim is the conservation of biomes. There are major geomorphic and environmental differences between the protected areas and major effort has been expended to identify species and reconstitute degraded areas.

The Pataxó Indian Reservation, home to a society from the Tupi linguistic family, is one of the areas in the Discovery Coast. In relation to this indigenous community, a major effort has been made to provide means of subsistence other than lumber to its inhabitants, because traditionally they have felled hardwood, now endangered, for craftwork that is mostly sold to tourists. To guarantee the communities' income, Ibama (the Brazilian Institute for the Environment and Renewable Natural Resources) has been testing sustainable alternatives and, as an emergency measure, supplying the Pataxó with wood illegally felled in the Amazon region and confiscated by the public authority.

Listing Criteria

On December 4, 1999 the World Heritage listed this area of the eastern stretch of the Brazilian seaboard, its shoreline running from the north of the state of Espírito Santo to the south of Bahia, as Natural Heritage under criteria (ii) and (iv). This inclusion stemmed from the historical significance of the area for Brazil, and the importance of conserving the remaining Atlantic forest and its ecosystem. The set of eight areas that constitute the so-called Discovery Coast, together with the Atlantic Forest in the southeast, and some isolated areas on the coast in the northeastern states of Paraíba, Pernambuco, and Alagoas, form an ecosystem presently threatened with extinction: only around 8% of the original 1 million square kilometres remain as forest.

Largo do Pelourinho com a Igreja de Nossa Sra. do Rosário dos Pretos, Igreja do Senhor dos Passos à esquerda e o Convento do Carmo, à direita.
El Paseo del Pelourinho con la Iglesia de Nuestra Señora del Rosario de los Negros, Iglesia del Señor del Pasos y Convento de las Carmelitas, a la derecha.
Pelourinho with views of the Nossa Senhora do Rosário dos Pretos and Senhor dos Passos churches.

Centro Histórico de

Salvador

Centro Histórico de Salvador • *Historic Centre of Salvador*

Bahia

· · · · · · · · · · · · · · · · · ·

CID TEIXEIRA

PROFESSOR DE HISTÓRIA

Dois tempos da História

O traçado urbano e muito da arquitetura do chamado "Centro Histórico" da Cidade de Salvador, na Bahia de Todos os Santos, somente poderão ser entendidos e validados se tivermos em consideração o que era vigente ao tempo em que foi tomada a decisão de fazer esta "fortaleza grande e forte".

Era o ano de 1549, meio do século XVI, quando a Europa de modo geral e, muito especialmente, a Península Ibérica estavam vivendo uma verdadeira "encruzilhada" de valores. De todos os tipos. Desde as opções filosóficas e teológicas às mais elementares preferências no plano da civilização material.

Os homens que atravessaram o Atlântico Sul para estabelecer essa "base" da navegação entre a Europa consumidora e o Oriente produtor pensavam, ainda em termos de Idade Média, mas, já em termos do mercantilismo dos tempos modernos. Isto fica muito visível quando consideramos a locação desse núcleo ao mesmo tempo militar, administrativo e econômico.

Em uma só cidade, os dois tempos da história do Ocidente se encontram e se completam: o centro administrativo, com sua praça cortada por um eixo norte-sul, foi locado no ponto de topografia mais escarpada de toda a terra ao redor da Bahia de Todos os Santos; tinha muros e portas na melhor feição medieval. Defendia-o homens d'armas que tanto portavam arcabuzes da mais moderna tecnologia das armas de fogo, quanto atiravam com bestas do mais autêntico medievalismo. O porto da Cidade de Salvador, naqueles tempos em que os navios eram de madeira, a propulsão era o vento e estavam longe de existir os atalhos dos canais de Suez e do Panamá, era estação obrigatória para a navegação abaixo da linha do Equador. A cidade era a capital administrativa do Império Português na América. Todo o controle do litoral e a administração de um território que o tempo viria demonstrar maior do que oito milhões de quilômetros quadrados estavam nas suas atribuições.

Por ter nascido da conjugação de fatores múltiplos e, em vários casos, até opostos, a Cidade de Salvador, com alguma freqüência vê explorados, com variável seriedade, alguns dos seus componentes que, a olhos menos atentos, poderão parecer "pitorescos", ou "exóticos". Por ser peculiar e única, esta cidade, longe disto, é, ao mesmo tempo que atual nas suas afirmações de progresso, uma encruzilhada de elementos culturais que lhe dão toque particular na sua fusão. Ao mesmo tempo, olhos atentos à história e à antropologia cultural permitirão identificar, seja nos aspectos humanos, seja no testemunho da civilização material, preciosos elementos tanto da transposição da Europa ou da África, quanto da sobrevivência dos que, nesta terra, precederam o processo colonizador.

Na toponímia urbana, o transeunte poderá passar, diretamente de um logradouro de nome indígena (Itapagipe... Itapuã... Pituba) para outro que guarda a herança africana (Bonocô... Beiru...) ou para algum que conserve a presença portuguesa (Madragôa... Brotas... Santo Antônio).

Na culinária, tanto alguém poderá esperar ser servido de um prato vindo direto do Golfo de Benin (caruru... efó...abará) como de excelências da cozinha portuguesa (refogados... alfenins... beijos de freira...) ou de sobrevivências dos primitivos habitantes (paçoca... muquem...). Não é de causar espanto que, ao mesmo tempo em que se escute o sino de alguma igreja barroca onde esteja sendo cantada uma ladainha em latim, cheguem aos ouvidos os sons de atabaques que saúdam a chegada, no candomblé, de algum orixá.

Nesta cidade, a Unesco encontrou sobejas razões para oficializar a existência de um sítio excepcional. Não somente o arruamento urbano oferece justificativas para tanto. Nele, a construção de solares, igrejas, fortalezas e, em cada momento deste, o recheio ornamental, tudo justifica, aconselha, obriga. Não haverá erro em dizer que a inscrição na prestigiosa Lista do Patrimônio da Humanidade pela Unesco muito contribuiu para o fortalecimento da consciência preservacionista desta cidade, onde o que de mais precioso existe é o orgulho de quem nela mora.

CID TEIXEIRA

Profesor de Historia • *History Teacher*

Dos tiempos de la Historia

El diseño urbano y gran parte de la arquitectura del llamado "centro histórico" de la Ciudad de Salvador, en la Bahía de Todos los Santos, solamente se podrán entender y validar si tomamos en consideración lo que estaba en vigor en la época en que se tomó la decisión de hacer esta "fortaleza grande y fuerte".

Era el año de 1549, a la mitad del siglo XVI, cuando Europa de manera general y muy especialmente la península ibérica estaban pasando por una verdadera "encrucijada" de valores. De todos los tipos. Desde las opciones filosóficas y teológicas, hasta las más elementales preferencias en el plano de la civilización material.

Los hombres que atravesaron el Atlántico Sur para establecer esta "base" de navegación entre la Europa consumidora y el Oriente productor todavía pensaban en términos de la Edad Media, y, ya actuaban con base en el Mercantilismo de los Tiempos Modernos. Esto queda bien claro cuando consideramos la ubicación de este núcleo, militar, administrativo y económico al mismo tiempo.

En una única ciudad, los dos tiempos de la historia del Occidente se encuentran y se completan: El centro administrativo, con su plaza cortada por un eje norte-sur, fue ubicado en el punto de topografía más escarpada de toda la tierra alrededor de la Bahía de Todos los Santos; tenía muros y puertas en el mejor estilo medieval. Lo defendían hombres de armas, que tanto portaban arcabuces con la más moderna tecnología de las armas de fuego, como disparaban con ballestas del más auténtico medievalismo.

El puerto de la Ciudad de Salvador, en aquella época en que los barcos eran de madera, la propulsión era el viento y faltaba mucho para que existieran los atajos de los canales de Suez y de Panamá, era una estación obligatoria para la navegación abajo de la línea del ecuador. La ciudad era la capital administrativa del Imperio Portugués en América. Todo el control del litoral y la administración de un territorio que, según se verificaría con el tiempo, tenía más de ocho millones de kilómetros cuadrados, se incluían dentro de sus atribuciones.

Por haber nacido de la conjugación de factores múltiples y hasta opuestos, en algunos casos, la Ciudad de Salvador, con cierta frecuencia y con seriedad variable, ve explotados algunos de sus componentes que, a los menos atentos, podrán parecer "pintorescos", o "exóticos". Pero no es así, por ser peculiar y única, esta ciudad es al mismo tiempo actual en sus afirmaciones de progreso y una encrucijada de elementos culturales que le dan un toque particular en su fusión. Al mismo tiempo, los ojos atentos a la Historia y a la Antropología Cultural permitirán identificar, ya sea en los aspectos humanos, o en el testimonio de la civilización material, preciosos elementos, tanto de la transposición de Europa o de Africa, como de la supervivencia de los que, en esta tierra, precedieron al proceso colonizador.

En la toponimia urbana, el transeúnte podrá pasar directamente de un paseo con nombre indígena (Itapagipe... Itapuã... Pituba) a otro que mantiene la herencia africana (Bonocô... Beiru...) o a alguno que conserve la presencia portuguesa (Madragôa... Brotas... Santo Antônio).

Por lo que se refiere al aspecto culinario, las personas podrán esperar que les sirvan tanto un plato con origen directo del golfo de Benin (caruru... efó...abará) como excelencias de la cocina portuguesa (rehogados... alfenins... beijos de freira...) o de platillos sobrevivientes de la época de los primitivos habitantes (paçoca... muquem...).

No causa asombro el hecho de que, al mismo tiempo en que se oye la campana de alguna iglesia barroca donde se esté cantando una letanía en latín, llegue a los oídos el son de *atabaques* (pequeños tambores primitivos de origen africano) que saludan la llegada de algún *orixá* (fuerza de la naturaleza o un ancestral deificado) al *candomblé* (sitio de culto de esta religión de origen africano).

En esta ciudad, la Unesco encontró amplias razones para oficializar la existencia de un sitio excepcional. No solamente el conjunto de calles urbanas ofrece justificativas para ello. En él, la construcción de caserones solares, iglesias, fortalezas y, a cada momento, los complementos ornamentales que todo justifican, aconsejan y obligan. No habrá error al decir que la inscripción en la prestigiosa lista del Patrimonio de la Humanidad por la Unesco ha contribuido mucho para el fortalecimiento de la conciencia conservacionista de esta ciudad, donde lo más precioso que existe es el orgullo de los que viven en ella.

Overlapping History

The urban plan and much of the architecture in the so-called "Old Town Centre" of Salvador in the Bay of All Saints can only be properly understood and validated by bearing in mind the prevailing circumstances at the time the decision was taken to build this "great, strong fortress".

The year was 1549, the mid-16th century, an age when Europe as a whole and the Iberian Peninsula most acutely had reached a veritable "crossroads" in terms of values. Values of all kinds. Ranging from philosophical and theological elections to the most elementary preferences at the level of material culture.

The men who crossed the South Atlantic to establish a "staging post" for navigation between consumer Europe and producer Far East still lumbered under the mindset of the Middle Ages but had already acquired the Mercantilist spirit of the Modern Age. This is clearly visible when you consider the location of this base that was at the same time military, administrative and commercial.

In a single city the two ages of western history encounter and complete each other. The administrative centre, its square running along a north-south axis, was established on the most steeply sloping part of the terrain surrounding the Bay of All Saints. The stout doors and walls were in the best medieval tradition. The soldiers defending it were equipped with both harquebuses (the state-of-the-art firearm of the day) and crossbows, the epitome of medieval weaponry. As ships were built of wood, powered by the wind, and the shortcuts through the Suez or Panama Canals were still centuries away, Salvador was an obligatory port of call for shipping below the Equator. The city was the administrative capital of the Portuguese Empire in America. Its brief was to control the entire Brazilian coastline and to administer a territory that time would prove to extend for more than eight million square kilometres.

Being born of a combination of multiple, and in some cases opposing factors certain features of the city of Salvador have been explored with varying degrees of seriousness. To less attentive eyes, they may seem "picturesque" or "exotic". Because it is singular, unique and at the same time contemporary in its affirmation of progress, this city, on the contrary, is a melting pot of cultural elements, the fusion of which give it a special flavour. Eyes attentive to History and Cultural Anthropology will allow us to identify - among both human aspects and the testimony of material civilisation - precious traces not only of transposition from Europe and Africa but also of survival of those inhabiting the land prior to colonisation.

Through urban toponyms the wanderer can pass from indigenous place names (Itapagipe... Itapuã.... Pituba....) to others bearing African ancestry (Bonocô... Beiru...) to those preserving the presence of the Portuguese (Madragôa... Brotas... Santo Antônio...).

Through the local cuisine, the visitor may be served dishes harking back to the Gulf of Benin (caruru... efó... abará...), delicacies of Portuguese cuisine (sautés... alfenim almond paste... nun's kisses...) or remnants of the cookery of Brazil's primitive inhabitants (paçoca... muquem...).

It should come as no surprise to find your ears flooded simultaneously with the bells peeling from a baroque church where the litany is chanted in Latin and the frenzied throbbing of the atabaque drums announcing the arrival of some African orixá deity at the candomblé ritual grounds.

This city offers Unesco abundant reasons to declare the existence of an exceptional cultural heritage site. Not only the streets of the Old Town justify it. The mansions, churches and forts - all ornately decorated - are ample justification that counsel and compel. It would not be amiss to state that Salvador's inclusion on Unesco's prestigious list of Heritage of Mankind sites has greatly served to strengthen preservationist awareness in this city whose most precious asset is the pride of those who can call it home.

A primeira capital do Brasil

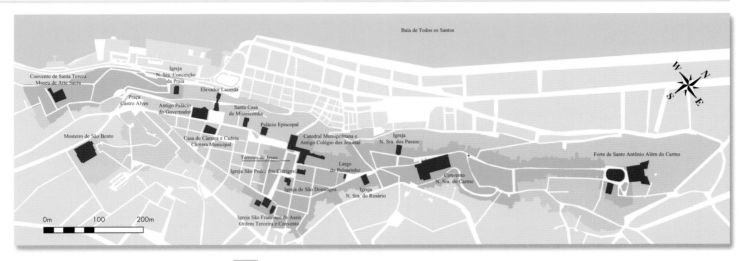

Baía de Todos os Santos

Convento de Santa Tereza
Museu de Arte Sacra

Igreja
N. Sra. Conceição
da Praia

Elevador Lacerda

Praça
Castro Alves

Antigo Palácio
do Governador

Santa Casa
de Misericórdia

Palácio Episcopal

Mosteiro de São Bento

Casa de Câmara e Cadeia
Câmara Municipal

Catedral Metropolitana e
Antigo Colégio dos Jesuítas

Igreja
N. Sra. dos Passos

Terreiro de Jesus

Largo
do Pelourinho

Forte de Santo Antônio Além do Carmo

Igreja São Pedro dos Clérigos

Convento
N. Sra. do Carmo

Igreja de São Domingos

Igreja
N. Sra. do Rosário

Igreja São Francisco de Assis
Ordem Terceira e Convento

0m   100   200m

Zona inscrita no Patrimônio Mundial. • Zona inscrita en el Patrimonio Mundial. • *Area inscribed as World Heritage.*

Zona tombada pelo Iphan (Zona-tampão). • Zona protegida por el Iphan (Zona tampón) • *Area under Iphan preservation order (buffer zone).*

Localização da cidade.
Localización de la ciudad.
——— *Location of the city.*

Estado da Bahia • Estado de Bahía • *State of Bahia*

Imagem de satélite da Baía de Todos os Santos, com a cidade de Salvador.
Imagen de satélite de Bahía de Todos los Santos, con la ciudad de Salvador.
Satellite image of All Saints Bay and Salvador.

Devido ao insucesso das capitanias hereditárias, a Coroa Portuguesa, em 1548, inicia no Brasil uma nova fase da sua colonização, caracterizada pela centralização política exercida pelo Governo-Geral, recém-implantado. Sua sede deveria ter boas condições portuárias e comunicações fáceis com a metrópole e as demais colônias portuguesas na África e na Ásia, servindo de base para a interiorização em território brasileiro. Assim, cumprindo o que lhe havia determinado o Rei de Portugal, o fidalgo Tomé de Sousa, primeiro governador–geral do Brasil, funda Salvador, em 1549, sobre uma escarpa à beira da Baía de Todos os Santos, eqüidistante de Pernambuco e de São Vicente, as únicas capitanias bem–sucedidas.

Nascia, então, a cidade que por 214 anos seria a capital do Brasil e que, além das funções administrativas, exerceria importante papel de entreposto comercial, tendo sido igualmente o centro do desenvolvimento econômico, político e cultural da Colônia, principalmente durante todo o século XVII e a primeira metade do século XVIII, alimentado pela riqueza do açúcar e do fumo, produzidos no Recôncavo Baiano. E mesmo com a transferência da capital para o Rio de Janeiro, em 1763, manteria sua importância, reforçada pela abertura dos portos, em 1808, pela continuidade do comércio negreiro, e, já no século XIX, pela riqueza proveniente do cacau.

Berço de Gregório de Mattos (1623-1695), poeta barroco e crítico da sociedade colonial, de Castro Alves (1847-1871), poeta romântico e abolicionista e de Rui Barbosa (1849-1923), defensor dos ideais republicanos, Salvador mantém ainda hoje sua posição de destaque entre as principais cidades brasileiras, sendo palco privilegiado de manifestações culturais ímpares por sua originalidade e sincretismo. A riqueza e a diversidade das manifestações religiosas e das festas populares, a musicalidade e a culinária da capital da Bahia, são expressões maiores da cultura afro-brasileira.

Largo do Pelourinho, com a Cidade Baixa na lateral direita. • Paseo del Pelourinho, con la Ciudad Baja en el lateral derecho. • *Pelourinho Yard with the lower town to the right.*

O URBANISMO E A ARQUITETURA COLONIAIS

A fundação de Salvador significou igualmente o início de uma nova fase no urbanismo colonial, e seu primeiro traçado é de autoria de Luis Dias, considerado por alguns como o decano dos arquitetos brasileiros, trazido de Portugal por Tomé de Sousa para ser mestre-das-obras da Fortaleza e Cidade de Salvador . Sublinhe-se que as determinações a serem obedecidas eram total- mente omissas quanto ao traçado da nova cidade, mas Luis Dias trazia consigo alguns modelos ade- quados a esta cidadela, que, por razões de defesa, deveria ser construída numa área elevada, cercada por muralhas, afim de evitar ataques tanto de indígenas quanto de invasores estrangeiros.

Iniciava-se assim a implantação de um traçado urbano cujas características principais se manteriam ao longo dos séculos, até os dias de hoje. Nele, uma tipologia nitidamente medieval, com suas ruas tortuosas adaptadas à topografia acidentada, seus largos e suas pequenas praças irregulares, numa natural e pitoresca desordem, como aquela ainda hoje encontrada na área chamada Pelourinho, contrasta com a regularidade, a ordem e a geometria, de inspiração clássica, que caracteriza o traçado da parte mais elevada e plana, onde se situam a antiga praça da Casa de Câmara e Cadeia, a Praça da Sé

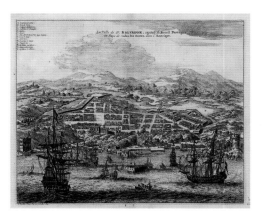

Gravura da cidade de Salvador, de Pierre Vander Aa.
Grabado de la ciudad de Salvador, de Pierre Vander Aa.
Engraving of Salvador by Pierre Vander Aa.

Área central de Salvador • Área central de Salvador • *Central area of Salvador.*

e o Terreiro de Jesus. Mesmo aí a regularidade é muito menos rígida, diferindo do modelo das cidades de colonização hispânica.

Expandindo-se em direção ao mar, a cidade ocupa a pequena faixa plana e costeira, dividindo-se então em Cidade Alta, centro administrativo e religioso, e Cidade Baixa, local do porto e dos estaleiros. Nasce, assim, uma de suas mais marcantes características que, revelando as suas raízes históricas, lembra as duas principais cidades portuguesas, Lisboa e Porto.

No caso de Salvador, a ligação entre os dois níveis sempre representou um desafio. Para vencer a escarpa, carregando mercadorias vindas do porto, abriram-se caminhos, dos quais os mais antigos são as ladeiras da Conceição, da Misericórdia e da Preguiça. Posteriormente, construíram-se planos inclinados e guindastes e, em 1872, o Elevador Lacerda, perfeitamente integrado à paisagem da cidade como marco referencial.

Tendo como base a riqueza gerada pela lavoura açucareira do Recôncavo Baiano, em meados do século XVII, inicia-se em Salvador uma nova etapa da arquitetura baiana que, pela magnificência das edificações foi denominada de *fase monumental*, pelo historiador Robert Smith, na qual ocorre a transição do estilo renascentista para o barroco, definidora da sua fisionomia.

Nesse período, dá-se a construção dos principais palácios e solares. É quando as ordens religiosas erguem suas mais grandiosas, sólidas e luxuosas igrejas e os seus mais significativos

Cidade Baixa de Salvador e escarpa para a Cidade Alta.
Ciudad Baja de Salvador y subida para la Ciudad Alta.
Lower town Salvador with scarp leading to upper town..

conventos, com paredes geralmente feitas de pedras irregulares, assentadas com argamassa e revestidas de reboco, reservando-se a pedra talhada para as molduras das portas e janelas, os cunhais e os beirais dos frontões e torres. Obras que substituíram as humildes, toscas e frágeis construções Quinhentistas e desempenharam papel importante na expansão urbana que se dá para o norte no sentido do Convento do Carmo e para o sul no sentido do Mosteiro de São Bento, em um eixo paralelo à encosta escarpada, ao longo do qual se alinham os novos sobrados, solares e o crescente comércio varejista.

Entre as obras desse período está a Igreja dos Jesuítas, hoje Catedral de Salvador, cujo partido arquitetônico lembra as igrejas portuguesas do Espírito Santo, em Évora, e de São Roque, em Lisboa. Destaque-se seu teto em abóbada de berço e as obras de talha dourada da capela–mor e das capelas laterais, além da excepcional sacristia, com o teto em caixotões ricamente pintados e as paredes revestidas de azulejos e de pinturas Seiscentistas. Sua fachada, onde sobressaem as torres sineiras, as volutas, as pilastras e cimalhas, lembra a antiga Igreja do Colégio, em Coimbra. Anexo à Catedral, e a ela anterior, o antigo Colégio dos Jesuítas, berço do ensino formal no Brasil, ambos voltados para o Terreiro de Jesus, então centro da vida religiosa de Salvador.

São também dessa época, entre outras, a antiga Sé, demolida em 1930 para dar passagem aos bondes; a Igreja e Convento de São Francisco; a Igreja do Carmo; a Igreja e Convento de Santa Teresa, hoje abrigando o mais importante museu de arte sacra do Brasil; a Igreja e Mosteiro de São Bento, obra do frei beneditino Macário de São João, e na qual se observa alguma semelhança com a Igreja Gesú di Roma, e a Igreja da Ordem Terceira de São Francisco, obra do mestre Gabriel Ribeiro, notável pelo seu frontispício em estilo churrigueresco, que a diferencia das demais igrejas brasileiras.

A Igreja de São Francisco deslumbra pela exuberância barroca da sua talha dourada.

Igreja da Ordem Terceira de São Francisco de Assis (1710).
Iglesia de la Orden Tercera de San Francisco de Asis (1710).
Church of the Tertiary Order of St. Francis of Assisi (1710).

Antiga Casa de Câmara e Cadeia, hoje Câmara de Vereadores de Salvador (1660).
Antigua Casa de Cámara y Prisión, hoy Cámara de Regidores de Salvador (1660)
Former Chamber House and Jail, now the Salvador Town Council building (1660).

Claustro do Convento de São Francisco com painéis azulejados (1700).
Claustro del Convento de San Francisco con paneles de azulejos (1700).
Cloister of the St. Francis of Assisi monastery with tiled wall panels (1700).

O Convento, tão famoso quanto, seguiu os modelos franciscanos do Nordeste, com claustro lateral à igreja em forma quadrada, com arcadas abertas para o pátio central, sobressaindo nas paredes os extraordinários painéis temáticos azulejados. São igualmente notáveis a portaria, o consistório, a biblioteca e a imensa sacristia, com as suas pinturas, obras de talha e azulejaria.

Quanto às obras civis, mesmo admitindo-se que antes já existiam algumas significativas, não há dúvidas de que apenas a partir de meados do século XVII começam a ser construídos, além do casario assobradado, de até quatro pavimentos, os prédios públicos e privados de maior vulto. Dentre os prédios públicos, a Casa de Câmara e Cadeia, mandada construir pelo então governador–geral Francisco Barreto de Menezes, no ano de 1660, abrindo-se para uma ampla praça. Trata-se de um edifício em dois pavimentos, com arcadas no térreo, destacando-se no frontispício o corpo da torre sineira, localizada no centro da composição, enfatizando a simetria. Na mesma praça, no ano de 1663, inicia-se a construção do Palácio do Governador, considerada a obra civil até então mais importante, na qual, além da monumentalidade, revelavam-se os traços de inspiração renascentista da sua fachada, hoje totalmente transfigurada. Dos prédios privados, sobressaem-se os solares do Ferrão, do Berquó e dos Sete Candeeiros, em cuja branca fachada destacam-se os balcões e a portada.

Definem-se, nessa época, os pólos administrativo e religioso da cidade, respectivamente a Praça da Casa de Câmara e Cadeia e o Terreiro de Jesus. A meio caminho, a Santa Casa de Misericórdia.

No século XVIII reforça-se a atividade comercial, que se torna predominante no final do século XIX, quando a cidade se expande rumo à planície costeira. As classes priveligiadas abandonam o centro, e os sobrados são subdivididos e ocupados por artesãos e imigrantes.

Casario do Pelourinho. • Caserío del Pelourinho. • *Houses lining Pelourinho.*

Largo com cruzeiro da Igreja e Convento de São Francisco de Assis.

Plazoleta con crucero de la Iglesia y Convento de San Francisco.

Forecourt with cross of the St. Francis Church and Monastery.

Rua das Laranjeiras ou Francisco Muniz Barreto. • Calle de los Naranjos ou Francisco Muniz Barreto. • *Laranjeiras (or Francisco Muniz Barreto) Street.*

PROTEÇÃO

Entre os anos de 1938 e 1945, o Iphan, com o tombamento de vários monumentos no Centro Histórico de Salvador, mantém intactos alguns setores como o Largo do Pelourinho e seu entorno imediato, o que não impede a sua degradação. Fato que se acentua quando, a partir de 1960, o antigo centro perde importância com o surgimento de novas áreas que o substituem em muitas das suas funções até então quase que exclusivas.

Em 1966, Michel Parent, inspetor-chefe dos Monumentos Franceses, convidado pelo Iphan e pela Unesco, sugere uma política de preservação para as cidades históricas brasileiras, sendo então criado o Instituto de Patrimônio Artístico e Cultural da Bahia (Ipac), com o objetivo, entre outros, de gerir a revitalização do Centro Histórico de Salvador. Em 1983, é elaborado um levantamento cadastral detalhado, incluindo a linha verde formada pelos fundos de quintais na escarpa entre as cidades Alta e Baixa. Esse estudo que instruiu o tombamento do conjunto do Centro Histórico de Salvador pelo Iphan, em 1984, condição necessária a sua inscrição como Patrimônio Mundial, em 1985.

Em 1991, transcendendo uma política de restauração que privilegiava as obras mais relevantes, o Governo do Estado da Bahia adota o Projeto de Restauração e Recuperação Físico-Ambiental, programa de refuncionalização imobiliária e reestruturação dos espaços urbanos do Centro Histórico, sobretudo do Pelourinho, visando a sua revitalização. Deste trabalho encontram-se concluídas seis etapas, abarcando 612 imóveis, com significativos reflexos nas edificações, nas áreas públicas e na vida do bairro, estando prevista para breve novas etapas de obras.

JUSTIFICATIVA DE INSCRIÇÃO

Salvador é um dos principais pontos de convergência de culturas européias, africanas e americanas dos séculos XVI a XVIII. A sua fundação e o seu papel histórico como capital do Brasil associam-na naturalmente ao Ciclo dos Descobrimentos. O Centro Histórico de Salvador, abrangendo 80 ha, foi inscrito na Lista do Patrimônio Cultural da Humanidade com base nos critérios (iv) e (vi).

Rua do Bom Jesus ou Maciel de Cima, com a Igreja de São Pedro dos Clérigos.
Calle del Buen Jesús o Maciel de Cima, con la Iglesia de San Pedro de los Clérigos.
Bom Jesus (or Maciel de Cima) Street with São Pedro dos Clérigos Church.

Terreiro de Jesus, com a Catedral de Salvador (centro)
e o antigo Colégio dos Jesuítas, (à esq.).
Campo de Jesus con la Catedral de Salvador (centro)
y el antiguo Colegio de los Jesuítas (a la izquierda).
Terreiro de Jesus with Salvador Cathedral (centre) and the former Jesuit College (left).

Porto de Salvador com Forte de São Marcelo ou do Mar, tendo ao longe a Ilha de Itaparica. • Puerto de Salvador con Fuerte de San Marcelo o del Mat, se divisa la Isla de Itaparica, al fondo. • *Port of Salvador with the São Marcelo (or Sea) Fort - Itaparica Island in the distance.*

La primera Capital de Brasil

Debido a la falta de éxito de las Capitanías Hereditarias, la Corona Portuguesa, en 1548, inicia en Brasil una nueva fase de su colonización, caracterizada por la centralización política ejercida por el entonces recién implantado Gobierno General. Su sede debería tener buenas condiciones portuarias y comunicaciones fáciles con la metrópolis y las demás colonias portuguesas en África y Asia, sirviendo como base para la marcha hacia el interior en el territorio brasileño. Así, y cumpliendo lo que había determinado el rey de Portugal, el hidalgo Thomé de Sousa, primer Gobernador General de Brasil, funda Salvador, en 1549, sobre un acantilado a la orilla del mar de la Bahía de Todos los Santos, equidistante de Pernambuco y de São Vicente, las únicas capitanías exitosas.

Nacía, entonces, la ciudad que durante 214 años sería la capital de Brasil y que, además de las funciones administrativas, ejercería un importante papel de emporio comercial y constituiría, igualmente, el centro del desarrollo económico, político y cultural de la Colonia, principalmente durante todo el siglo XVII y la primera mitad del siglo XVIII, alimentado por la riqueza del azúcar y del tabaco, producidos en el Recôncavo Bahiano. Y aún con la transferencia de la capital a Río de Janeiro, en 1763, mantendría su importancia, reforzada por la apertura de los puertos, en 1808, por el comercio negrero y, ya en el siglo XIX, por la riqueza proveniente del cacao.

Cuna de Gregório de Mattos (1623-1695), poeta barroco y crítico de la sociedad colonial; de Castro Alves (1847-1871), poeta romántico y abolicionista; y de Rui Barbosa (1849-1923), defensor de los ideales republicanos, Salvador mantiene hasta hoy su posición destacada entre las principales ciudades brasileñas, y es el escenario privilegiado de manifestaciones culturales sin igual por su originalidad y sincretismo. La riqueza y la diversidad de las fiestas populares, la mayoría de ellas religiosas, la musicalidad y el arte culinario de la capital de Bahía son expresiones mayores de la cultural afrobrasileña.

El urbanismo y la arquitetura coloniales.

La fundación de Salvador significó igualmente el principio de una nueva fase en el Urbanismo Colonial, y su primer proyecto fue trazado por Luis Dias, considerado por algunos como el decano de los arquitectos brasileños, que había sido traído de Portugal por Thomé de Sousa para ser maestro de las obras de la Fortaleza y la Ciudad de Salvador.

Se hace hincapié en que las determinaciones que se tenían que obedecer eran totalmente omisas en cuanto al plano de la nueva ciudad, pero Luis Dias traía consigo algunos modelos, adecuados a esta ciudadela que, por razones de defensa debería construirse en un área elevada, cercada por una muralla. Empezaba así la implantación de un plano urbano, cuyas características principales se mantendrían a lo largo de los siglos, conservándose hasta los días actuales. En él, una tipología nítidamente medieval, con sus calles tortuosas adaptadas a la topografía accidentada, sus parques y pequeñas plazas irregulares, en un natural y pintoresco desorden, como el que todavía se encuentra hoy en el área llamada Pelourinho, contrasta con la regularidad, el orden y la geometría, de inspiración clásica, que caracteriza el diseño de la parte más elevada y plana, donde se sitúan la antigua plaza de la Casa da Cámara y Prisión, la Plaza de la Sede y el Campo de Jesús. Pero, aún allí, la regularidad es mucho menos rígida, diferenciándose del modelo de las ciudades de colonización hispánica.

Expandiéndose hacia el mar, la ciudad ocupa la pequeña franja plana y costera, dividiéndose entonces en la Ciudad Alta, centro administrativo y religioso, y la Ciudad Baja, donde se ubican el puerto y los astilleros. Nace, así, una de sus características más sobresalientes que, revelando sus raíces históricas, hace recordar las dos ciudades principales de Portugal: Lisboa y Porto.

La conexión entre las dos ciudades siempre ha representado un reto. Y para vencer el acantilado, cargando mercancía proveniente del puerto, se abrieron caminos, de los cuales los más antiguos son las laderas de la Conceição, de la Misericórdia y de la Preguiça. Posteriormente se construyeron planos inclinados y grúas, y, en 1872, el elevador Lacerda, hoy integrado al paisaje de la ciudad.

Tomando como base la riqueza generada por el cultivo del azúcar del Recôncavo Bahiano, a mediados del siglo XVII, y durando aproximadamente un siglo, se inicia en Salvador una nueva etapa de la arquitectura bahiana que, por la magnificencia de las edificaciones, es denominada fase monumental por el historiador Robert Smith, en la que ocurre la transición del estilo renacentista al barroco.

En ese período sucede la construcción de los principales palacios y casas solariegas. Es cuando las órdenes religiosas levantan sus iglesias más grandiosas, sólidas y lujosas y sus conventos más significativos, con paredes generalmente hechas de piedras irregulares asentadas con argamasa y revestidas de revoque, reservando la piedra tallada para los marcos de las puertas y ventanas, las esquinas y los salidizos de los frontones y torres. Obras que substituyeron a las humildes, toscas y frágiles construcciones de los quinientos y desempeñaron un papel importante en la expansión urbana que se da hacia el norte, en el sentido del Convento do Carmo y hacia el sur, en el sentido del Monaterio de San Benito, en un eje paralelo a la costa escarpada, a lo largo de la cual se alínean los nuevos caserones, casas solariegas y el comercio al por menor.

Entre las obras de este período está la iglesia de los jesuitas, actualmente la Catedral de Salvador, cuyo diseño hace recordar las iglesias portuguesas del Espíritu Santo, en Évora y la de San Roque, en Lisboa. Hay que destacar su techo de bóveda cilíndrica, y las obras de forja dorada de sus capillas mayor y laterales, además de la excepcional sacristía, con su techo en grandes cajas ricamente pintadas y sus paredes revestidas con azulejos y pinturas de los seiscientos Su fachada, donde sobresalen las torres del campanario, las volutas, las pilastras y cornisas, recuerda la antigua Iglesia del Colegio de Coimbra. Anexo a la Catedral y, anterior a ésta, el antiguo Colegio de los Jesuitas, cuna de la enseñanza formal en Brasil.

También de esta época son, entre otras, la Iglesia y el Convento de San Francisco, la Iglesia del Carmen y la antigua Iglesia Episcopal, o Sé, demolida en 1930 para dejar pasar los tranvías, la Iglesia y Convento de Santa Teresa, actualmente abrigando el museo más importante de arte sacra de Brasil, la Iglesia del Monatério de San Benito, obra del fraile benedictino Macário de São João, en la que se observa alguna semejanza con la Iglesia Gesú di Roma, y la Iglesia de la Orden 3ª de San Francisco, obra del maestro Gabriel Ribeiro, notable por su frontispicio en estilo churrigueresco, lo que la distingue de las demás iglesias brasileñas.

La Iglesia de San Francisco deslumbra por la exuberancia barroca da su talla dorada. El Convento, igualmente famoso, siguió los modelos franciscanos del Nordeste, con su claustro lateral a la iglesia, en forma cuadrada y con sus arcadas abiertas al patio central, sobresaliendo en sus paredes los extraordinarios paneles temáticos de azulejos. Son igualmente notables su puerta principal, el consistorio, la biblioteca y la inmensa sacristía, con sus pinturas, obras de talla y azulejos

En cuanto a las obras civiles, aún admitiendo que antes ya existían algunas significativas, no hay duda de que solamente a partir de mediados del siglo XVII empiezan a ser construidos, además de los caserones de dos pisos, los edificios públicos y privados de mayor importancia. Entre los primeros, la Casa da Cámara y Prisión, mandada construir por el entonces Gobernador General Francisco Barreto de Menezes, el año de 1660, abriéndose sobre una amplia plaza. Se trata de un edificio de dos pisos, con arcadas en la planta baja, destacándose en el frontispicio el cuerpo de la torre del campanario, ubicada en el centro de la composición, enfatizando su simetría. En la misma plaza , el año de 1663, se inicia la construcción del Palacio del Gobernador, considerada como la obra civil más importante hasta entonces, en la que, además de la monumentalidad, se revelaban los rasgos de inspiración renacentista de su fachada, hoy totalmente transfigurada. Entre los segundos, sobresalen las casas solariegas del Ferrão, del Berquó y de los Sete Candeeiros, ésta abrigando actualmente el museo del Iphan, y en cuya blanca fachada se destacan los balcones y el pórtico.

Se definen, así, los polos administrativo y religioso de la ciudad, respectivamente el Campo de Jesús y la Plaza de la Casa de la Cámara y Prisión. A la mitad del camino, la Santa Casa de Misericordia.

En el siglo XVIII se ve cada vez más reforzada la actividad comercial, predominante al final del siglo XIX, cuando la ciudad se extiende rumbo a la planicie costera, y las clases acaudaladas abandonan el centro y los caserones son subdivididos y ocupados por artesanos e inmigrantes.

Protección

Entre los años de 1938 y 1945, el Iphan, a través de la protección oficial de varios monumentos en el Centro Histórico de Salvador, mantiene intactos, por un lado, sectores como el Paseo del Pelourinho y su entorno inmediato, pero, por otro, contribuye involuntariamente a su degradación al retirarlos del mercado inmobiliario. Hecho que se acentúa cuando, a partir de 1960, el antiguo centro pierde importancia al surgir nuevas áreas que lo substituyen en muchas de sus funciones, que hasta entonces eran casi exclusivas.

En 1966/67, Michel Parent, Inspector en Jefe de los Monumentos Franceses, invitado por Iphan y Unesco, sugiere una política de preservación para las ciudades históricas brasileñas, a partir de la cual se crea el Ipac – Instituto de Patrimonio Artístico y Cultural de Bahía, con el objetivo, entre otros, de administrar la nueva vitalización del Centro Histórico de Salvador. En 1983 se elabora un estudio catastral detallado, incluyendo la línea verde formada por los patios de fondos en la escarpa entre las ciudades Alta y Baja. Estudio que formalizó la protección oficial del conjunto del Centro Histórico de Salvador por el Iphan, en 1984, condición necesaria para su inscripción como Patrimonio de la Humanidad, en 1985.

En 1991, transcendiendo una política de restauración que privilegiaba las obras más relevantes, el Gobierno del Estado de Bahía adopta el Proyecto de Restauración y Recuperación Físico-Ambiental, programa para la reintegración en el ambiente inmobiliario y reestructuración de los espacios urbanos del Centro Histórico, sobre todo del Pelourinho, con el objeto de promover su nueva vitalización. De dicho trabajo ya se han concluido seis etapas, abarcando 612 inmuebles, con significativos reflejos en las edificaciones, en las áreas públicas y en la vida del barrio.

Justificativo de la Inscripción

Salvador es uno de los principales puntos de convergencia de culturas europeas, africanas y americanas de los siglos XVI a XVIII. Su fundación y su papel histórico como capital de Brasil se asocian naturalmente al tema de los Descubrimientos. Su Centro Histórico, con 80 hc. fue inscrito en la relación del Patrimonio Cultural de la Humanidad basándose en los criterios (iv) y (vi).

The first Capital of Brasil

With the failure of the hereditary captaincy system adopted in Brazil, in 1548 the Portuguese Crown launched a new phase in the country's colonisation with political power being concentrated in the hands of the recently appointed Governor General. The new system required good port facilities and easy communications with the metropolis as well as with other Portuguese colonies in Africa and Asia. These conditions were to support the Portuguese in their endeavour to settle the interior of Brazil. Therefore, following orders of the King of Portugal, the nobleman Thomé de Souza, first Governor General of Brazil, founded Salvador, in 1549, on a promontory overlooking All Saints Bay, halfway between the only successful captaincies at the time, Pernambuco and São Vicente.

Thus was founded the city that was to be the capital of Brazil for 214 years and that, in addition to its administrative functions, was to play an important role as a commercial port. Salvador was the centre of the political, cultural and economic development of the colony throughout the 17th century and the first half of the 18th century. It was sustained by wealth produced by sugar mills and tobacco plantations in the hinterland (known as Recôncavo Bahiano). Even after the capital of Brazil was transferred to Rio de Janeiro, in 1763, Salvador continued to be an important centre, boosted by the opening of the ports to foreign trade, in 1808; by the slave trade, and - in the 19th century - by wealth from cocoa exports.

Salvador was the birthplace of Gregório de Mattos (1623-1695), poet and writer in the Baroque tradition and critic of colonial society; Castro Alves (1847-1871), the Romantic, abolitionist poet, and Rui Barbosa (1849-1923), the staunch advocate of republican ideals. Even today, Salvador occupies a prominent position among the principal cities of Brazil, and is renowned for cultural output of unique originality and syncretism. The wealth and diversity of popular celebrations and events, mostly religious festivities, and its musicality and cuisine are major expressions of the local Afro-Brazilian culture.

Urbanisation and colonial architecture.

The founding of Salvador also marked the onset of a new phase for Colonial City Planning. The first town plan was drawn up by Luís Dias, viewed by some as the "dean of Brazilian architecture", who was brought from Portugal by Thomé de Sousa to be "master foreman for the Fort and City of Salvador".

Note that the preliminary instructions given to Luís Dias as to the layout of the new city were totally lacking in detail, but he did bring from Portugal a number of models that might be appropriate for this citadel, to be built on a high point, surrounded by a wall for defensive purposes.

This was the starting point for a town layout whose main features have remained unchanged to this day. This layout had a distinctly medieval stamp, with winding streets adapted to the uneven topography. Rectangular plazas and irregular small squares arranged in natural, picturesque disorder are conserved today in the area known as Pelourinho (Pillory); they contrast sharply with the regularity, order, and geometry of classical inspiration that characterizes the higher and flatter part of the city. In the latter are located the old square adjoining the former town hall - Casa da Câmara e Cadeia (Chamber Building and Public Jail), and the Praça da Sé and Terreiro de Jesus plazas. However, even here, the regularity of the layout is much less rigid than in the model cities of the Hispanic colonies in the Americas. Stretching seaward, the city occupied the small flat coastal strip and then split into the Upper City, which is the administrative and religious centre, and the Lower City, where the port and shipyards are located.

This division into two "cities" turned out to be one of Salvador's most distinctive features, one that clearly relates to its historical roots, since the two main cities of Portugal, Lisbon and Oporto, are divided in similar manner.

The connection between the two cities was always something of a challenge. To ship goods uphill from the port, a number of steep roads were built, of which the oldest are Ladeira da Conceição, Ladeira da Misericórdia and Ladeira da Preguiça. Later, builders added inclines and cranes, and in 1872, the Lacerda elevator was built that has now become part of the cityscape.

Sponsored by the wealth generated by the sugar plantations of the hinterland area, a century-long golden age for architecture started in Salvador in the mid 17th century - one to which historian Robert Smith referred as the "monumental phase" because of the magnificence of its constructions. This phase represented the transition from the Renaissance to the Baroque style in Bahia (and Brazilian) architecture.

The main palaces and mansions were built during this period and the religious orders built their most grandiose, solid, and luxurious churches, and their most significant monasteries, their walls usually composed of irregular stones set in mortar and covered with plaster, applying stone carving to door and window frames, corners and laterals of cornices and pillars. These works replaced the rough, rude, and fragile constructions of the 16th century and played an important part in urban expansion northward, with the construction of Carmelite Convent, and southward to the Benedictine monastery, parallel to the ridged slope, along which were built the new houses, mansions, and retail merchant shops.

Among the works of this period is the Jesuit church, now Salvador Cathedral, the architectural order of which is similar to that of Portuguese churches like Holy Spirit, in Évora, or Saint Roche, in Lisbon. Its vaulted ceiling is outstanding as is the gilt carving in its main and side chapels, or the sacristy, with its richly coloured panelled ceiling and walls covered with 17th-century tiles and paintings. Its façade featuring belfries, volutes, pilasters, and cymatia resembles the old Church of the Coimbra College. Appended to the Cathedral, and preceding it, is the old Jesuit School, the birthplace of formal education in Brazil.

Also dating from this time are the Church and Monastery of Saint Francis, the Church of Carmel and the old See, torn down in 1930 to make way for trolleys; the Church and Convent of Santa Theresa, now housing Brazil's most important museum of religious art; the Benedictine Monastery Church, designed by Friar Macário de São João, which bears some likeness to the Gesú di Roma church, and the Church of the Tertiary Order of Saint Francis, by Master Gabriel Ribeiro, notable for its frontispiece in the Churrigueresque style that differentiates it from all other Brazilian churches.

The Baroque exuberance of the gilt carving in the Church of Saint Francis is dazzling. The equally famous monastery followed Franciscan models adopted in the Northeast, with its square cloister adjoining the church, in the form of a square, and arcades opening onto the central patio, with extraordinary tiled thematic panels on its walls. Equally remarkable are the entrance, consistory, library, and the immense sacristy decorated with paintings, carvings, and tile work.

As to civil buildings, it was only in the mid 17th century that work started on the more important public and private buildings, in addition to the two, three and even four-storey row houses- although some significant examples already existed before this period. Among the most prominent public buildings was the Chamber House and Public Jail (Casa da Câmara e Cadeia) built by Governor General Francisco Barreto de Menezes, in 1660, which looks onto a wide square. It is a two-story building with arcades on the ground floor, and a belfry located

in the centre of the composition and emphasising the symmetry of the façade. In the same square, in 1663, construction work began on the Governor's Palace, considered the most important work of civil construction of the time. Besides its monumental nature, the building revealed Renaissance inspiration in its façade, currently totally transformed.

The private buildings included the mansions or manor houses of Ferrão, Berquó and Sete Candeeiros, the latter now housing the Iphan museum with its outstanding white façade, balconies, and portal.

Hence the administrative and religious areas of the city respectively were centred on Terreiro de Jesus and Chamber House and Public Jail. The Santa Casa de Misericórdia charity hospital was built halfway between the two areas.

The 17th century saw a boom in commercial activity, the heyday of which was in the late 19th century, when Salvador expanded toward the coastal plain as the better-off classes left the town centre and the two-story terraced houses were subdivided and occupied by craftspeople and immigrants.

Protection

From 1938 to 1945, Iphan listed several sites in Salvador's old town, thus successfully guaranteeing the conservation of Pelourinho plaza and its immediate surroundings; on the other hand, however, the Institute involuntarily contributed to the area's degradation by removing all these properties from the real estate market. This degradation worsened when, after 1960, the town centre was eclipsed by new areas for commerce and business that had previously been its preserve.

In 1966-67, Michel Parent, Chief Inspector of Cultural Properties in France, received a commission from Iphan and Unesco to propose a conservation policy for Brazil's historic towns and cities. On this basis, the Instituto de patrimônio Artístico e Cultural da Bahia (Bahia Artistic and Cultural Heritage Institute) - IPAC was set up with a mandate to oversee the revitalisation and conservation of Salvarod's historic centre. In 1983, a detailed survey was carried out, including the green belt formed by the back gardens on the escarpment between the Upper and Lower cities. This study informed the listing of the Historical Centre of Salvador by Iphan, in 1984, as a necessary condition for its listing as World Heritage in 1985.

In 1991, the Government of the State of Bahia reviewed a restoration policy centred on the most important works and adopted a Restoration and Recovery Project designed to bring new life to the area by renovating properties and restructuring the Historical Centre, particularly Pelourinho. Six stages, covering 612 buildings, have been concluded with a significant impact on buildings, public areas, and neighbourhood life, this being an ongoing project.

Listing Criteria

Salvador was one of the main points of convergence of European, African and American cultures in the 16th and 17th centuries. Its foundation and historic role as capital of Brazil are naturally associated with the theme of the Great Discoveries. The 80ha historic centre of Salvador was listed as Cultural World Heritage on the basis of criteria (iv) and (vi).

Olinda em meio ao arvoredo, com o porto de Recife ao fundo. • Olinda entre arboledas, con el puerto de Recife al fondo.
Olinda among the treetops with the port of Recife in the background.

Centro Histórico de
Olinda

Centro Histórico de Olinda • *Historic Centre of Olinda*

Pernambuco

. . . .

JOÃO CÂMARA

ARTISTA PLÁSTICO

Pintando Olinda

Além de sítio histórico e emblemático, Olinda é um monumento vivo, habitável, em transformação. É uma cidade e, como tal, tem direito e avesso, o que quer também dizer que pode ser vista de fora e de dentro e, se o objetivo é conhecê-la, há que andar nas suas direções todas.

Assim, há percursos memoráveis que podem ser traçados no mapa turístico e há também, sob a epiderme da cartografia e do cenário, o modo humano, o fluxo de desejos, caprichos, da própria insistência em fazer e refazer a cidade – insistência que é, por si mesma, um percurso no tempo dos relógios históricos e das horas sentimentais.

Há que se pensar que este agrupamento de colinas tímidas e doces, encasteladas sobre o mar, tem jeito de arquipélago, de ilhas que se unem por ladeiras e becos, oferecendo panoramas escancarados, mas, também, revelando recessos domésticos, janelas e portais que se abrem para quintais de verdes sombras.

Ancorado na planície e nos estuários, o arquipélago tem sua cúpula, a sua redoma azul: um peculiaríssimo céu de persistentes cerúleos pela manhã, meios-dias intensos, de véus violáceos até quase a noitinha. A cidade é notavelmente azul, como se uma atmosfera de aquarelas banhasse a robustez laboriosa e colonial de seus prédios.

A luz da cidade, residual nos arcos de suas noites, pode dispensar spotlights feéricos sobre suas fachadas. O clamor teatral dessas luzes fere as retinas e esconde, mais que ilumina, os desvãos dos escondidos mistérios da cidade.

Mais que um arruado ancilar de entrepostos administrativos e comerciais, a cidade evolveu plural em construções, serviços, idéias, hábitos e usos. Insular e reflexiva, densa de ímpetos revolucionários, retóricos, barrocos e manifestos, ela transita – e disso se orgulha – entre a quaresma monacal e o desmantelo carnavalesco.

Ao sol ou no acalanto de sua aura noturna, Olinda deve ser vista e vivida como deve ser visto e convivido seu povo: com o respeito a tudo que se mostra com sinceridade e inteireza, e com o afeto ao que é capaz de seduzir sem cosmética nem adulação. Ao que é somente tocado – o que não é pouco – pela vaidade secular.

O casario, a vegetação e o mar. • El caserío, la vegetación y el mar. • *Buildings, vegetation and sea.*

Pintando Olinda

Además de sitio histórico y emblemático, Olinda es un monumento vivo, habitable, en transformación. Es una ciudad y, como tal, tiene derecho y revés, lo que también quiere decir que puede ser vista por fuera y por dentro y, si el objetivo es conocerla, hay que andar en todas sus direcciones.

Así, hay trayectos memorables que pueden ser trazados en el mapa turístico y hay también, bajo la epidermis de la cartografía y del escenario, el modo humano, el flujo de deseos, caprichos, de la propia insistencia en hacer y rehacer la ciudad – insistencia que es, por sí misma, un trayecto en el tiempo de los relojes históricos y de las horas sentimentales.

Hay que pensar que este agrupamiento de colinas tímidas y dulces, encastilladas sobre el mar, tiene aire de archipiélago, de islas que se unen por laderas y esquinas, ofreciendo panoramas abiertos, pero, también, revelando recesos domésticos, ventanas y portales que se abren para quintales de verdes sombras.

Anclado en la planicie y en los estuarios, el archipiélago tiene su cúpula, su redoma azul: un peculiarísimo cielo de persistentes cerúleos por la mañana, medios días intensos, de velos violáceos hasta casi al anochecer. La ciudad es notablemente azul, como si una atmósfera de acuarelas bañara la robustez laboriosa y colonial de sus edificios.

La luz de la ciudad, residual en los arcos de sus noches, puede dispensar spotlights deslumbrantes sobre sus fachadas. El clamor teatral de estas luces hiere las retinas y esconde, más que ilumina, los desvanes de los escondites y misterios de la ciudad.

Más que una calleja ancilar de entrepuestos administrativos y comerciales, la ciudad evolucionó plural en construcciones, servicios, ideas, hábitos y usos. Insular y reflexiva, densa de ímpetus revolucionarios, retóricos, barrocos y manifiestos, ella transita – y de esto se enorgullece- entre la cuaresma monacal y el desmantelamiento carnavalesco.

Al sol o al resguardo de su aura nocturna, Olinda debe ser vista y vivida como debe ser visto y convivido su pueblo: con el respeto a todo lo que se muestra con sinceridad y entereza, y con el afecto a todo lo que es capaz de seducir sin cosmética ni adulación. A lo que solamente es tocado – lo que no es poco- por la vanidad secular.

Painting Olinda

Besides being an emblematic historical site, Olinda is a living monument in transformation, a place to live. It is a town and, as such, has its ins and outs and its inside out. This means it can be viewed from outside and from within. And, if you truly wish to size it up, you must walk in all its directions.

There are, then, memorable itineraries that can be plotted on tourist maps. But, under the epidermis of cartography and scenery, lies also the human factor, the ebb and flow of desire, caprice, the very insistence on moulding and reshaping the town. In itself, this insistence is a route charted through the time of historical timepieces and sentimental moments.

This cluster of soft, coy hills perched above the sea is like an archipelago. Its islands are linked by slopes and back-alleys unveiling far-flung panoramas but also close domestic recesses, windows and doorways opening onto still backyards of verdant shade.

Anchored in the plain and estuaries, the archipelago has its dome, the blue bell jar: an ineffable sky of cerulean morning insistence, of deep azure midday, of violet veils settling with the dusk. The town is remarkably blue, as if a watercolour dew had drenched the laborious, colonial robustness of its buildings.

The natural luminosity lingering in its evening arches dispenses fairy floodlights on the façades. The theatrical clamour of spotlights trammels the retina, blurring not illuminating the nooks of the town's recondite mysteries.

More than an agglomeration of ancillary administrative and commercial outposts, the town evolved with multifarious buildings, services, ideas, habits and customs. Insular and reflexive, fraught with baroque revolutionary, rhetorical impetus and manifestos, Olinda militates - and this is a source of local pride - between monastic Lent and carnivalesque havoc.

Under the teeming sunshine or the soothing caress of its nocturnal aura, Olinda should be seen and experienced as its people deserve to be observed and made familiar: with respect for all that is sincere and integral in it; with affection for its facility to seduce without adulation or cosmetics; with reverence for what is touched (and this is no small feat) by secular vanity alone.

Oh! linda cidade!

Localização da cidade.
Localización de la ciudad.
Location of the town.

Estado de Pernambuco. • Estado de Pernambuco. • *State of Pernanbuco.*

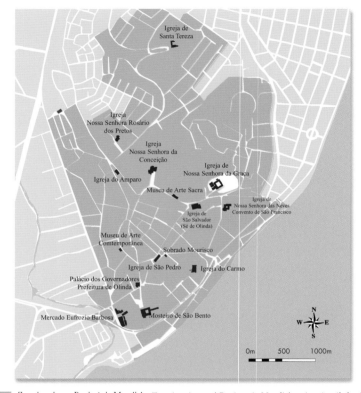

Zona inscrita no Patrimônio Mundial. • Zona inscrita en el Patrimonio Mundial. • *Area inscribed as World Heritage.*

Centro Histórico de Olinda. • Centro Histórico de Olinda. • *Olinda's Historic Centre.*

Imagem de satélite da região de Olinda e Recife.
Imagen de satélite de la región de Olinda y Recife.
Satellite image of area encompassing Olinda and Recife.

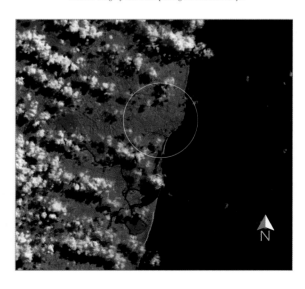

Em 1535, Duarte Coelho desembarca na costa nordestina do Brasil para implantar a Capitania de Pernambuco, da qual seria o primeiro donatário. Funda, então, um povoado que será reconhecido como vila, em 1537, e como cidade, em 1676. Nascia assim, Olinda, capital da Província de Pernambuco até 1827. Conta-se que seu nome se originou de uma exclamação desse nobre português sobre a beleza local: Oh! linda !

A escolha do sítio recaiu sobre um promontório com vista privilegiada sobre o mar e abundância de água-doce, bem-ventilado, facilmente defensável e com um porto natural, cujos arrecifes abrigavam e protegiam as embarcações.

Vivendo da exportação do pau-brasil e do açúcar, Olinda se transformou, no final do século XVI, em importante pólo econômico, competindo com Salvador, então sede do Governo–Geral, despertando o interesse dos holandeses que a invadiram e dominaram em 1630. Um ano depois, após a terem saqueado e incendiado, dela se retiraram, para instalar-se junto ao porto, onde ocuparam o povoado que daria origem à cidade do Recife.

Com a expulsão dos holandeses, em 1654, inicia-se a sua reconstrução. Mas mesmo com os investimentos associados à sua recuperação, e apesar de ter sido elevada a Sede de Bispado e à condição de cidade, e mantida como capital, Olinda jamais recuperaria o antigo prestígio. Durante muito tempo viveria marcada por disputas políticas e econômicas com a já então rival, Recife, para

A paisagem característica de Olinda com traçado irregular e densa vegetação. · El paisaje característico de Olinda con el trazado irregular y la densa vegetación.
Characteristic landscape in Olinda with its irregular layout and dense vegetation.

a qual perdeu parte de seu território quando, em 1709, Recife ascendeu à condição de vila.

Essa foi uma das causas da Guerra dos Mascates, em 1711: de um lado, com sede em Olinda, a antiga aristocracia dos senhores de engenho, do outro, os comerciantes portugueses associados aos negócios portuários, moradores do Recife.

Em 1800, instala-se, no antigo Colégio Jesuíta, o Seminário de Olinda e, em 1827 é fundada, no antigo Mosteiro de São Bento, a primeira escola de Direito do país, onde estudaram diversas personalidades da história brasileira, como Castro Alves e Rui Barbosa. Neste mesmo ano, perdendo para Recife a condição de capital da Província, Olinda passa a viver um longo período de estagnação que acaba contribuindo para a sua preservação e que seria parcialmente revertido somente a partir de meados do século XX, devido ao tênue crescimento do comércio e dos serviços, ao então nascente turismo e às atividades culturais estimuladas pela presença de intelectuais e de artistas.

Predominantemente residencial, Olinda ainda é uma cidade intimista, marcada por espaços urbanos exíguos e pelo casario com seu quintais arborizados com muitas das espécies trazidas do Oriente pelos portugueses, tais como a jaca e a manga. O "centro" da cidade, os Quatro Cantos,

Vila de Olinda e Porto do Recife, Biblioteca da Ajuda (séc. XVI).
Villa de Olinda y Puerto de Recife, Biblioteca de la Ayuda (siglo XVI).
Town of Olinda and Port of Recife, Ajuda Library (16th century).

é apenas um entroncamento dos caminhos que ligam os bairros entre si. Mas é nele que a comunidade se reúne nas festas, como no Carnaval, daí se espalhando a folia pelas ruas estreitas, largos e praças. E é nesses lugares que se pode também apreciar as manifestações religiosas ou folclóricas, como o frevo, o maracatu e o mamulengo, o que faz de Olinda uma cidade culturalmente rica.

Em relação ao urbanismo e à arquitetura, recorde-se que no ano em que Olinda tornou-se vila, Duarte Coelho enviou ao Rei de Portugal carta de doação dos terrenos destinados à Administração, descrevendo suas benfeitorias e logradouros: trata-se do Foral de Olinda, documento ímpar, que estabelecia o zoneamento das atividades e usos e a localização das edificações, cuja cópia existente, permite a reconstituição do desenho da cidade à época.

Seu traçado urbano é irregular, de forte influência medieval, seguindo as cristas das colinas, formando ladeiras íngremes, onde o casario e os muros definem os limites das ruas tortuosas e dos largos; uma desordem espontânea que expressa a relutância do urbanismo ultramarino português em adotar sistemas rigidamente geométricos, tratando organicamente a cidade que se desenvolve adaptando-se de forma criativa à natureza, como se desta se apossasse de forma carinhosa, não-agressiva.

À sábia beleza criada pelo trabalho, soma-se a do mar sobre o qual a cidade se debruça. E como que atestando o vínculo indissociável entre ambos, a constante presença do mar no cenário urbano se dá como pano de fundo, seja do casario, seja das igrejas e conventos de cujos largos fronteiros pode ser visto, em toda a sua grandeza.

Como em muitas cidades européias dos séculos XIII e XIV, onde foi marcante a influência urbanística exercida pela localização das arquiteturas religiosas das ordens mendicantes, entre elas a beneditina e a franciscana, também em Olinda as igrejas e conventos tiveram papel fundamental na estruturação da trama urbana. Nesta, como bem observa o Professor Silva Telles, o traçado dos arruamentos se deve muito ao fato de que eles ligavam entre si os principais edifícios religiosos, localizados em sítios privilegiados reforçando a presença de suas torres na paisagem verdejante.

Prédios sacros, muitos deles incendiados pelos holandeses e dos quais se conhecem as características originais, profunda ironia, em parte graças à obra de Frans Post, pintor holandês que chegou ao Brasil em 1637, trazido por Maurício de Nassau. Considerado o primeiro grande artista que pintou paisagens brasileiras, teve como um dos seus temas prediletos as ruínas das igrejas conventuais de Olinda.

Entre esses prédios destaque-se a Igreja Nossa Senhora das Graças, situada na parte mais alta da cidade, tendo ao lado o Colégio dos Jesuítas. Incendiada em 1631, da construção original restaram as paredes externas e os dois altares das capelas laterais, incorporados quando da sua reconstrução integral. A fachada sem torre sineira, conforme à tradição italiana, revela ainda, pela pureza geométrica, pilastras e frontão, uma composição austera, de gosto renascentista. O projeto é atribuído ao frei jesuíta Francisco Dias, que chegou ao Brasil em 1577, vindo de Portugal, onde havia trabalhado na construção da Igreja de São Roque, de Lisboa. Daí a semelhança entre ambas.

A Igreja de Nossa Senhora do Carmo fazia parte do grande Convento Carmelita, destruído no início do século XX, cujas obras foram iniciadas em 1588, ocupando integralmente uma das colinas de Olinda. Após ter sido queimada pelos holandeses, foi reconstruída, mantendo-se o plano original e a parte inferior do frontispício, no qual se observam nítidas características renascentistas. Segundo o historiador francês Germain Bazin, a elevação do seu interior, devido a sua riqueza arquitetônica, é única no gênero, no Brasil do século XVII. A Igreja do Carmo, diz ele, *é um dos mais elegantes e importantes templos do Brasil; é o único em que ainda podemos encontrar vestígios do espírito arquitetônico da Renascença, com base em um projeto calcado nos da Contra-Reforma.*

O Convento de Nossa Senhora das Neves é o convento franciscano mais antigo no Brasil e

Sé de Olinda (acima e ao lado). • Sede de Olinda. • *Cathedral of Olinda (above and opposite).*

Igreja N. Sra. do Carmo. • Iglesia N. Sra. del Carmen. • *Carmo Church.*

Igreja N. Sra. das Neves e Convento Franciscano.
Iglesia N. Sra. de las Nieves y Convento Franciscano.
Nossa Senhora das Neves Church and Franciscan Monastery.

Sobrado Mourisco, com balcão corrido, mantendo o muxarabi na parte inferior. Foi propriedade de João Fernandes Vieira, um dos líderes da Restauração Pernambucana.
Mansarda con balcón corrido manteniendo el muxarabi en la parte inferior. Fue propiedad de João Fernandes Vieira, uno de los líderes de la Restauración Pernambucana.
Town house with balcony maintaining latticework screen. It belonged to João Fernandes Vieira, a leader of the Pernambuco Restoration movement.

Adro com cruzeiro. Igreja e Convento Franciscano de Nossa Senhora das Neves. · Atrio con crucero, Iglesia y Convento Francisco de Nuestra Señora de las Nieves.
Forecourt with cross leading to the Nossa Senhora das Neves church and Franciscan Monastery.

Igreja do Carmo. · Iglesia del Carmen. · *Carmo Church.*

começou à ser construído em 1585. Devido a destruição parcial pelo holandeses, foi reconstruído a partir de 1650. O desenho é de autoria do frei Francisco dos Santos que, segundo alguns historiadores, teria sido igualmente o autor dos projetos dos conventos da Paraíba e de São Paulo.

A Catedral de Olinda, igreja quinhentista do final do século, também foi atingida pelas destruições holandesas, e a partir da sua reconstrução em meados do século XVII, foi objeto de sucessivas modificações que alteraram, em boa parte, as suas características originais, tal como a fachada neogótica que lhe é aposta no início do século XX. Sob a orientação do Dr. Airton Carvalho, Diretor do Iphan, ao longo de quatro décadas, a Catedral é restaurada, no final da década de 70, procurando-se reestabelecer a sua forma original.

O Mosteiro de São Bento foi concluído em 1599 e reedificado na segunda metade do século seguinte. Posteriormente, foi objeto de uma grande reforma, iniciada em meados do século XVIII, voltando a ser reformado aproximadamente um século depois. Logo a seguir vive um período de decadência, que perdura até 1895, quando é reativado como mosteiro e, segundo Germain Bazin, "vários trabalhos importantes de restauração foram executados, felizmente respeitando-se as antigas obras de arte". Entre essas, destaque-se o altar-mor e o altar de Nossa Senhora da Piedade, da Sacristia, ambos executados no final do século XVIII, em talha de madeira dourada

A arquitetura civil de Olinda não se caracteriza por obras de magnificência. Mesmo aquelas de mais vulto tornam-se singelas quando comparadas com as de outras cidades coloniais. Mais sóbria e simples do que luxuosa, apresenta forte influência portuguesa adaptada ao clima local, destacando-se as construções com sacadas em pedra e madeira, as janelas com folhas treliçadas, a contigüidade das fachadas e muros e os grandes quintais. A história da cidade está também escrita na superposição dos seus estilos arquitetônicos, onde convivem seu patrimônio quinhentista, as fachadas de azulejos dos séculos XVIII e XIX e as obras neoclássicas e ecléticas do início do século XX.

PROTEÇÃO

Malgrado as dificuldades em conservar as suas principais obras, Olinda manteve-se bastante íntegra até os anos 30 quando, com a criação do Sphan, seus principais monumentos foram tombados, garantindo a integridade do conjunto. Em 1962, é realizado o cadastro do centro histórico, e, em 1968, é tombado o conjunto arquitetônico, urbanístico e paisagístico de Olinda. Em 1973, a Municipalidade realiza o Plano de Desenvolvimento Local Integrado, que definiu para o centro histórico e as áreas vizinhas, regras para a ocupação do solo. Em 1975, o perímetro da área protegida estende-se até os limites do município de Recife, abrangendo 11,6 quilômetros quadrados. Cria-se a Fundação Centro para a Preservação dos Sítios Históricos de Olinda e, em 1979, o Sistema de Preservação do Município de Olinda, constituído por essa Fundação com seu Fundo de Preservação, além do Tombamento Municipal com o respectivo Conselho de Preservação. Em 1980, Olinda é declarada Monumento Nacional, pelo Congresso Nacional.

Finalmente, há que se mencionar as dificuldades de preservação de Olinda, dada à fragilidade geológica da sua colina histórica e os conseqüentes deslizamentos das suas encostas, exigindo constantes obras de contenção e consolidação dos monumentos.

Artesanato em madeira. • Artesanía en madera. • *Wood craftwork.*

Claustro do Convento Franciscano de Nossa Senhora das Neves.
Claustro del Convento Franciscano de Nuestra Señora de las Nieves.
Cloister in the Nossa Senhora das Neves Franciscan Monastery.

Carnaval nas ruas de Olinda • Carnaval en las Calles de Olinda. • *Carnival in the streets of Olinda.*

Homem da Meia-Noite, boneco do tradicional Carnaval de Olinda.
Hombre de la Medianoche, muñeco del tradicional carnaval de Olinda.
The Midnight Man, traditional giant puppet character of the Olinda Carnival.

JUSTIFICATIVA DE INSCRIÇÃO

Olinda foi fundada em 1537, para ser sede de uma Capitânia Hereditária e teve seu desenvolvimento estreitamente ligado ao ciclo da cana–de–açúcar. No século XVII, foi dominada e destruída pelos holandeses em 1631 e reconstruída ainda no século XVII.

Possui um acervo arquitetônico representativo de várias épocas, integrado de maneira exemplar ao sítio físico, formando um conjunto particular, onde a presença da vegetação e do mar emprestam uma atmosfera ímpar à cidade.

Merecem destaque especial os seus edifícios religiosos do século XVI, igrejas e conventos, construídos pelas missões religiosas, dos quais subsistem hoje raros exemplares.

Olinda foi inscrita na Lista do Patrimônio Mundial Cultural em 17 de dezembro de 1982, sob os critérios (ii) e (iv), com 1,2 quilômetros quadrados de área e cerca de 1.500 imóveis.

Rua do Amparo ornamentada para as festas de São João e sobrado com muxarabi. • Calle del Amparo ornamentada para las fiestas de San Juan y sobrado con muxarabi. *Amparo Street decked out for São João festivities. Latticework balcony on the right.*

¡Oh!, linda ciudad!

En 1535 Duarte Coelho desembarca en la costa nordeste de Brasil para implantar la Capitanía de Pernambuco, de la cual sería el primer donante.

Funda entonces un pueblo que será reconocido como villa en 1537, y como ciudad en 1676. Nacía así Olinda, que fue capital de la Provincia de Pernambuco hasta 1827. Se cuenta que su nombre se originó de una exclamación de este noble portugués sobre la belleza local: Oh! Linda!

La elección del sitio recayó sobre un promontorio con vista privilegiada sobre el mar y abundancia de agua dulce, bien ventilado, fácilmente defendible y con un puerto natural, cuyos arrecifes abrigaban y protegían los navíos.

Viviendo de la exportación del pau-brasil y del azúcar, se transformó, a fines del siglo XVI, en importante polo económico, compitiendo con Salvador, entonces sede del Gobierno General, despertando el interés de los holandeses que la invadieron y la dominaron en 1630. Un año más tarde, luego de haberla saqueado e incendiado, se retiraron de ella, para instalarse junto al puerto, donde fundaron el núcleo que daría origen a la ciudad de Recife.

Con la expulsión de los holandeses, en 1654, se inicia su reconstrucción. Pero a pesar de las inversiones asociadas a su recuperación y de haber sido elevada a Sede de Obispado y a la condición de ciudad, y mantenida como capital, Olinda jamás recuperaría el antiguo prestigio. Aún más, durante mucho tiempo viviría marcada por sus disputas políticas y económicas con su entonces rival Recife, para la cual perdió parte de su territorio cuando ésta ascendió a la condición de villa, en 1709. Una de las causas de la guerra de los Mascates, en 1711. De un lado, con sede en Olinda, la antigua aristocracia de los señores de ingenio, de otro, los comerciantes portugueses asociados a los negocios portuarios, moradores de Recife.

En 1800 se instala en el antiguo Colegio Jesuita el seminario de Olinda; y en 1827 es fundada en el Monasterio de San Benito la primera escuela de derecho del país, donde estudiaron diversas personalidades de la historia brasileña, como Castro Alves y Rui Barbosa. Este mismo año, perdiendo para Recife la condición de Capital de la Provincia, pasa a vivir un largo período de estagnación, que acabó reflejándose en su preservación, y que sería parcialmente revertido sólo a partir de mediados del siglo XX, debido al tenue crecimiento del comercio y de los servicios, al entonces naciente turismo y por las actividades culturales estimuladas por la presencia de intelectuales y artistas.

Predominantemente residencial, Olinda todavía es una ciudad intimista, marcada por espacios urbanos exíguos y por el caserío con sus quintas arboleadas, donde se encuentran muchas de las especies traídas de Oriente por los portugueses, tales como la jaca y el mango. El "centro" de la ciudad, los Cuatro Cantos, es sólo un entroncamiento de los caminos que unen los barrios entre sí. Pero es en él que la comunidad se reúne en las fiestas, como en el Carnaval, esparciéndose desde ahí la locura por las calles estrechas, barrios y plazas. Y es en estos lugares que se pueden también apreciar las manifestaciones religiosas o folclóricas, como el mamulengo, el frevo, el maracatu (bailes de carnaval, éste último con grandes muñecos), haciendo de Olinda una ciudad culturalmente rica.

En cuanto a éstos, recuérdese que en el año en que Olinda se volvió villa, Duarte Coelho envió al Rey de Portugal carta de donación de los terrenos destinados a la Administración, describiendo sus benefactorías y paseos públicos: el Foral de Olinda, documento único, que establecía un zoneamiento de las actividades y usos y la localización de las edificaciones, cuya copia existente, permite la reconstitución del diseño de la ciudad de la época.

Su trazado urbano es irregular, de fuerte influencia medieval, siguiendo las crestas de las colinas, formando laderas empinadas, donde el caserío y los muros definen los límites de las calles tortuosas y de los barrios; un desorden espontáneo que expresa la resistencia del urbanismo ultra-

marino portugués en adoptar sistemas rígidamente geométricos, tratando orgánicamente la ciudad que se desarrolla adaptándose de forma creativa a la naturaleza, como si se posesionara de ésta de forma cariñosa, no agresiva.

Y a la sabia belleza creada por el trabajo, se suma la del mar sobre el cual la ciudad se inclina. Y como testimoniando el vínculo indisociable de ambos, la constante presencia del mar en el escenario urbano se da como telón de fondo, sea del caserío, sea de las iglesias y conventos de cuyas amplias plazas él puede ser visto.

Como en muchas ciudades europeas de los siglos XIII y XIV, donde fue grande la influencia urbanística ejercida por la localización de las arquitecturas religiosas de las órdenes mendicantes, entre ellas la benedictina y la franciscana, también en Olinda las iglesias y conventos tuvieron un papel fundamental en la estructuración de la trama urbana. En esta, como bien observa el Prof. Silva Telles, el trazado de los alineamientos se debe también al hecho de que ellos unían entre sí los principales edificios religiosos, localizados en sitios privilegiados que refuerzan la presencia de sus torres en el paisaje.

Edificios sacros, muchos de ellos incendiados por los holandeses, y de los cuales se conocen las características originales, profunda ironía, en parte gracias a la obra de Frans Post, pintor holandés que llegó a Brasil en 1637, traído por Mauricio de Nassau. Considerado el primer gran artista que pintó paisajes brasileños, tuvo como uno de sus temas predilectos las ruinas de las iglesias conventuales de Olinda.

Entre estos edificios se destaca la Iglesia N.S. de las Gracias, construida en la parte más alta de la ciudad, al lado del Colegio de los Jesuitas. Incendiada en 1631, de la construcción original restan las paredes externas y los dos altares de las capillas laterales, incorporadas cuando se reconstruyó de forma integral. La fachada sin campanario, según la tradición italiana, revela además, por la pureza geométrica, pilastras y frontis, una composición austera, de gusto renacentista. El proyecto es atribuido al Fray jesuita Francisco Dias, que llegó a Brasil en 1577, venido de Portugal, donde había trabajado en la construcción de la Iglesia de San Roque, de Lisboa. De ahí la semejanza entre ambas.

La Iglesia de Nuestra Señora del Carmen hacía parte del gran Convento Carmelita – destruido a inicios de este siglo –, cuyas obras se iniciaron en 1588, ocupando integralmente una de las colinas de Olinda. Tras haber sido quemada por los holandeses, fue reconstruida, manteniéndose el plano original y la parte inferior del frontispicio, en el cual se observan nítidas características renacentistas. Según el historiador francés Germain Bazin, la elevación de su interior, debido a su riqueza arquitectónica, es única en el género, en el Brasil del siglo XVII. La Iglesia del Carmen, dice él, es uno de los más elegantes e importantes templos de Brasil; "es el único en que todavía podemos encontrar vestigios del espíritu arquitectónico del Renacimiento, basado en un proyecto calcado de los de la Contrarreforma".

El Convento de N.S. de las Nieves, es el convento franciscano más antiguo de Brasil, y comenzó a ser construido en 1585. Debido a su destrucción parcial por los holandeses, fue reconstruido a partir de 1650. El diseño es de autoría del Fray Francisco dos Santos que, según algunos historiadores, habría sido igualmente el autor de los proyectos de los Conventos de Paraíba y de São Paulo.

La Catedral de Olinda, iglesia quinientista de fines de siglo, también fue afectada por las destrucciones holandesas, y a partir de su reconstrucción a mediados del siglo XVII, fue objeto de sucesivas modificaciones que alteraron, en buena parte, sus características originales, tal como la fachada neogótica que le fue repuesta a inicios del siglo XX. Fue restaurada, a fines de la década del 70 bajo la orientación del Dr. Airton Carvalho, entonces Director del Iphan.

El Monasterio de San Benito fue concluido en 1599 y reedificado en la segunda mitad del siglo siguiente. Posterior-

mente fue objeto de una gran reforma iniciada a mediados del siglo XVIII, volviendo a ser reformado aproximadamente un siglo después. A continuación vive un período de decadencia que perdura hasta 1895, cuando es reactivado como monasterio, y cuando, según Germain Bazin," fueron ejecutados varios trabajos importantes de restauración, felizmente respetándose las antiguas obras de arte". Y entre éstas se destaca el altar mayor y el altar de N.S. de la Piedad, de la Sacristía, ambos ejecutados a fines del siglo XVIII, en talla de madera dorada.

La arquitectura civil de Olinda no se caracteriza por obras de magnificiencia. Incluso aquellas de mayor importancia se vuelven pequeñas cuando comparadas con las de otras ciudades coloniales. Más sobria y simple que lujosa, presenta fuerte influencia portuguesa adaptada al clima local, destacándose las construcciones con balcones en piedra y madera, las ventanas con hojas entrelazadas, la contigüidad de las fachadas y muros y los grandes quintales. La historia de la ciudad está también escrita en la superposición de sus estilos arquitectónicos, donde conviven su patrimonio quinientista, las fachadas de azulejos de los siglos XVIII y XIX y las obras neoclásicas y eclécticas de inicios del siglo XX.

Protección

No obstante las dificultades para conservar sus principales obras, Olinda se mantuvo bastante íntegra hasta los años 30, cuando, con la creación del Sphan, sus principales monumentos fueron tumbados, garatizando la integridad del conjunto. En 1962 es realizado el catastro del centro histórico, y en 1968 es tumbado el conjunto arquitectónico, urbanístico y paisajístico de Olinda. En 1973, la Municipalidad realiza el Plano de Desarrollo Local Integrado que definió para el centro histórico y las áreas vecinas, reglas para la ocupación del suelo. En 1975, el perímetro del área protegida se extiende hasta los límites con el municipio de Recife, alcanhando 11,6 km². Se crea la Fundación Centro para la Preservación de los Sitios Históricos Olinda y, en 1979, el Sistema de Preservación del Municipio de Olinda, constituido por esta Fundación con su Fondo de Preservación. Se instituye el Tumbamiento Municipal con el respectivo Consejo de Preservación. En 1980 Olinda es declarada Monumento Nacional, por el Parlamento Brasileño.

Finalmente, hay que mencionar las dificultades de preservación de Olinda, dada la fragilidad geológica de su colina histórica, y los consiguientes deslizamientos de sus pendientes, exigiendo constantes obras de contención y consolidación de los monumentos.

Justificativo de la Inscripción

Olinda fue fundada en el siglo XVII, y tuvo su desarrollo estrechamente ligado al Ciclo de la Caña de Azúcar. En el siglo XVII fue dominada y destruida por los holandeses. Posee un acervo arquitectónico significativo integrado de manera ejemplar al sitio físico, formando um conjunto particular, donde la presencia de la vegetación y del mar ofrecen una atmósfera inigualable a la ciudad. Olinda es incrita en la relación del Patrimonio Mundial Cultural, el 17 de diciembre de 1982, bajo los criterios (ii) e (iv), con 1,2 km² de area, con 1.500 imuebles.

Oh! gorgeous town!

In the year 1535, Duarte Coelho disembarked on the northeast coast of Brazil to establish the Captaincy of Pernambuco of which he was to be the first lord. He founded what was to be acknowledged as a village in 1537 and as a town in 1676. Thus was born Olinda, capital of the Province of Pernambuco until 1827. Rumour has it that the name was derived from this Portuguese noble's exclamation on seeing the beauty of the place: "Oh! linda!" {Oh! gorgeous!}.

The choice of location for the town was a promontory with a strategic view of the sea and an abundance of fresh water. The site was breezy, easy to defend and endowed with a natural harbour where reefs protected ships at anchor.

Living by the exportation of brazilwood and cane sugar, by the end of the 16th century Olinda had become a major trading centre, competing with Salvador, the then seat of the Portuguese General Government. This roused the interest of the Dutch, who invaded and overran the town in 1630. A year later, after sacking and setting fire to it, they retired to an area near the harbour where they occupied the settlement that was to become the city of Recife.

After the Dutch had been expelled in 1654, reconstruction work began. Despite the investments made in restoring the town, and although it was raised to the rank of See of the Bishopric, declared a town and confirmed as the provincial capital, Olinda never recovered its former prestige. For a prolonged period it suffered the effects of political and economic disputes with its erstwhile rival Recife, to which it forfeited part of its territory when the latter was elevated to the status of a town in 1709. This was one of the causes of the War of the Mascates (a derisive term used to refer to the local Portuguese inhabitants) in 1711. The war pitted the plantation lord aristocracy in Olinda against the Portuguese chandlers and traders in Recife.

In 1800 the Olinda Seminary was installed in the former Jesuit College; and in 1827 the São Bento Monastery was founded. Here Brazil's first Law School was established, the alma mater of many famous historical figures such as poet Castro Alves and statesman Rui Barbosa. In the same year, the town lost to Recife the status of Provincial Capital. A period of stagnation ensued, affecting the preservation of the historical buildings. This state of partial abandonment was only reverted in the mid-20th century owing to incipient revival of local trade, to nascent tourist activity and to cultural activities fostered by growing numbers of intellectuals and artists who chose to make Olinda their home.

Predominantly residential, Olinda still has a cosy feel to it, enhanced by the snug urban spaces and the quaint houses with their shady backyards full of fruit trees the Portuguese brought from the Far East, like jack fruit and mangoes. The town centre, known as the Four Corners, is just a crossroads linking the different quarters of the town. Yet this is where the community congregates during festivities like Carnival, the revelry spilling out into the narrow winding streets, the patios and squares. These are the places that capture the best of the religious and folkloric pageants and rituals - frevo dancing, maracatu processions and mamulengo puppetry - that make Olinda such a rich cultural venue.

In this respect, it should be recalled that in the year Olinda was declared a town, Duarte Coelho sent to the King of Portugal a charter donating land to be set aside for the Administration, describing the amenities and addresses. This singular document, "Floral of Olinda", established zones for particular activities and uses besides mapping out the location of buildings. The existing copy of the document makes it possible to reconstitute the town's original urban design.

The urban layout is irregular, of strong medieval influence. It follows the hilltops with steep hillsides strung between them. The houses and walls mark out the course of the small winding streets and the picturesque squares - a spontaneous shambles that aptly expresses the reluctance of overseas Portuguese urbanism to adopt rigidly geometric schemes, preferring to treat the burgeoning town organically, adapting it creatively to the lie of nature as if possessing it in a tender, unobtrusive manner.

To the sensitive beauty forged by human labour must be added the ocean to which the town is turned. Olinda and the sea are so inextricably bound together that the ocean forms a ubiquitous backdrop to the urban scenery, the houses, the churches and convents whose broad façades face onto it.

As in many 13th and 14th-century European towns whose urban aspect was strongly influenced by the location of architecture built by the mendicant religious orders, including the Benedictines and Franciscans, in Olinda also the churches and convents have played a fundamental role in the weaving of the urban yarn. Here, as professor Silva Telles has remarked, the streets were built to link the main religious buildings perched on hillocks and mounds that enhance the presence of their towers in the landscape.

Many of these religious monuments were burnt to the ground by the marauding Dutch invaders. Ironically, we only know what they looked like today thanks to the studious care of Frans Post, a Dutch painter whom the commander Maurice of Nassau brought to Brazil in 1637. Considered the first great painter to portray Brazilian landscape, one of his favourite subjects was the ruins of Olinda's convent churches.

A paragon among these was the Nossa Senhora das Graças Church built in the highest part of the town beside the Jesuit College. Burnt to the ground in 1631, all that remains of the original building are the external walls and the altars of the two side chapels. The façade has neither tower nor belfry, in the Italian tradition, the geometric purity of its squat pillars and gable forming an austere impression dear to the Renaissance. The church was purportedly designed by the Jesuit friar Francisco Dias, who arrived in Brazil in 1577 from Portugal where he had worked on the building of the São Roque Church in Lisbon. Thus the similarity between the two buildings.

The Nossa Senhora do Carmo Church was originally part of the Carmelite Convent destroyed at the beginning of the present century. Work on the convent began in 1588 and it once occupied the entire hilltop. After being burnt down by the Dutch, it was rebuilt according to the original design. Clearly renaissance features can still be observed in the lower part of the façade. According to the French historian Germain Bazin, the lavishness of the interior is unique among 17th-century architecture in Brazil. In his opinion, the Carmo Church is one of Brazil's most elegant and important temples: "the only one in which one can still find vestiges of the architectural spirit of the Renaissance, its design based on that of the Counter-Reformation."

The Nossa Senhora das Neves Convent is Brazil's oldest Franciscan convent. It began to be built in 1585, was partially destroyed by the Dutch and was rebuilt from 1650 onward. The building was designed by Friar Francisco dos Santos, who some historians claim was also the architect for the Franciscan convents in Paraíba and São Paulo.

Olinda Cathedral, a late 16th-century, quinhentista-style church was likewise severely damaged by Dutch vandalism. Rebuilding began in the mid-17th century, and successive modifications considerably altered the church's original design. An example of this is the neo-gothic reredos appended at the beginning of the 20th century. The cathedral was restored in the 1970s under the supervision of Dr. Aírton Carvalho, then Director of the Brazilian Historical & Artistic Heritage Institute (Iphan), restoring lasting four decades.

The São Bento Monastery was concluded in 1599 and rebuilt in the second half of the following century. The monastery underwent extensive renovation in the mid-18th century, a second period of restoration commencing about a century later. A long period of abandonment ensued, the building ceasing to be an active monastery. This lasted until 1895 when the monastery was reinstated. It was at that point, according to Germain Bazin, that "major restoration work was undertaken, fortunately respecting the old works of art in the building." These include the Nossa Senhora da Piedade high altar and the Sacristy, both dating from the 18th century, in gold-leaf carved woodwork.

Olinda's civil architecture does not feature buildings of any magnificence. Even the larger buildings are modest when compared with those of other colonial towns in Brazil. More sober and plain than luxurious, they display a strong Portuguese influence adapted to the local climate. Of special interest are the buildings with stone and woodwork balconies, the latticework shutters, the continuous façades and walls, and the spacious gardens. The history of the town is also written in the superimposing of different architectural styles, bringing together quinhentista heritage, tiled walls from the 18th and 19th centuries, and neo-gothic, eclectic buildings from the turn of the century.

Protection

Despite the difficulty in conserving much of its heritage, Olinda managed to remain relatively intact until the 1930s when the National Heritage Service (Sphan) was created, its main monuments were placed under preservation order and the integrity of the entire site was secured. In 1962 a survey of Olinda's Old Town was undertaken and in 1968 the entire architectural, urban and landscape site placed under a preservation order. In 1973, the municipal government drafted an Integrated Local Development Plan which established rules for land occupation in the historic centre of the town and adjacent areas. In 1975, the perimeter of the area under protection was extended to the boundary with Recife, with 11,6 km². The Foundation for the Preservation of the Historical Sites of Olinda was established and in 1979 the Foundation implemented the Preservation System for the Municipality of Olinda through its Preservation Fund. The Municipal Preservation Order department with its respective Preservation Council was instituted. In 1980 Olinda was declared a National Monument by the Brazilian Congress.

Finally, mention should be made of the difficulties in preserving Olinda, given the geological fragility of the historical promontory on which it is built. Landslides are frequent on the scarped slopes. This requires constant retention work and the shoring up of monuments.

Listing Criteria

Olinda was founded in the 16th century and its development was intimately bound up with the Sugar-Cane Cycle. In the 17th century it was conquered and destroyed by Dutch invaders. It possesses an impressive architectural heritage superbly integrated with the physical site, comprising a special setting where the vegetation and the ocean backdrop lend the town a singular atmosphere.

Special mention should be made of buildings - churches and monasteries - religious missions erected in Olinda in the 16th century. From these a few survive to the present day.

Olinda was inscribed in the list of cultural World Heritage sites on 17th December 1982 under criteria (ii) and (iv), with 1,2 km² area and 1.500 buildings.

Ruínas da Igreja de S. Miguel com a cruz missioneira • Ruinas de la Iglesia de San Miguel con la cruz misionera • *Ruins of the Church of São Miguel, missionary cross in foreground*

Missões Jesuíticas Guarani
Ruínas de São Miguel

Misiones Jesuítas Guaranies / Ruínas de San Miguel • *Guarany Jesuit Missions/Ruins of São Miguel*
Rio Grande do Sul

· · · · · · · · · · · · · · · · · ·

TABAJARA RUAS

ESCRITOR, ROTEIRISTA E DIRETOR CINEMATOGRÁFICO

Encontro

Dá um pequeno calafrio quando penetramos na nave. Talvez seja essa faixa de luz cortando a penumbra. (Talvez seja o silêncio).

Perguntas acodem a quem pisa este pátio de enigmas: aqui, houve uma civilização? Materializou-se uma utopia?

Aqui, certa manhã, pousou uma mão; aqui, na pedra, um joelho dobrou-se ante o Cristo. É enorme este monumento de pedra, erguido para o Deus cristão.

As perguntas que o lugar sugere dividiram os homens que buscam as respostas. A mais grata delas coloca estas ruínas como corolário de uma utopia: a da sociedade perfeita.

Nada de posses materiais, nem governo autoritário, nem esperança infundada, nem solidão. Nada de novo. Apenas a velha e comum vontade humana de viver em paz e harmonia, estimulada pela ética dogmática, motor permanente da militância religiosa e política.

Quatro séculos atrás, aqui se encontraram homens de mundos diferentes, guaranis e jesuítas, e estas ruínas barrocas – ou serão elas maneiristas?

Nem sobre isso há consenso – testemunha a história desse encontro.

Todos vieram de muito longe. Os guarani vieram da Amazônia, cinco, seis, talvez sete mil anos antes. Buscavam a Terra Sem Males. Os jesuítas atravessaram o Mar Tenebroso e a Selva Impenetrável. Buscavam esplendor semelhante.

Não é mistério nenhum o que eles encontraram. Olhemos demoradamente estes rostos esculpidos em madeira. As feições são do colonizador, mas a expressão é do colonizado. Essa maneira de sofrer calado. De não fazer alarde da dor.

O mundo então era um cenário perturbador. Estávamos no turbulento século XVII, incendiado por extremismos políticos e religiosos, por arrogâncias visionárias, pela ambição do conhecimento e o espírito da modernidade lutando com o atraso e a superstição.

Uma lei política e moral unia e atemorizava os europeus: a Fé. Havia várias qualidades de fé. Uma delas criou a Inquisição e mandava para a fogueira os diferentes e os opositores. Havia outras. Os jesuítas queriam salvar almas para Cristo, sim, mas com dignidade, como soldados honrados numa missão difícil. Não pretendiam escravizar nem saquear nem destruir.

Portugal e Espanha acharam isso muito suspeito. É doloroso anotar que, em qualquer época, essa atitude fatalmente seria taxada de muito suspeita. Portugal e Espanha começaram a achar que, na verdade, a ação dos jesuítas estava ficando um tanto ameaçadora. E olhando melhor, sussurravam os conselheiros, muitíssimo ameaçadora, Majestade...

Uma antiga tragédia pesa no ar deste templo. Pressentimos desde quando avistamos o frontispício centenário; mas, como tudo, é apenas a primeira impressão de tantas outras visões.

Pois ficaram também as demoradas tardes de dezembro, quando eram ensaiados sem pressa os Autos de Natal.

Ficaram as vozes do coro subindo pelas paredes e ganhando os campos cobertos de verde que circundavam a vila.

Ficaram a leveza dos pés descalços, a corrida do bando de meninos, o som da flauta, aéreo, buscando as ruas, sumindo numa porta, se enredando no vestido de uma mulher ou na cesta carregada de frutos que outra carrega.

Ficou o som do arado rompendo a terra, o som da pedra cortada pelo artesão, o som do formão talhando a imagem no pedaço de madeira, e ficou, quase imperceptível, por trás do som do órgão que vem da capela, o débil rascar da pena do padre Nusdorffer escorregando pelo papel, à luz da lamparina, e perpetuando, letra a letra, o invencível desprezo: "... estes seres têm a inteligência pouco desenvolvida, senão tapada."

Sepé esteve aqui alguma vez, ainda menino. Deve ter examinado com grave temor o altar resplandescente. Se o futuro guerreiro tinha o dom da premonição que sugere a lenda, deve ter vislumbrado os clarins da guerra, os homens a cavalo, as casas em chamas, os escombros fumegantes...Deve ter antecipado a tensão das reuniões em torno das fogueiras, os discursos inflamados, a fadiga das retiradas e o aviso das armas afiadas, prontas para o combate.

Acima da lenda e das presunções humanas, acima da tradição popular dos tesouros enterrados, acima da polêmica sobre as posições geopolíticas de lusos e espanhóis trezentos anos atrás, e ainda além da evocação sagrada da palavra utopia, a Igreja de São Miguel nos lembra que, aqui, num pequeno fragmento do tempo, durante uns 150 anos, houve um espaço onde os homens eram tão livres quanto era possível ser num mundo dominado pelo sistema escravocrata das arrogantes e violentas sociedades coloniais.

Jesuítas e guarani, a despeito dos mundos diferentes de onde vieram, fundaram uma sociedade que, à luz de todas as investigações, resiste como exemplo de convivência, mesmo com os mais severos reparos dos estudiosos.

É bom pensar que durante 150 anos um povo visionário conviveu com um grupo de visionários, e se entenderam em algum plano da imaginação. Imaginando que estavam servindo a Alguém, brincaram de fazer o bem uns aos outros. Acolheram um o jeito de ser do outro e aprenderam uns com os outros, até que um dia veio o Exército do Mundo Real e os aniquilou.

Talvez também essa não seja a verdadeira história. É fato que nunca saberemos a verdadeira história. O grande tesouro deste lugar é seu enigma. A possibilidade de que tenha sido real. A estimulante, portentosa fantasia de que, por algum tempo, este tenha sido o lugar do verdadeiro e único paraíso possível, idéia que sempre nos assombra quando pensamos nela.

Vista aérea das ruínas da Igreja de São Miguel das Missões, com o cemitério (à dir.) e muros do colégio (à esq.).• Vista aérea de las ruinas de la Iglesia de San Miguel de las Misiones, con el cementerio (der.) y muros del colegio (izq.). • *Aerial view of the ruined São Miguel Church, the cemetery (right) and college walls (left).*

TABAJARA RUAS

Escritor, guionista y director cinematográfico

Encuentro

Da un pequeño escalofrío cuando entramos en la nave. Tal vez sea esa faja de luz cortando la penumbra. (Tal vez sea el silencio).

Preguntas acuden a quien pisa este patio de enigmas: aquí, ¿hubo una civilización? ¿Se materializó una utopía?

Aquí, cierta mañana, se posó una mano; aquí, en la piedra, una rodilla se dobló ante el Cristo. Es enorme este monumento de piedra, erguido para el Dios cristiano.

Las preguntas que el lugar sugiere separaron a los hombres que buscan las respuestas. La más grata de ellas coloca estas ruinas como corolario de una utopía: la de la Sociedad Perfecta.

Nada de posesiones materiales, ni de gobierno autoritario, ni de esperanza infundada, ni soledad. Nada de nuevo. Sólo la vieja y común voluntad humana de vivir en paz y armonía, estimulada por la ética dogmática, motor permanente de la militancia religiosa y política.

Cuatro siglos atrás, se encontraron aquí los hombres de mundos diferentes, guaranies y jesuitas, y estas ruinas barrocas – ¿o serán ellas manieristas? Ni siquiera sobre eso hay consenso – testimonia la historia de ese encuentro.

Todos vinieron desde muy lejos. Los guaranies vinieron desde Amazonia, cinco, seis, tal vez siete mil años antes. Buscaban la Tierra Sin Males. Los jesuitas atravesaron el Mar Tenebroso y la Selva Impenetrable. Buscaban esplendor semejante.

No es ningún misterio lo que ellos encontraron. Miremos pausadamente estos rostros esculpidos en madera. Las facciones son del colonizador, pero la expresión es del colonizado. Esa manera de sufrir callado. De no hacer alarde del dolor.

El mundo entonces era un escenario perturbador. Estábamos en el turbulento siglo XVII, incendiado por extremismos políticos y religiosos, por arrogancias visionarias, por la ambición del conocimiento y el espíritu de la modernidad luchando con el atraso y la superstición. Una ley política y moral unía y atemorizaba los europeos: la Fe. Había varias cualidades de fe. Una de ellas creó la Inquisición y mandaba a la hoguera los diferentes y opositores. Había otras. Los jesuitas querían salvar almas para Cristo, sí, pero con dignidad, como soldados honrados en una difícil misión. No pretendían esclavizar ni saquear ni destruir.

Portugal y España encontraron eso muy sospechoso. Duele notar que, en cualquier época, esa actitud fatalmente sería tachada de muy sospechosa. Portugal y España comenzaron a hallar que, en verdad, la acción de los jesuitas estaba resultando un tanto amenazadora. Y observado mejor, susurraban los consejeros, excesivamente, amenazadora, Majestad...

Una antigua tragedia pesa en el aire de este templo. Presentimos desde cuando avistamos el frontispicio centenario; pero, como en todo, es sólo la primera impresión de tantas otras visiones. Pues quedaron también las demoradas tardes de diciembre, cuando se ensayaban sin prisa los Autos de Navidad.

Permanecieron las voces del coro subiendo por las paredes y ganando los campos cubiertos de verde que circundaban la villa.

Permanecieron la ligereza de los pies descalzos, la corrida del bando de niños, el son de la flauta, aéreo, buscando las calles, desapareciendo en una puerta, enredándose en el vestido de una mujer o en la cesta cargada de frutos que otra carga.

Quedó el sonido del arado rompiendo la tierra, el sonido de la piedra cortada por el artesano, el sonido del formón tallando la imagen en el pedazo de madera, y quedó, casi imperceptible, por atrás del sonido del órgano que viene de la capilla, el débil arañar de la pluma del padre Nusdorffer deslizándose por el papel, a la luz de la lamparilla y perpetuando, letra a letra, el invencible desprecio: "...estos seres tienen la inteligencia poco desarrollada, si no tapada".

Sepé estuvo aquí alguna vez, todavía niño. Debe haber examinado con grave temor el altar resplandeciente. Si el futuro guerrero tenía el don de la premonición que sugiere la leyenda, debe haber vislumbrado los clarines de guerra, los hombres a caballo, las casas en llamas, los escombros humeantes...Debe haber anticipado la tensión de las reuniones en torno a las hogueras, los discursos inflamados, la fatiga de las retiradas y el aviso de las armas afiladas, listas para el combate.

Por encima de la leyenda y de las presunciones humanas, por encima de la tradición popular de los tesoros enterrados, por encima de la polémica sobre las posiciones geopolíticas de lusos y españoles trescientos años atrás, y más todavía, de la evocación sagrada de la palabra utopía, la iglesia de San Miguel nos recuerda que, aquí, en un pequeño fragmento del tiempo, durante unos 150 años, hubo un espacio donde los hombres eran libres cuanto era posible ser en un mundo dominado por el sistema esclavista de las arrogantes y violentas sociedades coloniales.

Jesuitas y guaranies, a despecho de los mundos diferentes de donde vinieron, fundaron una sociedad que, a la luz de todas las investigaciones, resiste como ejemplo de convivencia, incluso con los más severos reparos de los estudiosos.

Es bueno pensar que durante 150 años un pueblo visionario convivió con un grupo de visionarios, y se entendieron en algún plano de la imaginación. Imaginando que estaban sirviendo a Alguien, jugaban a hacer el bien unos a los otros. Acogieron uno la forma de ser del otro y aprendieron unos con los otros, hasta que un día vino el Ejército del Mundo Real y los aniquiló.

Tal vez también esa no sea la verdadera historia. El hecho es que nunca sabremos la verdadera historia. El gran tesoro de este lugar es su enigma. La posibilidad de que haya sido real. La estimulante, portentosa fantasía de que, por algún tiempo, este haya sido el lugar del verdadero y único paraíso posible, idea que siempre nos asombra cuando pensamos en ella.

TABAJARA RUAS

Writer, script writer and film director

Encounter

A slight shudder runs through you as you enter the nave. Maybe it's that shaft of light penetrating the half light. (Perhaps it's the silence.)

Questions crowd in on those pacing this enigmatic patio: was this the heart of a civilisation? Did a Utopia take shape here?

One morning a hand settled here; here on this stone slab a knee was bent before Christ. This stone monument raised for the Christian God is enormous.

The questions the site triggers have divided those in quest of answers to them. The most comforting takes these ruins to be the corollary of a Utopia - that of the Perfect Society.

No material possessions, no authoritarian government, no unfounded hope, no loneliness. Nothing new in that. Only the age-old human urge to live in peace and harmony, fired by dogmatic ethics, the permanent driving force of religious and political militancy.

Four centuries ago men hailing from different worlds, Guarany Indians and Jesuit priests, held a tryst. And these baroque ruins - or are they mannerist?

Not even on this score is consensus to be had bear witness to the history of their encounter.

All came from afar. The Guarany tribes had migrated from the Amazon five, six, maybe seven thousand years before. They had gone in search of the Land Without Evil. The Jesuits had braved the Awesome Ocean and the Impenetrable Jungle seeking similar splendour.

What they found is no mystery. Take a long, hard look at these faces chiselled in wood. The features are the coloniser's but the expression is of colonised man. That silent, suffering demeanour. Refusing to make a show of pain.

The world scenario at that time was deeply disturbing. This was the turbulent 17th century fanned by the flames of political and religious extremism, by visionary arrogance, by unquenchable thirst for knowledge, the spirit of modernity struggling to shake off the shackles of backwardness and superstition.

A single political and moral law united and struck fear into the hearts of Europeans: the Faith. This faith had several strains. One of them begot the Inquisition, burning at the stake those who dared differ or oppose. There were others. The Jesuits were likewise bent on saving souls for Christ but in a civilised manner, like honourable soldiers sent forth on a tough mission. They were not out to enslave, plunder or destroy.

Portugal and Spain found that highly suspect. It is doleful to have to admit that in any age such attitudes would inexorably raise suspicion. Portugal and Spain began to feel that the Jesuits' activity posed something of a threat. "On closer analysis," whispered the counsellors, "a mighty serious threat, Your Majesty..."

Time-worn tragedy hangs heavily upon the air in this temple. A sense of foreboding sweeps over you when you first set eyes on the old frontispiece.

Like everything else, though, this is merely the first impression among myriad other visions.

For what lingers here, too, are vestiges of the long Sunday afternoons when Christmas plays were leisurely rehearsed.

What lingers are the choristers' voices enveloping the walls and gliding out over the green meadows surrounding the village.

What lingers are the pattering bare feet, the capering band of boys, the sound of the flute wafting faintly through the streets, fading at a door, wreathing round a maiden's dress or nestling in a basket of fruit another woman bears aloft.

What lingers is the swish of the ploughshare furling up the soil, the chink of stone hewn by the mason, of the chisel carving out an image on a chunk of wood, and behind the din the organ's almost imperceptible diapason swelling from the chapel, the faint rasping of Father Nusdorffer's quill as it shuffles across the page in the lamplight, perpetuating with each indelible letter his unassailable disdain: "... these creatures have poorly developed intelligence if not dull wits."

Sepé was here once when still a boy. He must have perused the resplendent altar in grave wonder. If the future warrior possessed the fabled gift of premonition, he must have sensed the bugles of war, the horsemen, the burning homes, the charred ruins... He must have envisaged the tense meetings around midnight fires, the inflamed speeches, the fatigue of retreat, and the augury of whetted blades poised for battle.

Over and above the legend and the human presumption, above the popular tales of buried treasures, above the debate about the geopolitical positions of Lusians and Spaniards three hundred years ago, and even over and above the sacred invocation of the word Utopia stands the church of São Miguel reminding us that here, in a short span of some 150 years, was a place where men were free as they could be in a world dominated by the slavery of cruel, arrogant colonial societies.

Jesuits and Guaranies, despite the diametrically opposed worlds from which they hailed, founded a community which, under the spotlight of unrelenting investigation, survives as a paragon of convivial communion even when submitted to the searing scrutiny of scholars.

It warms the heart to think that for one hundred and fifty years a visionary people lived cheek-by-jowl with a group of visionaries and saw eye-to-eye with them on some plane of fancy. Imagining they were serving someone, they played at doing good to one another. They heeded each other's way of being and learnt one from the other. Until one dark day came the Army of the Real World and annihilated them.

Perhaps this is not the true story, either. The fact is, we shall never know the true story. The greatest treasure of this place is its enigma. The possibility it may have been real. The fascinating, portentous fantasy that, for a time, this was the site of the only truly possible paradise - an idea that never ceases to amaze when it crosses our minds.

Os jesuítas e o novo mundo

Localização do monumento.
Localización del monumiento.
Location of the monument.

Estado do Rio Grande do Sul. • Estado de Rio Grande do Sul. • *Rio Grande do Sul State.*

Mapa das Missões Jesuíticas. • Mapa de las Misiones Jesuíticas. • *Map of the Jesuit Missions.*

Imagem de satélite da região onde está localizado o monumento.
Imagen de satélite de la región donde está localizado el monumento.
Satellite image of surrounding area.

Dentre as ordens religiosas que aportaram na América do Sul no início da colonização, destaca-se a Companhia de Jesus, fundada por Santo Inácio de Loyola, em 1540, voltada para a evangelização e conversão dos heréticos. A exemplo do papel que outras ordens bem mais antigas já haviam desempenhado na Europa, seja pela fundação de Mosteiros, seja pela implantação das *bastides* (pequenas cidades novas destinadas à exploração e à defesa), a Companhia de Jesus foi importante agente da ocupação do território sul-americano, por meio das reduções, organização ao mesmo tempo econômica, social, urbanística e religiosa. A primeira delas, Juli, próxima ao Lago Titicaca, no Peru, foi fundada em 1576.

Inicia-se, assim, a história da futura Província Jesuítica do Paraguay, criada em 1609, em terras da Coroa da Espanha e denominada Paracuária. Nela, as primeiras Reduções foram as de Santo Ignácio Guazú, de Nossa Senhora de Loreto e de Santo Ignácio Mini, hoje localizadas na Argentina. Os aldeamentos multiplicaram rapidamente e só nas proximidades do Rio Ibicuí, no atual Estado do Rio Grande do Sul, constituíram dezoito povoamentos, com populações transmigradas da região do Guaíra, atual Estado do Paraná. Esse foi o primeiro período de assentamento em território gaú-cho que, a partir de 1626, foi alvo de sucessivos ataques dos caçadores de índios, sendo abandona-do em 1640, depois da Batalha de Bororé, contra os bandeirantes. Sua população então migrou para o outro lado do Rio Uruguai (margem ocidental), hoje Província de Missões, Argentina.

Com a retomada da independência de Portugal frente à Espanha, reestabelecendo-se a separação entre as terras coloniais de ambos os reinos, coube à Espanha a proteção das reduções que, a partir de então, desfrutariam de um longo período de estabilidade, até 1687.

Em 1644, são 22 as reduções, congregando um total de 44 mil pessoas. Entre 1687 e 1750, o número eleva-se para 30, e sua população se aproxima de 90 mil pessoas. Nesse segundo período de fixação no atual Rio Grande do Sul, são 26 mil pessoas distribuídas no chamado Sete Povos: São Francisco de Borja (1682), São Nicolau; São Luis Gonzaga, e São Miguel Arcanjo, formados com as populações transferidas da margem ocidental para a margem oriental do Rio Uruguai, no Vale do Rio Piratini, em 1687; São Lourenço Mártir (1690); São João Batista (1697) e Santo Angelo Custódio (1707). Foi o período de apogeu das Missões Jesuíticas.

A assinatura do Tratado de Madri (1750), entretanto, significou o fim dessa experiência singular. Por ele, a Colônia de Sacramento (no atual Uruguai), único enclave português em território espanhol na Bacia do Prata, é trocada pelo Sete Povos das Missões, provocando a revolta dos índios e os conseqüentes embates armados, opondo, de um lado, os exércitos de Espanha e Portugal, e, de outro, os missioneiros: a chamada Guerra Guaranítica. A vitória dos primeiros, somada à expulsão dos jesuítas, em 1768, provoca o ocaso das reduções, e a dispersão dos guarani que escaparam do extermínio ou da escravidão.

Encerra-se, assim, a história das reduções, aldeamentos de população nativa, geridos por dois religiosos e instalados nos rincões mais inacessíveis; comunidades harmônicas, pacíficas, dedicadas às atividades agropastoril, extrativista e artesanal. Nela se deu, de forma singular, o intenso contato de duas civilizações tão distintas. Possuidores de sólida cultura em ciências naturais, lingüística, arquitetura, engenharia, música, escultura e pintura, os padres jesuítas das reduções foram igualmente responsáveis pela produção de inestimáveis relatos e desenhos sobre a fauna, a flora, a geografia, os costumes, e o mundo do trabalho. E como conseqüência desse contato, floresceu nas reduções, em ambas as margens do Rio Uruguai, a singular atividade artística produtora do chamado Barroco Missioneiro. Na escultura, de inspiração clássica, incorporaram-se, então, elementos estéticos produzidos pelos indígenas. Na música, os autos religiosos assumiram nova sonoridade quando cantados em guarani e acompanhados por instrumentos produzidos com maestria pelos índios.

Fonte missioneira, em cantaria, nos arredores das Ruínas de São Miguel.
Fuente misionera en los alrededores de la Reducción de San Miguel.
Stonework Missionary Fountain near the São Miguel ruins.

Ilustração com base em fotogrametria terrestre, executada pelo Iphan, no início dos anos 80, em procedimento pioneiro de levantamento da situação estrutural com a finalidade de consolidar as ruínas.
Ilustración con base en fotogrametría terrestre del frontis, ejecutada por el Iphan, a inicios de los años 80, en procedimiento pionero de levantamiento de la situación estructural con la finalidad de consolidar la ruina.
Terrestrial photogrametry illustration of the west end, a pioneer technique employed by Iphan in the early 80s to consolidate the ruins.

Crianças Guarani diante das ruínas da Igreja de São Miguel. • Niños guaraníes delante de las ruinas de la Iglesia de San Miguel. • *Guarany children in front of the São Miguel Church ruins.*

Cruz missioneira proveniente do cemitério da Missão Jesuítica de São Lourenço.
Cruz misionera proveniente del cementerio
de la Misión Jesuita de San Lorenzo.
Missionary cross from the cemetery at the San Lorenzo Jesuit Mission.

A REDUÇÃO DE SÃO MIGUEL ARCANJO

A Redução de São Miguel Arcanjo foi fundada, em 1687, por padres e índios guarani originários da Redução de Tape, de 1632, que migraram para a margem do Rio Piratini, devido aos constantes ataques dos bandeirantes, às condições de pastagem e ao aumento gradual de sua população.

Como nas demais reduções, trata-se de um espaço ao mesmo tempo urbano e rural, planejado com rigor, nele podendo-se constatar a observância das recomendações das *Leys de Índias*, instrumento pelo qual a Coroa de Espanha estabelecia normas urbanísticas para os núcleos de colonização espanhola na América. Para alguns, as reduções fazem lembrar os acampamentos romanos ou certas cidades ideais renascentistas, também podendo recordar as *bastides* de influência cistercienses, que tinham como principal modelo a organização dos mosteiros dessa Ordem. Tratava-se, no imaginário religioso, de um espaço sagrado, rigidamente ordenado, morfologicamente estruturado, do qual deveria estar ausente o imprevisto, o acaso, o capricho, a irregularidade.

Espaço disciplinado e disciplinador, com sua planta geometricamente traçada, com as ruas invariavelmente retas e idênticas, cortando-se sempre em ângulo reto, parte de uma ordem espacial de natureza matemática, estruturada a partir da igreja que é, também, o elemento principal do núcleo da urbanização: a praça quadrangular. Em um de seus lados, o conjunto da igreja com os seus anexos: o colégio, a casa dos padres, o cemitério, a casa das viúvas e as oficinas, todos contidos por um muro; nos outros três lados, as casas dos índios, construções em blocos retangulares, cercados por varandas com telhados de quatro águas. Esta disposição se baseava nas Leis das Índias, na forma de povoados abertos. Como as casas eram frágeis, delas só restaram poucas marcas das fundações. Nos fundos da igreja conservam-se ainda vestígios dos pomares e das hortas, indispensáveis ao sistema produtivo das reduções.

Quanto à igreja, cujas ruínas são as mais bem-conservadas entre as missioneiras da América do Sul, a autoria do projeto é atribuída ao padre milanês Gian Batista Primoli que, provavelmente, desenhou a fachada do corpo principal inspirado na Igreja Gesú di Roma, obra paradigmática da arquitetura religiosa jesuítica, projetada pelos arquitetos italianos Jacopo Barozzi, mais conhecido como Vignola, e Giacomo de la Porta, na segunda metade do século XVI, época em que a Itália e particularmente Roma viviam a transição do Renascimento para o Barroco. Primoli, que chegou à América pela Argentina, tendo desembarcado em Buenos Aires em 1717, é o autor dos projetos das igrejas de Trindade, de Concepción e da Antiga Catedral de Buenos Aires, cuja fachada se assemelha à de São Miguel.

Construída em pedra arenítica, a partir de um projeto que a diferencia de todas as demais igrejas missioneiras, a de São Miguel possui planta em cruz latina com três naves separadas por arcadas de pedra. Ao corpo principal somam-se o pórtico e a torre sineira. Sua fachada possui uma leve inclinação, acentuando a monumentalidade e corrigindo a perspectiva. Tinha o interior decorado com talhas, esculturas e pinturas em madeira policromada.

Escultura missioneira em cantaria, de São Francisco Xavier, mostrando o coração em chamas.
Escultura misionera, en cantería, de San Francisco Xavier, mostrando el corazón en llamas.
Masonry missionary sculpture of St. Francis Xavier, bearing his flaming heart

Ruínas da nave central da Igreja da Missão de São Miguel.
Ruinas de la nave central de la Iglesia de la Misión de San Miguel.
Ruins of the central nave of the São Miguel Mission Church.

Sítio da redução com o Museu Missioneiro em primeiro plano e a ruína da Igreja ao fundo. · Sitio de la reducción con el Museo Misionero en primer plano y la ruina de la iglesia al fondo.
Grounds of the "Reduction", Missionary Museum in foreground and church ruins in background.

Museu Missioneiro: traço de Lucio Costa para o projeto e vista do Museu hoje.
Museo Misionero: trazo de Lucio Costa para el proyecto
y vista del Museo hoy.
Missionary Museum. Lucio Costa's original design and view of the Museum today.

RESTAURAÇÃO E PROTEÇÃO

As intervenções visando à consolidação e à limpeza das Ruínas de São Miguel iniciaram-se em 1928. Em janeiro de 1937, Lucio Costa, em um dos seus primeiros trabalhos para o então Sphan, estuda as ruínas que serão tombadas em 1938. As peças, sacras em sua maioria, dispersas pelo território das reduções, foram posteriormente inventariadas e reunidas no Museu das Missões – maior coleção pública de arte missioneira do continente – construído segundo projeto de Lucio Costa, inspirado na casa dos índios e situado num dos ângulos do que foi a praça central do aldeamento.

A partir dos anos 80, foi delimitado o Parque das Ruínas, com 36,5 hectares, e retiradas as edificações do seu interior. Com a cooperação da Unesco, empreendeu-se a preservação sistemática das ruínas, cuja trajetória de conservação confunde-se com a história do esforço brasileiro em proteger seu patrimônio. Nos últimos anos, além da cooperação técnica e científica entre órgãos brasileiros, argentinos, paraguaios e bolivianos, no quadro do Programa Mercosul Cultural, especialmente para o inventário e a restauração das imagens missioneiras, o Iphan, em associação com as prefeituras, instituições de pesquisa e empresas, tem-se dedicado ao inventário e a recuperação de outros vestígios missioneiros no Rio Grande do Sul.

JUSTIFICATIVA DE INSCRIÇÃO

Em atitude pioneira, em 1983, o Brasil propôs o reconhecimento das Ruínas de São Miguel como Patrimônio Cultural da Humanidade. Como decorrência, elaborou-se uma proposta mais abrangente, englobando as principais Missões Jesuíticas na América. Foram então inscritos, em 1985, os seguintes remanescentes missioneiros, sob o critério (iv), dada a sua importância testemunhal, sobretudo no que concerne à forma de organização social e de ocupação do território sul-americano: na Argentina, San Ignácio Mini, Santa Ana, Nuestra Señora de Loreto e Santa Maria Mayor; no Brasil, no Estado do Rio Grande do Sul, as Ruínas de São Miguel. Posteriormente, em 1990, na Bolívia, Chiquítos; e, em 1993, as Missões de Trinidad e de Jesus, no Paraguai.

Maciço em cantaria da frontaria e fachada lateral das ruínas da Igreja de São Miguel.
Macizo en cantería del frontis y fachada lateral de las ruinas de la Iglesia de San Miguel.
Solid stone masonry of West End and lateral façade of the São Miguel Church ruins.

Sino em bronze, forjado em 1726, de origem missioneira, posicionado por Lucio Costa na varanda do Museu Missioneiro. · Campana de bronce, forjada en 1726, de origen misionero, colocada por Lucio Costa en el barandado del Museo de las Misiones. · *Bronze bell forged in 1726 of missionary origin, placed by Lucio Costa on the varanda of the Mission Museum.*

Foto do início do século XX,
com as ruínas tomadas pela vegetação

Foto de inicios del siglo XX,
con las ruinas invadidas por la vegetación.

*Early 20th-century photo,
the ruins overgrown by plants.*

Vista das ruínas da Igreja de São Miguel com a área do colégio em primeiro plano e, ao fundo, o Museu das Missões. • Vista de la Nave de la Iglesia de San Miguel con área del colegio en primer plano y, al fondo, el Museo de las Misiones. • *View of São Miguel Church nave, the college (foreground) and Mission Museum (background).*

Imagens de Nossa Senhora da Conceição, de São Estanislau Kostkall e de São Isidro – acervo do Museu das Missões. • Imagen de Nuestra Señora de la Concepción, San Estanislau Kostkall y San Isidro, acervo del Museo de las Misiones. • *Images of Nossa Senhora da Conceição, St. Stanislaw Kostkall and San Isidro - Mission Museum collection.*

Los jesuítas y el nuevo mundo

De entre las órdenes religiosas que contribuyeron para la evangelización y conversión de los heréticos en América del Sur a inicios de la colonización, se destaca la Compañia de Jesús, fundada por San Ignacio de Loyola, en 1540. A ejemplo del papel que otras órdenes mucho más antiguas ya habían desempeñado en Europa, sea por la fundación de monasterios, sea a través de las bastidas (pequeñas ciudades nuevas destinadas a la explotación y a la defensa), la Compañia de Jesús fue importante agente de la ocupación del territorio sudamericano, mediante las reducciones, organización al mismo tiempo económica, social, urbanística y religiosa. La primera de ellas, Juli, próxima al Lago Titicaca, en Perú, fue fundada en 1576.

Se inicia así la historia de la futura Provincia Jesuíta del Paraguay, creada en 1609, en tierras de la Corona Española y denominada Paracuaria. En ella, las primeras reducciones fueron las de San Ignacio Guazú, de Nuestra Señora de Loreto y de San Ignacio de Mini, hoy localizadas en Argentina. Los poblados se multiplicaron rápidamente y sólo en las proximidades del Río Ibicuí, en el actual Estado de Río Grande do Sul, constituirían dieciocho aldeas, con poblaciones transmigradas de la región del Guairá, actual Estado de Paraná. Este fue el primer período de asentamientos en territorio gaucho, que a partir de 1626, fue alvo de sucesivos ataques de los cazadores de indios, siendo abandonado en 1640, después de la Batalla de Bororé, contra los bandeirantes. Su población entonces emigró para el otro lado del río Uruguay (margen occidental), hoy Provincia de Misiones, Argentina.

Con la retomada de la independencia de Portugal frente a España, restableciéndose la separación entre las tierras coloniales de ambos reinos, cupo a España la protección de las reducciones que a partir de entonces, disfrutarían de un largo período de estabilidad, hasta 1687.

En 1644, son veintidós las reducciones, congregando un total de cuarenta y cuatro mil personas. Entre 1687 y 1750, el número se eleva para treinta, y su población se aproxima a las noventa mil personas. En ese segundo período de fijación en el actual Río Grande do Sul, son veintiséis mil personas distribuídas en los llamados Siete Pueblos: San Francisco de Borja (1682); San Nicolás; San Luis Gonzaga, y San Miguel Arcángel, formados con las poblaciones transferidas de la margen occidental para la margen oriental del río Uruguay, en el valle del río Piratini, en 1687; San Lorenzo Mártir (1690), San Juan Bautista (1697) y San Ángel Custodio (1707). Fue el período de apogeo de las Misiones Jesuítas.

La firma del Tratado de Madrid (1750), mientras tanto, significó el fin de esa experiencia singular. Por su mediación la Colonia de Sacramento (en el actual Uruguay), único enclave portugués en territorio español en la Bacia del Plata, es cambiada por los Siete Pueblos de las Misiones, provocando la sublevación de los indios y los consecuentes embates armados oponiendo, de un lado, los ejércitos de España y Portugal, y, del otro, los missioneros: la llamada Guerra Guaranitica, la victoria de los primeros sumada a la expulsión de los Jesuítas, en 1768, provoca el ocaso de las reducciones y la dispersión de los guaranies que escaparon del exterminio y de la esclavitud.

Se encierra así la historia de las reducciones, estas aldeas de población nativa, administrados por dos religiosos e instaladas en los rincones más inaccesibles:

comunidades harmónicas, pacíficas, dedicadas a las actividades agropastoril, extractivista y artesanal. En ellas se dio, de forma singular, el intenso contacto de dos civilizaciones muy distintas. Poseedores de sólida cultura en ciencias naturales, lingüística, arquitectura, ingeniería, música, escultura, y pintura, los padres jesuítas de las reducciones fueron igualmente responsables por la producción de inestimables relatos y diseños sobre la fauna, la flora, la geografía, las costumbres, y el mundo del trabajo. Y como consecuencia de este contacto, floreció en las reducciones, en ambas márgenes del Río Uruguay, la singular actividad artística productora del llamado Barroco Misionero. En la escultura, de nítida inspiración clásica, se incorporan entonces elementos estéticos producidos por los indígenas.

En la música, los autos religiosos asumen nueva sonoridad cuando cantados en guarani y acompañados por instrumentos producidos con maestría por los indios.

La Reducción de San Miguel Arcangel

La reducción de San Miguel Arcángel fue fundada en 1687, por padres e indios Guarani originarios de la reducción de Tape, de 1632, que emigraron para las márgenes del Río Piratini debido a los constantes ataques de los *bandeirantes*, a las condiciones de pastaje y al aumento gradual de su población.

Como en las demás reducciones, se trata de un espacio al mismo tiempo urbano y rural, planificado con rigor, pudiéndose constatar en él la observancia de las recomendaciones de las *Leyes de Indias*, instrumento por el cual la Corona de España establecía normas urbanísticas para los núcleos de colonización española en América. Para algunos, hacen recordar los campamentos romanos o ciertas ciudades ideales renacentistas, también pudiendo recordar las bastidas de influencia cisterciense, que tenía como principal modelo la organización de los monasterios de esta Orden. Se trataba, en el imaginario religioso, de un espacio sagrado, rígidamente ordenado, morfológicamente estructurado, del cual debería estar ausente o imprevisto, el acaso, el capricho, la irregularidad.

Espacio disciplinado y disciplinador, con su planta geométricamente trazada, con las calles invariablemente rectas e idénticas, cortándose siempre en ángulo recto, parte de un orden espacial de naturaleza matemática, estructurada a partir de la iglesia que es, también, el elemento principal del núcleo de la urbanización: la plaza cuadrangular. En uno de sus lados, el conjunto de la Iglesia con sus anexos: el colegio, la casa de los padres, el cementerio, la casa de las viudas y las oficinas, todos contenidos por un muro; en los otros tres lados, las casas de los indios, construcciones en bloques rectangulares, cercados por barandas, con tejados de cuatro aguas. Esta disposición se basaba en las Leyes de las Indias, en la forma de poblaciones abiertas. Como las casas eran frágiles, restaron de ellas sólo pocas marcas de las fundaciones. En los fondos de la iglesia se conservan todavía vestigios de vergeles y huertas, indispensables para el sistema productivo de las reducciones.

En cuanto a la iglesia, cuyas ruinas son las mejor conservadas entre las misioneras de América del Sur, la autoría de su proyecto se atribuye al padre milanés Gian Battista Primoli que, probablemente, diseñó la fachada del cuerpo principal inspirado en la Iglesia Gesú di Roma, obra paradigmática de la arquitectura religiosa

jesuita, proyectada por los arquitectos italianos Jacopo Barozzi, más conocido por Vignola, y Giacomo de la Porta, en la segunda mitad del siglo XVI, época en que Italia y particularmente Roma vivían la transición del Renacimiento para el Barroco. Primoli, que llegó a América por la Argentina, habiendo desembarcado en Buenos Aires en el año 1717, es el autor de los proyectos de las Iglesias de Trinidad, de la Concepción y de la antigua Catedral de Buenos Aires, cuya fachada se asemeja a la de San Miguel.

Construída en piedra arenítica, a partir de un proyecto que la diferencia de todas las demás iglesias misioneras, la de San Miguel posee planta en cruz latina con tres naves separadas por arcadas de piedra. Al cuerpo principal se suman el pórtico y el campanario. Su fachada posee una leve inclinación, acentuando la monumentalidad y corrigiendo la perspectiva. Tenía el interior decorado con tallas, esculturas y pinturas en madera policromada.

Restauración y pretección

Las intervenciones, considerando la consolidación y la limpieza de las ruinas de San Miguel, se iniciaron en 1928. En enero de 1937, Lucio Costa, en uno de sus primeros trabajos para el entonces Sphan, estudia las ruinas que serán tumbadas en 1938. Las piezas, sacras en su mayoría, dispersas por el territorio de las reducciones, fueron posteriormente inventariadas y reunidas en el Museo de las Misiones - mayor colección pública de arte misionera del continente, construido según proyecto de Lucio Costa, inspirado en las casas de los indios y situado en un ángulo de lo que fue la plaza central del aldeamiento.

A partir de los años ochenta, fue delimitado el Parque de las Ruinas, con la retirada de edificaciones de su interior. Con la cooperación de la Unesco se emprendió la preservación sistemática de las ruinas, cuya trayectoria de conservación se confunde con la historia del esfuerzo brasileño en proteger su patrimonio. En los últimos años, además de la cooperación técnica y científica entre órganos brasileños, argentinos, paraguayos y bolivianos, en el cuadro del Programa Mercosur Cultural, especialmente para el inventario y restauración de la ingeniería misionera , el Iphan, en asociación con las prefecturas, instituciones de investigación y empresas, se ha dedicado al inventario y recuperación de otros vestigios misioneros en Río Grande do Sul.

Justificativo de la Inscripción

En actitud pionera, en 1983, Brasil propuso el reconocimiento de las ruinas de San Miguel como Patrimonio Cultural de la Humanidad. Como consecuencia se elaboró una propuesta más amplia, englobando las principales Misiones Jesuítas en América. Fueron entonces inscritos, en 1985, remanescentes misioneros, bajo el criterio (iv), dada su importancia testimonial, sobre todo en lo que concierne a la forma de organización social y ocupación del territorio sudamericano: en Argentina, San Ignacio Mini, Santa Ana, Nuestra Señora de Loreto y Santa María Mayor; en Brasil, en el Estado de Río Grande do Sul, las ruinas de San Miguel. Posteriormente, en 1990, en Bolivia, Chiquitos; y, en 1993, las Misiones de Trinidad y Jesús, en Paraguay.

The jesuits and the new world

The Society of Jesus was founded by Saint Ignatius Loyola in 1540 to evangelise and convert heretics. It stands out among the religious orders that set foot in South America when European colonisation began. Following the example of the role that other and very much older Orders had taken on in Europe, whether by founding monasteries or through the bastides (small new towns that were built for exploitation and defense), the Society of Jesus was an important agent in the occupation of the South American territory due to the establishment of the mission settlements, economic, social, urban and religious communes called "reductions". The first, named Juli, was founded in Peru in 1576, near Lake Titicaca.

Thus begins the history of the future Jesuit Province of Paraguay, created in 1609 on the lands of the Spanish Crown and the so-called Paracuária. The first mission settlements on those lands were those of Saint Ignatius Guazú, Our Lady of Loreto, and Saint Ignatius Mini, located in what is now Argentina. The villages rapidly multiplied, and eighteen communities were constituted in the proximity of the Ibicuí River alone, in the current State of Rio Grande do Sul, with populations that had migrated from the Guaíra region, which is located in what has become the State of Paraná.

This was the first settlement period in the territory of Rio Grande do Sul. From 1626 on, the Missions became the target of successive attacks by Indian hunters. They were finally abandoned in 1640, after the Battle of Bororé, which was fought against the bandeirantes (colonial expeditionary explorers). The population then migrated to the other side of the Uruguay River (the western bank), to what is today the Province of Missiones, in Argentina.

When Portugal regained its independence from Spain, and the separation of the colonial lands of both kingdoms was reestablished, Spain was entrusted with the task of protecting the mission settlements, which from then on enjoyed a long period of stability that was to last until 1687.

In 1644, there were twenty-one mission settlements, congregating a total of forty-four thousand people. Between 1687 and 1750, that number increased to thirty, and the population bordered on ninety thousand people. During this second period of settlement in what is currently Rio Grande do Sul, there were twenty-six thousand people scattered among the so-called Seven Peoples. The first four of them are Saint Francisco de Borja (1682); São Nicolau; São Luís Gonzaga, and São Miguel Arcanjo, which were formed by Native people transferred from the eastern bank to the western bank of the Uruguay River, in the valley of the Piratini River, in 1687. The remaining three are Saint Lorenço Mártir (1690), Saint João Batista (1697), and Saint Angelo Custódio (1707). This is the period in which the Jesuit Missions were at their peak.

The signature of the Treaty of Madrid (1750), however, brought this singular experience to an end. Under the treaty, the Colony of Sacramento (in what is Uruguay today), the only Portuguese enclave in Spanish territory in the Prata Basin, is exchanged for the Seven Peoples of the Missions, provoking an uprising amongst the Indians and consequent armed fighting between the armies of Spain and Portugal, on the one side, and the missionaries, on the other. This is the so-called Guarany War. The victory of the colonial forces, compounded by the subsequent expulsion of the Jesuits in 1768, brought about the decline of the mission settlements.

Guarany indians that were lucky enough to escape extermination or slavery dispersed.

Thus ends the history of the mission settlements, these villages of native populations, generated by two religious figures and installed in the most secluded places; they were harmonious, peaceful devoted to agricultural, cattleraising, hunting, gathering and craftsmanship activities. Through them, two very different civilisations established and maintained intense contact in a singular manner. Possessing extensive knowledge of natural sciences, linguistics, architecture, engineering, music, sculpture and painting, the Jesuit priests of the mission settlements were also responsible for the production of priceless accounts and drawings of the fauna and flora, the geography, the customs and the world of work. And as a consequence of this contact, a unique form of artistic activity flourished in the mission settlements on both banks of the Uruguay River, producing the so-called Mission Baroque. In sculpture, the distinct classical inspiration was fused with indigenous aesthetic elements. In music, the religious ceremonies acquired a new sonority when sung in Guarany and accompanied by instruments crafted by the Indians.

The Mission settlement of São Miguel Arcanjo

The mission settlement of São Miguel Arcanjo was founded in 1687 bypriests and Guarany from the former 1632 Tape mission settlement who had since migrated to the banks of the Piratini River due to the constant raids of the bandeirantes, deteriorating pasture conditions, and the gradual increase in population.

As in other mission settlements, it is both urban and rural, rigorously planned, and in which were constantly observed the recommendations of the Laws of the Indies, an instrument through which the Spanish Crown established urban norms for the centres of Spanish colonisation in the Americas. For some, they resembled the Roman camps or certain ideal Renaissance cities, as well as the bastides of Cistercian influence, modelled on the organisation of the Order's monasteries. In the religious imagination, it was a sacred space, rigidly arranged, morphologically structured, and from which the unforeseen, the random, whims and irregularities were to be dismissed.

This was a place of discipline, and its geometric architectural design, the invariably straight, identical streets cut at right angles imposed a sense of discipline. It was based on a mathematical notion of space centred on the church, the centrepiece of the public square. On one side of the square was the ensemble of the Church and its annexes: the school, the house of the priests, the cemetery, the house of the widows, and the workshops, all contained by a wall. On the other three sides, there were the houses of the Indians, rectangular block constructions enclosed by porches with four-sided roofs; their layout was based on the Laws of the Indies, in the form of open villages. The houses were fragile, and only a few markings of the foundations remain of them. At the back of the church, the remains of orchards and vegetable gardens are preserved, as indispensable elements in the productive system of the mission settlements.

The architectural design the church, whose ruins are the best preserved among the missions of South America, is attributed to a priest from Milan named Gian Battista Primoli, who was probably inspired by the Gesú di Roma Church when designing the façade of the main body. The

Gesú de Roma Church is a paradigmatic work of Jesuit religious architecture, which was projected during the second half of the sixteenth century by Italian architects Jacopo Barozzi (also known as Vignola), and Giacomo de la Porta. It was a time in which Italy, and Rome in particular was going through the transition from Renaissance to Baroque. Primoli arrived in America by way of Argentina, having disembarked in Buenos Aires in the year 1717. He is the designer of the projects for the Churches of Trindad, Concepción and the old Cathedral of Buenos Aires, the façade of which is similar to that of São Miguel.

Built in sandstone, and based on a project that differentiates it from all the other mission churches, the outline of the church of São Miguel is in the shape of a Latin cross, with three naves separated by stone arches. The main body is complemented by a portico and a bell tower. Its façade has a slight inclination, which accentuates the monumental aspect and corrects the perspective. The interior was decorated with carving, sculptures and paintings made on polychrome wood.

Restauration and Protection

The interventions which sought to consolidate and clean up the ruins of São Miguel began in 1928. In January of 1937, in one if his first works for what was then Sphan, Lúcio Costa studied the ruins that were to be inscribed in 1938. The pieces, which were mostly sacred, and had been scattered all over the territory of the mission settlements, were later inventoried and reunited at the Museum of the Missions - the greatest public collection of missionary art on the continent. The Museum was built according to a design by Lúcio Costa, who was inspired in his work by the Indians' dwellings, and is situated in one the angles that formed the central square of the village.

From the eighties on, and in cooperation with Unesco, a systematic effort to preserve the ruins began. The conservation trajectory is at one with the history of the Brazilian effort to preserve its own heritage. Over the last few years, in addition to the technical and scientific cooperation between Brazilian, Argentine, Paraguayan and Bolivian agencies, the Iphan has dedicated efforts to inventorying and recovering other missionary vestiges in Rio Grande do Sul, in association with city halls, research institutions and companies, and within the framework of the Mercosur Cultural Program.

Listing Criteria

In a pioneer effort, in 1983, Brazil proposed the recognition of the ruins of São Miguel as Cultural Heritage of Humanity. As a result, a more comprehensive proposal was elaborated, which covered the main Jesuit Missions of America. In 1985, the missionary remains were then inscribed, based on criteria (iv), and due to their testimonial importance, above all in terms of the social organisation and occupation of the South American territory. In Argentina, Saint Ignatius Mini, Saint Ana, Our Lady of Loreto and Saint Maria Mayor were inscribed; in Brazil, the ruins of São Miguel located in the State of Rio Grande do Sul were inscribed. Later on, in 1990, Chiquitos was inscribed in Bolivia; and in 1993, the Missions of Trinidad and Jesus were inscribed in Paraguay.

Vista desde o alto da Igreja de São Francisco de Paula. • Vista desde el alto de la Iglesia de San Francisco de Paula. • *Panoramic view from the São Francisco de Paula Church.*

Cidade Histórica de

Ouro Preto

Ciudad Histórica de Ouro Preto • *Historical Town of Ouro Preto*

Minas Gerais

· · · · · · · · · · · · · · · · · ·

ROBERTO DRUMMOND

ESCRITOR, ROMANCISTA E NOVELISTA

Ouro Preto no coração

Ouro Preto em mim, Ouro Preto em ti, Ouro Preto em nós.

Mais do que nunca, em nome dos sonhos de

liberdade e do próprio direito de sonhar, é preciso, é urgente carregar Ouro Preto no coração.

Ah, venham todos a Ouro Preto: que estas ruas e estas igrejas e estas ladeiras e

estas casas esperam quem chega como só os filhos e os amantes são esperados.

Ouro Preto é um sino tocando dentro da gente.

É uma procissão passando dentro da gente.

É uma voz cantando uma seresta dentro do peito da gente.

Ouro Preto é uma rebelião sempre em curso, é uma inconfidência mineira,

um grito de independência ou morte.

Aqui, nos tempos de Villa Rica, o herói morreu pela liberdade.

Em que pensou o herói na hora em que iam matá-lo?

Na amada pensou?

Na liberdade pensou?

Foi em tomar um conhaque que o herói pensou?

Foi em ver o vôo livre de uma borboleta pelas ruas de Villa Rica

que o herói pensou na hora da morte?

Aqui, nestas ruas e ladeiras, fica a lição do herói:

morrer, por uma causa justa, é viver no coração do povo.

Aqui, em meio às igrejas barrocas, fica a lição do mago e mágico Aleijadinho:

é possível sonhar, esculpir e realizar os sonhos impossíveis.

Em Ouro Preto, todo sonho é possível.

É possível andar por estas ruas e ladeiras, nas noites de lua,

e cruzar com os poetas inconfidentes fazendo serestas para

Bárbara Bela do Norte Estrela e para Marília.

Aqui, os amanhãs são eternos.

Aqui, quando chega o carnaval, a alegria triunfa e

os foliões saem às ruas mostrando (como queriam o herói e os poetas)

que nada como um dia depois do outro para derrotar os tiranos.

Aqui, o sonho é livre, abram o coração e recebam Ouro Preto.

Ornamentação para a passagem de procissão. • Ornamentación para el pasaje de la procesión. • *Street decorated for a religious procession.*

ROBERTO DRUMMOND

Escritor y novelista • *Writer, novellist and novella writer*

Ouro Preto en el corazón	*Ouro Preto in the heart*

Ouro Preto en mí, Ouro Preto en tí, Ouro Preto en nosotros. Más que nunca, en nombre de los sueños de libertad y del propio derecho de soñar, es necesario, es urgente cargar a Ouro Preto en el corazón.

¡Ah! Vengan todos a Ouro Preto: que estas calles y estas iglesias y estas laderas y estas casas esperan a quien llega como sólo los hijos y los amantes son esperados.

Ouro Preto es una campana tocando dentro de uno.

Es una procesión pasando dentro de uno.

Es una voz cantando una serenata dentro del pecho de uno.

Ouro Preto es una rebelión siempre en marcha, es una inconfidencia minera, un grito de independencia o muerte.

Aquí, en los templos de Vila Rica, el héroe murió por la libertad.

¿En qué pensó el héroe a la hora en que lo iban a matar?

¿En la amada pensó?

¿En la libertad pensó?

¿Fue en tomar un coñac en lo que el héroe pensó?

¿Fue en ver el vuelo libre de una mariposa por las calles de Vila Rica en lo que el héroe pensó a la hora de la muerte?

Aquí, en estas calles y laderas, queda la lección del héroe : morir, por una causa justa, es vivir en el corazón del pueblo.

Aquí, en medio de las iglesias barrocas, queda la lección del mago y mágico Aleijadinho : es posible soñar, esculpir y realizar los sueños imposibles.

En Ouro Preto, todos los sueños son posibles.

Es posible andar por estas calles y laderas, en las noches de luna, y cruzar con los poetas inconfidentes haciendo serenatas para Bárbara Bela del Norte Estrela y para Marilia.

Aquí, las mañanas son eternas.

Aquí, cuando llega el carnaval, la alegría triunfa y los danzantes de folías salen a las calles mostrando (como querían el héroe y los poetas) que no hay nada mejor que un día después del otro para derrotar a los tiranos.

Aquí, el sueño es libre, abran el corazón y reciban a Ouro Preto.

Ouro Preto in me, Ouro Preto in you, Ouro Preto in us. More than ever, in the name of dreams of liberty and the very right to dream, it is necessary, it is urgent to bear Ouro Preto in the heart.

Ah, come one and all to Ouro Preto, for these streets, these churches, these hillsides and these homes wait for those arriving as only sons and lovers are expected.

Ouro Preto is a bell chiming within us.

It's a procession filing through us.

It's a voice serenading in our breast.

Ouro Preto is a revolt ever under way, it is a treacherous mineiro distrust, a summons to independence or death.

Here, when this was Vila Rica, a hero died for freedom.

What was on his mind when they made to kill him?

Was it his lover?

Was it liberty?

Was it a shot of brandy on the hero's mind?

Was it a butterfly flitting through the streets of Vila Rica that occupied the hero's thoughts at the hour of death?

Here on these steeply sloping streets lives the lesson the hero bequeathed: dying for a just cause means living in the people's heart.

Here, amid baroque churches, lies the lesson of the cripple master magician, Aleijadinho: it is possible to dream, to sculpt and fashion impossible dreams.

In Ouro Preto any dream is possible.

You can wander up and down the streets and alleys on moonlit nights and pass the partisan poets singing serenades to Northern Star Belle Barbara and to the meek Marília.

Here, tomorrows are for ever.

Here, when carnival is come, merriment holds sway and the revellers take to the streets to show (as the hero and the poets would have it) there's nothing like one day after another to topple tyrants.

Here, dreams are for free. Open your heart and let Ouro Preto in.

De Villa Rica a Ouro Preto

Estado de Minas Gerais. · Estado de Minas Gerais. · *Minas Gerais State.*

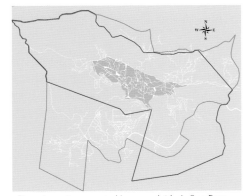

Planta dos perímetros protegidos no município de Ouro Preto.
Plano de los perímetros protegidos en el município de Ouro Preto.
Preservation perimeters of municipality of Ouro Preto.

Imagem de satélite da região de Ouro Preto.
Imagen de satélite de la región de Ouro Preto.
Satellite image of Ouro Preto.

Planta de localização dos principais Monumentos · Plano de localización de los principales monumentos. · *Map indicating main Monuments*

 · Zona inscrita no Patrimônio Mundial · Zona inscrita en el Patrimonio Mundial. · *Special preservation zone.*

· Perímetro do tombamento do Iphan · Perímetro de protección de Iphan · *Perimeter of the preservation zone*

· Perímetro urbano - Área de influência · Perímetro urbano - Área de influencia · *Urban perimeter - buffer zone*

1 - Escola de Minas · Escuela de Minas · *Mining School.*
2 - Praça Tiredentes · Plaza Tiradentes · *Tiradentes Square.*
3 - Museu da Inconfidência · Museo de la Inconfidencia · *Inconfidência Museum.*
4 - Igreja de Nossa Senhora do Carmo · Iglesia de Nuestra Señora del Carmen · *Our Lady of Carmel Church.*
5 - Casa dos Contos e Chafariz dos Contos · Casa de los Cuentos y Fuente de los Cuentos · *Counting House and Fountain.*
6 - Igreja de Nossa Senhora do Rosário · Iglesia de Nuestra Señora del Rosario · *Our Lady of the Rosary Church.*
7 - Igreja de Nossa Senhora do Pilar · Iglesia de Nuestra Señora del Pilar · *Our Lady of the Pillar Church.*
8 - Igreja de São Francisco de Assis · Iglesia de San Francisco de Assis · *St. Francis Assisi Church.*
9 - Matriz N. Sra. da Conceição de Antônio Dias · Matriz N. Sra. de la Concepción de Antonio Dias · *Parish Church of Our Lady of the Conception in Antônio Dias.*
10 - Oratório do Vira-Saia · Oratorio del Vira-Saia · *Turn-Skirt Oratory.*
11 - Igreja de Santa Efigênia · Iglesia de Santa Efigenia · *St. Ephigenia Church.*
12 - Igreja do Padre Faria · Iglesia del Padre Faria · *Padre Faria Chapel.*

A descoberta de ouro pelos bandeirantes, em 1691, na região depois denominada Minas Gerais, não provocou apenas o rápido aparecimento de povoados, os chamados arraiais, origem de muitas cidades, mas, também, fez com que a Coroa Portuguesa voltasse suas atenções para aquela que logo se tornaria uma das mais ricas regiões do Brasil Colonial. Cria, então, em 1702, a Intendência das Minas, e estabelece a cobrança do quinto, imposto sobre a produção do ouro. Em 1709, institui uma nova unidade administrativa, a Capitania de São Paulo e Minas do Ouro, desvinculada da Capitania do Rio de Janeiro. Nessa mesma época, acirram-se as disputas entre os paulistas e os novos garimpeiros, das quais resulta a Guerra dos Emboabas (1708-1710). Com a perda da hegemonia, os paulistas partem para explorar os estados de Goiás e Mato Grosso.

Do desenvolvimento da região resultou a criação, em 1720, da Província das Minas Gerais. Villa Rica, constituída formalmente pela Carta Régia de 8 de julho de 1711, e já então um dos núcleos urbanos mais ricos da Coroa, é transformada em capital provincial. Caminha-se para o apogeu daquele que seria conhecido na história do Brasil como o Ciclo do Ouro que, pela primeira vez,

Entrada da cidade: vista do conjunto da Praça Tiradentes com a Escola de Minas (em primeiro plano), o Museu da Inconfidência, a Igreja de N. Sra. do Carmo e o Pico Itacolomi (ao fundo).
Entrada de la ciudad: vista del conjunto de la Plaza Tiradentes con la Escuela de Minas (en primer plano), el Museo de Inconfidencia, la Iglesia del Carmen y el pico Itacolomi (al fondo).
Approach to the town: view of the Tiradentes Square complex with the Mining School (foreground), Inconfidência Museum, Carmo Church and Itacolomy peak (background).

desloca o eixo econômico e cultural para o interior. Cria-se aí uma sociedade de cuja riqueza e refinamento resultou uma das mais singulares manifestações culturais do Brasil Colônia: o Barroco Mineiro, que atinge seu ápice nas obras realizadas na segunda metade do século XVIII.

Mas a partir de 1754, decai a produção de ouro e elevam-se os impostos, com reflexos na vida econômica e política da Província, acarretando o êxodo de parte da sua população. Neste quadro, o nascente sentimento de brasilidade, aliado aos ideais republicanos e liberais, dá vida a um marcante episódio da história brasileira, tendo Villa Rica como epicentro: a Inconfidência Mineira (1789). Movimento patriótico, fortemente reprimido com a extradição de seus participantes e o enforcamento de seu líder, Joaquim José da Silva Xavier, o Tiradentes, hoje patrono cívico da nação.

Em 1823, elevada à categoria de cidade, Villa Rica passa a chamar-se Ouro Preto. Seu declínio é amenizado pela criação, em 1876, da Escola de Minas, mas volta a acentuar-se com a inauguração de Belo Horizonte, para a qual, no ano de 1897, é transferida a capital do Estado.

Com o florescimento da siderurgia e da extração de minérios, na década de cinquenta, a cidade começa a reverter este processo, tendo hoje como suas principais atividades econômicas a mineração e o turismo. Observa-se, a partir de então, um crescimento urbano acelerado, que avança pelas encostas dos morros circundantes, hoje fortemente presente na paisagem ouropretana.

Pelourinho em frente à Igreja de São Francisco de Assis.
(Gravura de Hermano Burmeister, 1853).
El Pelourinho frente a la Iglesia de San Francisco de Assis.
(Grabado de Hermano Burmeister, 1853).
Pillory in the St. Francis of Assisi Church forecourt.
(Engraving by Hermano Burmeister, 1853).

Cidade de Ouro Preto, vista do alto do Morro de São Sebastião, tendo o Palácio dos Governadores (em primeiro plano), a Igreja de São Francisco (ao fundo à esquerda), a Casa de Câmara e Cadeia (ao centro) e a Igreja do Carmo (à direita).

Ciudad de Ouro Preto, vista de lo alto del Morro de San Sebastián, con el Palacio de los Gobernadores (en primer plano), la Iglesia de San Francisco (al fondo a la izquierda), la Casa de Cámara y la Prisión (al centro) y la Iglesia del Carmen (a la derecha).

General vista of Ouro Preto from Mount São Sebastião with Old Governor's Palace in foreground, St. Francis Church in the background on the left.

Praça Tiradentes, tendo ao fundo a antiga Casa de Câmara e Cadeia, atual Museu da Inconfidência. • Plaza Tiradentes, con la antigua Casa de Cámara y la Prisión, actual Museo de Inconfidencia.
Tiradentes Square with the old Chamber House and Jail (centre) now the Inconfidência Museum.

O URBANSIMO DE OURO PRETO E O BARROCO MINEIRO

Localizada em um estreito vale entre duas cadeias de montanhas, Ouro Preto teve a sua forma urbana original determinada pelo sítio e pelos percursos que ligavam entre si os diversos arraiais de garimpo, nela predominando a ocupação ao longo do caminho principal, tortuoso e adaptado às condições do relevo, do qual derivavam os trajetos secundários. Seus arruamentos foram se constituindo também em função das igrejas e capelas que, na medida em que eram edificadas, se transformavam em elementos importantes da estruturação da trama urbana.

Nascia desta maneira informal, inclusive pela não-escolha do sítio, uma das cidades brasileiras mais representativas daquele modelo de urbanismo no qual, segundo o historiador Sérgio Buarque de Holanda, se manifesta a fantasia que distingue os núcleos urbanos de colonização portuguesa dos hispano-americanos. Nestes, "as ruas não se deixam moldar pela sinuosidade e pelas asperezas do solo; impõem-lhes antes o acento voluntário da linha reta"; nelas, o domínio do mundo conquistado se utiliza do traço retilíneo, "e não é por acaso que ele impera decididamente em todas essas cidades espanholas, as primeiras cidades *abstratas* que edificaram os europeus em nosso continente". Naqueles, como em Ouro Preto, o que predomina é o irregular, o tortuoso, uma expressa aversão ao

Partida de tropas para a Guerra do Paraguai, em 10 de maio de 1865, em frente ao antigo Palácio dos Governadores.
Partida de tropas para la guerra del Paraguay, el 10 de mayo de 1865, al frente el antiguo Palacio de los Gobernadores.
Troops assembled for the Paraguayan War on 10th May 1865 in front of the Old Governor's Palace.

Escola de Minas, antigo Palácio dos Governadores, na Praça Tiradentes. • Escuela de Minas, antiguo Palacio de los Gobernadores. • Mining School, former Governor's Palace, in Tiradentes Square.

traço e ao ângulo reto, como se " a rotina e não a razão abstrata " tivesse sido o princípio norteador. Uma cidade que "não é produto mental, não chega a contradizer o quadro da natureza, e sua silhueta se enlaça na linha da paisagem. Nenhum rigor, nenhum método, nenhuma providência, sempre este significativo *desleixo* – palavra que o escritor Aubrey Bell considerou tão tipicamente portuguesa como "saudade" e que, no seu entender, implica menos falta de energia do que uma íntima convicção de que *não vale a pena*...

   Nesta cidade, de traçado informal, destacam-se os monumentos, sobretudo as igrejas com suas localizações privilegiadas, e o casario construído geralmente no alinhamento das ruas, com seus amplos telhados em duas águas, e cujas brancas paredes contrastam com as cores escuras das aberturas e balcões. A paisagem construída se completa por meio das praças e dos largos de variadas formas, adaptadas às circunstâncias e ao relevo; e nestes largos, geralmente encontram-se as tradicionais, pitorescas e, à época, importantes fontes d'água, decoradas com entalhes em pedra de cantaria ou pedra-sabão; sem esquecer os passos, pequenas capelas utilizadas sobretudo nas festas religiosas, com destaque para a Semana Santa. Nos vales, pontes de pedra com balaustradas franqueiam as grotas e os ribeirões, unindo entre si os antigos arraiais. Os lotes, com grandes quintais arborizados, fazem com que a vegetação seja ainda hoje uma constante.

E, se as construções do período inicial são de pau–a–pique, com estrutura em madeira, na segunda metade do século XVIII, sobretudo naquelas de maior prestígio, passa-se a usar a "pedra e cal", expressão da riqueza arquitetônica e artística da então Villa Rica, propiciada pela exploração do ouro baseada no trabalho escravo, e devida à criatividade dos artesãos que aí exerceram os seus ofícios. Foram eles os principais artífices do singular e até hoje admirado Barroco Mineiro, fruto, entre outros, dos gênios do escultor e mestre-de-obras Antônio Francisco Lisboa, o Aleijadinho, e do pintor Manoel da Costa Athaíde. Artistas mulatos, formados nas escolas práticas das artes mecânicas, livres para criar e produzir sem os constrangimentos vividos pela maioria dos brancos portugueses, socialmente impedida de exercer atividades manuais, consideradas indignas.

Inexistindo, por determinação régia, ordens religiosas em Ouro Preto, por conseqüência, nela não se encontram os conventos e mosteiros. Por isso, a sua arquitetura religiosa resume-se às igrejas e às capelas que manifestam todo o esplendor, a qualidade e a originalidade dessa cultura artística mestiça; magnífica não apenas na forma e nas proporções, mas, também, nos retábulos em madeira folhada a ouro, na pintura dos forros e nos portais, púlpitos, capitéis e frisos, executados em pedra.

Passo aberto na Semana Santa. Os Passos são oratórios vinculados a residências, utilizados em ocasiões festivas.
Paso abierto con motivo de Semana Santa. Los Pasos son oratorios vinculados a residencias, utilizados en ocasiones festivas.
Station open for Holy Week. These chapels are shrines attached to homes and used on festive occasions.

Forro pintado pelo Mestre Athaíde, Igreja São Francisco de Assis.
Cúpula pintada por el maestro Athaíde, Iglesia San Francisco de Assis.
Ceiling panel painting by Master Athaíde in St. Francis of Assisi Church.

Talha folheada a ouro, Igreja São Francisco de Assis.
Talla en madera dorada, Iglesia San Francisco de Assis.
Gilt wood carving at the high altar of St. Francis of Assisi Church.

Igreja de São Francisco de Assis, segundo traço de Aleijadinho. • Iglesia de San Francisco de Assis, según trazo de Aleijadinho.
St. Francis of Assisi Church designed by Aleijadinho.

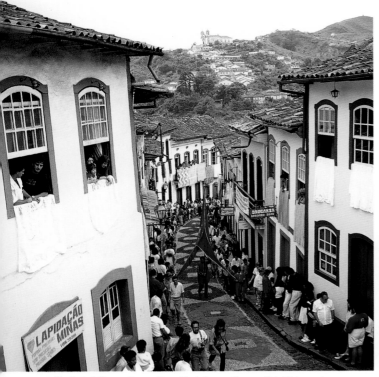

Procissão da Semana Santa. • Procesión de Semana Santa. • *Holy Week procession.*

Igreja N. Sra. Conceição de Antônio Dias. • Iglesia de N. Sra. de António Dias. • *N. S. Conceição Church.*

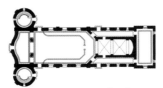

Nossa Senhora do Carmo (Ouro Preto).

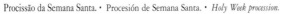

São Francisco de Assis (São João del Rey).

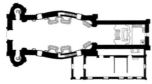

São Francisco de Assis (Ouro Preto).

Nossa Senhora do Rosário (Ouro Preto).

Partindo das plantas retangulares, as igrejas do ciclo do ouro
foram adquirindo os contornos sinuosos característicos do barroco.
Partiendo de los planos rectangulares las Iglesias del ciclo de oro
fueron adquiriendo los contornos sinuosos característicos del barroco.
Evolution of Gold Cycle churches from rectangular designs to the curved forms of the Baroque.

São exemplares: a Capela do Padre Faria (1701), a mais antiga; a Matriz de N.S. do Pilar (1710); a Matriz de N.S. da Conceição de Antônio Dias (1727); a Igreja do Carmo (1766), projeto do mestre Manuel Francisco Lisboa, pai do Aleijadinho, e por este último bastante alterada a partir de 1770, sobretudo com o recuo das torres e a ondulação da fachada; a Igreja de São Francisco de Assis (1765), projeto de Aleijadinho, considerada a sua obra-prima, na qual se destacam a liberdade do partido arquitetônico e a frontaria com a sua portada em pedra-sabão, e o forro da nave pintado pelo Mestre Athaíde; a Igreja de Santa Efigênia (1773), mandada construir por Chico-Rei, escravo alforriado, líder da comunidade negra; a Igreja N. S. do Rosário de Ouro Preto (1784), cuja singularidade reside no seu pórtico fechado e coberto, único na cidade, e na planta formada por duas elipses entrelaçadas, influenciada pelo traço barroco das igrejas italianas do século XVII, com partidos ovalados, como San Carlino alle Quattro Fontane, de Francesco Borromini, em Roma.

Na segunda metade do século XVIII forma-se o espaço urbano de maior vulto de Ouro Preto, a atual Praça Tiradentes, na qual foram então construídos dois dos mais expressivos exemplares da arquitetura civil: num extremo, o Palácio dos Governadores, atual Escola de Minas, com características de fortificação, projeto do Brigadeiro José Fernandes Pinto Alpoim; no outro, a Casa de Câmara e Cadeia, construída no final do século, hoje o Museu da Inconfidência. Conjunto das grandes obras civis, enriquecido pela Casa dos Contos, construída na penúltima década do século, onde era fundido o ouro e se arrecadavam os quintos, nela funcionando igualmente a Intendência. Em uma de suas salas foi encontrado morto o poeta inconfidente Cláudio Manoel da Costa. Trata-se, no dizer do Professor Augusto Silva Telles, de "uma das mais elegantes e requintadas edificações civis, com cunhais, cimalhas e guarnições de vãos em apuradíssima cantaria", sendo "extraordinários o vestíbulo e a nobre escadaria de pedra que dele parte para o piso superior". Este solar foi também importante como sujeito da expansão urbana ao longo do Vale dos Contos, extensa área verde indissociável da paisagem de Ouro Preto, acima da qual se situava o antigo Horto Botânico.

Casa dos Contos e ponte sobre o Córrego Tripuí em primeiro plano. • Casa de los Cuentos y puente sobre el Arroyo Tripuí en primer plano.
Counting House and bridge over the Ouro Preto Tripui stream (foreground).

PROTEÇÃO

Ouro Preto encantou os modernistas paulistas que, em 1924, iniciaram por Minas Gerais sua "redescoberta do Brasil". Dentre eles, Mário de Andrade, personagem importante na criação do Sphan, em 1937. Órgão igualmente marcado pelo ideário do seu primeiro diretor, Rodrigo Mello Franco de Andrade, e os seus vínculos com a cultura artística Setecentista mineira, da qual Ouro Preto era vista como a obra-prima. Igualmente relevante o papel de Lucio Costa que, nos anos 30, fez sobre ela significativos estudos.

De modo geral, o seu traçado urbano colonial mantém-se intacto e as arquiteturas religiosa e civil mais expressivas, bem como as suas obras-de-arte, encontram-se preservadas. Quanto às construções particulares, tem-se mantido a integridade de suas fachadas.

Duas ações foram especialmente revelantes para a proteção da cidade: a construção da estrada de entorno, passando por Saramenha – Estrada Rodrigo Mello Franco de Andrade – que permitiu a retirada do trânsito pesado do centro da cidade e a Estação Rodoviária, edificada aos fundos da Igreja de São Francisco de Paula, que libertou a Praça Tiradentes e o largo fronteiro à Igreja de São Francisco de Assis dos ônibus interurbanos e do estacionamento dos ônibus de turismo.

Devido ao crescimento urbano das últimas décadas, houve uma intensa ocupação das encostas circundantes, dela resultando uma cidade bem mais estendida, da qual a antiga

Igreja de N. Sra do Rosário de Ouro Preto, com planta em duas elipses entrelaçadas.
Iglesia de N. Sra. del Rosario de Ouro Preto, con plano en dos elipsis entrelazadas.
N. S. do Rosário de Ouro Preto Church designed as two interlocking ellipses.

Vale dos Contos, com fundo das casas da rua São José . • Valle de los Cuentos, con el fondo de las casas de la calle San José. • *Contos Valley facing houses on São José Street.*

Capela do Padre Faria, a mais antiga de Ouro Preto.
Capilla del Padre Faria, la más antigua de Ouro Preto.
Father Faria Chapel, the oldest in Ouro Preto.

Ouro Preto é o Centro Histórico, com todas as implicações daí decorrentes.

Mas, malgrado a ação do tempo e dos homens, Ouro Preto, primeiro bem brasileiro inscrito como Patrimônio Cultural da Humanidade, mantém-se como um marco e um testemunho eloqüente da política de preservação das cidades históricas no Brasil.

JUSTIFICATIVA DE INSCRIÇÃO

Ouro Preto situa-se no sudeste do Estado de Minas Gerais, ao pé do Monte Itacolomi. Patrimônio único por sua originalidade, concentra exemplares da arquitetura barroca de valor excepcional. Representa uma experiência artística e urbanística ímpar, testemunho de uma tradição cultural e do gênio criativo humano. Pela relevância do seu conjunto monumental e seu traçado urbano integrado à paisagem natural, Ouro Preto foi o primeiro bem cultural brasileiro inscrito como Patrimônio Mundial, em 1980, sob os critérios (i) e (iii). A área inscrita é de 2.225 hectares.

Subida para a Igreja de São Francisco de Assis, com a lateral da Igreja de Nossa Senhora da Conceição, de Antônio Dias. • Subida para la Iglesia de San Francisco de Assis, con la lateral de la Iglesia de N. Sra. de la Concepción, de Antonio Dias . • *Street leading to St. Francis of Assisi Church passing Nossa Senhora da Conceição Church (left)in Antonio Dias district.*

El descubrimiento de oro en Minas Gerais por los bandeirantes, en 1691, no provocó solamente el rápido brote de pequeños pueblos, los llamados "arraiais", origen de muchas ciudades, sino que también hizo que la Corona Portuguesa dirigiese su atención hacia la que muy pronto se volvería una de las regiones más ricas del Brasil Colonial. Crea, entonces, en 1702, la Intendencia de las Minas, y establece la cobranza del quinto, impuesto sobre la producción de oro. En 1709 instituye una nueva unidad administrativa, la Capitanía de São Paulo y Minas del Oro, desvinculada de la de Río de Janeiro. En esta misma época se agravaron las disputas entre los paulistas y los nuevos mineros, de lo que resulta la Guerra dos Emboabas (1708-1710). Con la pérdida de la hegemonía, los paulistas parten para explorar Goiás y Mato Grosso.

Del desarrollo de la región resultó la creación, en 1720, de la Provincia de Minas Gerais. Vila Rica, constituida formalmente por la carta regia del 8 de julio de 1711, y ya desde entonces uno de los núcleos urbanos más ricos de la Corona, se transforma en la capital provincial. Se marcha hacia el apogeo del que vendría a ser conocido en la historia de Brasil como el ciclo del oro, que por primera vez desplaza el eje económico y cultural al interior. Allí se crea una sociedad de cuya riqueza y refinamiento resultó una de las manifestaciones culturales más singulares del Brasil Colonia: el Barroco Minero, que alcanza su ápice en las obras realizadas en la segunda mitad del siglo XVIII.

La producción de oro disminuye a partir de 1754, y los impuestos se elevan, lo que se refleja en la vida económica y política de la Provincia, acarreando el éxodo de una parte de su población. En este panorama, el naciente sentimiento de brasilidad, aliado a los ideales republicanos y liberales, da vida a un significativo episodio de la historia brasileña, teniendo Vila Rica como su epicentro: la Inconfidência Mineira (1789). Movimiento patriótico, fuertemente reprimido con la extradición de sus participantes y el ahorcamiento de su líder, Joaquim José da Silva Xavier, el Tiradentes, hoy patrono cívico de la nación.

En 1823, elevada a la categoría de ciudad, Vila Rica pasa a llamarse Ouro Preto. Su declinación es suavizada por la fundación, en 1876, de la Escuela de Minas, pero se vuelve a acentuar con la inauguración de la ciudad de Belo Horizonte, a la cual, en el año de 1897, es transferida la capital del Estado.

Con el florecimiento de la siderurgia y de la extracción de minerales, en los años cincuenta, la ciudad empieza a revertir ese proceso, y actualmente tiene como sus principales actividades económicas la minería y el turismo. Se observa a partir de entonces un crecimiento urbano acelerado, que avanza por las laderas de los cerros circundantes, hoy fuertemente presente en el paisaje "ouropretense".

El urbanismo de Ouro Preto y el Barroco Mineiro

Localizada en un estrecho valle entre dos cadenas de montañas, Ouro Preto tuvo su forma urbana original determinada por el sitio y por los senderos que conectaban entre sí a los diversos arraiais de garimpo (pueblos mineros), predominando en ella la ocupación a lo largo del camino principal, tortuoso y adaptado a las condiciones del relieve, del que se derivaban los caminos secundarios. La definición de sus calles fue tomando forma también en función de las iglesias y capillas que, a medida que se construían, se transformaban en elementos importantes de la estructuración de la trama urbana. De esta manera informal, incluso porque el sitio no fuera escogido, una de las ciudades brasileñas más representativas de ese modelo de urbanismo en el que, según el historiador Sérgio Buarque de Holanda, se manifiesta la fantasía que distingue los núcleos urbanos de colonización portuguesa de los hispanoamericanos. En éstos "las calles no se dejan modelar por la sinuosidad y por las asperezas del suelo; se les impone antes el acento voluntario de la línea recta"; en ellas, el dominio del mundo conquistado hace uso del trazo rectilíneo, "y no es una casualidad que él impere decididamente en todas esas ciudades españolas, las primeras ciudades "abstractas" edificadas por europeos en nuestro continente". En aquellas, como en Ouro Preto, lo que predomina es lo irregular, lo tortuoso, una expresa aversión al trazo y al ángulo recto, como si "la rutina y no la razón abstracta" tuviese sido el principio orientador. Una ciudad que "no es producto mental, no llega a contradecir el cuadro de la naturaleza, y su silueta se entrelaza en la línea del paisaje. Ningún rigor, ningún método, ninguna providencia, siempre este significativo "desleixo" (negligencia) – palabra que el escritor Aubrey Bell consideró tan típicamente portuguesa como "saudade" y que, en su opinión, implica menos falta de energía que una íntima convicción de que "no vale la pena...".

En esta ciudad, de trazo informal, se destacan los monumentos, sobre todo las iglesias con sus localizaciones privilegiadas, y las casas, construidas generalmente en el alineamiento de las calles, con sus amplios tejados de dos aguas, y cuyas blancas paredes contrastan con los colores oscuros de las aberturas y balcones. El paisaje construido se completa por medio de las plazoletas y plazas de variadas formas, adaptadas a las circunstancias y al relieve; y en estas plazas generalmente se encuentran las tradicionales, pintorescas y, en la época, importantes fuentes de agua, decoradas con labrados en piedra de cantería o en pedra-sabão; (piedra jabón o esteatita) sin olvidar los pasos, pequeñas capillas utilizadas sobre todo en las fiestas religiosas. En los valles, puentes de piedra con balaustradas salvan las barrancas y zanjas, uniendo entre sí a los antiguos pueblos mineros. Los lotes, con grandes jardines arbolados en los fondos, hacen que la vegetación sea hasta la fecha una constante.

Y si las construcciones del período inicial son de barro con estructura de madera, en la segunda mitad del siglo XVIII, sobre todo en aquellas de mayor prestigio, se empieza a usar la piedra y cal, expresión de la riqueza arquitectónica y artística de la entonces Vila Rica, favorecida por la explotación del oro basada en el trabajo esclavo, y debida a la creatividad de los artesanos que allí ejercieron sus oficios. Fueron ellos los principales artífices del singular y hasta la fecha admirado Barroco Minero, fruto, entre otros, de los genios del escultor y maestro de obras Antônio Francisco Lisboa, el Aleijadinho, y del pintor Manoel da Costa Athaíde. Artistas mulatos, formados en las escuelas prácticas de las artes mecánicas, libres para crear y producir sin las coacciones vividas por la mayoría de los blancos portugueses, socialmente impedida de ejercer actividades manuales, consideradas indignas.

Debido a una determinación regia no existían Órdenes Religiosas en Ouro Preto y, consecuentemente, no se encuentran en esta ciudad conventos y monasterios. Por ello, su arquitectura religiosa se resume a las iglesias y capillas que manifiestan todo el esplendor, la calidad y la originalidad de esta cultura artística mestiza; magnífica no sólo en la forma y en sus proporciones, sino también en los retablos de madera chapeada con oro, en la pintura de los forros, y en los pórticos, púlpitos, capiteles y frisos, ejecutados en piedra. Son ejemplares: la capilla del Padre Faria, 1701, la más antigua; la Matriz de N.S. do Pilar,1710; la Matriz de N.S. da Conceição de Antônio Dias, 1727;la Iglesia do Carmo, 1766, proyecto del maestro Manuel Francisco Lisboa, padre del Aleijadinho, y por este último bastante alterada a partir de 1770, sobre todo con el rezago de las torres y la ondulación de la fachada; la iglesia de San Francisco de Asís (1765), proyecto de Aleijadinho, considerada su obra prima, en la que se destacan la libre disposición arquitectónica y la fachada principal con su pórtico en esteatita, y el forro de la nave pintado por el Maestro Atahíde; la Iglesia de Santa Efigenia, 1773, mandada construir por Chico Rei, esclavo liberto, líder de la comunidad negra; la iglesia N. S. del Rosario de Ouro Preto, 1784, cuya singularidad radica en la planta formada por dos elipses entrelazadas, y en su atrio cerrado y cubierto, único en la ciudad.

En la segunda mitad del siglo XVIII se forma el espacio urbano más imponente de Ouro Preto, la actual Plaza Tiradentes, en la que se construyeron entonces dos de los ejemplares más expresivos de la arquitectura civil: en un extremo, el Palacio de los Gobernadores, actual Escuela de Minas, con características de fortificación, proyecto del Brigadier José Fernandes Pinto Alpoim; en el otro, la Casa da Câmara e Cadeia, construida a fines del siglo, y actualmente el Museu da Inconfidência. Conjunto de las grandes obras civiles, enriquecido por la Casa dos Contos, construida en la penúltima década del siglo, donde se fundía el oro y se recaudaban los quintos, funcionando en ella, igualmente, la Intendencia. En una de sus salas se encontró muerto el poeta inconfidente Cláudio Manoel da Costa. Se trata, según el Prof. Silva Telles, de "una de las edificaciones civiles más elegantes y finas, con ángulos, cornisas y ornatos de sus aberturas en refinadísima cantaría", "extraordinarios el vestíbulo y la noble escalinata de piedra que parte de éste hacia el piso superior". Esta casa solariega también fue importante como sujeto de la expansión urbana a lo largo del Vale dos Contos, una extensa área verde imposible de disociarse del paisaje de Ouro Preto.

Protección

Ouro Preto encantó a los modernistas paulistas que, en 1924, iniciaron por Minas Gerais su "redescubrimiento de Brasil". Entre ellos Mário de Andrade, personaje importante en la creación del Sphan, en 1937. Órgano igualmente señalado por el ideario de su primer director, Rodrigo Mello Franco de Andrade, y sus vínculos con la cultura artística del siglo XVIII de Minas Gerais, de la que Ouro Preto era vista como la obra prima. Igualmente relevante fue el papel de Lucio Costa que, en los años 30, realizó significativos estudios sobre ella.

De modo general, su plano urbano colonial se mantiene intacto; y las arquitecturas religiosa y civil más expresivas, así como sus obras de arte, se encuentran preservadas. En cuanto a las construcciones particulares, se ha mantenido la integridad de sus fachadas. Debido al crecimiento urbano de las últimas décadas, hubo una intensa ocupación de las laderas circundantes, de la que resultó una ciudad bastante más extendida, constituyéndose la antigua Ouro Preto en el Centro Histórico.

Sin embargo, a pesar de la acción del tiempo y de los hombres, Ouro Preto, primer bien brasileiro inscrito como Patrimonio Cultural de la Humanidad, se mantiene como un hito y un testimonio elocuente de la política de preservación de las ciudades históricas en Brasil.

Justificativo de la Inscripción

Ouro Preto está situado en el sudeste del Estado de Minas Gerais, al pie del Monte Itacolomi. Patrimonio único por su originalidad, concentra ejemplos de la arquitectura barroca de valor excepcional. Representa una experiencia artística y urbanística sin igual, testimonio de una tradición cultural y del genio creativo humano. Por la relevancia de su conjunto monumental y su plano urbano integrado al paisaje natural, Ouro Preto fue el primer Bien Cultural brasileño inscrito como Patrimonio Mundial, en 1980, bajo los criterios (i) y (iii).

From Villa Rica to Ouro Preto

The discovery of gold by the Portuguese traders cum-explorers known as *bandeirantes* in Minas Gerais, in 1691, not only led to the rapid emergence of new settlements, or camps, many of them the original sites of today's towns and cities, but also prompted the Portuguese Crown to turn its attention to the area, which then went on to become one of the richest in Colonial Brazil. In 1702, the Crown established a governing body (known as *Intendência das Minas*) and decreed a levy of one-fifth on all gold mined there. In 1709, a new administrative body was set up separately from that of Rio of Janeiro: the Captaincy of São Paulo and the Gold Mines. At the same time, São Paulo inhabitants grew increasingly resentful of the newly arrived Portuguese miner-settlers. Finally, a series of battles and skirmishes took place from 1708 to 1710 that were known as the *Emboabas War* (emboabas) were newcomers from Portugal). São Paulo lost its hegemony in the area and turned its efforts to exploring Goiás and Mato Grosso.

The development of the gold mining region led to the creation, in 1720, of the *Província das Minas Gerais* (Province of the General Mines). The Town of Vila Rica, already one of the wealthiest under the Crown, formally received its royal charter on July 8, 1711 and soon became the Provincial capital. The height of its glory was reached during what is known in Brazilian history as the Gold Period, which for the first time moved the economic and cultural heartland inland, away from the coast. The wealthy and refined society that emerged in Vila Rica sponsored the flourishing of one of the most unique cultural phenomena in Brazil's colonial period, the Minas Gerais Baroque style, which reached its apogee with artworks produced in the second half of the 18th century.

When the output of gold began to decline in 1754, increased taxes were levied that stifled the economic and political life of the province, Leading much of the population to migrate to other areas. Against this backdrop, the emerging feeling of Brazilianness combined with republican and liberal ideas was at the roots of a striking episode in the country's history the epicentre of which was Vila Rica: the plotting of an anti-imperial revolt that became known as *Inconfidência Mineira* (The Minas Plot), in 1789. This patriotic movement was fiercely repressed, its members extradited, and its leader hanged. Today, Joaquim José da Silva Xavier, a.k.a. Tiradentes is seen as one of the first defenders of the modern Brazilian nation.

In 1823, Vila Rica was elevated to the status of a town and renamed Ouro Preto. Its decline as a centre was mitigated somewhat by the founding of The School of Mines, in 1876, but then its fate was sealed with the inauguration of Belo Horizonte as the new state capital, in 1897.

In the 1950s, the flourishing of steel milling and mineral extraction industries reversed this process of gradual decline. Today Ouro Preto's economy is chiefly based on mining and tourism. Over the last 50 years, rapid urban growth has taken place, with the town spreading onto the slopes of the surrounding hills.

The Growth of Ouro Preto and Baroque in Minas Gerais

Ouro Preto is nestled in a narrow valley between two mountain ridges. Its original layout was determined by the terrain as well as by the Paths and trails connecting the many gold mining camps. The occupied area stretched along a tortuous main road adapted to the rugged relief and Along its secondary roads. The streets were opened to serve the churches and chapels that became key elements in organizing the urban fabric.

This informal urban sprawl, rather than an actual choice of site, became one of the most representative models of Brazilian urban community that, according to historian Sérgio Buarque da Hollanda, shows the fanciful approach

(fantasia) that differentiates urban centres settled by the Portuguese and those settled by Hispanic Americans. In the latter, "streets are not molded by the curves and ruggedness of the terrain; rather, they are subjected to the willpower and force of the straight line"; in these towns, the supremacy of the conquered territory makes use of the straight line, and "it is not by chance that line rules supreme in all these Spanish cities, the first European-built OEabstract' cities on our continent." What prevails in Ouro Preto and other Portuguese-inspired towns is the irregular, the tortuous, an explicit aversion to straight lines and right angles, almost as if "routine life rather than abstract reasoning" had been the guiding principle. The Portuguese town layout "is not a product of the mind, it does not contradict the natural setting, and its profile is inserted in the line of the landscape. The Portuguese approach entirely lacked in rigor, method, or measure. Instead, there was this constant and significant O "desleixo', a word meaning carelessness or laxness, which writer Aubrey Bell viewed as characteristically Portuguese (and untranslatable) like 'saudade'. His understanding is that rather than implying insufficient energy to undertake a task, the word denotes an inner conviction that it is not worthwhile..."

The monuments are conspicuous in this informally planned town, particularly the churches with their privileged locations, and the terraced houses usually lining their wide two-part roofs and white walls contrasting with the dark colors of the window frames, doors, and balconies. Squares and plazas in varied formats, adapted to local circumstances and relief, round out the cityscape. Plazas usually have traditional, picturesque water fountains, at the time vital to life and health; they are decorated with carvings in quarried stone or soapstone. And there are the small chapels known as stations (passos), named after the Passion of Christ and the Via Crucis, and used mainly for religious feast day activities. In the valley, stone bridges with balustrades flank the slopes and rivulets, joining the old mining camps.Large yards and gardens lend greenery to the cityscape.

While the early constructions of Ouro Preto were wattle-and-daub structures, in the second half of the 18th century, the higher status dwellings particularly began to use stone and whitewash as an expression of the architectural and artistic wealth of Vila Rica, sponsored by gold mining and slave labour, and produced by the creativity of the local craftsmen. These artisans were the skilled executors of the unique Minas Gerais Baroque style that continues to elicit admiration even today, which also was designed by the ingeniousness of artists that included Sculptor and master supervisor Antônio Francisco Lisboa (a.k.a. Aleijadinho), and painter Manoel Costa Athaíde. These mulatto artists had been trained at the vocational "schools of the mechanical arts", so they felt free to create and produce artwork without the constraints experienced by most Portuguese whites, who were socially barred from taking up crafts - then viewed as unworthy occupations.

By royal edict, there were no religious orders in Ouro Preto, so there are no convents or monasteries in the town. All religious architecture is restricted to churches and chapels that display all the splendour, quality, and originality of this mestizo artistic culture - a magnificent architecture shown not only in form and proportions, but also in the altar pieces in gilt wood, the ceiling paintings and carved stone portals, pulpits, entablatures and friezes.

There some fine examples of this work: the Padre Faria chapel, the oldest in town (1701); the diocesan churches of Our Lady of Pillar (1710) and Our Lady of Conception (1727) designed by Antônio Dias; Carmel Church (1766), designed by Aleijadinho's father, Master Manuel Francisco Lisboa, and substantially altered by Aleijadinho after 1770, particularly with the recessing of

towers and undulation on the façade; the church of Saint Francis of Assisi (1765), designed by Aleijadinho and viewed as his masterpiece, remarkable for its free architectural order, its frontispiece and soapstone portal, and the nave ceiling painted by Master Athaíde; the Church of Saint Iphigenia (1773), commissioned by Chico Rei, a freed slave and black community leader; the church of Our Lady of the Rosary of Ouro Preto (1784), with its unique layout of two overlapping ellipses and an enclosed, covered yard, the only one of its kind in the town.

It was in the second half of the 18th century that the most important district of Ouro Preto took shape, the current Tiradentes Plaza, in which two of the most outstanding examples of the civil architecture of the time were built: at one end, the fortified Governor's Palace, now home to the School of Mines, designed by Brigadier José Fernandes Pinto Alpoim; at the other, the Chamber House and Public Jail, built at the end of the century, which is now a museum commemorating the independence movement: Museu da Inconfidência. This cluster of major civil buildings is enriched by the counting house - Casa dos Contos, built in the 1780s -, where the gold was smelted and the Crown's one-fifth levied and collected. It was in one of its rooms that Cláudio Manoel da Costa, the poet of the independence movement, was found dead. In the words of Professor Silva Telles, this is "one of the most elegant and well-finished civil constructions, with corner pillars, mouldings, and ornamental trimmings done in the most select stone." He further remarked on "the extraordinary lobby and stairway in fine stone leading to the upper floor." This mansion was also important for the expansion of the town toward a large area of greenery, the Contos Valley, which forms an integral part of the Ouro Preto landscape.

Protection

The masterminds of São Paulo modernism who started their "rediscovery of Brazil" tour, in 1924, were completely taken with Ouro Preto. One of them, Mário de Andrade, played an important role in the creation of Sphan, in 1937.

This heritage conservation body was equally informed by the ideals of its first director, Rodrigo Mello Franco de Andrade, and his association with the 18th-century culture of Minas Gerais, of which Ouro Preto was seen as the high point. Lucio Costa, who in the 1930s carried out significant studies of the town, played an equally important role in its history.

By and large, the layout of colonial Ouro Preto has been conserved intact; the most impressive renditions of religious and civil architecture have been preserved, as have the artworks that embellish them. As to private sites, their old façades have also been conserved.

As result of urban growth in recent decades, the surrounding slopes have been intensively occupied, forming a much larger urban complex, of which the old town of Ouro Preto is the historical centre.

However, despite the wear and tear of time, weather, and people, Ouro Preto, the first Brazilian site to be listed as World Cultural Heritage stands as a landmark and eloquent evidence of Brazil's policy for preserving its historical towns.

Listing Criteria

Ouro Preto is located in southeastern Minas Gerais, at the foot of Itacolomi Mountain. This matchless original heritage is home to Baroque architecture of exceptional value. It boasts outstanding artistic experience and merit as a town that bears witness to a cultural tradition and to human creative genius. With its monumental architecture and its layout integrated in the natural landscape, Ouro Preto was the first Brazilian cultural site listed as World Heritage, in 1980, under criteria (i) and (iii).

Diamantina, tendo a Praça do Mercado em primeiro plano, a Igreja do Amparo e a Serra dos Cristais ao fundo. • Diamantina, con la Plaza del Mercado en primer plano, la Iglesia del Amparo y la Sierra de los Cristales. • *Diamantina, with the Market Place in the foreground, the Amparo Church and the Serra dos Cristais in the background.*

Centro Histórico de
Diamantina

Centro Histórico de Diamantina • *Historic Centre of Diamantina*

Minas Gerais

. . . .

MILTON NASCIMENTO

COMPOSITOR E CANTOR

Pátio de inspiração

Cada pedra do chão de Diamantina carrega muito mais do que nossos passos e pesos.

Carrega história, poesia, arte, beleza.

Participação em vários movimentos políticos, musicais, poéticos.

Ecos de vozes de serenatas, cidade-mãe de outras tidas como mais modernas.

Pátio de inspiração para o trabalho de Juscelino Kubitschek, Oscar Niemeyer, Lucio Costa,

João Gilberto e seu violão, a rapaziada do Clube da Esquina.

Todos com esperança em suas vidas.

Diamantes na vida de cada um de nós. Sentinela, Biribiri.

O mercado, inspiração para muitas obras.

E a beleza de seus habitantes.

Patio de inspiración	*Patio of inspiration*
Cada piedra del suelo de Diamantina	*The paving stones in Diamantina*
carga mucho más que nuestros pasos y pesos.	*bear much more than our feet and weight.*
Carga Historia, poesía, arte, belleza.	*They heave under History, beauty, verse, art.*
Participación en varios movimientos políticos,	*They bear witness to a wealth of political,*
musicales, poéticos.	*musical and poetical movements.*
Ecos de voces de serenatas,	*Echoes of serenading voices sound through*
ciudad madre de otras consideradas más modernas.	*this mother to other towns deemed more modern.*
Patio de inspiración para el trabajo de Juscelino Kubitschk,	*Here is a fountainhead for the work of Juscelino Kubitschek,*
Oscar Niemeyer, Lucio Costa,	*Oscar Niemeyer, Lucio Costa,*
João Gilberto y su guitarra,	*João Gilberto and his mild guitar,*
la muchachada del "Clube da Esquina".	*the lads from Clube da Esquina -*
Todos con esperanza en sus vidas.	*all exuding hope in their lives.*
Diamantes en la vida de cada uno de nosotros.	*Diamonds in the life of each one of us.*
Centinela, Biribiri.	*Sentinela, Biribiri.*
El mercado, inspiración para muchas obras.	*The market, inspiration for many a work of art.*
Y la belleza de sus habitantes.	*And the beauty of those who dwell there.*

Vista da Cidade, com casario da Praça do Mercado. • Vista de la ciudad con el caserío de la Plaza del Mercado. • *Vista of the town and houses around Market Square.*

Rua da Quitanda, com seus generosos beirais e a Biblioteca Antônio Torres, com o único muxarabi completo do Brasil, tendo ao fundo a torre da Catedral de Santo Antônio.
Calle de la Quitanda, con sus generosos aleros y la Biblioteca Antonio Torres, con el único muxarabi completo de Brasil y la Torre de la Catedral de San Antonio.
Quitanda Street with its overhanging eaves and the Antonio Torres library with the only complete latticework balcony in Brazil. In the background the tower of the Santo Antonio cathedral.

Da descoberta do diamante ao ocaso do garimpo

Estado de Minas Gerais • Estado de Minas Gerais • *Minas Gerais State*

Localização da cidade.
Localización de la ciudad.
Location of the town.

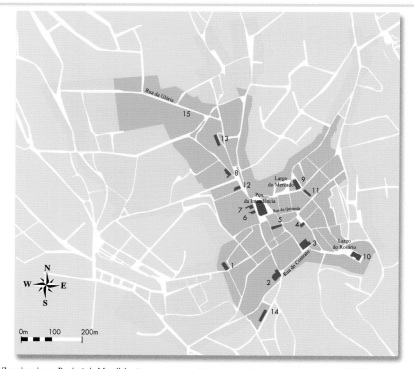

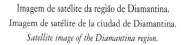

Zona inscrita no Patrimônio Mundial. • Zona inscrita en el Patrimonio Mundial. • *Area inscribed as World Heritage.*

Zona tombada pelo Iphan (Zona-tampão). • Zona protegida por el Iphan (Zona tampón) • *Area under Iphan preservation order (buffer zone).*

1 - Igreja Nossa Senhora das Mercês. • Iglesia Nuestra Señora de las Mercedes. • *Nossa Senhora das Mercês Church.*
2 - Casa de Chica da Silva. • Casa de Chica da Silva. • *Chica da Silva's House.*
3 - Igreja Nossa Senhora do Carmo. • Iglesia Nuestra Señora de Carmen. • *Nossa Senhora do Carmo Church.*
4 - Capela do Senhor do Bonfim. • Capilla del Señor del Bonfim. • *Senhor do Bonfim Church.*
5 - Biblioteca Antônio Torres. • Biblioteca Antonio Torres. • *Antônio Torres Library.*
6 - Casa do Forro Pintado. • Casa del techo pintado. • *House with Painted Ceiling.*
7 - Museu do Diamante. • Museo del Diamante. • *Diamond Museum.*
8 - Igreja de São Francisco de Assis. • Iglesia de San Francisco. • *St. Francis of Assisi Church.*
9 - Mercado Municipal. • Mercado Municipal • *Public Market.*
10 - Igreja Nossa Senhora do Rosário. • Iglesia Nuestra Señora del Rosario. • *Nossa Senhora do Rosário Church.*
11 - Capela Nossa Senhora do Amparo. • Capilla Nuestra Señora del Amparo. • *Nossa Senhora do Amparo Church.*
12 - Fórum. • Foro. • *Courthouse.*
13 - Escola Júlia Kubitschek. • Escuela Julia Kubitschek. • *Júlia Kubitschek School.*
14 - Hotel Tijuco. • Hotel Tijuco. • *Hotel Tijuco.*
15 - Passadiço da Glória. • Pasadizo de la Gloria. • *Glória College suspended passageway.*

Imagem de satélite da região de Diamantina.
Imagem de satélite de la ciudad de Diamantina.
Satellite image of the Diamantina region.

A descoberta, no início do século XVIII, de abundantes jazidas diamantíferas na inóspita região da nascente do Rio Jequitinhonha, provoca o crescimento dos arraiais de garimpo de ouro aí já existentes, explorado em base ao trabalho escravo. Em decorrência, a Coroa Portuguesa implanta, em 1731, um regime especial de administração, a Demarcação Diamantina, incluindo o Arraial do Tijuco, futura Diamantina, com sede na Vila do Príncipe, hoje Serro. Seu propósito é isolar e controlar a população que para lá acorria, atraída pelo diamante. A essa época, segundo o testemunho de viajantes europeus, já florescia ali uma sociedade relativamente sofisticada e afeita às artes. Pelo Rio Jequitinhonha lhe chegavam os produtos importados e as novas tendências da Corte e de Salvador.

Em 1771, o Marquês de Pombal reforça o controle sobre as minas, instituindo o Regimento dos Terrenos Diamantinos, mantendo o Arraial do Tijuco subordinado à Comarca do Serro, situação

Vista aérea do Centro Histórico. • Vista aérea del Centro Histórico • *Aerial view of the old town centre.*

que só se altera em 1832, com sua elevação à categoria de Vila. Seis anos depois, quando ascende à condição de cidade, passa a chamar-se Diamantina.

Mas o período de esplendor da cidade encerra-se em meados do século XIX, devido à concorrência com as recém-descobertas jazidas diamantíferas da África do Sul. Na expectativa de minorar essa situação, em 1870 é construída, num cenário bucólico, a vila operária de Biribiri que, por meio da produção têxtil, movimenta a economia local. No século XX, após uma fase de relativo desenvolvimento nas décadas de 40 e 50, a cidade volta a estagnar, acompanhando o declínio do garimpo. Nos anos 80, tem início a reversão desse quadro, marcada por atividades universitárias, trazendo um tênue movimento turístico, cujo crescimento ao longo do tempo reforçará a economia local, representando uma alternativa ao garimpo. Nessa época, instalam-se na cidade o escritório técnico do Iphan e a Biblioteca Antônio Torres, vinculada à Biblioteca Nacional, somando-se ao Instituto Eschewege, que já havia, bem antes, consolidado a tradição dos estudos da natureza e da geologia regionais, tendo sido incorporado à Universidade Federal de Minas Gerais.

Localizada num importante divisor de águas, a região alia a riqueza das formações naturais, como cascatas e grutas, à singularidade paisagística da antiga Estrada Real que, cruzando a Serra dos Cristais, conduz ao Serro, seguindo daí no rumo das cidades do ouro e destas ao litoral do Rio de

Lavagem de diamantes, "Reise in Brasilien"– Spitx und Martius.
El lavaje de los diamantes, "Reise in Brasilien"– Spitx und Martius.
Diamond Washing, "Reise in Brasilien"– Spitx und Martius.

Rua da Quitanda, palco da Vesperata. • Calle de la Quitanda, escenario de la víspera. • *Quitanda Street decorated for the Vesperata.*

Coral na Igreja de São Francisco de Assis.
Coral en la Iglesia de San Francisco de Assis.
St. Francis of Assisi Church choir.

Janeiro. Também o Vale do Rio Jequitinhonha oferece um roteiro carregado de história e dos seus povoados provém uma tradicional cerâmica artística, antropo e zoomorfa.

Motivada pela extração da riqueza mineral da região produziu-se aí uma cultura ímpar, a cultura do garimpo ou *diamantina*. Dela, disse o historiador Ayres da Matta Machado: "a felicidade é o diamante que vai e que vem caprichosamente. Na certeza desse alvo que vive fugindo, escapando, reside a chave que nos permite interpretar a psicologia da população singular dessa região mineira. Mineirar, cavar o chão, é a preocupação quase que exclusiva desde os primeiros tempos. A abundância ou a escassez do diamante marcam o fluxo e o refluxo da existência". A singularidade dessa cultura manifesta-se num conjunto de práticas sempre renovadas de transmissão da tradição, especialmente pela música, cuja refinada produção erudita Setecentista encontra seu expoente em Lobo de Mesquita, cujas composições voltam a ser apreciadas a partir das pesquisas do musicólogo Curt Lange. Pode-se dizer, então, que o fio não se rompeu, pois, Diamantina continua a transpirar música: são os seresteiros, as bandas, os corais, acompanhando as celebrações e as festas ou simplesmente percorrendo as ruas nas noites claras, relembrando "o peixe-vivo".

O sentimento musical dos diamantinenses é forte a ponto de marcar a imagem pública do seu filho dileto, Juscelino Kubitschek, governador de Minas Gerais e depois, Presidente da República, do qual partiu a decisão de construir uma nova capital para o país: Brasília.

Sobrados da Rua do Amparo, tendo ao fundo a Serra dos Cristais. • Sobrados en la calle del Amparo, con la Sierra de los Cristales al fondo. • *Houses on Amparo Street with the Serra dos Cristais outcrop in background.*

UM REENCONTRO COM O PASSADO

Poucos se referiram a Diamantina com tanta sensibilidade e apuro quanto Lucio Costa, que, além de descrevê-la de forma emocionada, retratou-a em magníficas aquarelas. Texto e imagens, testemunhos eloqüentes da cidade que conheceu ainda muito jovem, em 1922, passeando por seus lugares, encantando-se com a sua arquitetura de taipa, singela e desprovida de monumentalidade, e deixando-se envolver pelo fascínio e a calma do interior das igrejas. Seu relato lembra os dos antiquários europeus que, por meio do gênero literário "Voyages Pittoresques", reencontraram os seus passados e legaram preciosas e românticas descrições sobre as suas obras nacionais: *" Lá chegando caí em cheio no passado no seu sentido mais despojado, mais puro; um passado de verdade, que eu ignorava, um passado que era novo em folha para mim. Foi uma revelação: casas, igrejas, pousada dos tropeiros, era tudo de pau-a-pique, ou seja, fortes arcabouços em madeira – esteios, baldrames, frechais – enquadrando paredes de trama barreada, a chamada taipa de mão, ou de sebe, ao contrário de São Paulo onde a taipa de pilão imperava. Pouca vegetação em torno, dando a impressão de que a área de mata nativa, verdadeiro oásis encravado no duro chão do minério, fora toda transformada em casas, talhas, igrejas, e que nada sobrara a não ser conjuntos maciços de jabuticabeiras, bem como roseiras debruçadas sobre a coberta telhada dos portões , nas casas mais afastadas do centro urbano"*

Igreja do Senhor do Bonfim..
Iglesia del Señor de Bonfim.
Senhor do Bonfim Church.

Igreja Nossa Senhora do Rosário, com o Largo conhecido como Cavalgada Velha. • Iglesia N. Sra. del Rosario, con la Plaza de la "Cavalgada Velha".
Nossa Senhora do Rosário Church with broad west end known as the Old Cavalcade Square.

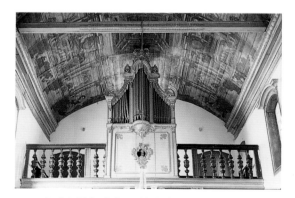

Igreja de N. Sra. do Carmo (1765): vista do coro com o órgão.
Aí foi organista Lobo de Mesquita, emérito compositor sacro do século XVIII.
Iglesia N. Sra. del Carmen (1765): vista del coro con el órgano.
Ahí fue organista Lobo de Mesquita, compositor emérito sacro del siglo XVIII.
Nossa Senhora do Carmo church (1765) with choir and organ loft where Lobo de Mesquita,
eminent 18th-century composer, was the organist.

Da época do encantamento de Lucio Costa para cá, o Centro Histórico de Diamantina pouco mudou, exceção feita à Matriz, de 1938. Mantém-se bastante íntegro enquanto exemplar da cultura urbana luso-brasileira, cuja singularidade, no caso, se deve, em boa parte, às excepcionais e nem sempre favoráveis condições do meio. Seu sítio íngreme e a constante presença da portentosa escarpa da Serra dos Cristais revelam um singular contraste entre a potência da natureza agreste e a delicadeza do casario que se derrama ladeira abaixo em direção ao Rio Grande, no sopé da falésia.

Seu traçado, com ruas tortuosas amoldando-se às pendentes, cria pequenas praças e largos, acentuando a riqueza, a variedade e a espontaneidade de uma compacta trama urbana, cuja forma próxima à quadrada deve-se à localização, em cada um dos seus vértices, dos quatro principais arraiais que lhe deram origem. Diamantina difere, portanto, do traçado linear de outros núcleos mineiros.

Nessa trama, destacava-se o espaço cívico da cidade: a Praça da Intendência, lugar da antiga Sé, substituída na década de 30 pela atual Catedral, obra de grandes dimensões, neobarroca e que para ela virou as costas, alternando a feição original daquele largo.

Na arquitetura predomina a simplicidade, tanto no casario quanto nos prédios administrativos ou religiosos. São construções onde prevalecem o uso da estrutura em madeira e a técnica do pau–a–pique, mesmo naquelas onde se manifesta uma linguagem arquitetônica mais erudita,

Casa de Chica da Silva, da segunda metade do século XVIII, com avarandado treliçado. • Casa de Chica da Silva, de la segunda mitad del siglo XVIII, con barandal entretejido.
Chica da Silva's house (late 18th century) with latticework lateral veranda.

como no caso do sobrado do Arcebispado, fronteiro à Igreja de Nossa Senhora do Carmo.

Um traço distintivo dessas construções é a utilização de duas ou mais cores vivas nas aberturas contrastando com o branco das paredes, tratamento que se repete nas igrejas, nos sobrados e nas casas de porta e janela. Este casario, sem recuo frontal, define os quarteirões, as vias e os espaços públicos, em sua maioria de dimensões relativamente exíguas.

Outra singularidade de Diamantina é a localização das suas igrejas. Essas, ao contrário de outros centros históricos, integram-se ao casario, sem maior destaque na malha urbana, a não ser pelos seus pequenos adros. E entre os principais exemplares, sobressaem: a Igreja de Nossa Senhora do Carmo, com retábulos atribuídos a Francisco Antonio Lisboa e o forro com perspectiva ilusionista, de autoria de José Soares de Araújo, reconhecido artista diamantinense do período colonial; e as igrejas das Mercês, do Amparo, do Senhor do Bonfim, de São Francisco e do Rosário, essa última abrindo para o Largo da Cavalhada Velha, à entrada antiga da cidade.

Igreja Nossa Senhora do Carmo, com sua torrre recuada, única na cidade.
Iglesia N. Sra. del Carmen, con su torre posterior, única en la ciudad.
Nossa Senhora do Carmo Church with its tower at the rear,
the only one of its kind in Diamantina.

Entre os exemplares da arquitetura civil destacam-se: a Santa Casa de Caridade, do final do século XVIII; a casa do antigo Colégio da Glória, com seu raríssimo passadiço elevado, em madeira, ligando-a ao sobrado em frente; a Casa de Câmara e Cadeia, atual Fórum; a Casa da Intendência dos Diamantes, hoje Câmara Municipal e o Museu do Diamante, administrado pelo

Praça de Cavalhada Nova, Largo do Antigo Mercado, construído em 1815 como rancho para tropeiros. • Plaza de Cavalhada Nova, Plaza del Antiguo Mercado, construído en 1815, con el rancho para troperos.
Old Market Yard built in 1815 as a ranch for muleteers, called New Cavalcade Square.

Pinhas em *cristal bacarat*, ornamento característico das sacadas dos sobrados.
Piñas en *cristal bacarat*, ornamento característico de los balcones de los sobrados.
Cones in bacarat crystal, a characteristic ornament on second-storey balconies.

Iphan, com amplo quintal, instalado na casa que pertenceu ao inconfidente Padre Rolim.

Chama a atenção a utilização de elementos evocativos da arquitetura luso-árabe, como as folhas de janelas treliçadas e o muxarabi, do qual o último exemplar completo de sacada no Brasil encontra-se na casa que abriga a Biblioteca Antônio Torres.

Um importante marco urbano é o antigo Mercado Público, edificado em madeira, com arcos abatidos em cores vivas, situado num largo (da Cavalhada Nova) onde se reuniam as tropas de mulas de carga que chegavam de longe, lembrando o sistema de *caravançarás* das cidades orientais. Construído por um comerciante local para ser rancho de tropeiros, durante muito tempo foi merca-do e hoje abriga um espaço cultural e a feira de artesanato.

Entre os prédios residenciais desponta o sobrado de Chica da Silva, da segunda metade do século XVIII, pela sua localização e volumetria, mas, especialmente, pelo fechamento treliçado do seu avarandado lateral e amplo quintal subindo a encosta.

Marcantes na fisionomia da cidade são também as ruas, sempre tão vivas e densas de história, com o calçamento em pedra irregular e as tradicionais *capistranas*, calhas centrais com lajes maiores, para facilitar o escoamento das águas e a caminhada dos transeuntes.

São raros em Diamantina os exemplares do ecletismo, neoclassicismo ou neocolonial. Já o modernismo foi introduzido na cidade nos anos 50, por iniciativa de Juscelino Kubitschek, com a construção de três importantes edifícios projetados pelo arquiteto Oscar Niemeyer: o Hotel Tijuco, o Clube de Tênis e a Escola Júlia Kubitschek, cuja influência estilística se faz sentir ainda hoje.

Vista geral da Vila Operária de Biribiri, distante 16 quilômetros de Diamantina, construída em 1870, abrigando indústria têxtil. • Vista general de la Villa Obrera de Biribiri, distante 16 quilometros de Diamantina, construida en 1870, abrigando industria textil. • *Panoramic view of the Biribiri worker's village 16 kilometers from Diamantina, built in 1870 for the textiles factory.*

PROTEÇÃO

Diamantina , cujo tombamento é de 1938, está entre os primeiros núcleos históricos protegidos no país. O relativo isolamento da região, somado ao controle exercido ao longo dos anos pelo Iphan, mantiveram a sua fisionomia tradicional. Recentemente, a cidade foi dotada de um Plano Diretor e de um Conselho de Preservação do Centro Histórico, definindo-se uma poligonal de inscrição no Patrimônio Mundial, com 27.5 ha e uma área-tampão de controle da paisagem, coincidente com a área tombada pelo Iphan. Este realiza o Inventário de Bens Imóveis da área protegida, registrando a tradição construtiva das edificações, a forma de ocupação dos lotes e o estado de conservação dos imóveis. Foi protegida ainda a Vila de Biribiri, como Bem Natural, pela sua excepcional implantação na paisagem.

JUSTIFICATIVA DE INSCRIÇÃO

Situada no nordeste do Estado de Minas Gerais, Diamantina é um precioso testemunho da conquista do interior do país, demonstrando como no século XVIII os desbravadores do território brasileiro, os aventureiros do diamante e os representantes da Coroa, souberam adaptar os modelos europeus a uma realidade americana, criando uma cultura original. O conjunto urbano e arquitetônico de Diamantina, tão perfeitamente integrado à paisagem severa e grandiosa, é um belo exemplo da mescla de aventureirismo e refinamento, tão peculiar à sua cultura. Foi inscrita na Lista do Patrimônio Mundial, como Bem Cultural, em 4 de dezembro de 1999, sob os critérios (ii) e (iv).

Igreja de São Francisco de Assis.
Iglesia de San Francisco de Assis.
St. Francis Church.

Interior de antigo Pouso dos Tropeiros, depois Mercado Público, com mercadorias ali armazenadas. · Interior de la Antigua Posada de los Troperos, después el Mercado Público, con mercaderías almacenadas.
Inside the old Muleteers Ranch, later the Public Market with goods stored.

Detalhe do mesmo edifício,
restaurado em 1995.

Detalle del mismo edificio,
restaurado en 1995.

*Partial view of the same building,
restored in 1995.*

Passadiço unindo as duas edificações do Colégio da Glória, século XIX. • Pasadizo uniendo las dos edificaciones del Colegio de la Gloria, siglo XIX.
Suspended passageway joining two parts of the Glória College (19th century), now the UFMG Eschewege Geological Centre.

Passadiço da Glória,
aquarela de Lucio Costa, de 1922.

Pasadizo de la Gloria
acuarela de Lucio Costa, de 1922.

Glória College suspended passageway,
watercolour by Lúcio Costa (1922).

Del descubrimento del diamante al ocaso de las minas

El descubrimiento, a principios del siglo XVIII, de abundantes yacimientos diamantíferos en la inhóspita región de la naciente del Río Jequitinhonha, provoca el crecimiento de *los arraiais de garimpo* (pueblos de minería) de oro que ya existían allí. En consecuencia, la Corona Portuguesa implanta, en 1731, un régimen especial de administración, la Demarcación Diamantina, incluyendo el Arraial do Tijuco, futura Diamantina, con sede en la Vila do Príncipe, actualmente Serro. Su propósito era aislar y controlar a la población que llegaba atraída por el diamante. En esa época, según el testimonio de viajeros europeos, ya florecía allí una sociedad relativamente sofisticada y aficionada a las artes. Por el Río Jequitinhonha le llegaban los productos importados y las nuevas tendencias de la Corte y de Salvador.

En 1771, el Marqués de Pombal refuerza el control instituyendo el Regimento dos Terrenos Diamantinos, manteniendo el Arraial do Tijuco subordinado a la Comarca de Serro, situación que sólo se modifica en 1832, con su elevación a la categoría de Villa. Seis años después, cuando asciende a la condición de ciudad, pasa a llamarse Diamantina.

Pero la fase de esplendor de la ciudad termina a mediados del Siglo XIX, cuando se descubren los yacimientos diamantíferos de Sudáfrica. En la expectativa de mejorar esta situación se construye, en un escenario bucólico, la villa industrial de Biribiri que, por medio de la producción textil, impulsa la economía local. En el siglo XX, después de un relativo desarrollo (años 40-50), se acentúa la declinación de la actividad minera. Pero en los 80 empieza la reversión de ese panorama, señalada por los Festivales de Invierno, trayendo un tenue movimiento turístico, como nueva opción para ocupar el lugar de la minería. Es de esa época la instalación del Iphan y la Biblioteca Antônio Torres, vinculada a la Biblioteca Nacional. Pero la presencia del Instituto Eschwege ya había consolidado, mucho antes, la tradición de los estudios de la naturaleza y de la geología regionales. Localizada en un importante divisor de aguas, la región une la riqueza de las formaciones naturales, a la singularidad paisajística del antiguo Camino Real que, cruzando la Sierra de los Cristales, conduce a Serro, siguiendo de allí hacia las ciudades del oro. También el Valle del Río Jequitinhonha ofrece un itinerario cargado de historia, y en sus poblaciones se produce una cerámica tradicional, reconocida por su alta calidad artística.

Se puede afirmar que, motivada por la extracción de la riqueza mineral de la región, se produjo una cultura sin igual, la cultura de la minería o cultura *diamantina*. Sobre ella, el historiador Ayres da Matta Machado dijo: *La felicidad es el diamante que va y que viene caprichosamente. En la seguridad de ese blanco, que vive huyendo, escapando, reside la llave que nos permite interpretar la psicología de la población singular de esa región minera . Minerar, cavar el suelo, es la preocupación casi exclusiva desde los primeros tiempos. La abundancia o la escasez del diamante marcan el flujo y el reflujo de la existencia.* La singularidad de esa cultura se manifiesta en un conjunto de prácticas siempre renovadas de transmisión de la tradición, especialmente de la música, cuya refinada producción erudita de los setecientos encuentra su exponente en Lobo de Mesquita, cuyas composiciones vuelven a ser apreciadas por obra de las investigaciones del musicólogo Curt Lange. Se puede decir, entonces, que el hilo no se partió, pues Diamantina continúa a transpirar música: son los músicos y cantantes de serenatas, las bandas, los coros, acompañando las celebraciones y las fiestas o simplemente recorriendo las calles en las noches claras, recordando o *peixe-vivo* (el pez vivo – la pieza favorita de Juscelino Kubitschek). El sentimiento musical de los diamantinenses es tan fuerte que llega hasta a dejar su marca en la imagen pública de su hijo dilecto, Juscelino Kubitschek, Gobernador de Minas Gerais y, posteriormente, Presidente de la República, de quien partió la decisión de construir Brasilia.

Un reencuentro con el pasado

Pocos se han referido a Diamantina con tanta sensibilidad y perfección como Lucio Costa, que, además de describirla de forma emocionada, la retrató en magníficas acuarelas. Texto e imágenes, testimonios elocuentes de la ciudad que conoció muy joven aún, en 1922, paseando por sus lugares, encantándose con su arquitectura de barro y madera, sencilla y desprovista de monumentalidad, y dejándose envolver por la fascinación y la calma del interior de las iglesias. Su relato hace recordar aquellos de los dos anticuarios europeos que, a través del género literario *Voyages Pitoresques*, reencontraron sus pasados y legaron preciosas y románticas descripciones sobre sus obras nacionales. *Llegando allá, caí totalmente en el pasado en su sentido más sobrio, más puro; un pasado de verdad, que yo ignoraba, un pasado que era absolutamente nuevo para mí. Fue una revelación : casa, iglesias, posada de los arrieros , era todo de madera entrelazada y barro, o sea, fuertes armazones de madera – pilotes, cimientos y vigas – encuadrando paredes con trabazón de barro, la llamada "taipa de mão" o "de sebe", al contrario de São Paulo, donde imperaba la "taipa de pilão" (mortero).Poca vegetación alrededor, dando la impresión de que el área de vegetación nativa, verdadero oasis clavado en el duro suelo de mineral, se había transformado totalmente en casas, tallados, iglesias, y que no había sobrado nada, a no ser conjuntos macizos de "jabuticabeiras" (árbol frutal de la región), así como rosales volcados sobre las tejas que cubren los pórticos, en las casas más distantes del centro urbano.* Desde la época en que Lucio Costa se encantó con el lugar hasta ahora, el centro histórico de Diamantina ha cambiado poco, exceptuándose la iglesia parroquial, de 1938. Su singularidad, se debe, en gran parte, a las excepcionales y no siempre favorables condiciones del medio. Su ubicación empinada y la constante presencia de la portentosa escarpa de la Sierra de los Cristales revelan un singular contraste entre la potencia de la naturaleza agreste y la delicadeza de las hileras de casas que se derraman ladera abajo en dirección al Río Grande, en la base del talud. Su planta, con calles tortuosas amoldándose a las pendientes, crea pequeñas plazas y plazuelas, acentuando la riqueza, la variedad y la espontaneidad de un compacto tejido urbano, cuya forma, próxima a la cuadrada, se debe a la localización en cada uno de sus vértices de los cuatro *arraiais* principales que le dieron origen. Diamantina se diferencia, por lo tanto, de la planta lineal de otros núcleos mineros. En esta trama, se destacaba el espacio cívico de la ciudad : la Plaza de la Intendencia, lugar de la antigua Iglesia Episcopal, substituida en la década de los 30 por la actual Iglesia Parroquial, obra neobarroca de grandes dimensiones, en posición opuesta a la anterior.

En la arquitectura predomina la simplicidad, tanto en las casas, como en los edificios administrativos o religiosos. Son construcciones donde prevalece el uso de la estructura de madera y la técnica del barro reforzado con madera, aún en aquellas donde se manifiesta un lenguaje arquitectónico más erudito, como en la casa de dos pisos del Arzobispado.

Una característica local es la utilización de dos o más colores vivos en las aberturas contrastando con las blancas paredes, una particularidad que se repite en las iglesias, en los caserones y en las casitas de puerta y ventana. Estas filas de casas, sin rezago frontal, definen las manzanas, las vías y los espacios públicos, en su mayoría con dimensiones relativamente pequeñas.

Las iglesias de Diamantina, al contrario de otros centros históricos, se integran a las hileras de casas, sin un realce mayor, a no ser por sus pequeños atrios. Entre estas sobresalen: N. S. do Carmo, con el forro, con una perspectiva ilusionista, obra de José Soares de Araújo, reconocido artista diamantinense del período colonial y las iglesias das Mercês, do Amparo e do Rosário, esta última con un amplio atrio, único en la ciudad. Entre los ejemplares de la arquitectura civil se destacan: la Santa Casa de Caridad; la casa del antiguo Colegio de la Gloria, con su rarísimo pasadizo elevado, en madera, conectándolo al caserón del otro lado de la calle ; la Casa da Câmara e Cadeia; la Casa de la Intendencia de los Diamantes y el Museo del Diamante, instalado en la casa que perteneció al Inconfidente Padre Rolim. Llama la atención la utilización de elementos evocativos de la arquitectura lusoárabe, como las hojas de las ventanas con celosías y los balcones mozárabes con rejilla de madera, de los cuales el último ejemplar se encuentra en la casa que abriga la biblioteca Antônio Torres.El antiguo Mercado Público, edificado en madera, con sus arcos rebajados en vivos colores, con su plaza, era donde se reunían las caravanas de mulas de carga que llegaban de lejos, haciendo recordar el sistema de *caravanzaras* de las ciudades orientales. Construido por un comerciante como campamento de arrieros, durante mucho tiempo fue mercado y hoy es espacio cultural. Entre las construcciones residenciales, resalta el caserón de Chica da Silva, por su ubicación y volumetría, pero especialmente por la celosía que cubre su gran balcón lateral.

La fisonomía de la ciudad es marcada por las calles, con su pavimentación de piedra irregular y sus tradicionales *capistranas*, o sea, canalones en el centro de las calles, con losas más grandes. Son raros en Diamantina los ejemplares del eclecticismo, del neoclasicismo o del neocolonial. Ya el modernismo fue introducido en la ciudad en los años 50, por Juscelino Kubitschek, a través de tres importantes edificios del arquitecto Oscar Niemeyer – el Hotel Tijuco, el Club de Tenis y la Escuela Júlia Kubitschek – cuya influencia estilística se puede sentir hasta la hoy.

Protección

Diamantina es del primer grupo de núcleos históricos con protección oficial federal. El relativo aislamiento de la región, sumado al controle ejercido por el Iphan, tuvo como resultado el mantenimiento de su fisonomía tradicional. Recientemente se implantó un Plan Director y un Consejo de Preservación del Centro Histórico, con lo que se definió una franja de protección para el control del paisaje, coincidente con el área protegida por el Iphan. Éste lleva a cabo el Inventario de Bienes Inmuebles, registrando la tradición constructiva, la ocupación de los lotes y el estado de conservación de los inmuebles.

Justificativo de la Inscripción

Situada en el nordeste del Estado de Minas Gerais, Diamantina es testimonio de la conquista del interior del país, demostrando cómo, en el siglo XVIII, los exploradores del territorio, los aventureros del diamante y la Corona, adaptaran los modelos europeos a una realidad americana, creando una cultura original. El conjunto urbano y arquitectónico de Diamantina, tan perfectamente integrado al paisaje severo y grandioso, es un bello ejemplo de la mezcla de espíritu aventurero y refinamiento, tan peculiar a su cultura. Fue inscrita en la Lista del Patrimonio de la Humanidad el 4 de diciembre de 1999, bajo los criterios (ii) y (iv).

Motivado por la campaña de Diamantina para incluirla en la relación del Patrimonio de la Humanidad, el país ha demostrado un especial interés por su cultura, resultando de ello una creciente afluencia turística hacia el Río Grande y el Morro do Cruzeiro.

From the discovery of diamonds to the decline of mining

At the beginning of the eighteenth century, the discovery of abundant diamond deposits in the inhospitable area of the Jequitinhonha River headwaters led to the flourishing of the existing gold mining camps. Consequently, in 1731, the Portuguese Crown set up a special administrative body named Diamantina Demarcation, with headquarters at Villa do Principe (now Serro), to rule the Diamond Territory, including the Tijuco Camp, the future town of Diamantina. Its purpose was to isolate and control the throngs of newcomers that flocked to the region in search of diamonds. At that time, according to reports by European travellers, there already flourished a relatively sophisticated society with a penchant for the arts. Imported goods and the latest trends and fashions from the Court and from Salvador were brought to the region up the Jequitinhonha River.

In 1771, the Marquis of Pombal tightened Portuguese control by drafting the Regulation of the Diamond Lands, maintaining the Tijuco Camp subordinated to the District of Serro, a situation that remained unchanged until 1832, when the camp was raised to the status of "Vila"(settlement). Six years later, Tijuco became a town and was renamed Diamantina.

But the town's splendorous boom ended in the mid 19th century when diamond deposits were discovered in South Africa and the precious stone lost its original value. In an attempt to remedy this decline by having textile production power the local economy, the industrial settlement of Biribiri was built on the bucolic landscape. After a phase of relative development in the 1840s and 1850s, diamond mining fell into sharp decline. In the present century, however, the Winter Festivals organised by the Minas Gerais Federal University as of the 1980s have revigorated the town's economy with the gradual growth of tourism as an alternative to mining. This period also saw the establishment of the city's Iphan office and a library (Biblioteca Antônio Torres) linked to the National Library. Long before this, the presence of Instituto Eschwege had consolidated the local tradition of environmental studies and regional geology. Located on an important watershed, the area has both the richness of natural formations, such as falls and caves, and the unique landscape of the old royal road that crosses the mountain range known as Serra dos Cristais to Serro, then to the gold mining cities. The Jequitinhonha River Valley is another route full of history with settlements where traditional pottery, famed for its high artistic quality, is produced.

Perhaps it is the tradition of extracting mineral wealth in the area that has given rise to a matchless culture, a diamond mining or diamantina culture. Historian Ayres de Matta Machado noted: "Happiness here is the capricious and fleeting appearance of a diamond. It is in the certainty of attaining this constantly fleeing and escaping objective that we find the key to interpreting the psychology of the singular population of this mining region. Mining, i.e., digging the earth has been almost exclusively their mainstay since early occupation. The abundance or shortage of diamonds marks the ebb and flow of existence." The singularity of this culture is manifest in the transmission of a set of customs and traditions, especially music. The best of the town's 17th-century classical music is represented by the work of Lobo de Mesquita, whose compositions the late 20th century research by musicologist Curt Lange has helped appreciate. So the thread of continuity has not been broken, since Diamantina continues to produce music: there are serenades, bands, and choral groups accompanying celebrations and festivals, or simply roaming the streets on clear, starry nights. The musical tradition of the people of Diamantina is so strong that it affected the public image of its beloved offspring, Juscelino Kubitschek, governor of Minas Gerais and later president of Brazil, who took the initiative to build Brasilia.

The Past Revisited

Few have described Diamantina with as much sensibility and refinement as architect and urban planner Lucio Costa, who also portrayed the city in magnificent watercolours. Text and images, eloquent testimonies of the town that he discovered while still very young, in 1922, strolling around, marvelling at the wattle-and-daub architecture, simple and lacking in monumental pretension, and falling for the serenity and beauty of local church interiors. His account resembles those of European antique dealers who, in their literary genre of Picturesque Travels, rendered rediscoveries of their past and left behind precious and romantic descriptions of countries and artworks.

"On arriving there, I plunged into the past in its most simple and pure sense; a real past, one that I knew nothing of, a past that was brand new for me. It was a revelation: houses, churches, muleteer lodges, all in wattle-and-daub - wood posts, beams, roof-beams frames packed with hand-thrown animal dung mixed with gravel, twigs and mud -, unlike São Paulo where wattle-and-daub plaster prevailed.

The thin surrounding vegetation gave the impression that the native forest, a true oasis nestled in the rugged terrain of the mining areas, has all been cut down for houses, churches, leaving nothing except massive clumps of jabuticaba trees, as well as rosebushes on the tile-roofed porches of houses further away from the town centre.

Since the time of Lucio Costa and his rapturous response to its charm, the historic town centre of Diamantina has changed very little, except for the diocesan church built in 1938. The town is quite well conserved as an example of Portuguese-Brazilian urban culture, whose singularity, in this case, is in large measure due to the exceptional - and not always favourable - environmental conditions. Its steep site and the constant presence of the marvelous escarpment of Serra das Cristais reveal a singular contrast between the force of nature and the gracefulness of the terraced houses that tumble down the slope below toward the Grande River, at the foot of the cliff dropping some 250 meters.

The town layout of tortuous streets hugging the slopes creates small squares and rectangular plazas, thus enhancing the richness, variety, and spontaneity of such a compact urban fabric, whose format is almost square due to the location, at each vertex, of the four main camps from which the town originated. Diamantina differs, therefore, from the linear layout of other urban centres in Minas Gerais. Prominent in the layout is the main public space: the Intendência Square, formerly the site of the town church replaced in the 1930s with the current diocesan church - a work of great dimensions, neo-Baroque in style, built in inverse position to the previous church.

Simplicity prevails in both the religious and civil architecture of the terraced houses and administration buildings. Wood-based structure prevails and the wattle-and-daub technique is used even where a more classical architectural language is used, as in the remains of the Archbishop's residence.

A distinctive feature of these buildings is the use of two or more bright colors on the door and window frames, contrasting with the white walls. This treatment is also given to churches, two-storey buildings, and door-and-window terraced houses. This housing type, with no front or side recess, forms the blocks, roads and public squares of Diamantina, usually of relatively modest dimensions.

Another singularity of Diamantina is the location of its churches.Unlike other historical towns, they are brought into the housing district, without any particularly prominent position in the town fabric, except for their small yards. Among the principal churches are Our Lady of Carmel, with retables by Aleijadinho and a trompe-l'oeil perspective on the ceiling by José Soares de Araújo, a renowned local artist of the colonial period; and the churches of Mercy,

Comforter of the Afflicted, and Rosary, this latter boasting the town's only wide churchyard.

Highpoints of the civic architecture are: the charity hospital (Santa Casa de Caridade), from the late 18th century; the old school building (Colégio da Glória), with its rare wooden suspended walkway, connecting it to the two-storey house in front; the Municipal Chamber and Public Jail (Casa da Câmara e Cadeia), now the Courthouse; the former Governor's House (Casa da Intendência dos Diamantes), now the Municipal Chamber; and the Diamond Museum (Museu do Diamante) installed in a house that once belonged to Padre Rolim, a member of the 17th-century movement for the independence of Brazil.

One's attention is drawn to the use of elements evoking Portuguese-Arab architecture, such as the trellised windows and balconies. The ultimate example of the latter is found in the building that now houses the Antônio Torres library. One of the town's landmarks is the old Public Market, built in wood, with bright-coloured arches, with its plaza that received mule trains from long journeys, recalling the caravanserai facilities in oriental cities. Built by a local merchant to accommodate muleteers, it was for a long time a market, but now houses a cultural centre.

The house of Chica da Silva, from the second half of the eighteenth century is outstanding among the residential buildings - for its location and dimensions too, but particularly for the trellised closure of its lateral porch.

The town's physiognomy is also marked by its streets so constantly alive and steeped in history, paved in the irregular and traditional stone capistranas, central gutters paved with larger stones.

There are few examples of eclecticism, neoclassicism or neo-colonial architecture in Diamantina. Modernism was introduced in the 1950s, at the initiative of Juscelino Kubitschek, by three important buildings by Oscar Niemeyer and his influential style: Hotel Tijuco, the Tennis Club, and the Júlia Kubitschek School.

Protection

Diamantina belonged to the first cohort of protected historical sites in Brazil - it was granted heritage status by the federal authorities in 1938. The relative isolation of the area added to the protection exercised over the years by Iphan and resulted in the maintenance of its traditional features. Recently the town introduced a master plan and a Council for Preservation of the Historic Centre. A buffer zone was determined to protect the landscape, coinciding with the area listed for protection by Iphan. The latter is currently engaged in drawing up an inventory of properties in the protected area, recording construction details of buildings, form of occupation, and the state of conservation of these sites.

Listing Criteria

Located in the northeast of the state of Minas Gerais, Diamantina is precious witness to the conquest of the Brazilian countryside, showing how - in the 18th century - the pioneer explorers of Brazil, the diamond-seeking adventurers, and representatives of the Portuguese Crown adapted European models to the American situation and created an original culture. The layout design and architectural wealth of Diamantina, so perfectly integrated into the stark yet grandiose landscape, is a beautiful example of the mixture of adventurism and refinement that is so peculiar to its culture.

Diamantina was inscribed on the World Heritage List on 4 December 1999, under criteria (ii) and (iv).

Diamantina's campaign for inscription in the World Heritage List resulted in drawing the awareness and interest of Brazilians to the local culture, which today attracts a growing flow of tourists to the Grande River and the Morro do Cruzeiro region.

Adro e Igreja do Santuário de Bom Jesus do Matosinhos com os profetas de Aleijadinho.
Atrio e Iglesia del Santuario del Buen Jesús de Matosinhos con los Profetas de Aleijadinho.
Forecourt and Church at the Bom Jesus de Matosinhos Sanctuary with the prophets sculpted by Aleijadinho.

Santuário do
Bom Jesus de Matosinhos

Santuario del Buen Jesús de Matosinhos • *Bom Jesus de Matosinhos Sanctuary*

Minas Gerais

. . . .

MYRIAM RIBEIRO

HISTORIADORA DA ARTE

Passos e profetas

O plano de fundo do grandioso cenário a céu aberto são as montanhas de Minas banhadas de luz tropical. Os planos próximos descortinam um gramado verde com silhuetas esparsas de hibiscos e ipês amarelos, a série alternada de capelas brancas interligadas por um caminho sinuoso e, no eixo da perspectiva ascendente, a elegante frontaria da igreja Setecentista, precedida pelo Adro dos Profetas e enquadrada por um renque de palmeiras imperiais.

O drama religioso encenado neste magnífico palco natural é o da própria Redenção do Homem, pedra angular do dogma cristão, cujo tema central, a crucificação do Cristo Salvador, ocupa o lugar de honra no altar-mor da Igreja, na invocação luso-brasileira do Bom Jesus de Matosinhos. As demais cenas desenvolvem-se nas escadarias do Adro e interior das capelas, cuja expressiva denominação de Passos, além da alusão aos marcos originais da Via Sacra de Jerusalém, tradicionalmente medidos em passos, sugere também o convite à participação ativa do espectador no espetáculo total, movimentando-se no amplo cenário e detendo-se nos pontos previstos no roteiro.

O primeiro ato é protagonizado por doze estátuas monumentais de profetas do Antigo

Testamento, suntuosamente vestidos "à moda turca", oriental, lançando seus vaticínios do alto dos suportes inseridos nos muros de arrimo e nas escadarias do Adro. Para maior segurança, cada um deles traz seu texto, fixado na pedra para a eternidade, já que é impermanente a memória dos homens.

Os episódios seguintes são encenados por um vasto elenco de atores, compondo verdadeiros "quadros vivos" de sete episódios diversos da Paixão a partir de relatos dos Evangelhos, conforme citações inscritas nas cartelas, acima da porta de cada Passo. O personagem principal de todas as cenas é sempre a figura do Cristo, ponto de partida e convergência da movimentação dos demais atores. Entre esses, os apóstolos, com fisionomias suaves e espiritualizadas, são intencionalmente contrastados com as figuras caricaturais de soldados romanos, segundo uma antiga tradição da iconografia cristã, datando da época medieval.

Essa grandiosa cenografia barroca descende em linha direta dos famosos Sacromontes europeus, teatros simbólicos tradicionalmente encenados em "montanhas sagradas", como a de Varallo no Piemonte, para que os cristãos impossibilitados de viajar à Terra Santa pudessem realizar "peregrinações de substituição". Seu inspirado autor, o genial Aleijadinho, nela acumula as funções de diretor de cena, criador e executor dos atores-esculturas, secundado nessa última tarefa pelos costumeiros oficiais de seu ateliê.

A platéia somos nós, espectadores privilegiados, que visitamos essa Jerusalém Celeste na dupla condição de peregrinos, tocados pela pungente mensagem de representações realistas do sofrimento de um Deus feito Homem, tema recorrente de nossa cultura religiosa, e de viajantes estetas, extasiados com a beleza das estátuas de Aleijadinho e com a força expressiva dos conjuntos escultóricos. Esses severos profetas e as sublimes representações do Cristo da Paixão nos acompanharão por toda a vida.

Primeira Capela com o Passo da Última Ceia, esculpida em uma única peça por Aleijadinho. • Primera Capilla con el Paso de la Última Cena, esculpida en pieza única por Aleijadinho.
First Chapel with the Last Supper Station, sculpted from a single block by Aleijadinho.

MYRIAM RIBEIRO

Historiadora del Arte • *Art History*

Pasos y profetas

El plano de fondo del grandioso escenario a cielo abierto son las montañas de Minas bañadas de luz tropical. Los planos próximos descubren un gramado verde con siluetas dispersas de malvaviscos e ipés amarillos, la serie alternada de capillas blancas interconectadas por un camino sinuoso y, en el eje de la perspectiva ascendente, el elegante frontis de la iglesia setecentista, precedido por el atrio de los Profetas y encuadrado por una hilera de palmeras imperiales.

El drama religioso representado en este magnífico escenario natural es el de la propia Redención del Hombre, piedra angular del dogma cristiano, cuyo tema central, la crucifixión de Cristo Salvador, ocupa el lugar de honor en el altar mayor de la iglesia, en la invocación luso-brasileña del Buen Jesús de Matosinhos. Las demás escenas se desarrollan en las escaleras del atrio e interior de las capillas, cuya expresiva denominación de Pasos, además de la alusión a los marcos originales de la Vía Sacra de Jerusalén, tradicionalmente medidos en pasos, sugiere también el convite a la participación activa del espectador en el espectáculo total, moviéndose en el amplio escenario y deteniéndose en los puntos previstos en el texto.

El primer acto es protagonizado por doce estatuas monumentales de Profetas del Antiguo Testamento, suntuosamente vestidos "a la moda turca" oriental, lanzando sus vaticinios de lo alto de los soportes insertados en los muros de arrimo y escaleras del atrio. Para mayor seguridad cada uno de ellos trae su texto, fijo en la piedra para la eternidad, ya que es inestable la memoria de los hombres.

Los episodios siguientes son representados por un vasto elenco de actores, componiendo verdaderos "cuadros vivos"de siete episodios diferentes de la Pasión a partir de relatos de los Evangelios, conforme citaciones inscritas en los carteles arriba de la puerta de cada Paso. El personaje principal de todas las escenas es siempre la figura de Cristo, punto de partida y convergencia del movimiento de los demás actores. Entre éstos, los apóstoles, con fisonomías suaves y espiritualizadas, están intencionalmente contrastados con figuras caricaturescas de soldados romanos, según una antigua tradición de la iconografía cristiana, datando de la época medieval.

Esta grandiosa escenografía barroca desciende en línea directa de los famosos Sacramentales europeos, teatro simbólico, tradicionalmente representado en "montañas sagradas " como la de Varallo en el Piemonte, para que los cristianos imposibilitados de viajar a la Tierra Santa pudiesen realizar "peregrinaciones de sustitución". Su inspirado autor, el genial Aleijadinho, reúne en ella las funciones de director de escena, creador y ejecutor de los actores-esculturas, secundado en esta última tarea por los habituales oficiales de su taller.

La platea somos nosotros, espectadores privilegiados, que visitamos esta Jerusalén Celeste en la doble condición de peregrinos, tocados por el doloroso mensaje de representaciones realistas del sufrimiento de un Dios hecho Hombre, tema recurrente de nuestra cultura religiosa y de viajeros estetas, extasiados con la belleza de las estatuas del Aleijadinho y con la fuerza expresiva de los conjuntos escultóricos. Estos severos profetas y las sublimes representaciones del Cristo de la Pasión nos acompañarán toda la vida.

Stations of the Cross and Prophets

The mountains of Minas Gerais, bathed in tropical sunlight, form the backdrop to this grandiose open-air scene. Front stage is a bright green lawn dotted with hibiscus bushes and yellow trumpet trees, and the alternating series of white chapels linked by a sinuous stone path. Centre stage and to the rear rises the elegant west end of a seventeenth-century baroque church, in whose forecourt stand the Prophets, framed by a row of imperial palm trees.

The religious drama against this magnificent natural backdrop is the Redemption of Man, the cornerstone of Christian dogma, the central theme of which - the crucifixion of Christ the Saviour - has pride of place on the church's main altar, a Luso-Brazilian invocation of Bom Jesus de Matosinhos. The other scenes are played out on the stairs of the forecourt and inside the chapels, suggestively names the Stations. Besides the allusion to the original moments of the Via Sacra, traditionally marked as stations of the cross, this serves as an invitation to the spectator to play an active part in the overall production, moving through the spacious scenery and pausing at points envisaged in the script.

The main characters in the first act are the statues of the twelve Old Testament Prophets, sumptuously attired in Turkish-style oriental garb. From the pedestals inserted in the ornate retaining wall and the staircases to the forecourt, they cast their prophecies over the land. To ensure no line is forgotten, each prophet's speech is inscribed for eternity on a soapstone scroll - the memory of man is ephemeral.

The following scenes are played out by a huge cast of actors in veritable living tableaux depicting seven different episodes from the Passion as recounted by the Gospels and quoted on the plaques above the door to each Station. In all these scenes Christ is always the central character, the starting and vanishing point around which the other characters gravitate. The apostles' gentle, spiritual expressions contrast intentionally with the grimacing burlesque features of the Roman soldiers, following an ancient Christian iconographic tradition dating back to the Middle Ages.

This baroque scenography on the grand scale descends directly from the famous European Sacromontes, symbolic religious theatrical productions traditionally performed on "sacred mountains" such as Varallo in the Piemonte so that Christians unable to travel to the Holy Land could make "substitute pilgrimages". The inspired author, the gifted Aleijadinho, acts as director, playwright and executive producer of the statue-actors, assisted in the latter capacity by the official costume makers from his workshop.

We, privileged spectators in this Celestial Jerusalem, are his audience. We visit his theatre of stills in the dual condition of pilgrims, touched by the poignant message transmitted by realistic representations of the suffering of a God made Man (a recurrent theme in our religious culture) and aesthetic peregrines who marvel at the beauty of Aleijadinho's statuary and the expressive impact of his sculpted tableaux. These dour prophets and sublime portrayals of Christ's Passion will accompany us for the rest of our lives.

O gênio de Aleijadinho

Estado de Minas Gerais • Estado de Minas Gerais • *State of Minas Gerais*

Vista aérea do Santuário e do seu entorno, contendo o conjunto dos Passos, o Adro dos Profetas e a Igreja.
Vista aérea del Santuario, con el conjunto de los Pasos, el atrio de los Profetas y la Iglesia.
Aerial view of the Sanctuary and surrounding area, comprising the Stations, the Prophets' forecourt and the Sanctuary Church.

Imagem de satélite da cidade de Congonhas (MG).
Imagem de satélite de la ciudad de Congonhas (MG).
Satellite image of the town of Congonhas (Minas Gerais).

O Santuário do Bom Jesus de Matosinhos localiza-se no Monte Maranhão, nos limites da zona urbana da cidade de Congonhas, em Minas Gerais. A cidade, cujo desenvolvimento inicial deu-se no vale, é dominada pela imagem sempre presente da Igreja e dos Passos, em plano elevado, do qual, descortina-se a paisagem do vale e da cadeia de montanhas ao fundo.

Congonhas, a exemplo de outras cidades de Minas Gerais, surgiu a partir da descoberta de ouro na região, no século XVIII. O afluxo de aventureiros de todo tipo provocou um crescimento urbano acelerado. Dentre aqueles que vieram em busca de riquezas, estava o português Feliciano Mendes que, ao adoecer gravemente, fez a promessa de que, alcançando a cura, dedicaria sua vida à construção de um templo consagrado ao Bom Jesus de Matosinhos, reportando-se ao Santuário de Bom Jesus do Monte, em Braga, sua região de origem. Após instalar uma cruz no alto do Monte Maranhão, como parte do pagamento de sua promessa, iniciaria a coleta de fundos para a construção do santuário, doando sua fortuna.

A obra efetivou-se em várias etapas:

· 1757-1765: construção da igreja;
· 1777-1796: construção do adro e da escadaria;

Vista do conjunto arquitetônico das Capelas dos Passos, Adro e Santuário. · Vista del conjunto arquitectónico de las Capillas de los Pasos, Atrio y Santuario.
Vista of the architectural complex: Station Chapels, Forecourt and Sanctuary.

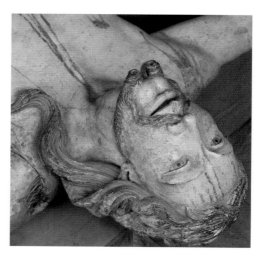

• 1796-1799: Aleijadinho executa as 66 imagens dos Passos;

• 1800-1805: Aleijadinho executa as 16 estátuas dos profetas;

• 1799-1808: construção da primeira capela;

• 1813-1818: construção das capelas 2 e 3;

• 1860-1875: construção das capelas 4, 5 e 6.

Assim, a montagem das imagens nas capelas, à exceção da primeira capela, não foi acompanhada pelo artista, falecido em 1814.

O Santuário, além de uma obra-de-arte ímpar do barroco brasileiro é, ainda hoje, um centro de peregrinação importante. A grande romaria – o Jubileu – acontece no mês de setembro, congregando uma multidão de fiéis em torno dos Passos, em reconstituição da Via-Sacra.

Assim como Bom Jesus da Lapa (BA) e Canindé (CE), Bom Jesus do Matosinhos possui uma *casa de milagres*, coletânea de ex-votos, objetos oferecidos em pagamento a uma bênção ao fim da peregrinação. Estes testemunhos são auxiliares importantes na reconstrução da história do santuário, que, em si mesmo, é uma obra votiva.

Detalhe do Cristo na Cruz, Capela da Crucificação.
Detalle del Cristo en la Cruz, Capilla de la Crucifixión.
Detail of Christ on the Cross, Crucifixion Chapel.

Imagem dos Passos. • Imagen de los Pasos. • *Images from the Stations.*

Prisão.• Prisión.• *Arrest.*

Flagelação. • Flagelación. • *Flogging.*

Coroação de Espinhos. • Coronación de Espinas. • *Crown of Thorns.*

Cruz–às–costas. • Cargando la Cruz. • *Shouldering the Cross.*

Crucificação. • La Crucifixión. • *Crucifixion*

A primeira capela, situada no início da ladeira, foi a única construída durante a presença de Aleijadinho em Congonhas e, possivelmente, sob sua orientação. Possui em seu interior a representação do Passo da Santa Ceia, com imagens em tamanho próximo ao natural, feitas em um único bloco de madeira, à exceção das mãos. Acredita-se que, por sua qualidade escultórica, a colaboração do ateliê de Aleijadinho nessa capela, tenha sido pequena. A policromia das imagens ficou a cargo de um dos mais importantes artistas do Barroco Mineiro, o pintor Manoel da Costa Athaíde.

A segunda capela, que abriga o Passo do Horto das Oliveiras, tem sua cena distribuída em triângulo, cujos vértices são um anjo suspenso, com um cálice na mão, a figura de Cristo, em nível intermediário e, finalmente, as figuras dos apóstolos deitados no chão. Segundo Myriam Ribeiro, a pintura do mestre Athaíde adquire aqui também uma função iconográfica, à medida que a representação do suor na fronte de Cristo é decorrente unicamente da pintura.

A terceira capela, apresenta o Passo da Prisão de Cristo. Aqui, a marca dos oficiais do ateliê é mais presente, sendo que apenas duas das imagens do grupo podem ser atribuídas ao Aleijadinho. Nessa capela também é de fundamental importância a pintura de Athaíde, onde o uso das cores fortes acentua o aspecto de hostilidade dos soldados romanos.

Os quarto e quinto Passos da Paixão, a Flagelação e a Coroação de Espinhos, estão localizados numa única capela. Nesse conjunto, apenas três imagens foram realizadas por Antônio Francisco Lisboa: duas de Cristo e a de um dos soldados da flagelação. Desconhece-se o autor da policromia das imagens.

O Passo Cruz-às-Costas, localizado na quinta capela, apresenta a cena de Cristo carregando a cruz em direção ao calvário. Aqui também a participação dos ajudantes do Aleijadinho é percebida na maior parte das imagens, cabendo ao mestre apenas duas: a do Cristo e a da mulher que enxuga as próprias lágrimas. A policromia dessa cena ficou a cargo de um terceiro pintor, não identificado.

Já próximo da escadaria que dá acesso ao Adro está a sexta e última capela, abrigando o Passo da Crucificação. Nessa cena o ponto central é a imagem de Cristo sendo crucificado, circundado pelos soldados romanos e pela figura de Madalena. A atuação de Aleijadinho reduz-se a duas imagens, a do Cristo e a do Mau Ladrão. No entanto, observa-se uma maior participação sua nas imagens de Madalena, do Centurião e do Bom Ladrão. A policromia, é de autoria desconhecida.

O ADRO

É no conjunto escultural do Adro que o gênio de Aleijadinho se manifesta plenamente. A perfeita integração do conjunto escultórico com a arquitetura confere ao mesmo tempo um caráter quase autônomo ao Adro e um sentido ímpar de monumentalidade. Na seleção dos 12 profetas, Aleijadinho baseou-se no cânone bíblico e a distribuição das imagens obedece a essa ordem. Apesar das dimensões próximas do real, a implantação das estátuas ao longo do guarda-corpo lhes confere uma monumentalidade surpreendente. A participação dos oficiais nesse conjunto escultural foi bastante significativa, mas não compromete a beleza e a exuberância do conjunto.

Cabe destacar algumas imagens nas quais quase não se percebe a participação do ateliê: o Profeta Ezequiel, os Profetas Daniel, com o leão aos seus pés, e Jonas, com a baleia, executadas num único bloco de pedra-sabão, e o Profeta Habacuc.

Adro e Igreja do Santuário, com profetas de Aleijadinho. · Atrio e Iglesia del Santuario, con los Profetas de Aleijadinho. · *Forecourt and Sanctuary Church with Aleijadinho's Prophets. (Upper right) Detail of Christ on the Cross, Crucifixion Chapel*

A PROTEÇÃO

O Santuário do Bom Jesus de Matosinhos, com 0,8 hectares, foi tombado pelo Serviço do Patrimônio Histórico e Artístico Nacional (Sphan), em 1938. Mesmo que a proteção federal não se referisse estritamente ao monumento, não houve uma preocupação maior com a preservação e com o controle do crescimento da cidade. Hoje, o santuário fica inserido no contexto urbano, fato que, sem dúvida, altera a percepção do conjunto sacro, anteriormente dominando toda a paisagem do vale.

A coleção dos *milagres*, dispersos em coleções públicas e privadas, foi reunida pelo Iphan no Museu anexo à Capela do Santuário, constituindo-se em importante fonte de pesquisa e fruição estética.

O paisagismo do jardim da área dos Passos está sendo reformulado pelo escritório do paisagista Roberto Burle Marx, mantendo-se suas características básicas, tais como as palmeiras e as visuais livres do conjunto cênico.

Detalhe de escultura do Passo da Capela da Última Ceia. · Detalle de escultura del Paso de la Capilla de la Última Cena. · *Detail of sculptures from the Last Supper Station Chapel*

JUSTIFICATIVA DE INSCRIÇÃO

Em 1985, o Santuário do Bom Jesus de Matosinhos, monumento composto pela Igreja, o Adro, as escultura dos profetas e o conjunto de capelas dos Passos, é incluído na Lista do Patrimônio Mundial como Bem Cultural, dentro dos critérios (i) e (iv). A inscrição desse monumento está embasada no fato do conjunto arquitetônico/escultural ser um dos mais completos grupos de profetas do mundo, representando, sem dúvida, uma das obras-primas do barroco mundial, do gênio criativo e da perseverança de Francisco Antônio Lisboa que, contra todas as limitações impostas pela doença, no final de sua vida, deixou no alto do Monte Maranhão uma obra impressionante.

Anjo do Passo do Horto.

Angel del Paso del Huerto.

Chapel angel of Garden Station.

Vista do Adro com esculturas dos profetas. • Vista del Atrio con escultura de los Profetas. • *View from the forecourt with sculptures of the Prophets overlooking the Station Chapels.*

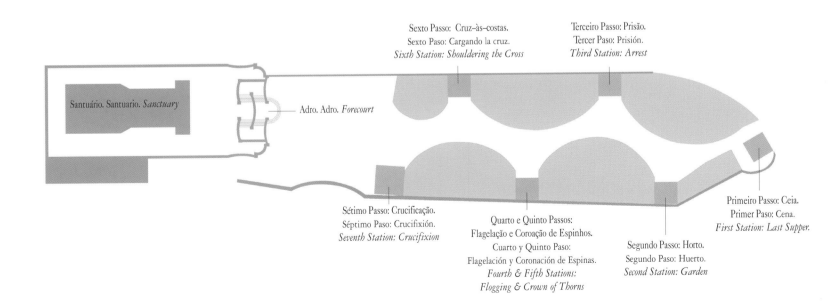

Santuário. Santuario. *Sanctuary*

Adro. Adro. *Forecourt*

Sexto Passo: Cruz–às–costas.
Sexto Paso: Cargando la cruz.
Sixth Station: Shouldering the Cross

Terceiro Passo: Prisão.
Tercer Paso: Prisión.
Third Station: Arrest

Sétimo Passo: Crucificação.
Séptimo Paso: Crucifixión.
Seventh Station: Crucifixion

Quarto e Quinto Passos:
Flagelação e Coroação de Espinhos.
Cuarto y Quinto Paso:
Flagelación y Coronación de Espinas.
Fourth & Fifth Stations:
Flogging & Crown of Thorns

Segundo Passo: Horto.
Segundo Paso: Huerto.
Second Station: Garden

Primeiro Passo: Ceia.
Primer Paso: Cena.
First Station: Last Supper.

Conjunto do Santuário com a localização e a denominação dos Passos. • Conjunto del Santuario con la ubicación y denominación de los Pasos. • *Sanctuary complex showing the location of each Station.*

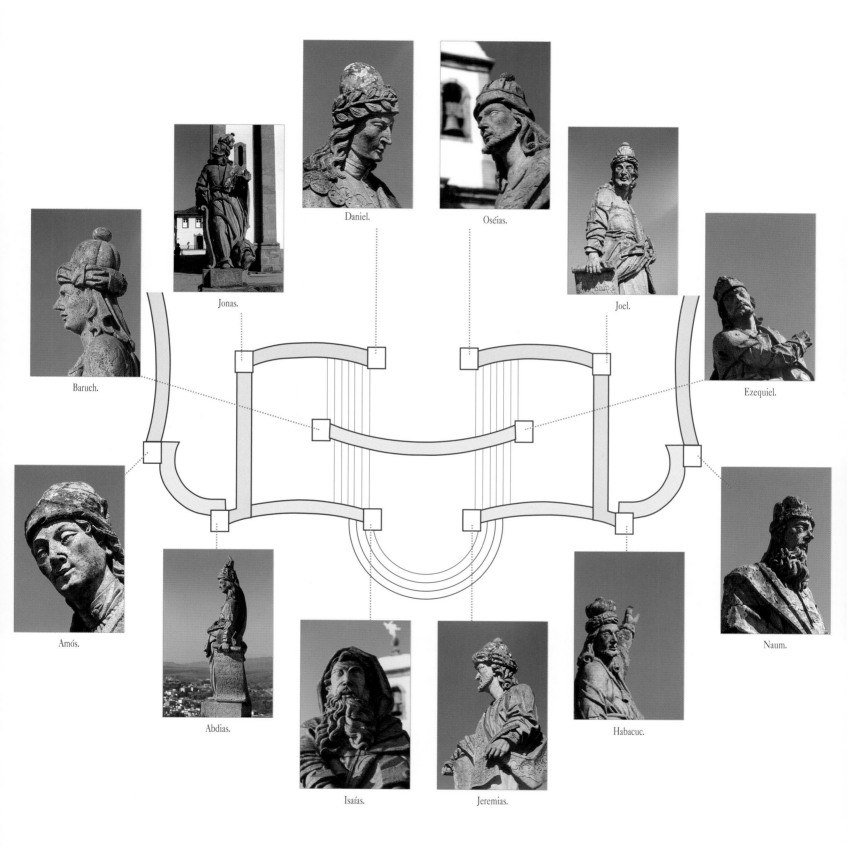

Daniel.

Oséias.

Jonas.

Joel.

Baruch.

Ezequiel.

Amós.

Naum.

Abdias.

Habacuc.

Isaías.

Jeremias.

Localização das esculturas dos profetas no guarda-corpo da escadaria do Adro da Igreja. · Localización de las esculturas de los profetas en el guardacuerpos de las escaleras del Atrio de la Iglesia.
Location of the sculptures of the Prophets on the retaining wall of the steps to the Church forecourt.

El genio de Aleijadinho

Se localiza en el Monte Maranhão, en los límites de la zona urbana de la ciudad de Congonhas, en Minas Gerais. La ciudad, cuyo desarrollo inicial se dio en el valle, era dominada por la imagen siempre presente de la Iglesia y de los Pasos, en plano elevado. De la misma forma, desde ésta, se descubre el paisaje del valle y de las cadenas de montañas al fondo.

Historia

Congonhas, a ejemplo de otras ciudades de Minas Gerais, surgió a partir del descubrimiento de oro en la región, en el siglo XVIII. El flujo de aventureros de todo tipo provocó un crecimiento urbano acelerado. Entre aquellos que vinieron en busca de riquezas, estaba el portugués Feliciano Mendes que, al enfermar gravemente hizo la promesa de que si se curaba, dedicaría su vida a la construcción de un templo consagrado al Buen Jesús del Monte, en Braga, su región de origen. Después de instalar una cruz en lo alto del monte Maranhão, como parte del pago de su promesa, iniciaría la colecta de fondos para la construcción del santuario, donando su fortuna. La obra se realizó en varias etapas:
1757-1765: construcción de la iglesia;
1777 - 1796: construcción del atrio y de las escalas;
1796 - 1799: Aleijadinho ejecuta las 66 imágenes de los Pasos;
1800 -1805: Aleijadinho ejecuta las 16 estatuas de los profetas;
1799 – 1808: construcción de la primera capilla;
1813 –1818: construcción de las capillas 2 y 3;
1860 – 1875: construcción de las capillas 4, 5 y 6.

Así, el montaje de las imágenes en las capillas, a excepción de la primera, no fue acompañada por el artista, fallecido en 1814.

Los Pasos

La primera capilla, situada en el inicio de la ladera, fue la única construida durante la presencia de Aleijadinho en Congonhas y, posiblemente bajo su orientación. Posee en su interior la representación del Paso de la Santa Cena, con imágenes en tamaño próximo al natural, hechas en un único bloque de madera, a excepción de las manos. Por su calidad escultórica, se cree que la colaboración del atelier de Aleijadinho en esta capilla debe haber sido pequeña. La policromía de las imágenes quedó a cargo de uno de los más importantes artistas del Barroco Minero, el pintor Manoel da Costa Athaide.

La segunda capilla, que abriga el Paso del Huerto de los Olivos, tiene su cena distribuida en triángulo, cuyos vértices son un ángel suspendido, con un cáliz en la mano, la figura de Cristo, en nivel intermedio y, finalmente, las figuras de los apóstoles tendidos en el suelo. Según Myriam Andrade Ribeiro , la pintura del maestro Athaide adquiere aquí tam-

bién una función iconográfica, en la medida en que la representación del sudor de la frente de Cristo es derivada únicamente de la pintura.

La tercera capilla, presenta el Paso de la prisión de Cristo. Aquí, la huella de los oficiales del atelier está más presente, siendo que sólo dos de las imágenes del grupo pueden ser atribuidas al Aleijadinho. En esta capilla también es de fundamental importancia la pintura de Athaide, donde el uso de los colores fuertes, acentúa el aspecto de hostilidad de los soldados romanos.

Los cuarto y quinto Pasos de la Pasión, la Flagelación y la Coronación de Espinas, están localizados en una única capilla. En este conjunto, sólo tres imágenes fueron realizadas por Antonio Francisco Lisboa: las dos imágenes de Cristo y uno de los soldados de la flagelación. Se desconoce el autor de la policromía de las imágenes.

El Paso Cruz en la Espalda, localizado en la quinta capilla, presenta la escena de Cristo cargando la cruz en dirección al calvario. Aquí también la participación de los ayudantes del Aleijadinho se percibe en la mayor parte de las imágens, cabiendo al maestro sólo dos: la del Cristo y la de la mujer que enjuga sus propias lágrimas. La policromía de esta escena quedó a cargo de un tercer pintor, no identificado.

Ya próximo a las escalas que dan acceso al atrio, está la sexta y última capilla: el Paso de la Crucifixión. En esta escena el punto central es la imagen de Cristo siendo crucificado, circundado por los soldados romanos y por la figura de Magdalena. La actuación de Aleijadinho se reduce a dos imágenes, la de Cristo y la del Mal Ladrón, sin embargo se observa una mayor participación suya en las imágenes de Magdalena, del Centurión y del Buen Ladrón. La policromía, es de autoría desconocida.

El Atrio

Es en el conjunto escultural del atrio, donde el genio de Aleijadinho se manifiesta plenamente. La perfecta integración del conjunto escultórico con la arquitectura le confiere, al mismo tiempo, un carácter casi autónomo al atrio y un sentido sin par de monumentalidad. En la selección de los 12 profetas, Aleijadinho se basó en el canon bíblico y la distribución de las imágenes en el atrio obedece a este orden. A pesar de las dimensiones próximas de lo real, la implantación de las estatuas a lo largo del guarda cuerpo les confiere una monumentalidad sorprendente. La participación de los oficiales en este conjunto escultural fue bastante significativa, pero no compromete su belleza y exuberancia.

Cabe destacar algunas imágenes en las cuales casi no se percibe la participación del atelier: el profeta Exequiel, los Profetas Daniel, con el león a sus pies, Jonás con la ballena, construidas en un único bloque de piedra, y el Profeta Habacuc.

La Protección

El Santuario del Buén Jesús de Matosinhos, con 0,8 ha, fue protegido por el Servicio de Protección al Patrimonio Histórico y Artístico Nacional –Iphan, en 1938. Aunque la protección federal no se refiera estrictamente al monumento, no hubo una mayor precupación con la preservación y el control del crecimiento de la ciudad. Hoy, el santuario está inserido en el contexto urbano, hecho que, sin duda, altera la percepción del conjunto sacro, anteriormente dominando todo el paisaje del valle.

El santuario, además de una obra de arte sin igual del barroco brasileño es, todavía hoy, un centro de peregrinación importante. La gran romería al Jubileo – tiene lugar en el mes de septiembre, congregando una multitud de fieles alrededor de los Pasos, en reconstitución de la Vía Sacra. Así como Buen Jesús de la Lapa (BA) y Canindé (CE), Buen Jesús de Matosinhos posee una "casa de milagros", coetánea de ex-votos, objetos ofrecidos en pago por una bendición al final de la peregrinación. Estos testimonios son auxiliares importantes en la reconstrucción de la historia del santuario, siendo la edificación, en sí misma, una obra votiva. La colección de los "milagros", dispersos en colecciones públicas y privadas, fue reunida por Iphan en el Museo anexo al Santuario, constituyéndose en importante fuente de investigación y fruición estética.

El jardín del área de los Pasos está siendo reformulado por el taller del reconocido paisajista Roberto Burle Marx, sin alterar sus características básicas, tales como las palmeras y los visuales libres del conjunto escénico.

Justificativo de la Inscripción

En 1985, el Santuario de Buen Jesús de Matosinhos, monumento compuesto por la iglesia, el atrio, las esculturas de los profetas y el conjunto de capillas de los Pasos, se incluye en la Lista del Patrimonio Mundial como Bien Cultural, dentro de los criterios (i) e (iv). La inscripción de este monumento, está sustentada en el hecho de que el conjunto arquitectónico/escultural es uno de los más completos grupos de profetas del mundo, representando, sin duda, una de las obras maestras del rococó mundial, del genio creativo y de la perseverancia de Francisco Antonio Lisboa que, contra todas las limitaciones impuestas por su enfermedad, al final de su vida, dejó en lo alto del Monte Maranhão una obra impresionante.

The genius of Aleijadinho

The sanctuary is perched on Maranhão mountain, on the outskirts of the town of Congonhas, in Minas Gerais. Initially, this town founded in the valley - from where it later climbed up the mountain side - was dominated by the omnipresent image of a large church and a set of small chapels known as Passos, decorated with images of events taken from the Passion of Christ and the Way of the Cross. From the church, then, a panoramic outlook on the valley and the mountain range beyond unfolds before the viewer.

History

Like other towns in the state of Minas Gerais, Congonhas sprang up with the region's gold rush in the 18th century. A flood of adventurers of all kinds brought rapid urban expansion and among those who arrived in search of wealth was Feliciano Mendes from Portugal. On falling gravely ill he vowed that if cured he would devote his life to building a temple dedicated to Bom Jesus de Matosinhos, under the authority of the Sanctuary of Bom Jesus do Monte in his Portuguese hometown of Braga. After erecting a cross high on Maranhão mountain, as part of fulfilling his vow, he began to raise funds, including his own fortune, for the construction of the sanctuary.

The construction work was carried out in six stages:

1757-1765: the church;
1777-1796: the forecourt and steps;
1796-1799: Aleijadinho sculpted the 66 images of the Passion of Christ and the Way of the Cross;
1800-1805: Aleijadinho sculpted the 16 statues of the prophets;
1799-1808: the first chapel;
1813-1818: chapels 2 and 3;
1860-1875: chapels 4, 5, and 6.
Aleijadinho, who died in 1814, did not accompany the installation of the images in the chapels, except for the first.

The Passos Chapels

The first chapel, located at the foot of the slope, was the only one built during Aleijadinho's stay in Congonhas - and possibly done under his guidance. Inside it boasts a near-life sized Last Supper carved out of a single piece of wood, except for the figures's hands. From the quality of the sculpture, it appears that Aleijadinho's workshop had little to do with this chapel. The polychromed sculptures were the responsibility of a leading artist of the Minas Gerais baroque, painter Manoel da Costa Athaíde.

The second chapel, which houses the image of the Mount of Olives, has a triangular scene, with an angel posted at each corner, chalice in hand; the figure of Christ, in the middle, and finally the figures of the apostles lying on the ground. According to Myriam Andrade Ribeiro de Oliveira, the painting by Master Athaíde here takes on an iconographic role and the sweat on the brow of Christ is derived only from the painting.

The third chapel shows Christ seized on the Mount. Here the hand of the workshop artisans is more in evidence, and only two of the images in the group may be attributed to Aleijadinho. In this chapel also, Athaíde's painting is crucial, as its strong colours bring out the hostile mien of the Roman soldiers.

The fourth and fifth stations, the Flogging of Christ and the Crowning with Thorns, are found in one chapel. Antônio Francisco Lisboa did only three images of this set: the two images of Christ and one of the soldiers using the whip. The author of the other polychromed images remains unknown.

In the fifth chapel, The Carrying of the Cross shows Christ bearing the cross on his way to Calvary. This piece also evinces signs of the work of Aleijadinho's assistants in most of the images, with only two actually having been carved by the master himself: that of Christ and of the woman wiping away his tears. A third and unidentified artist painted the polychromed images of this scene.

Near the steps leading into the churchyard, is the sixth and last chapel that houses Crucifixion. In this sculpture, the centre point is the image of Christ being crucified before Roman soldiers and Mary Magdalene. Aleijadinho's work here was restricted to the carving of two images, Christ and the Bad Thief, although there are signs of him having worked on the images of Mary Magdalene, the Centurion, and the Good Thief. The author of the polychromed painting is unknown.

The Forecourt

Aleijadinho's artistic genius is fully revealed in the set of sculptures in the forecourt. The perfect integration of the sculptures with the architecture at the same time lends an almost autonomous character and an unrivalled sense of monumentality to the churchyard. In his selection of the 12 prophets, Aleijadinho looked up the biblical canon and arranged the images in the churchyard in order. Notwithstanding the near-life dimensions of these statues, their situation along the stone parapet makes them look monumental. And, despite the significant amount of work that Aleijadinho's assistants put into these sculptures, the beauty and exuberance of the entire set was not detracted.

Note that there are some images in which there are almost no signs of workshop contributions: the prophets Ezekiel; Daniel, with the lion at his feet; Jonas with the whale - all of them hewed from a single block of stone -, and Habakkuk.

Protection

The Sanctuary of Bom Jesus do Matosinhos, with 0,8ha, was given landmark status by Brazil's National Institute for the Conservation of Historic and Artistic Heritage - Iphan in 1938. Although the federal protection didn't refer strictly to the monument, however, there was no real concern with conservation of the town itself, or limits on its growth. Today the sanctuary is part of the urban setting, thus certainly offering viewers a different vantage point from which to regard the set of religious artworks that previously stood out in the landscape, overlooking the entire valley.

The Sanctuary is not only home to some outstanding Brazilian baroque but also still an important pilgrimage centre. The great Jubilee procession - held annually in the month of September - attracts a throng of faithful to the chapels, where they watch the reenactment of the Way of the Cross. Like Bom Jesus da Lapa (BA) and Canindé (CE), Bom Jesus do Matosinhos has a "miracle house" where people take ex-votos, the images offered in exchange for some blessing or wish fulfilled at the end of their pilgrimage. These ex-votos are important aids in the reconstruction of the history of the sanctuary, and the building itself is a work carried out in thanksgiving for a vow fulfilled. The collection of "miracles", divided into public and private, was assembled by Iphan at a Museum near the Sanctuary and provides an important source of information as well as aesthetic enjoyment.

The garden around the chapels of the Way of the Cross is being redesigned by the office of the well-known landscape designer Roberto Burle Marx (1909-1984) but the basic features, such as the palm trees and the visual points of the scene will be conserved.

Listing Criteria

In 1985, the Sanctuary of Bom Jesus de Matosinhos complex, which consisted of the church, the church yard, the sculptures of the prophets, and the chapels, was inscribed in the World Heritage List as cultural property under Committee criteria (i) and (iv). The listing is due to the fact that the site is one of the most complete groups of statues of prophets in existence. Furthermore, it is certainly a masterpiece of world rococo, a testimony of the creative genius and perseverance of Francisco Antônio Lisboa, a.k.a. Aleijadinho, who, against all the obstacles imposed by illness in the latter part of his life, left such striking work high on Maranhão mountain.

Telhados de São Luís, tendo o Palácio dos Leões ao fundo · Tejados de San Luis, con el Palacio de los Leones al fondo.
The Roofs of São Luís with the Lion Palace on the background.

Centro Histórico de
São Luís do Maranhão

Centro Histórico de São Luís • *Historic Centre of São Luís*

Maranhão

. . . .

LUIZ PHELIPE ANDRÉS

COORDENADOR DO PROGRAMA DE PRESERVAÇÃO DO CENTRO HISTÓRICO

São Luís, Maranhão, História e Magia.

São Luís nasceu do mar, das navegações e possui o caráter marcante de uma cidade portuária. Localizada na ilha de Upaon Açu, conforme denominação original dada pelos índios Tapúias, seus primitivos habitantes, tornou-se um importante centro comercial e político da região do meio-norte brasileiro, o antigo Estado do Grão Pará e Maranhão.

Batizada solenemente em 1612 pelos franceses, que escreveram a crônica de sua fundação, foi, no entanto, urbanizada e construída pelos portugueses e guarda hoje a expressividade das linhas arquitetônicas típicamente lusitanas dos séculos XVIII e XIX.

Quem tiver o privilégio de palmilhar as ruas do centro dessa antiga capital poderá respirar e absorver as emanações de quase quatro séculos de lutas. Seu cotidiano se apresenta imerso em uma atmosfera densa de heranças históricas, memórias, lendas e expressões de um rico patrimônio cultural.

No labirinto de sua malha urbana, pode-se sentir a "pátina" dos tempos. As ruas são estreitas e calçadas de pedra "pé-de-moleque" e paralelepípedos. De lado a lado erguem-se imponentes sobradões e solares ornados com balcões, gradis e sacadas. As grossas paredes estão vazadas por janelões e portais guarnecidos de cantaria de Lioz.

Esta densa concentração arquitetônica é entremeada de ladeiras e escadarias, pequenas praças, largos e fontes. Gravar o nome destas ruas e logradouros é compor, quase sem querer, um poema: "Rua da Paz, do Sol, Rua Grande, da Amargura, Rua da Inveja, da Alegria, do Alecrim, do Pespontão, Rua da Saúde, das Mulatas, Beco do Comércio, Largo da Forca Velha, Fonte do Ribeirão, das Pedras...

As paredes faíscam, refletindo o sol intenso que brilha na linha do Equador. As fachadas revestidas pela fina policromia de azulejos portugueses, franceses e holandeses, deram a São Luís, no século XIX o epíteto de *La petite ville aux palais de porcelaine*.

O imaginário popular é povoado de lendas e mistérios. As rodas das carruagens de Ana Jansen, senhora temida de muitos escravos, ainda ecoam sobre as pedras nas madrugadas. Galerias subterrâneas compõem uma inextricável rede, capaz de unir pelo subsolo os extremos da cidade velha, interligando igrejas e fontes, favorecendo condições para a fuga de escravos ou servindo como esconderijo para a população durante as ameaças de invasões ou de ataques de piratas. Hoje, uma serpente gigantesca guarda os segredos desses caminhos obscuros e úmidos.

Do alto das ladeiras e mirantes se avista a Baía de São Marcos colorida pelas velas das canoas costeiras, botes, igarités e bianas, que evocam o período glorioso das grandes navegações, época em que as naus, galeões e caravelas faziam a saga do descobrimento.

É no epicentro desse cenário de fábulas, misto de patrimônio natural com o patrimônio construído, que se movimenta o maranhense, um povo impregnado pelo fascínio e a magia das cidades históricas, protagonista de ricas manifestações da cultura popular, como o Bumba-meu-Boi, o Tambor de Crioula e o Cacuriá. Onde se dança o reggae e mais dezenas de ritmos afro-maranhenses.

Fruto original do trabalho escravo de negros e índios e da obstinação colonizadora de portugueses, franceses e holandeses, a cidade se prepara para entrar no terceiro milênio como um dos monumentos que mereceram da Unesco o título de Patrimônio da Humanidade.

Avenida D. Pedro II com seu casario histórico. • Avenida D. Pedro II, con su caserío histórico. • *Dom Pedro II Avenue with its historical buildings.*

LUIZ PHELIPE ANDRÉS

Coordenador do Programa de Preservação do Centro Histórico • *Coordinator of the Programme for Preserving the Historic Centre*

São Luís, Maranhão, Historia y Magia

São Luís nació del mar, de las navegaciones, y posee el carácter notable de una ciudad portuaria. Ubicada en la isla de Upaon Açu, según la denominación original dada por los indios Tapuyas, sus primitivos habitantes, se convirtió en un importante centro comercial y político de la región central del norte brasileño, el antiguo Estado Colonial del Grão Pará y Maranhão.

Bautizada solemnemente en 1612 por los franceses, que escribieron la crónica de su fundación, fue construida y urbanizada, sin embargo, por los portugueses, y hoy guarda la expresividad de las líneas arquitectónicas típicamente lusitanas de los siglos XVIII y XIX.

Aquellos que tengan el privilegio de recorrer las calles del centro de esta antigua capital, podrán respirar y absorber las emanaciones de casi cuatro siglos de luchas. Su vida cotidiana se presenta inmersa en una atmósfera densa de herencias históricas, memorias, leyendas y expresiones de un rico patrimonio cultural.

En el laberinto de su malla urbana se puede sentir la "pátina" de los tiempos. Las calles son estrechas y empedradas con "pé-de-moleque" (piedras partidas características de la región) y adoquines. A los lados se levantan imponentes caserones y solares, adornados con balcones, verjas y terrazas. Las gruesas paredes están caladas por ventanales y portales guarnecidos con cantería de Lioz.

Esta densa concentración arquitectónica está entrecortada por laderas y escalinatas, pequeñas plazoletas, plazas y fuentes. Grabar el nombre de estas calles y paseos públicos es componer, casi sin querer, un poema : "Calle de la Paz, del Sol, Calle Grande, de la Amargura, Calle de la Envidia, de la Alegría, del Romero, del Pespunte, Calle de la Salud, de las Mulatas, Callejón del Comercio, Plaza de la Horca Vieja, Fuente de la Ribera, de las Piedras"....

Las paredes despiden destellos, reflejando el sol intenso que brilla en la línea del ecuador. Las fachadas, revestidas por la fina policromía de azulejos portugueses, franceses y holandeses, le dieron a São Luís, en el siglo XIX, el epíteto de "La petite ville aux palais de porcelaine".

El imaginario popular está poblado con leyendas y misterios. Las ruedas de los carruajes de Ana Jansen, señora temida de muchos esclavos, aún retumban sobre las piedras en las madrugadas. Galerías subterráneas componen una red inextricable, capaz de unir por el subsuelo los extremos de la ciudad antigua, interconectando iglesias y fuentes, propiciando condiciones para la fuga de esclavos o sirviendo de escondrijo a la población durante las amenazas de invasiones o de ataques de piratas. Hoy, una serpiente gigantesca guarda los secretos de estos caminos oscuros y húmedos.

Desde lo alto de las laderas y miradores se divisa la bahía de San Marcos, llena de color por las velas de las canoas costeras, botes, "igarités" (tipo de chalana con un único mástil) y "bianas" (especie de balsa), que evocan el período glorioso de las grandes navegaciones, época en la que naves, galeones y carabelas realizaban la saga del descubrimiento.

Es en el epicentro de este escenario, mezcla de patrimonio natural con patrimonio construido, donde se mueve el marañense, un pueblo impregnado por la fascinación y la magia de las ciudades históricas, protagonista de ricas manifestaciones de la cultura popular, como el *Bumba meu Boi*, el *Tambor de Crioula* y el *Cacuriá*. Donde se baila el *reggae* además de decenas de ritmos afromarañenses.

Fruto original del trabajo esclavo de negros e indios y del empecinamiento colonizador de portugueses, franceses y holandeses, la ciudad se prepara para entrar en el tercer milenio como uno de los monumentos que merecieron de la Unesco el título de Patrimonio de la Humanidad.

São Luís, Maranhão - History and Enchantment

São Luís arose from the sea, the great navigations, and bears the stamp of a port town. Located on the island of Upaon Açu, to give it its original Tapuya name, it soon became a major trading and political centre in Brazil's mid-North, an area once encompassed by the former colonial state of Grão Pará and Maranhão.

Solemnly baptised in 1612 by French explorers who wrote the chronicle of its foundation, São Luís was built and urbanised by the Portuguese. To this day, the fine architecture of its 18th and 19th-century buildings preserves an unmistakably Lusitanian air.

Those lucky enough to stroll the streets in the old town centre of this colonial capital can breathe in and soak up emanations of almost four centuries of strife. Its daily life is immersed in an atmosphere laden with historical import, memories, legend and expressions of a rich cultural heritage.

You can sense the patina of time in the labyrinth of its side streets and alleyways. The streets are narrow with cobblestones and "peanut brittle" stone pavements. On both sides rise the magnificent mansions and stately homes with their decorative balconies, oriels and ironwork railings. Ample windows and doorways with ornate Lioz masonry break up the expanse of thick-set walls.

This teeming architectural treasure-trove is interspersed with steep slopes and stairways, quaint squares, spacious plazas and plashing fountains. To recall the names of streets and place names is virtually to chance upon a poem: "Peace Street, Sun Street, Grand Avenue, streets called Bitterness, Envy, Mirth, Rosemary, Quilt Stitch, Health, Mulatto Girls Lane, Trade Alley, Old Gallows Square, Brook Fountain, Pebble Font..."

The walls sparkle, reflecting the dazzling sunshine bathing the Equator. The façades clad in the fine polychrome of Portuguese, French and Dutch tiling gave São Luís its 19th-century epithet: «La petite ville aux palais de porcelaine».

Local folklore is peopled with legend and shrouded in mystery. The wheels of lady Ana Jansen's carriages, that once struck fear in slaves' hearts, still scatter flinty echoes from cobblestones at dead of night. An intricate warren of underground passages links the extremes of the old town, galleries leading from church to fountain - ideal escape routes for fugitive slaves and safe shelter for locals menaced by the threat of invasion or looting pirates. Today, a giant serpent guards the secrets of those dark, dank tunnels.

From belvederes and hilltops you can look out over São Marcos Bay with its colourful display of sails on sailboats, long-shore canoes, dugouts and rafts that harks back to the glorious age of the great navigations when galleons, men-of-war and caravelles forged the saga of the discovery.

Amidst this scenario of fable, a combination of natural and man-made heritage, move the Maranhenses, people imbued with the fascination and enchantment of historical towns, the protagonists of rich expressions of folk culture like the Bumba meu Boi, Tambor da Crioula and Cacuriá pageants and dances. This is where people dance to reggae and dozens of other Afro-Maranhense rhythms.

Wrought by the slave labour of Negroes and Indians and the colonising perseverance of the Portuguese, French and Dutch, São Luís prepares to enter the third millennium as one of the monuments to deserve from Unesco the title of world heritage.

Uma cidade equinocial

Localização da cidade.
Localización de la ciudad.
— *Location of the city.*

Estado do Maranhão • Estado de Maranhão • *State of Maranhão*

Zona inscrita no Patrimônio Mundial. • Zona inscrita en el Patrimonio Mundial • *Area inscribed in the World Heritage List.*
Zona tombada pelo Iphan (Federal). • Zona protegida por Iphan (Federal) • *Area under Iphan preservation (Federal).*
Zona tombada pelo Estado. • Zona protegida por el Estado. • *Area under State preservation.*

Mapa do Centro Histórico de São Luís, com áreas protegidas assinaladas. • Mapa del Centro Histórico de São Luís, con áreas protegidas señaladas • *Map of São Luís Old Town - protected areas highlighted.*

Imagem de satélite da Ilha de São Luís.
Imagem de satélite de la Isla de São Luís.
Satellite image of São Luís Island.

No início da colonização o litoral norte do Brasil, pelo qual passa a linha divisória entre as possessões de Portugal e Espanha, fixada no Tratado de Tordesilhas, de 1494, é uma "terra de ninguém". Após a frustrada iniciativa das Capitanias Hereditárias (1534), os portugueses intensificam a ocupação da costa leste do Brasil. Mas a costa norte continua sujeita a freqüentes incursões, especialmente de franceses que, em 1612, fundam uma colônia, a França Equinocial, sediada em uma ilha litorânea bem ao sul da foz do Rio Amazonas, sobre a linha do Equador. Ali, num platô elevado, verdadeiro baluarte junto à costa, instalam o Forte de São Luís, em homenagem ao rei–santo e ao jovem Rei Luiz XIII. O cronista da expedição de Daniel de la Touche, o frade capuchinho Claude d'Abeville, encantado com o que vê, afirma: "nada há aí de comparável à beleza e às delícias desta terra, bem como a fecundidade e abundância em tudo o que o homem possa imaginar e desejar..."

Após reconquistar a Ilha do Maranhão, em 1615, a Coroa Portuguesa funda na região duas povoações: uma, no lugar do Forte de São Luís, e outra, num dos braços do Rio Amazonas - Belém do Grão-Pará, em 1616. Prevenindo uma temida expansão castelhana a partir do Peru é criado, em 1626, o Estado do Maranhão, independente do Estado do Brasil, recriado em 1654, como Estado do Maranhão e Grão-Pará, com sede em São Luís. Devido às correntes do Golfo, é mais fácil comunicar-se com a metrópole do que com Salvador, sede do Governo-Geral.

Pouco depois o Padre Antônio Vieira, extraordinária personalidade luso-brasileira, funda o Colégio dos Jesuítas do Maranhão e implanta vários aldeamentos. Porém, em 1661, os jesuítas são expulsos por conflitos com colonos que escravizam os indígenas.

Vista do Rio Anil para a cidade, em período de maré baixa, com embarcação tradicional. À frente, o Cais da Sagração e o Palácio dos Leões. • Vista del Río Anil para la ciudad en período de marea baja, con enbarcación tradicional, con el Muelle de la Consagración y el Palacio de los Leones. • *View from Anil River of the city at low tide with a typical sailboat by Sagração Quay and the Lions Palace.*

Cresce o cultivo do algodão e a extração da castanha e do babaçu, cujo comércio torna-se, em 1680, monopólio da Coroa, sendo reforçado por Pombal, em 1755, com a criação da Província do Maranhão e Grão-Pará e a Companhia de Comércio, sediada em Belém. O governador será seu irmão, Mendonça Furtado, incumbindo-se seu sobrinho, Mello Povoas, do governo do Maranhão.

Com a independência dos Estados Unidos cresce a exportação de algodão para a Inglaterra, mas esse período de riqueza se encerra com o fim da Guerra da Secessão, em 1864, e a libertação dos escravos no Brasil, em 1888. São Luís chega ao século XIX como a quarta maior cidade do Brasil, depois do Rio de Janeiro, Salvador e Recife, importante centro fabril têxtil e o terceiro em população negra.

Do período de prosperidade persistem a tradição literária e a correção no falar o português, cuja origem é atribuída às gerações de jovens formados em Coimbra. Entre seus expoentes literários estão o poeta Gonçalves Dias, o romancista Aluísio Azevedo e o teatrólogo Arthur Azevedo.

Das tradições de origem africana sobressaem a Cafua das Mercês, hoje Museu do Negro, e a Casa de Mina, guardiã de ancestrais práticas religiosas. São Luís também é rica em manifestações culturais de cunho popular, caracterizadas pela fusão de costumes medievais portugueses com tradições africanas e indígenas e cultivadas com crescente interesse pela população, especialmente o bumba-meu-boi, na quadra junina. Da produção artesanal são especialmente conhecidos os modelos navais reduzidos, originados dos ex-votos de pescadores.

Brincantes de Bumba-meu-boi.
Jugando al Bumba-meu-boi
Bumba-meu-boi revellers.

Pôr-do-sol refletindo sua luz nas fachadas azulejadas dos sobrados da Rua Portugal. • Puesta de Sol reflejando su luz en las fachadas de azulejos en la Calle Portugal.

O CENTRO HISTÓRICO

São Luís consolida-se com a construção de uma sede fortificada para o governo no sítio do antigo forte francês, tendo ao pé o Cais da Sagração, de onde lembra uma cidadela a ser franqueada para chegar ao centro. Esse percurso, entre o Palácio e a Igreja dos Jesuítas, conforma o eixo cívico-religioso da cidade. Dessa fase diz Paulo Santos, no livro Cidades do Brasil Colonial: *Quando se assenhoram da cidade, tratam de organizar o plano de urbanização que compreendeu não somente o levantamento do existente, como a extensão e o desenvolvimento da cidade, que chegou ao ponto de incluir a construção de uma casa como modelo para as que viessem a ser feitas.*

Ainda em 1615, a Coroa portuguesa encarrega o traçado e a construção da cidade ao Engenheiro-Mór do Brasil, Francisco de Frias da Mesquita, responsável por diversas obras no país, tais como o Forte dos Reis Magos, em Natal, e o Forte de Santa Catarina, em Cabedelo, na Paraíba. Frias optou por um traçado quadriculado ortogonal, *à espanhola*, talvez o primeiro do Brasil, retratado em gravura de Gaspar Barleus, da época da invasão holandesa no Nordeste.

A largura constante das ruas, a localização das praças, dos largos e das escadarias de ligação entre os vários níveis, conferem a São Luís o caráter de urbanidade de uma verdadeira capital. Suas edificações são alinhadas nas testadas dos lotes, de forma contínua, definindo as ruas e as praças, cuja monotonia é quebrada por pequenas variações no traçado.

São Luís foi elevada a vila em 1620, coincidindo com a chegada de imigrantes açorianos, incumbidos de aclimatar à região culturas de exportação, como o algodão e o açúcar. O florescimento da economia aliado à posição estratégica do porto, o melhor da costa norte, desperta a cobiça dos holandeses que, após a conquista de Pernambuco, financiados pela Companhia das Índias Ocidentais, invadem São Luís em 1641, sendo expulsos após três anos, quando deixam para trás uma São Luís arrasada.

A Coroa decide, então, financiar várias melhorias urbanas: canalização de esgotos, pavimentação de ruas e calçadas e instalação de fontes. Com a construção do porto no bairro ribeirinho da Praia Grande consolida-se seu caráter cosmopolita de cidade marítima *mais ligada às atividades do oceano que às da terra*, estreitando ainda mais o contato com a Metrópole. É ali que, em 1780, a Coroa ordena a construção da Praça do Comércio, nos moldes das praças régias, em voga na época. Dessa forma, a Praça do Comércio da Lisboa pombalina, construída após o terremoto de 1755, encontra a sua congênere *do outro lado do mar, fechando simbolicamente a sua perspectiva, como se São Luís fosse o espelho colonial da capital metropolitana*, no dizer de Luiz Phelipe Andrés, no livro *São Luís do Maranhão* (SEC-MA/1998). Ocorre, então, a maciça substituição das antigas edificações, a sofisticação do comércio e a adoção de fachadas de azulejos.

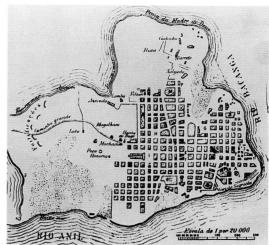

Mapa da cidade em 1844, Ilha de São Luís banhada pelos Rios Bacanga e Anil.
Mapa de la ciudad en 1844, Isla de San Luis bañada por los Ríos Bacanga y Anil.
Map of the city in 1844, São Luís Island bathed by the Bacanga and Anil Rivers.

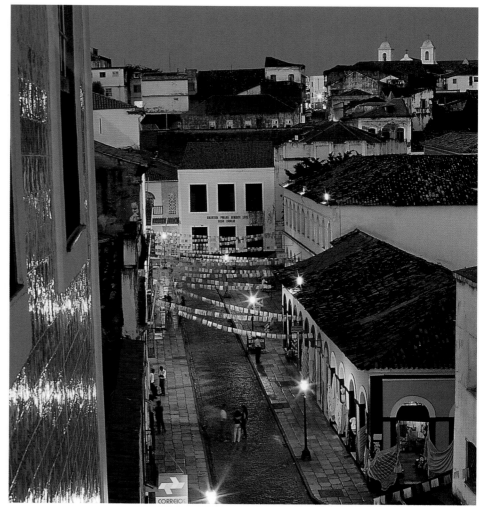

Centro Histórico ornamentado para festas juninas. · Centro Histórico ornamentado para las fiestas "juninas".
Old Town decked out for São João festivities.

Variações das casas térreas. • Variaciones de las casas. • *Variations of single-storey dwellings.*

Morada e meia. • Casa y media. • *One and a half dwelling.*

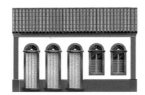

Meia-morada e comércio. • Media casa y comercio. • *Half dwelling and shop.*

3/4 de morada. • 3/4 de casa. • *3/4 dwelling.*

Meia-morada. • Media casa. • *Half dwelling.*

Porta e janela. • Puerta y ventana. • *Door and window dwelling.*

Padrões de azulejos usados no revestimento das fachadas para evitar a umidade.
Modelos de azulejos usados en el revestimiento de las fachadas para evitar la humedad.
Patterns for tiles used as cladding to ward off moisture.

UMA ARQUITETURA ADEQUADA AO CLIMA

A arquitetura da São Luís histórica prima pela adequação às condições do clima equatorial, aproveitando ao máximo a sombra e a ventilação marítima. Inclui-se aí o emprego, até então inédito, dos azulejos na impermeabilização das fachadas de taipa, o que, devido às suas cores claras, também diminui o calor refletido para o interior das edificações. A variedade de padrões, em sua maioria de origem portuguesa e o seu emprego, cobrindo toda a parede, enriquecem sobremaneira a feição da cidade, incentivando esse mesmo emprego em Portugal, que se limitava ao uso ornamental.

O conjunto arquitetônico é composto por sobrados, solares e casas térreas, com plantas em "L" ou "U", extensos telhados cerâmicos e aberturas protegidas por venezianas. Os elegantes sobrados, tão característicos de São Luís, têm até quatro pavimentos, com o térreo ocupado por comércio e serviços e os demais para uso residencial, fachadas em azulejos, balcões corridos e gradis de ferro, com mirante para o controle da chegada das embarcações ao porto. Estes, são colocados preferentemente sobre o desvão das escadas para a extração de ar quente dos edifícios. Os sobrados suntuosos, chamados solares, recebem acabamento refinado, tendo portadas em pedras de cantaria, frontões neoclássicos triangulares, balcões sinuosos, sacadas em pedra lioz e gradis de ferro com desenhos apurados. São característicos os vestíbulos com escadarias e arranques finamente trabalhados, conduzindo ao andar superior, de uso da família, onde avarandados com venezianas corridas e amplos beirais oferecem proteção contra o sol escaldante e as chuvas torrenciais. O térreo, local de serviço e guarda das carruagens, abre-se para amplos pátios e jardins, fundamentais para a ventilação.

Quanto às casas térreas, classificam-se em: morada inteira (porta central e duas janelas a cada lado), meia-morada (porta na lateral e duas janelas) e a mais singela, de porta e janela, cuja testada é de tres a quatro metros, sem pátios laterais, conjugada suas vizinhas, formando correres.

Dentre as edificações com destaque na paisagem está o Palácio dos Leões, sede do governo do Estado, cujo projeto inicial, de Frias da Mesquita, passou por ampliações e reformas, apresentando hoje uma feição neoclássica. Destaca-se, também, a Catedral, antiga Igreja dos Jesuítas, reformada após a expulsão dos padres da Companhia de Jesus. Ao seu lado, a atual residência episcopal, antigo colégio jesuítico, fundado pelo Padre Vieira. O rico retábulo da capela-mór da Catedral, segundo parecer de Lucio Costa, é um remanescente jesuítico. A antiga Sé, de 1713, foi demolida no século XIX e localizava-se próximo à atual Catedral.

Dos muitos edifícios e frações urbanas de valor histórico e cultural sobressaem o Convento das Mercês, as igrejas do Rosário e do Desterro, a Casa das Minas, das Fontes e das Pedras, do Ribeirão, o Teatro Arthur Azevedo, a Casa das Tulhas, a Fábrica Cânhamo e os conjuntos de sobrados das ruas do Giz e Portugal e as Praças Gonçalves Dias e João Lisboa com a Igreja e Convento do Carmo.

Características da feição da cidade são as tradicionais embarcações, com suas velas coloridas, ancoradas no porto da Praia Grande, à margem do Rio Bacanga, fruto da engenhosidade dos mestres construtores–navais maranhenses, retratados no livro *Embarcações do Maranhão.*

PROTEÇÃO

O centro histórico de São Luís estende-se por uma área aproximada de 220 hectares. Seu acervo arquitetônico e paisagístico protegido situa-se em duas grandes zonas tombadas pelo Iphan em 1955 e em 1974, abrangendo, praticamente, mil imóveis; estão sob proteção estadual 160 hectares, com aproximadamente 2500 imóveis. O Plano Diretor Urbanístico de 1992 incorpora essas áreas como Zona de Preservação Histórica, acrescentando-lhes uma Zona de Proteção Histórica 2, correspondente às áreas de entorno do aterro do Rio Bacanga e o Parque do Bom Menino.

Beco da Alfândega no sopé da ladeira da Rua do Giz com sobrados de balcão corrido e gradis em ferro forjado. · Callejón de la aduana en el inicio de la ladera de la Calle de Giz con sobrados de balcón corrido y rejas forjadas.
Customs Alley at the bottom of Giz Street displaying houses with wrought-iron grillwork balconies.

Desempenharam importante papel de orientação para a preservação do Centro Histórico os especialistas enviados pela Unesco, Michel Parent e Alfredo Vianna de Lima, este último reponsável pela orientação do primeiro inventário do Centro Histórico.

Em 1980, o governo do Estado cria o Programa de Preservação e Revitalização do Centro Histórico de São Luís, também conhecido como Projeto Praia Grande/Reviver, cuja atuação contínua, com estudos e obras ao longo de duas décadas, tem sido decisiva para a conservação e para a valorização desse riquíssimo patrimônio, urbano e arquitetônico.

JUSTIFICATIVA DE INSCRIÇÃO

Capital do Estado do Maranhão, São Luís foi inscrita como Patrimônio Mundial em dezembro de 1997, sob os critérios (iii), (iv) e (v). Seu Centro Histórico é um exemplar excepcional de cidade colonial portuguesa, com traçado preservado e conjunto arquitetônico representativo, adaptada às condições climáticas do Brasil equatorial.

Detalhe de cimalha e beiral em telhas de louças, decoradas.
Detalle de la cornisa y orillas en tejas de loza decoradas.
Detail of coping and eaves with decorated porcelain rooftiles.

Vista aérea do Bairro da Praia Grande, com o Mercado em primeiro plano. • Vista aérea del Barrio de la Playa Grande, con el Mercado en primer plano. • *Aerial view of the Praia Grande district with Public Market.*

Solar do Museu Histórico: avarandado com venezianas (fundos). • Solar del Museo Histórico: barandales con venecianas (fondo). • *Historical Museum Manor House with Venetian shutter balconies (rear).*

Catedral e Palácio Episcopal. • Catedral y Palacio Episcopal.
Cathedral and Episcopal Palace.

Lojas do Mercado da Praia Grande. • Tiendas del mercado de la Playa Grande. • *Shops at the Praia Grande Market.*

Convento Nossa Senhora das Mercês (1654), atualmente Museu da Memória Republicana, fachada da Rua das Palmas
Convento N. Sra. de las Mercedes (1654), actualmente Museo de la Memoria Republicana. Fachada de la Calle de las Palmas.
Nossa Senhora das Mercês convent (1654) now the Republican Memorial Museum, façade in Rua das Palmas.

Fonte do Ribeirão. • Fuente del Ribeirão. • *Ribeirão Fountain.*

Una ciudad equinoccial.

A inicios de la colonización el litoral norte de Brasil, por donde pasa la línea divisoria entre las posesiones de Portugal y España, fijada en el Tratado de Tordesillas, de 1494, *es una tierra de nadie* ... Después de la frustrada iniciativa de las Capitanías Hereditarias (1534), los portugueses intensifican la ocupación de la costa este de Brasil. Pero la costa norte continúa sujeta a frecuentes incursiones, especialmente de franceses que, en 1612, fundan una colonia, la Francia Equinoccial, localizada en una isla litoránea bien al sur de la embocadura del río Amazonas, sobre la línea del Ecuador. Allí, en una llanura elevada, verdadero baluarte junto a la costa, instalan el fuerte de San Luiz, en homenaje al rey santo y al joven rey Luis XIII. El cronista de la expedición de Daniel de la Touche, el fraile capuchino Claude d'Abeville, encantado con lo que ve, describe: "nada hay ahí de comparable a la belleza y a las delicias de esta tierra, así como la fecundidad y abundancia en todo lo que el hombre pueda imaginar y desear..."

Después de reconquistar la isla de Maranhão, en 1615, la Corona Portuguesa funda en la región dos poblaciones: una en el lugar del Fuerte de San Luís, y otra en uno de los brazos del río Amazonas: Belém do Grão-Pará, de 1616. Previniendo una temida expansión castellana a partir de Perú y creado en 1626, el estado de Maranhão, independiente del Estado de Brasil, recreado en 1654, como Estado de Maranhão y Grão-Pará, con sede en San Luís. Debido a las corrientes del Golfo, es más fácil comunicarse con la metrópoli que con Salvador, sede del Gobierno General.

Poco después el Padre Antonio Vieira funda el Colegio de los Jesuitas de Maranhão e implanta varias aldeas, pero en 1661, los jesuitas son expulsados por conflictos con los colonos que esclavizan a los indígenas.

Crece el cultivo del algodón y la extracción de castaña y de babazú, cuyo comercio se hace, en 1680, monopolio de la Corona, y reforzado por Pombal, en 1755, con la creación de la provincia de Grão-Pará y Maranhão y la Compañía de Comercio, ubicada en Belém. El gobernador será su hermano, Mendonça Furtado, haciéndose cargo del gobierno de Maranhão su sobrino, Melo Povoas.

Con la independencia de los Estados Unidos crece la exportación de algodón para Inglaterra, pero ese período de riqueza se encierra en 1864, con el fin de la Guerra de Secesión y la libertación de los esclavos en Brasil, en 1888. Sin embargo, San Luís llega al siglo XIX, como la cuarta mayor ciudad de Brasil, después de Río, Salvador y Recife, importante centro fabril textil, y el tercero en población negra.

Del período de prosperidad persiste la tradición literaria y la corrección en el hablar el portugués, cuyo origen es atribuido a las generaciones de jóvenes formados en Coimbra. Entre sus exponentes literarios están el poeta Gonçalves Dias, el novelista Aluísio Azevedo y el teatrólogo Arthur Azevedo.

De las tradiciones de origen africano sobresalen la Cafua das Mercês, hoy Museo del Negro, y la Casa de Mina, guardiana de las ancestrales prácticas religiosas. San Luiz también es rica en manifestaciones culturales de cuño popular, caracterizadas por la fusión de costumbres medievales portuguesas con tradiciones africanas e indígenas y cultivadas con creciente interés por la población, especialmente el bumba-meu-boi, en la cuadra junina. De la producción artesanal son especialmente conocidos los modelos navales en miniatura, originados de los ex votos de pescadores.

El Centro Histórico

San Luís se consolida con la construcción de una sede fortificada para el gobierno en el sitio del antiguo fuerte francés, con el Muelle de la Consagración al pie, de donde recuerda una ciudadela por la que se llega al centro. Ese recorrido, entre el Palacio y la Iglesia de los Jesuitas, conforma el eje cívico religioso de la ciudad. De esa fase dice Paulo Santos, en su *Ciudades de Brasil*

Colonial: "Cuando se apoderan de la ciudad, tratan de organizar el plano de urbanización que comprendió no sólo el levantamiento de lo existente, sino la extensión y el desenvolvimiento de la ciudad, que llegó al punto de incluir la construcción de una casa como modelo para las que llegasen a ser construidas".

La Corona portuguesa encarga el trazado y construcción de la ciudad al Ingeniero Mayor de Brasil, Francisco de Frias da Mesquita, responsable por diversas obras en el país, como los fuertes de "Reyes Magos", en Natal y Santa Catarina, en Cabedelo . Frias optó por un trazado cuadriculado ortogonal, "a la española", tal vez el primero de Brasil, retratado en el grabado de Gaspar Barleus, de la época de la invasión holandesa en el Nordeste.

La ampliación constante de las calles, la localización de las plazas, de las escaleras de unión entre los varios niveles, confieren a San Luiz el carácter urbano de una verdadera capital. Sus edificaciones son alineadas en los pasajes de los lotes, de forma contínua, definiendo las calles y plazas, cuya monotonía es quebrada por pequeñas variaciones en el trazado.

La elevación de San Luís a Villa, en 1620, coincide con la llegada de inmigrantes azorianos encargados de aclimatar a la región cultivos de exportación como el algodón y el azúcar. El florecimiento de la economía aliado a la posición estratégica del puerto, el mejor de la costa norte, despierta la codicia de los holandeses que, después de la conquista de Pernambuco, financiados por la Compañía de la Indias Occidentales, invaden San Luís en 1641, de donde fueron expulsados tres años más tarde, y de donde salieron luego a arrasarla.

La Corona decide, entonces, financiar mejorías urbanas: canalización de alcantarillas, pavimentación de calles y calzadas y construcción de fuentes; con la construcción de un puerto en el barrio ribereño de Playa Grande se consolida su carácter cosmopolita de ciudad marítima "más ligada a las actividades del océano que a las de tierra" , estrechando todavía más el contacto con la Metrópoli. Es allí que, en 1780, la Corona ordena la construcción de la Plaza del Comercio, en los moldes de las Plazas Regias, de moda en la época. De esa forma, la Plaza del Comercio de Lisboa pombalina, construida después del terremoto de 1755, encuentra a su congénere "del otro lado del mar, cerrando simbólicamente su perspectiva, como si San Luis fuese el espejo colonial de la capital metropolitana", a decir de Luiz Phelipe Andrés, en el libro San Luís de Maranhão, SEC-MA/1998. Ocurre, entonces, la maciza substitución de las antiguas edificaciones, la sofisticación del comercio, y la adopción de las fachadas de azulejos.

Una Arquitectura adecuada al clima

La arquitectura de San Luís histórica se destaca por la adecuación a las condiciones del clima ecuatorial, aprovechando al máximo la sombra y la ventilación marítima. Se incluye ahí el empleo, hasta entonces inédito, de los azulejos en la impermeabilización de las fachadas de tapia, lo que, debido a sus colores claros, también disminuye el calor reflejado para el interior de las edificaciones. La variedad de padrones, en su mayoría de origen portugués y su empleo, cubriendo toda la pared, enriquecen de sobremanera la figura de la ciudad, incentivando Portugal a adoptar la misma técnica.

El conjunto arquitectónico está compuesto por sobrados, solares y casas térreas, con plantas en "L" o en "U", extensos tejados cerámicos y aberturas protegidas por venecianas. Los elegantes desvanes, tan característicos de San Luiz, tienen hasta cuatro pavimentos, con la planta baja ocupada por comercio y servicios y demás para uso residencial, fachadas en azulejos, balcones corridos y rejas de fierro, con miradores para el control de la llegada de las embarcaciones al puerto. Éstos, son colocados preferentemente sobre el desván de las escalas para la extracción del aire caliente de los edificios. Los sobrados

suntuosos, llamados solares, reciben acabamiento refinado, teniendo portales en piedra de cantera, frontones neoclásicos triangulares, balcones sinuosos, terrazas en piedra de lioz, y rejas de fierro con diseños esmerados. Son características los vestíbulos con escaleras y arcos finamente trabajados, conduciendo al piso superior, de uso de la familia, donde barandales con venecianas corridas y amplios aleros ofrecen protección contra el sol escaldante y las lluvias torrenciales. La planta baja, lugar de servicio y de guarda de carruajes, es reculada, abriéndose para amplios patios y jardines, fundamentales para la ventilación.

En cuanto a las casas térreas, se clasifican en : moradía entera (portal central y dos ventanas a cada lado) media moradía (puerta en la lateral y dos ventanas) y la más simple, puerta y ventana, cuyo pasaje es de 3 a 4 metros, sin patios laterales, conjugadas unas a las otras.

De entre las edificaciones que destacan el paisaje, está el Palacio de los Leones, sede del gobierno del estado, cuyo proyecto inicial, de Frias da Mesquita, pasó por ampliaciones y reformas. Presentando hoy una expresión neoclásica. Se destaca, también, la Catedral, construida en sustitución a la Sede original, de 1713, que ocupaba el lugar de la iglesia y colegio jesuita, fundado por el Padre Vieira. De ella, el rico retablo de la capilla mayor, según parecer de Lucio Costa, es remanente jesuita.

De los muchos edificios y fracciones urbanas de valor histórico y cultural sobresalen el Convento de las Mercedes, las Iglesias del Rosario y del Destierro, la Casa de Mina, las Fuentes del Riberón y de las Piedras, el Teatro Arthur Azevedo, la Casa de las Tulhas, la Fábrica de Cáñamo y los conjuntos de sobrados de las calles del Giz, del Sol, de la Paz, Grande, Portugal y la Plazas Gonçalves Dias y João Lisboa.

Características de la expresión de la ciudad son las tradicionales embarcaciones, con sus velas coloridas, ancladas en el puerto de la Playa Grande, al margen del Río Bacanga, fruto del ingenio de los maestros constructores navales maranhenses.

Protección

El centro histórico de San Luís se extiende por un área aproximada de 220 hectáreas. Su acervo arquitectónico y paisajístico se sitúa en dos grandes zonas protegidas por el Iphan en 1955 y 1974, abarcando prácticamente mil inmuebles; bajo protección estadual están 160 hectáreas, con aproximadamente 2.500 inmuebles. El Plano Director Urbanístico de 1992, incorpora estas áreas como Zona de Preservación Histórica, agregándoles una Zona de Protección Histórica 2, correspondiente a las áreas de entorno del terraplén del río Bacanga y el Parque del Bom Menino.

Desempeñaron importante papel de orientación para la preservación del centro histórico los especialistas de la Unesco Michel Parent y Alfredo Vianna de Lima, éste último responsable por la orientación al primer inventario del centro histórico.

En 1980, el gobierno del estado crea el Programa de Preservación y Revitalización del Centro Histórico de San Luís, también conocido como Proyecto Playa Grande/Revivir, cuya actuación contínua con estudios y obras a lo largo de dos décadas, ha sido decisivo para la conservación y valorización de ese riquísimo patrimonio.

Justificativo de la Inscripción

Capital del Estado de Maranhão, San Luís, fue inscrita como Patrimonio Mundial en diciembre de 1997, bajo los criterios (iii), (iv) y (v). Su Centro Histórico, es un ejemplar excepcional de ciudad colonial portuguesa, con un trazado preservado y un conjunto arquitectónico representativo, adaptado a las condiciones climáticas del Brasil ecuatorial

A city on the equinox

At the time of the early settlements by the Portuguese, the north coast of Brazil - where the Treaty of Tordesillas established the dividing Line between the possessions of Portugal and Spain, in 1494 - was a no-man's-land. After the failure of their hereditary captaincies Initiative (1534), the Portuguese stepped up their occupation of the east coast of Brazil. However, the north coast remained the stage of frequent incursions, especially from the French, who founded a colony called Equinoctial France in 1612. This colony was based on an offshore island to the south of the Amazon River delta, right on the Equator. There, perched on a high plateau, a veritable rampart by the shore, they built Forte de São Luís (Fort Saint Louis) in honour of Louis IX the Saint and young King Louis XIII of France. Enchanted with what he saw, the chronicler of Daniel la Touche's expedition, the Capuchin friar Claude d'Abeville, wrote: "There is nothing comparable to the beauty and delights of this land, as well as the lushness and abundance in everything that man can imagine or wish for..."

After recapturing Maranhão Island, in 1615, the Portuguese Crown founded two settlements in the area: one at Forte de São Luís, and another on a tributary of the Amazon River, which founders named Belém de Grão Pará, in 1616. With the purpose of stalling the feared Castilian expansion from Peru, Maranhão was created in 1626 as an independent state of Brazil; in 1654, it was recreated as state of Maranhão and Grão-Pará, with its Centre in São Luís. Due to the Gulf currents, it was easier to communicate with The metropolis than with Salvador, where the General Government headquarters were established.

Soon afterwards, Father Antônio Vieira founded the Jesuit School of Maranhão and a number of settlements; however, after conflicts with settlers who enslaved the natives, the Jesuits were expelled in 1661.

As a result of the thriving agricultural activities that included cotton plantations and the extraction of brazil nut and babaçu palm, trade was Made a monopoly of the Crown, in 1680, and reinforced by the Marquis of Pombal, in 1755, when he created the province of Grão-Pará and Maranhão and the Trading Company, based in Belém. His brother, Mendonça Furtado, was appointed Grão Pará governor, and his nephew, Melo Povoas, governor of Maranhão.

Following the independence of the United States, the cotton exports from Brazil to England grew substantially, but the boom ended in 1864, following the end of the Civil War in the U.S., and the abolition of slavery in Brazil, in 1888. São Luís reached the 19th century as the fourth largest city in Brazil, after Rio de Janeiro, Salvador, and Recife; it was an important textile manufacturing centre, and had the third largest black population. From that period of prosperity, there persists a literary tradition and correct use of the Portuguese language, the origin of which is attributed to the generations of young men educated in Coimbra. The literary exponents of São Luís included poet Gonçalves Dias, novelist Aluísio Azevedo, and playwright Arthur Azevedo.

Particularly worth mentioning among the traditions of African derivation is Cafua das Mercês, now Negro Museum and the Mines House, guardian of ancestral religious practices. São Luís is also rich in cultural events with popular roots, characterised by the fusion of Portuguese medieval customs with African and indigenous traditions, and cultivated with growing interest by the native population, especially the bumba-meu-boi festival, in June. The handcrafted, miniature ship models created as fishermen's ex-votos are particularly popular.

The Historic Centre

The city of São Luís was consolidated with the construction of thegovernment palace on the site of the old French fort, overlooking the Quay of Consecration, from where it appears to be a citadel to gain access to the city centre. This course, between the palace and the Jesuit Church, is the civic-religious axis of the city. In that period, Paulo Santos wrote in his Cities of Colonial Brazil: "When they Took over the city, they set about organising the urban layout, which involved not only a survey of the existing situation, but the extension and further development of the city. This undertaking went as far as including the construction of a house to serve as a model for future houses."

The Portuguese Crown commissioned the planning and construction of the city to the Chief Engineer of Brazil, Francisco de Frias da Mesquita, Who was responsible for several works in the country, such as the Fortifications at Salvador, the Saint Benedict monastery in Rio de Janeiro, and the Carmel monastery, in Olinda. Frias opted for a Spanish-style square layout, perhaps the first in Brazil, portrayed in an engraving by Gaspar Barleus at the time of the Dutch invasion of the Northeast.

The regular width of the streets, the location of squares, plazas, and connection stairways between the several levels, all lend São Luís the urban character of a true capital. The constructions are aligned at the front of the lots, without interruption, defining streets and squares, whose monotony is broken by occasional slight variations in layout.

São Luís was raised to the status of settlement in 1620, coinciding with the arrival of Azorian immigrants entrusted with acclimatising export Crops such as cotton and sugar in the area. The flourishing economy and the strategic position of the port, the best on the northern coast, stirred the greed of the Dutch invaders who, after taking over Pernambuco with the financial backing of the West Indies Company, invaded São Luís in 1641. They were expelled three years later, leaving behind a city razed to the ground.

The Portuguese Crown then decided to finance several urban improvements: channelling sewers, paving streets and roadways, and installation of water fountains. With the construction of a port in the riverside neighbourhood of Praia Grande, they consolidated the cosmopolitan character of this maritime town "more associated with the ocean than with land," and bringing evencloser contact with the Metropolis. In 1780, the Crown ordered the construction of Commerce Square, on the lines of the Royal Squares in vogue at that time. Thus, the Commerce Square of Pombalian Lisbon, built after the earthquake of 1755, found a counterpart "overseas, symbolically closing its perspective, as if São Luis were the colonial mirror of the metropolitan capital," Luiz Phelipe Andrés wrote in his book São Luís do Maranhão, SEC-MA/1998. So there was massive replacement of old constructions, sophistication of trade, and the adoption of tiled façades.

Architecture adapted to the climate

The architecture of historic São Luís excels in its adaptation to the conditions of the equatorial climate, taking maximum advantage of the shade and ocean breeze. There was too the unprecedented use of tiles as impermeable cladding for wattle-and-daub façades, which, due to their bright colours, also decreased the heat refracted to the interior of the constructions. The variety of patterns, mostly of Portuguese origin, and their manner of covering whole walls particularly enriched the looks of the city, causing Portugal to adopt the same technique.

The architectural stock of São Luís includes multi-storey houses, mansions, and one-level cottage-type houses, with "L"- or "U"- shaped layouts, extensive clay tile roofs, and windows protected by elegant Venetian shutters. The elegant houses that are so characteristic of São Luís have up to four storeys, with the ground floor designed for trade and services, and the top for residential use. They boast tiled façades, Long balconies and wrought-iron grillwork, with a lookout from which to watch the to-and-fro movement of ships at the port. Balconies and lookouts are placed above stairwells to extract hot air from buildings. The sumptuous mansions are richly finished with portals in quarried stones, triangular neoclassical cornices, sinuous balconies in blue limestone, and elaborate wrought-iron grillwork designs. There are many lobbies with stairways and finely worked arches, leading to the upper floor inhabited by the family, where porches closed with Venetian blinds and wide eaves provide shade and protection against the burning sun and torrential rains. The ground floor, with the service area and carriage house, is recessed, opening on to wide. patios and gardens that are crucial to ensure good ventilation.

As to the cottage-type houses, they are classified as: entire dwelling (central door and two windows on each side); half-dwelling (door to the side and two windows) and the simplest type, just a door and a window, with a frontage of 3 to 4 meters, without side yards, joined by common walls.

Among the prominent constructions on the landscape are the Lions Palace, the state government headquarters, whose initial project by Chief Engineer Frias da Mesquita has been expanded and renovated, and now presents neo-classical features. Also outstanding is the Cathedral, built to replace the original Sé (1713), which had occupied the site of the church and Jesuit school founded by Father Vieira. Here the rich retable in the main chapel, according to Lucio Costa, is a remnant of the Jesuits.

Of the many buildings and urban quarters of historical and cultural value, the following are outstanding: the Convent of Mercy, the Rosary and Exile Curches, the Mines House, the Ribeirão Fountain, the Arthur Azevedo Theatre, the Tulhas House, the Cânhamo Factory, and remaining houses on the Giz and Portugal streets, and Gonçalves Dias Plaza.

Also characteristic of São Luís are the traditional boats and their coloured sails, anchored in the port of Praia Grande, on the delta of Bacanga River, the brainchildren of the ingenious master shipbuilders of Maranhão.

Protection

The São Luís old town comprises an area of 220 hectares. Its protected architectural and natural sites are located in two major zones listed by Iphan in 1955 and 1974, including nearly 1,000 buildings. Approximately 2,500 buildings that take up an area of 160 hectares are under state protection. The 1992 São Luís Master Plan incorporates these areas into a Historical Sanctuary, and further establishes for them a Historical Protection Zone 2, which covers the areas around the embankment of the Bacanga River and Bom Menino Park.

Unesco inspectors Michel Parent and Alfredo Vianna da Lima played an important role in providing guidelines for the preservation of São Luís old town; the latter drew up the first inventory-survey of the historic centre.

In 1980, the government of the state of Maranhão created a Programme for the Preservation and Revitalisation of the Historic Centre of São Luís (also known as Praia Grande/Reviver Project), whose ongoing programme of reports and restoration work over two decades has been decisive for the conservation and the appreciation of this rich heritage.

Listing Criteria

The capital of the state of Maranhão, São Luís, was inscribed in the World Heritage List in December 1997, under criteria (iii), (iv) and (v). Its historic town centre is an exceptional example of a Portuguese colonial town, with a preserved layout and a representative architectural complex that is well adapted to the climatic conditions of equatorial Brazil.

Eixo Monumental de Brasília com Esplanada dos Ministérios, tendo a Catedral de Brasília em primeiro plano e as torres gêmeas do Congresso Nacional ao fundo.

Eje Monumental de Brasilia en la Explanada de los Ministerios con la Catedral de Brasilia en primer plano, y las torres gemelas del Congreso Nacional al fondo.

Brasília's Monumental Axis with the Brasília's Cathedral and the Ministerial Esplanade in the foreground and the twin towers of the Congress building in the background.

Brasília

Brasília • *Brasília*

Distrito Federal

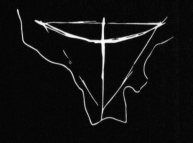

. . . .

WLADIMIR MURTINHO

E M B A I X A D O R

Um sonho chamado Brasília

*"Urbanizar consiste em levar um pouco da cidade para o campo
e trazer um pouco do campo para dentro da cidade"*

*"Brasília não é um gesto gratuito da vaidade pessoal ou política, à moda da Renascença,
mas o coroamento de um grande esforço coletivo em vista ao desenvolvimento nacional"*

Lucio Costa.

21 de abril de 1960, após pouco mais de três anos de trabalho, Brasília com toda a pompa é inaugurada e o Brasil, o eterno "país do futuro" entra no presente. Presente difícil como todo presente.

Passaram-se 40 anos e a Capital já assume sua plenitude. Continuam as obras públicas e privadas, mas, agora, ninguém mais se espanta com a beleza da cidade.

De momento, existe grande otimismo de que as estruturas culturais deverão ser iniciadas logo. Em execução o último grande projeto de Oscar Niemeyer, na Esplanada dos

Ministérios, entre a Catedral, de um lado, e o Teatro Nacional, do outro, será criado o Conjunto Cultural da República, que incluirá o Museu Nacional, a Biblioteca Nacional, um grupo de cinemas e um centro musical. Os dois lados da Esplanada serão interligados por uma grande galeria subterrânea, com iluminação natural, em que serão encontrados teatros, livrarias e restaurantes, em um verdadeiro ponto de encontro. Será o "centro" da cidade, de cuja ausência, Dr Lucio Costa, o urbanista que "inventou" Brasília, queixava-se, estimando indispensável um local de efetivo adensamento, em que toda a população pudesse se encontrar.

Se foi fulminante a sua construção, a mudança da capital do Rio de Janeiro para o Planalto teve longa, longuíssima gestação. Dos Inconfidentes, em fins do século XVIII, aos estudos minuciosos da Missão Cruls, para a localização da nova capital, em fins do século XIX, ao sonho do Patriarca, quando da Independência em 1822, o ideal da criação de uma nova capital interiorana, mostra uma extraordinária continuidade de pensamento.

Aliás, o historiador inglês Arnold Toynbee, que visitou Brasília na década de 60, disse-me que o mais extraordinário da realização de Brasília, mais do que sua importância arquitetônica, é a demonstração de um pensamento que se impõe a toda uma nação.

Com o entusiasmo e o esforço dos "candangos", e graças à genialidade de Lucio Costa e de Oscar Niemeyer, que trabalharam juntos durante longos anos, Brasília hoje existe, cidade cívica e bucólica, cheia de árvores, flores e extensos gramados. Quem a visita, deve antes de mais nada, olhar o céu, o mais lindo do Brasil, e lembrar que o Terceiro Milênio está próximo, quando, como na profecia de Dom Bosco, aqui "jorrarão mel e leite".

Palácio do Itamaraty, sede do Ministério das Relações Exteriores, cercado por espelho d'água. Projeto do arquiteto Oscar Niemeyer.
Palacio de Itamaraty, Sede del Ministerio de Relaciones Exteriores, cercado por un espejo de agua. Proyecto del arquitecto Oscar Niemeyer.
Itamaraty Palace, headquarters of the Foreign Affairs Ministry designed by Oscar Niemeyer with its water surround.

WLADIMIR MURTINHO

Embajador • *Ambassador*

Un sueño llamado Brasilia

"Urbanizar consiste en llevar un poco de la ciudad
para el campo y traer un poco del campo para dentro de la ciudad".

"Brasilia no es un gesto gratuito de la vanidad personal o
política, a la moda del Renacimiento,
sino la coronación de un gran esfuerzo colectivo
avistando el desarrollo nacional".

Lucio Costa.

21 de abril de 1960, poco después de más de tres años de
trabajo, es inaugurada Brasilia con toda pompa y Brasil, el eterno "país
del futuro" entra en el presente. Presente difícil como todo presente.

Pasaron 40 años y la Capital ya asume su plenitud. Continúan las
obras públicas y privadas, pero, ahora, nadie más se sorprende con la
belleza de la ciudad.

Por ahora, existe gran optimismo porque las estructuras
culturales deberán ser iniciadas luego. En ejecución del último gran
proyecto de Oscar Niemeyer, en la Explanada de los Ministerios, entre
la Catedral, de un lado, y el Teatro Nacional, del otro, será creado el
Conjunto Cultural de la República, que incluirá el Museo Nacional, la
Biblioteca Nacional, un grupo de cines y un centro musical. Los dos
lados de la Explanada, serán interconectados por una gran galería
subterránea, con iluminación natural, donde habrá teatros, librerías y
restaurantes, un verdadero punto de encuentro. Será el "centro" de la
ciudad de cuya ausencia, el Dr. Lucio Costa, el urbanista que "inventó"
Brasilia, se quejaba, estimando indispensable un local de efectivo
adensamiento, donde toda la población se pudiese concentrar.

Si fue fulminante su construcción, la mudanza de la capital de
Rio de Janeiro para el Planalto tuvo larga, larguísima gestación. De los
Inconfidentes, a fines del siglo XVIII, a los estudios minuciosos de la
Misión Cruls, para la localización de la nueva capital, a fines del siglo
XIX, el sueño del Patriarca, cuando la Independencia en 1822, el ideal
de la creación de una nueva capital interiorana, muestra una extraordi-
naria continuidad de pensamiento.

Por lo demás, el historiador inglés Arnold Toynbee, que visitó
Brasilia en la década del 60, me dijo que lo más extraordinario de la
realización de Brasília, más que su importancia arquitectónica, es la
demostración de un pensamiento que se impone a toda una nación.

Con el entusiasmo y el esfuerzo de los "candangos", y gracias a la
genialidad de Lucio Costa y de Oscar Niemeyer, que trabajaron juntos
durante largos años, Brasilia hoy existe, ciudad cívica y bucólica, llena
de árboles, flores y extensos prados. Quien la visita, debe, antes que
nada, mirar el cielo, el más lindo de Brasil, y recordar que el Tercer
Milenio está próximo, cuando, según la profecía de Don Bosco, aquí
"brotará leche y miel".

A dream called Brasilia

*"Urbanising consists in taking a little of the town to the country
and bringing a little of the countryside to the town."*

*"Brasilia is not a gratuitous gesture of personal or
political vanity in the Renaissance manner.
Rather, it is the crowning of a great collective endeavour
to promote national development."*

Lucio Costa

*21st April, 1960: after a little more than three years of unstinting labour,
Brasilia is inaugurated with all due pomp and circumstance. Brazil, the eternal
"country of the future", finally engages with the present. Like all present times, a
tough present.*

*Forty years have passed, and the capital city has come into its own.
Building work - both public and private - continues apace but now no one is
amazed at the city's beauty.*

*In the last few days, great expectations have been raised that building of the
city's cultural complex will soon commence. This is Oscar Niemeyer's last great
architectural blueprint for the city: the space in the Ministerial Esplanade
between the Cathedral, on one side, and the National Theatre on the other, is to
house the Cultural Complex of the Republic comprising the National Museum,
the National Library, a set of cinemas and a music centre. The two sides of the
wide, open Esplanade are to be linked by an underground gallery with natural
lighting. The gallery will include theatres, bookshops and restaurants and is
designed to be one of Brasilia's prime meeting places. It will serve as the city
centre that Lucio Costa (the urbanist who "invented" Brasilia) complained was
missing. To his mind, the city needed a place with a certain density of buildings
where the local population could meet.*

*If building the new capital was fast and furious, transferring it from Rio
de Janeiro to Brazil's Central Plateau was slow, very slow to come about. From
the "Inconfidente" rebel plot at the end of the 18th century to the detailed studies
of the Cruls Mission, to the location of the new capital at the end of the 19th
century, to the Patriarch's dream when Independence was declared in 1822, the
ideal of building a new capital in the interior of the country runs a remarkable
continuity of thinking.*

*Indeed, the English historian Arnold Toynbee told me when visiting Brazil
in the sixties that the most extraordinary thing about Brasilia - more so than its
architectural prowess - is the demonstration of thinking unflinchingly imposed on
an entire nation.*

*Thanks to the zest and zeal of the "candango" construction workers, to the
genius of Lucio Costa and Oscar Niemeyer, who worked together for many long
years, Brasilia is what it is today: a civic, bucolic city, full of trees, flowers and
wide open lawns. Before all else, visitors should take in the sky (Brazil's most
stunningly resplendent) and recall that the Third Millennium is at hand, the
era in which Dom Bosco prophesied that "milk and honey would flow here".*

Brasília, patrimônio moderno

Localização da cidade.
Localización de la ciudad.
City's location.

Distrito Federal • Distrito Federal • *Federal District.*

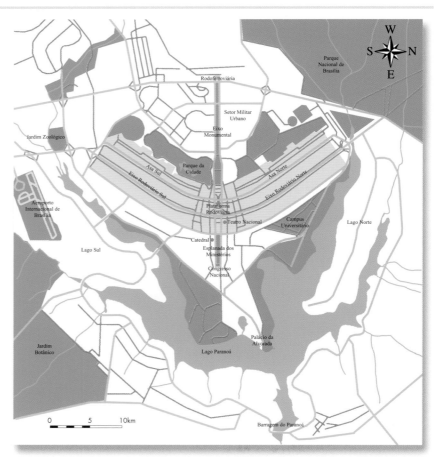

Plano Piloto com os principais setores e monumentos.
Mapa del Plan Piloto de Brasília, con los principales sectores y monumentos.
Pilot Plan of Brasilia, with the main sectors and monuments.

Imagem de satélite da cidade de Brasília, com o Parque Nacional ao alto
e demais cidades do Distrito Federal.
Imagen de satélite de la ciudad de Brasilia, con el Parque Nacional en la parte alta
y las demás ciudades del Districto Federal.
*Satellite image of Brasilia with the National Park at top
and the others towns of Federal District.*

As idéias referentes à mudança da capital para o interior do Brasil remontam ao período colonial, atribuídas primeiramente ao Marquês de Pombal. Ainda no século XVIII fizeram parte do ideário da Inconfidência Mineira. Ganham corpo no século XIX, seja na imprensa– veja-se a edição do *Correio Braziliense*, publicada em Londres no ano de 1808 – seja entre personagens como José Bonifácio, o Patriarca da Independência, que já dava então à nova cidade o nome de Brasília. Idéias que a seguir constarão da Primeira Constituição Republicana do Brasil, de 1891, a qual faz referência a uma área, no Planalto Central, *"que será oportunamente demarcada, para nela estabelecer-se a futura Capital Federal "*.

Demarcação que se inicia em 1892 com a chamada Missão Cruls, chefiada pelo astrônomo belga Luís Cruls, à época diretor do Observatório Astronômico do Rio de Janeiro, e composta por cientistas, médicos, engenheiros. Foi demarcado, então, o Quadrilátero Cruls, com 14.400 quilômetros quadrados. A idéia é retomada com a Constituição de 1946, criando-se a Comissão de Estudos para a localização da nova Capital do Brasil, chefiada pelo General Poli Coelho, e cujos

Catedral de Brasília, situada na Esplanada dos Ministérios, com batistério em primeiro plano. · Catedral de Brasilia, situada en la Explanada de los Ministerios, con el bautisterio en primer plano.
Brasilia Cathedral, located at the Ministerial Esplanade, with the Baptistry to the fore.

trabalhos se estenderam até 1948. Em 1950 é realizado o levantamento aerofotogramétrico da área onde hoje se situa o quadrilátero do Distrito Federal com seus 5.800 quilômetros quadrados.

Em 1956, já na Presidência da República, Juscelino Kubitschek, resolve realizar o sonho sempre adiado. Cria então a Companhia Urbanizadora da Nova Capital – Novacap, designando Israel Pinheiro para presidente. Em 30 de setembro do mesmo ano é publicado o edital do Concurso do Plano Piloto, que já estabelecia os contornos do Lago Paranoá e a localização do Aeroporto, do Palácio da Alvorada, do Brasília Palace Hotel, estes últimos projetados por Oscar Niemeyer. O concurso foi vencido pelo arquiteto Lucio Costa, que via a construção da nova capital como um ato deliberado de posse, *"um gesto de sentido desbravador nos moldes da tradição colonial "*.

Dentre as providências tomadas para o início da construção, em 1957, foi erguido, em madeira, o singelo Palácio do Catetinho, residência provisória do presidente e pioneiro projeto de Oscar Niemeyer na nova capital. Três anos após, em 1960, a cidade, embora parcialmente construída, foi inaugurada no dia 21 de abril, data alusiva a Tiradentes, o Mártir da Independência.

Interior da Catedral de Brasília, com anjos suspensos de Alfredo Ceschiatti e vitrais de Marianne Peretti.
Interior de la Catedral de Brasilia, con ángeles suspendidos de Alfredo Ceschiatti y vitrales de Marianne Peretti.
Interior of Brasilia Cathedral with hanging angels by Alfredo Ceschiatti and stained glass by Marianne Peretti.

Detalhe dos arcos do Palácio do Itamarati, sede do Ministério da Relações Exteriores, com o anexo administrativo ao fundo.
Detalle de los arcos del Palacio Itamarati, sede del Ministerio de Relaciones Exteriores, con el edificio anexo de administración al fondo.

Assim nasceu aquela que André Malraux, então Ministro da Cultura da França, chamou de "A Capital da Esperança", e que no imaginário de muitos, entre eles Juscelino Kubitschek, representava o marco do nascimento de um novo Brasil:

" *No dia seguinte ao da inauguração, passeei sozinho pela Praça dos Três Poderes. Lembrei-me da primeira vez que visitara o Planalto. Uma cidade havia sido construída ali, num ritmo que fora julgado impossível. O Brasil ganhava uma nova capital e dava ao mundo um exemplo de trabalho e confiança no futuro. Era, de fato, uma cidade diferente, e edificada num cenário que lembrava uma paisagem lunar, digno, portanto, da audácia que presidira a sua arquitetura. Não resisti à tentação de evocar o encantamento proporcionado por aquela visão: nas tardes do Planalto, os crepúsculos de fogo se confundem com as tintas da aurora. Tudo se transforma em alvorada nesta cidade, que se abre para o amanhã* ".* (Juscelino Kubitschek)

Praça dos Três Poderes com o Panteão da Liberdade (ao fundo) e o Pombal (à dir.).
Plaza de los Tres Poderes con el Panteón de la Libertad (al fondo) y el Palomar (a la der.).
Three Powers Plaza with Liberty Pantheon (centre rear) and Dovecote (right).

Congresso Nacional, sede do Poder Legislativo, projeto de Oscar Niemeyer, com a cúpula do Senado à esquerda e a da Câmara, invertida, à direita. Ao centro, as duas torres administrativas.
Congreso Nacional, sede del Poder Legislativo, proyecto de Oscar Niemeyer, con la cúpula del Senado a la izquierda y la de la Cámara, invertida, a la derecha. En el centro, las dos torres administrativas.
Naitonal Congress, headquarters of the Legislative Branch , designed by Oscar Niemeyer with the Senate dome on the left and the inverted dome of the Chamber of Deputies on the right. In the centre, the twin administrative towers.

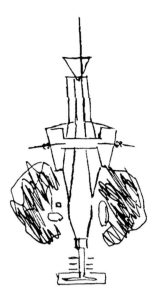

Croquis do arquiteto Lucio Costa para o Eixo Monumental,
constante do relatório do Plano Piloto de Brasília, 1956.
Croquis del arquitecto Lucio Costa para el Eje Monumental,
que consta en el informe del Plan Piloto de Brasilia, 1956.
Lúcio Costa's sketch for the Monumental Axis,
contained in his report on the Pilot Plan of Brasilia, 1956.

Traçado do Eixo Monumental na direção do Congresso Nacional, 1957.
Diseño del Eje Monumental en la dirección del Congreso Nacional, 1957.
Outline of the Monumental Axis looking towards the National Congress, 1957.

O PLANO PILOTO

Nascida *"do gesto primário de quem assinala um lugar ou dele toma posse: dois eixos cruzando-se em ângulo reto, ou seja, o próprio sinal da cruz"*, Brasília foi *"concebida não como simples organismo capaz de preencher satisfatoriamente e sem esforço as funções vitais próprias de uma cidade moderna qualquer, não apenas como urbs, mas como civitas, possuidora dos atributos inerentes a uma Capital"*. E para tanto, completava Lucio Costa, a condição primeira era *"achar-se o urbanista imbuído de uma certa dignidade e nobreza de intenção, porquanto desta atitude fundamental decorrem a ordenação e o senso de conveniência e medida capazes de conferir ao conjunto projetado o desejável caráter monumental. Monumental não no sentido de ostentação, mas no sentido da expressão palpável, por assim dizer, consciente, daquilo que vale e significa. Cidade planejada para o trabalho ordenado e eficiente, mas ao mesmo tempo cidade viva e aprazível, própria ao devaneio e à especulação intelectual capaz de tornar-se com o tempo, além de centro de governo e administração, num foco de cultura dos mais lúcidos e sensíveis do Brasil "*.

Nesta condição de cidade ao mesmo tempo *urbs e civitas*, residem algumas das principais e singulares características de Brasília, aliás, decisivas na escolha feita pelo Júri do Concurso, que de forma explícita considerou a proposta de Lucio Costa como a única que atendia aos requisitos exigidos de um plano para a capital administrativa do Brasil, destacando igualmente a clareza e a simplicidade de um projeto que *"tem o espírito do século XX: é novo; é livre e aberto; é disciplinado sem ser rígido"*.

Plano que, embora sendo a maior realização dos postulados da Carta de Atenas, e herdeiro do projeto da *Ville Radieuse*, de Le Corbusier, aos primeiros não se limita, e com o segundo não se confunde. O gesto primário e as quatro escalas: a monumental, a residencial, a gregária e a bucólica, por si só fazem de Brasília uma cidade *sui generis* e lhe dão a relevância que tem na milenar história do urbanismo

A Escala Monumental é aquela que confere à cidade o caráter de capital, e que se configura ao longo do Eixo Monumental que *"atravessa a cidade do nascente ao poente"*, e no qual se localizam, sobretudo, as funções administrativas federal e do Distrito Federal, destacando-se nele os seus dois principais componentes mais densos do ponto de vista do simbolismo da arquitetura e do

Torre de Televisão, em dia de festividades. Projeto do arquiteto Lucio Costa.
Torre de Televisión, en día de festividades. Proyecto del arquitecto Lucio Costa.
The Television Tower, designed by Lúcio Costa, on a festive date.

Cruzamento dos eixos Monumental e Rodoviário, traçado em meio ao cerrado, 1957.
Cruce de los Ejes Monumental y Rodoviario (Vial), trazado en el corazón del "cerrado", 1957.
Intersection of the Monumental and Highway Axes cleared in the scrubland, 1957.

Cruzamento dos eixos com a plataforma rodoviária ao centro, o Teatro Nacional à direita e a Asa Sul ao fundo.
Cruce del los Ejes con la plataforma vial al centro, el Teatro Nacional a la derecha y el Ala Sur al fondo.
Intersection of the Axes with the bus station platform in the centre and the National Theatre on the right.

urbanismo de Brasília enquanto civitas: a Esplanada dos Ministérios e a Praça dos Três Poderes. A Escala Residencial, consubstanciando uma nova forma de morar, tem como espinha dorsal o Eixo Rodoviário com seus 16 quilômetros, ao longo do qual estão localizadas as Unidades de Vizinhança que, no seu conjunto e seqüência, constituem as chamadas Asa Norte e Asa Sul. A Escala Gregária, localizada no cruzamento dos dois eixos, confunde-se com o centro da cidade, nele localizando-se, entre outros, os setores Bancário, Hoteleiro, Comercial, de Serviços e de Escritórios. A Escala Bucólica, permeando as outras três, é formada pelas amplas áreas livres densamente arborizadas, contíguas às áreas edificadas, e funciona em relação a essas como uma espécie de pano de fundo, conferindo à Brasília o caráter de cidade-parque e contribuindo para a existência dos espaços abertos, pelos quais a presença do céu na paisagem ocorre de forma constante, enfatizando igualmente o contraste entre a cidade construída, *cultura*, e o cerrado circundante, *natura*.

A Praça dos Três Poderes, na forma de um *triângulo eqüilátero, vinculado à arquitetura da mais remota antiguidade*, contém em cada um dos seus vértices, simbolizando o equilíbrio entre eles, os poderes fundamentais da República: o Palácio do Planalto, sede do Poder Executivo; o Palácio do Supremo Tribunal Federal, sede do Poder Judiciário e o Congresso Nacional, sede do Poder Legislativo. Projetos do arquiteto Oscar Niemeyer, autor também de outras obras que compõem a Escala Monumental, entre elas, os Ministérios, o Palácio do Itamarati, a Catedral e o Teatro Nacional, todos realizados por ele na condição de Chefe do Departamento de Arquitetura da Novacap.

São também relevantes as duas únicas edificações projetadas por Lucio Costa em Brasília: a Torre de Televisão, marco na paisagem da cidade, e a Plataforma da Rodoviária. Esta, localizada no cruzamento dos eixos e debruçada sobre o setor cultural e a Esplanada dos Ministérios, foi elemento de vital importância na concepção da cidade, tornando-se, além do mais, o ponto de ligação de Brasília com as demais cidades do DF.

A Unidade de Vizinhança, com quatro superquadras emolduradas por faixa densamente arborizada, tem como acesso uma via local, onde se situam o comércio e os serviços de apoio às residências. Cada superquadra, formada por onze blocos de apartamentos construídos sobre pilo-

Quadra residencial 308 Sul, com jardins de Burle Marx.
Manzana Residencial 308 Sur, con jardines de Burle Marx.
Residential superblock 308 South landscaped by Burle Marx.

Interior da quadra residencial, com blocos em pilotis, permitindo franca circulação.
Interior de la manzana residencial, con edificios sobre columnas, permitiendo la libre circulación.
Interior of the residential superblock with apartment buildings on raised pillars making for free circulation.

Palácio da Alvorada, residência presidencial com seus jardins, à margem do Lago Paranoá, tendo ao fundo a Esplanada dos Ministérios, o Congresso Nacional e o centro urbano.
Palacio de la Alborada, residencia presidencial con sus jardines, a la orilla del lago Paranoá, viéndose al fondo la Explanada de los Ministerios, el Congreso Nacional y el centro urbano.
Alvorada Palace, the presidential residence set in gardens on the banks of the Paranoá Lake. In the background, the Ministerial Esplanade and the National Congress.

Detalhe do Palácio do Itamarati, com a escultura *Meteoro*, de Bruno Giorgi.
Detalle del Palacio Itamarati, con la escultura *Meteoro*, de Bruno Giorgi.
Detail of Itamarati Palace with Bruno Giorgi's "Metero" sculpture.

Lateral do Teatro Nacional Claudio Santoro, com composição de Athos Bulcão.
Lateral del Teatro Nacional Claudio Santoro, con composición de Athos Bulcão.
Side wall of the National Theatre, with a composition by Athos Bulcão.

tis e com gabarito uniforme de seis pavimentos, possui ampla área verde que lhe confere caráter bucólico. No projeto original, e como elementos das Unidades de Vizinhanças, estava prevista a implantação de escolas, clubes, centros de saúde, bibliotecas e cinemas, o que aconteceu apenas muito parcialmente.

Em Brasília, no dizer de Lucio Costa, aplicou-se os princípios francos da técnica rodoviária, com a conseqüente substituição da chamada rua corredor e suas esquinas, pelas pistas ou eixos, sobressaindo-se nestes os trevos e outras passagens de nível, eliminado-se, assim, os cruzamentos, e separando-se ao máximo a circulação de veículos da de pedestres, como preceituava então o desenho urbano modernista.

E à arquitetura e ao urbanismo somaram-se as obras de artistas que igualmente contribuíram para a beleza de Brasília. As esculturas de Bruno Giorgi, entre elas o *Meteoro*, em mármore de carrara e colocada diante ao Palácio do Itamarati; as de Alfredo Ceschiatti, como os *Exangelistas*, em bronze, e que compõem o conjunto da Catedral; e, muito particularmente, os painéis de Athos Bulcão, dentre eles o mais visível: aquele constituído pelo conjunto dos sólidos geométricos que, com seus volumes e sombras, dá maior beleza e singularidade às paredes laterais do Teatro Nacional.

Devem igualmente ser lembrados o engenheiro Joaquim Cardoso, autor do cálculo estrutural dos edifícios mais arrojados, a Catedral por exemplo, e Roberto Burle Marx, responsável pelo paisagismo de diversos edifícios e espaços públicos, destacando-se os jardins do Palácio Itamarati.

PROTEÇÃO

A consciência da importância de Brasília esteve presente desde a sua criação. Ainda em 1960, antes mesmo da inauguração da nova capital, a Lei Orgânica do Distrito Federal, previa que quaisquer alterações no Plano Piloto seriam submetidas ao Senado Federal. Mas, efetivamente, só no início dos anos 80 o crescimento acelerado da cidade coloca em pauta essa questão. Por essa razão, em 1981, é instituído o Grupo de Trabalho para Preservação do Patrimônio Histórico, Cultural e Natural de Brasília, formado por representantes da Fundação Nacional Pró-Memória, do Governo do Distrito Federal e da Universidade de Brasília, que realizou análises e um amplo inventário em base aos quais foi preparado o dossiê apresentado à Unesco, em 1987, quando da solicitação da inscrição de Brasília na Lista do Patrimônio Mundial. Nesse mesmo ano, em cumprimento à solicitação da Unesco, o governador José Aparecido de Oliveira, decreta a proteção das quatro escalas da cidade e define um perímetro sobre o que se estabelece, em 1990, o tombamento federal, com 120 quilômetros quadrados.

Ainda nos anos 80, Lucio Costa formula as bases para futuras intervenções na cidade por meio dos documentos: "Do plano piloto ao Plano Piloto", de 1985; e "Brasília Revisitada", de 1987. Nesta última, Lucio Costa afirma: "A capital é histórica de nascença, o que não apenas justifica mas exige que se preserve, para as gerações futuras, as características fundamentais que a singularizam".

JUSTIFICATIVA DE INSCRIÇÃO

Localizada na região Centro-Oeste do país, a capital do Brasil foi inscrita como Patrimônio Cultural da Humanidade, em 11 de dezembro de 1987, sob os critérios (i) (iv). A aplicação dos princípios do urbanismo expressos na Carta de Atenas (1933) em capitais somente ocorreu em duas situações: em Chandigarh e em Brasília. A experiência brasileira destaca-se pela grandiosidade da ação, que não só finalizou um processo histórico como também esteve integrada a uma estratégia de desenvolvimento e auto-afirmação nacional.

Eixo Rodoviário Norte, franqueado por quadras residenciais. Em primeiro plano, as "tesourinhas" ou trevos de acessso às quadras.
Eje "Rodoviário" Norte, flanqueado por manzanas residenciales. En primer plano, "las tijeritas" o tréboles de acceso a las manzanas.
North Highway Axis flanked by residential areas. In the foreground, the cloverleaf access junctions to the superblocks.

As colunas de Brasília. · La columnas de Brasília. · *The Brasília Colouns*

Palácio da Alvorada, residência presidencial, com *As Ninfas*, de Alfredo Ceschiatti.
Palacio de la Alborada, residencia presidencial con *Las Ninfas*, de Alfredo Ceschiatti.
Alvorada Palace, the presidential residence, with Alfredo Ceschiatti's "The Nymphs".

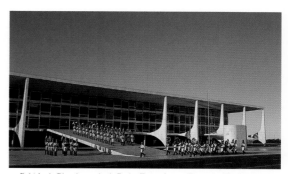

Palácio do Planalto, sede do Poder Executivo, na Praça dos Três Poderes.
Palacio del "Planalto", sede del Poder Ejecutivo, en la Plaza de los Tres Poderes.
Planalto Palace, headquarters of the Executive Branch, in the Three Powers Plaza.

Supremo Tribunal Federal, sede do Poder Judiciário, com *A Justiça*, de Alfredo Ceschiatti.
Supremo Tribunal Federal, sede del Poder Judicial, con *La Justicia*, de Alfredo Ceschiatti.
The Federal Supreme Court, headquarters of the Judiciary Branch, with Alfredo Ceschiatti's "Justice".

Igrejinha de N. Sra. de Fátima, projeto de Oscar Niemeyer, com painel de Athos Bulcão.
Iglesia de la Virgen de Fátima, proyecto de Oscar Niemeyer, con panel de Athos Bulcão.
Our Lady of Fatima Chapel designed by Oscar Niemeyer with panel by Athos Bulcão.

Brasília, patrimonio moderno

Las ideas referentes a la transferencia de la capital al interior de Brasil se remontan al período colonial, y se atribuyen primeramente al Marqués de Pombal. Aún en el siglo XVIII formaron parte del ideario de la Inconfidencia Minera. Adquieren forma en el siglo XIX, sea en la prensa - véase la edición del diario Correio Braziliense editado en Londres el año de 1808, sea entre personajes como José Bonifácio, el Patriarca de la Independencia, que desde entonces ya le daba a la nueva ciudad el nombre de Brasilia. Ideas que después constaron en la Primera Constitución Republicana de Brasil, de 1891, en la cual se cita un área, en el Altiplano Central, "que será oportunamente demarcada, para establecer en ella la futura capital Federal ".

Demarcación que empieza en 1892 con la llamada Misión Cruls, encabezada por el astrónomo belga Luís Cruls, en la época director del Observatorio Astronómico de Río de Janeiro, y formada por científicos, médicos, ingenieros. Se demarcó, entonces, el Cuadrilátero Cruls, con 14,400km^2. La idea se retoma con la Constitución de 1946, cuando se crea la Comisión de Estudios para la ubicación del cuadrilátero en el Altiplano Central, encabezada por el General Poli Coelho, y cuyos trabajos se extendieron hasta 1948. En 1950 se hace un levantamiento aerofotogramétrico del área donde hoy se sitúa el cuadrilátero del Distrito Federal con sus 5,800 Km^2. En 1956, ya en la Presidencia de la República, Juscelino Kubitschek, decide realizar el sueño siempre pospuesto. Crea entonces la Compañía Urbanizadora de la Nueva Capital – Novacap, designando al ingeniero Israel Pinheiro para presidente. El 30 de septiembre de ese mismo año se publica la convocatoria del Concurso para el Plan Piloto, que ya establecía los contornos del Lago Paranoá y la ubicación del aeropuerto, del Palacio de la Alborada, del Brasília Palace Hotel, previamente proyetados por Oscar Niemeyer. El concurso fue vencido por el arquitecto Lucio Costa, que veía la construcción de la nueva capital como un acto deliberado de toma de posesión, "un gesto de sentido explorador en el estilo de la tradición colonial". Entre las medidas tomadas para el inicio de las obras, en 1957, se construyó en madera el sencillo Palacio del Catetinho, residencia provisional del presidente y primer proyeto de Oscar Niemeyer en la nueva capital. En 1960, tres años después y aún estando parcialmente construida, fue inaugurada la ciudad el 21 de abril, fecha alusiva a Tiradentes, el Mártir de la Independencia.

Así nació la que André Malraux, Ministro de Cultura de Francia en la época, llamó de capital de la esperanza, y que en el imaginario de muchas personas, entre ellas Juscelino Kubitschek, representaba el hito del nacimiento de un nuevo Brasil: *Al día siguiente de la inauguración, di un paseo, yo solo, por la Plaza de los Tres Poderes. Recordé la primera vez que había visitado el Planalto. Una ciudad había sido construida allí, en un ritmo que se consideraba imposible. Brasil ganaba una nueva capital y le daba al mundo un ejemplo de trabajo y confianza en el futuro. Era, de hecho, una ciudad diferente, y edificada en un escenario que hacía pensar en un paisaje lunar, digno, por lo tanto, de la audacia que presidía su arquitectura. No resistí a la tentación de evocar el encanto proporcionado por aquella visión: En las tardes del Planalto, los crepúsculos de fuego se confunden con los matices de la aurora. Todo se transforma en alborada en esta ciudad, que se abre para el mañana"Juscelino Kubitschek.*

El Plan Piloto

Nacida " *del gesto primario de quien señala un lugar o de él toma posesión: dos ejes cruzándose en ángulo recto, o sea, la propia señal de la cruz*", Brasilia fue "*concebida no como simple organismo capaz de llenar satisfactoriamente y sin esfuerzo las funciones vitales propias de una ciudad moderna cualquiera, no sólo como urbs, sino como civitas, poseedora de los atributos inherentes a una Capital ". Y, para ello, completaba Lucio Costa, la condición primordial era "encontrarse el urbanista impregnado con una cierta dignidad y nobleza de intención, ya que de esta actitud fundamental se derivan la ordenación y el sentido de conveniencia y medida capaces de otorgar al conjunto proyectado el deseado carácter monumental. Monumental no en el sentido de ostentación, sino en el sentido de la expresión palpable, digamos, consciente, de lo que vale y significa. Ciudad planificada para el trabajo ordenado y eficiente, pero al mismo tiempo ciudad viva y placentera, propia para la fantasía y para la reflexión intelectual, capaz de volverse, con el tiempo, además de centro de gobierno y administración, un foco de cultura de los más brillantes y sensibles de Brasil* "

En esta condición de ciudad, al mismo tiempo *urbs e civitas*, radican algunas de las principales y singulares características de Brasilia, por cierto decisivas en la opción escogida por el Jurado del Concurso, que de forma explícita consideró la propuesta de Lucio Costa como la única que cubría los requisitos exigidos de un plan para la capital administrativa de Brasil, destacando igualmente la claridad y la simplicidad de un proyecto que *tiene el espíritu del siglo XX: es nuevo; es libre y abierto; es disciplinado sin ser rígido.*

Plan que, aún siendo la mayor realización de los postulados de la Carta de Atenas, el heredero del proyecto de la Ville Radieuse de Le Corbusier no se limita a los primeros y no se confunde con el segundo. El gesto primario, y las cuatro escalas, la monumental, la residencial, la gregaria y la bucólica, por sí solas hacen de Brasilia una ciudad sui generis y le dan la relevancia que tiene en la milenaria historia del Urbanismo.

La Escala Monumental es la que le da a la ciudad el carácter de capital, y que se configura a lo largo del Eje Monumental que "*atraviesa la ciudad del naciente al poniente*", y en el que se localizan, sobre todo, las funciones administrativas Federales y del Distrito Federal, destacándose en él sus dos principales componentes más densos desde el punto de vista del simbolismo de la arquitectura y del urbanismo de Brasilia bajo el aspecto de *civitas*: la Explanada de los Ministerios y la Plaza de los Tres Poderes. La Escala Residencial, consolidando una nueva forma de residir, tiene como espina dorsal el Eje Rodoviario, con sus 16km, a lo largo del cual se localizan las Unidades de Vecindad que, en su conjunto y secuencia, constituyen las llamadas Ala Norte y Ala Sur. La Escala Gregaria, localizada en el cruce de los dos ejes, se confunde con el centro de la ciudad, donde están ubicados, entre otros, los Sectores Bancario, Hotelero, Comercial, de Servicios y de Oficinas. La Escala Bucólica, entretejida con las otras tres, está formada por las amplias áreas libres densamente arboladas, contiguas a las áreas edificadas, y funciona, en relación a éstas, como una especie de telón de fondo, dándole a Brasilia el carácter de "*ciudad parque*" y contribuyendo a la existencia de los espacios abiertos, a través de los cuales la presencia del cielo en el paisaje ocurre de forma constante, enfatizando igualmente el contraste entre la ciudad construida - cultura - y la vegetación del cerrado circundante - natura.

La Plaza de los Tres Poderes, en la forma de un *triángulo equilátero, vinculado a la arquitectura desde la más remota antigüedad* contiene en cada uno de sus vértices, simbolizando el equilibrio entre ellos, los poderes fundamentales de la República: el Palacio del Planalto, sede del Poder Ejecutivo; el Palacio del Supremo Tribunal Federal, sede del Poder Judicial; y el Congreso Nacional, sede del Poder Legislativo. Proyectos del arquitecto Oscar Niemeyer, autor también de otras obras que componen la Escala Monumental, entre ellas, los Ministerios, el Palacio de Itamarati, la Catedral y el Teatro Nacional, todos realizados por él en la condición de Jefe del Departamento de Arquitectura de Novacap. Las dos únicas edificaciones proyectadas por Lucio Costa en Brasilia, la Torre de Televisión, hito en el paisaje de la ciudad, y la Plataforma de la *Estação Rodoviária* (Terminal de Autobuses), localizada en el cruce de los ejes y suspendida sobre el Sector Cultural y la Explanada de los Ministerios, fue un elemento de vital importancia en la concepción de la ciudad, convirtiéndose, además, en el punto de unión de Brasilia con sus demás ciudades del DF.

La Unidad de Vecindad, con cuatro Supercuadras enmarcadas por una franja densamente arbolada, tiene como acceso una vía local, donde se sitúan el comercio y los servicios de apoyo a las residencias. Cada Supercuadra, formada por bloques de departamentos construidos en pilotis y con la altura máxima permitida y uniforme de seis pisos, posee una amplia área verde que le confiere un carácter bucólico. En el proyecto original, y como elementos de las Unidades de Vecindad, estaba prevista la implantación de escuelas, clubes, centros de salud, bibliotecas y cines, lo que se concretó sólo muy parcialmente.

En Brasilia, según dijo Lucio Costa, se aplicaron los principios francos de la técnica vial, con la consecuente substitución de la llamada calle corredor y de sus esquinas por las pistas o ejes, sobresaliendo en éstos los tréboles y otros pasos de nivel, eliminando así las encrucijadas, y separando, lo máximo posible, la circulación de vehículos de la de peatones, según los preceptos de la época sobre el diseño urbano modernista.

Y a la arquitectura y al urbanismo se sumaron las obras de aquellos artistas que igualmente contribuyeron para la belleza de Brasilia. Las esculturas de Bruno Giorgi, entre ellas el Meteoro, en mármol de carrara y colocada junto al Palacio de Itamaratí; las de Alfredo Ceschiatti, como los Evangelistas, en bronce, y que componen el conjunto de la Catedral; y, muy particularmente, los paneles de Athos Bulcão, entre los cuales el más visible es aquél constituido por el conjunto de los sólidos geométricos que, con sus volúmenes y sombras, le dan mayor belleza y singularidad a las paredes laterales del Teatro Nacional.

Asimismo hay que recordar al ingeniero Joaquim Cardoso, encargado del cálculo estructural de los edificios más audaces, la Catedral por ejemplo, y Roberto Burle Marx, responsable por el paisajismo de varios edificios y espacios públicos, entre los que se destacan los jardines del Palacio Itamaratí.

Protección

La conciencia de la importancia de Brasilia estuvo presente desde su creación. Ya en 1960, aún antes de la inauguración de la nueva capital, la Ley Orgánica del Distrito Federal, preveía que cualquier modificación del Plan Piloto tendría que someterse al Senado Federal. Pero, efectivamente, solamente a principios de los años 80 el crecimiento acelerado de la ciudad pone sobre el tapete esta cuestión. Es por eso que, en 1981, se instituye el Grupo de Trabajo para la Preservación del Patrimonio Histórico, Cultural y Natural de Brasilia, formado por representantes de la Fundación Nacional Pro-Memoria, del Gobierno del Distrito Federal y de la Universidad de Brasilia, el cual realizó algunos análisis y un amplio inventario que sirvieron de base para preparar el documento presentado a la Unesco, en 1987, cuando se solicitó la inscripción de Brasilia en la lista del Patrimonio Mundial. En ese mismo año, cumpliendo la solicitud de Unesco, el Gobernador José Aparecido de Oliveira decreta la protección de las 4 escalas de la ciudad y define un perímetro sobre el que se establece, en 1990, la protección oficial federal, con extensión de 120 km^2.

Aún en los años 80, Lucio Costa plantea las bases para futuras intervenciones en la ciudad por medio de los siguientes documentos: " Del plan piloto al Plan Piloto ", de 1985; y "Brasília Revisitada ", de 1987. En este último, Lucio Costa afirma: " La capital es histórica desde su nacimiento, lo que no sólo justifica sino exige que se preserven, para las generaciones futuras, las características fundamentales que la singularizan".

Justificativo de la Inscripción

Ubicada en la región Centro-Oeste del país, la Capital de Brasil fue inscrita como Patrimonio Cultural de la Humanidad el 11 de diciembre de 1987, bajo los criterios (i) (iv). La aplicación de los principios de urbanismo expresos en la Carta de Atenas (1943) en capitales solamente ha ocurrido en dos situaciones: en Chandigarh y en Brasilia. La experiencia brasileña se destaca por la grandiosidad de la acción, que no sólo remató un proceso histórico sino también estuvo integrada a una estrategia de desarrollo y autoafirmación nacional.

Brasilia, modern heritage

The idea of moving the Brazilian capital from the coastal stretch to central Brazil harks back to the colonial period, as it was first attributed to the Marquis of Pombal. Again, in the 18th century, it was one of the ideals of the prematurely foiled pro-independence groups in the state of Minas Gerais known as the Inconfidência Mineira. Consolidated in the 19th century - see, for example, the issue of Correio Braziliense published in London in 1808 - the idea of a new capital was also embraced by individuals such as José Bonifácio, known as the Patriarch of Independence, who suggested the name "Brasilia" for the new city. The proposal was then set down in the Brazil's First Republican Constitution (1891) which referred to an area in the Central Plateau "that will be opportunely demarcated, therein to establish the future federal capital."

In fact, demarcation began in 1892 with a mission led by astronomer Luis Cruls, head of the Rio de Janeiro Astronomical Observatory, and consisting of a team of scientists, physicians, and engineers. The Cruls Quadrilateral, covering some 14,400 square kilometres, was demarcated at that time. The 1946 Constitution revived the idea creating a commission under General Poli Coelho, which operated until 1948. An aerial photography survey was commissioned in 1950 to provide proper survey of the region comprising a 5,800-square-kilometre area now occupied by the Federal District.

In 1956, then President Juscelino Kubitschek decided to finally bring this constantly postponed project to the light of day. To this end, he set up Novacap (Company for the Urbanisation of the New Capital) and appointed engineer Israel Pinheiro to manage it. On September 30th of the same year, a public note announced the international competition for the Pilot Plan. The note also designated the shape of the Paranoa Lake as well as the location of the airport, the presidential residence (Dawn Palace) and the Brasilia Palace Hotel, the last two designed by Oscar Niemeyer. Architect Lucio Costa won the competition. He saw the construction of the new capital as a deliberate taking possession, "a gesture of exploration in the colonial tradition ". Before actually starting the construction work, in 1957, a simple wooden residence was built, the Catetinho Palace, Niemeyer's first project for the new capital. Three years later, although only partly concluded, the new city was inaugurated on April 21, 1960, the day chosen in honour of Tiradentes, "martyred in the struggle for independence".

Such were the beginnings of this city that French Culture Minister André Malraux called the "capital of hope". Indeed, for many people, including President Juscelino Kubitschek, the new capital stood for the birth of a new Brazil.

"The day after inauguration, I went for a walk alone near Praça dos Três Poderes (Plaza of the Three Powers). I recalled my first visit to the area. A city had been built there in an impossibly short time. Brazil had gained a new capital and given the world an example of hard work and confidence in the future. And this extraordinary city built on a landscape that resembles a moonscape was a city worthy of the boldness that prevailed in its architecture. I could not resist the temptation of evoking the entranced feeling caused by that vision: "dusk on the Central Plateau combines fiery sunsets with the colours of dawn. Everything turns to dawn in this city that opens its heart to the future" - Juscelino Kubitschek.

Pilot Plan

Born of "the primordial gesture of one who marks or takes possession of a place: two axes crossing at right angles; the very sign of the Cross...", Brasilia "should not be envisaged merely as an organism capable of performing adequately and effortlessly the vital functions of any modern city, not merely as an urbs, but as a civitas, possessing the attributes inherent to a Capital," Lucio Costa wrote in his Report of a Pilot Plan for Brasilia, presented in 1957. The architect and urban planner further stated that "the

planner must be imbued with a certain dignity and nobility of intent, because from that fundamental attitude springs the sense of order, fitness and proportion which alone can confer the desirable monumental quality on the urban scheme. Not, let it be clear, in the sense of ostentation, but as the palpable and conscious expression, so to speak, of what is worthwhile and meaningful. The city should be planned for orderly and efficient work, but, at the same time, be vital and pleasing, suitable for reverie and intellectual speculation, it should be a city that, over time, may become not only the seat of government and administration, but also one of the country's most lucid and distinguished cultural centres".

As both urbs and civitas, Brasilia boasts some truly great and singular design features that decisively influenced the jury's decision to award the commission to Lucio Costa. They considered the architect's proposal as the only one that fully met the requirements of a comprehensive plan for the administrative capital of Brazil. They furthermore highlighted the clear, simple nature of a project, "wholly in the spirit of the 20th century: it is new, free and open; it is disciplined, but not rigid."

The plan was indeed the materialisation of principles laid down in the Athens Charter; it was also informed by Le Corbusier's rational city design (Ville Radieuse, or Radiant City), despite reaching beyond the former and being quite distinct from the latter. Costa's primary gesture and four scales of design - monumental, residential, gregarious (or social), and bucolic - in themselves make Brasilia a sui generis city and lend it major significance in the millennial history of urbanisation.

The monumental scale lends Brasilia its atmosphere as a capital city. The basis of the design is a "Monumental Axis" that "crosses the city from sunrise to sunset," and along which the federal and Federal District administration buildings were built. Two designs deserve special mention for being the most densely imbued with the symbolism of the architecture and urbanisation of Brasilia as civitas: the Ministerial Esplanade and the Plaza of the Three Powers.

The residential scale expresses a new lifestyle, the backbone of which is the Highway Axis, with adjoining Neighbourhood Units that make up the North and South Wings of the city.

The gregarious scale found at the crossing of the two axes consists of banks, hotels, stores, and special sectors such as services, entertainment, and offices.

The bucolic scale permeates the other three and prevails in broad, densely wooded areas adjoining the built-up areas and serving as a kind of backdrop to them, so that Brasilia has the air of a park city with vast green expanses and the sky constantly touching the horizon; this scale also emphasises the contrast between built-up city and surrounding cerrado (savannah), between culture and nature.

The Plaza of the Three Powers, designed as an "equilateral triangle, (...) or redolent of the architecture of the most remote antiquity," contains in each of its vertices, symbolising the balance among them, the basic powers of the Republic: the presidential building (Palácio do Planalto) or seat of the Executive Power; the Supreme Court, seat of the Judiciary Power, and the National Congress, seat of the Legislative Power. These buildings were designed by architect Oscar Niemeyer, who also designed other buildings for the Monumental Scale, such as the Ministry buildings, the Itamarati Palace (the Ministry of Foreign Affairs), the Cathedral and the National Theatre, all of which he designed when he was head of Novacap's Architecture Department.

There are only two constructions designed by Lucio Costa in Brasilia: the Television Tower, a landmark in the cityscape, and the central bus terminal located at the intersection of the axes and giving onto the cultural sector and Ministerial Esplanade. However, these two elements were of crucial importance in the conception of the city, and the bus

terminal became the connecting point between Brasilia and the other towns in the Federal District.

The Neighbourhood Units, with four Superblocks framed by densely planted lines of trees, provide access to local roadways lined with retail stores and residential support services. Each Superblock consists of apartment blocks built on raised pillars, and all six-floor high, while the large green area lends the whole scene a bucolic atmosphere. The original design of the Neighbourhood Units provided for schools, clubs, health care centres, libraries, and movie theatres, but this aim has been only partly attained.

As Lucio Costa put it, the technical principles of highways were applied in Brasilia with the subsequent replacement of corridor streets with their corners by roadways or axes, particularly cloverleaf junctions, overpasses, and walkways - thus eliminating intersections and separating automotive from pedestrian traffic as far as possible, in line with the modernist urban planning of the time.

Artworks were added to the architecture and urbanisation plan further enhancing the beauty of Brasilia. Sculptures by Bruno Giorgi, such as the Meteor, done in Carrara marble and placed near Itamaraty Palace; or Alfredo Ceschiatti's group of Evangelists, in bronze, installed at the entrance to the Cathedral; and most particularly the panels by Athos Bulcão, of which the most visible features a set of geometric solids with volumes and shades that confer great, singular beauty to the sidewalls of the National Theatre.

Equally noteworthy is the work of Joaquim Cardoso, entrusted with the structural design of audacious constructions such as the Cathedral; and Roberto Burle Marx, who designed the landscaping of several buildings and public spaces, particularly the gardens at Itamaraty Palace.

Protection

The importance of Brasilia was clear from its very creation. Back in 1960, even before the inauguration of the new capital, the organic law of the Federal District ruled that any alterations to the Pilot Plan must be submitted to the Senate for approval. In fact, by the early eighties, the city's accelerated growth had made this an issue. In 1981, therefore, a working party was set up to promote to the Preservation of the Historical, Cultural and Natural Heritage of Brasilia, with the participation of representatives of the National Memorial Foundation, the Federal District Government, and the University of Brasilia. The working party examined the problem and carried out a wide-ranging survey as the basis for a dossier submitted to Unesco in 1987, requesting that Brasilia be listed as World Heritage. Later that year, in response to a request from Unesco, Governor José Aparecido de Oliveira decreed the protection of the four scales of the city's design and established a perimeter for the area listed for protection by the Brazilian authorities in 1990, measuring 120 square kilometres.

Again in the eighties, Lucio Costa formulated the bases for future interventions in the city in his documents: "Do plano piloto ao Plano Piloto" (1985) and Brasilia Revisitada (1987). In the latter, Lucio Costa states that "The capital city is historical by birth, and this not only justifies the call for its preservation, but demands that its unique features be preserved for future generations. "

Listing Criteria

Located in the centre-west part of the country, the capital of Brazil was inscribed as World Cultural Heritage on December 11, 1987, under criteria (i) and (iv). The principles of urbanisation proclaimed in the Athens Charter (1943) were only ever applied in two capital cities: Chandigarh and Brasilia. The Brazilian experience stands out for its grandiose scale, which not only concluded a historical process but was also part of a strategy of national development and self-assertion.

Sítios inscritos a partir de 2000

Bienes inscriptos a partir del 2000 • *Sites inscribed since 2000*

Entre os anos 2000 e 2002, cinco novos sítios brasileiros passaram a integrar a Lista do Patrimônio Mundial: os biomas da Amazônia, Pantanal, Cerrado e Ilhas Atlânticas Brasileiras e, ainda, o centro histórico da cidade de Goiás. Além da sua importância, estes sítios fizeram com que a Lista do Patrimônio Mundial brasileiro se tornasse mais diversificada e representativa da notável diversidade cultural e natural do país. Pelas páginas que se seguem, o leitor prosseguirá na sua viagem, descobrindo novas riquezas desse gigantesco tesouro da cultura mundial.

Entre los años 2000 y 2002, cinco nuevos sitios brasileños pasaron a integrar la Lista del Patrimonio Mundial: a los biomas de Amazonia, Pantanal, Cerrado e Islas Atlánticas Brasileñas se agregó también el centro histórico de la ciudad de Goiás. Además de su importancia, estos sitios hicieron con que la Lista del Patrimonio Mundial brasileño se hiciese más diversificada y representativa de la notable variedad cultural y natural del país. En las páginas que se siguen, el lector proseguirá en su viaje, descubriendo nuevas riquezas de ese gigantesco tesoro de la cultura mundial.

Between 2000 and 2002, five new sites were inscribed on the World Heritage List: the biomas of Amazonia, Pantanal, Cerrado and the Brazilian Atlantic Islands, and also, the historic centre of the town of Goiás.   Though important in their own right, these sites have further diversified the Brazilian World Heritage List and made it more representative of the remarkable cultural and natural diversity of the country.
Through the following pages the reader will continue their journey, discovering new riches in this gigantic cultural treasure of the world.

Vista da Cidade de Goiás, outrora Villa Boa de Goyas, 1830.
Vista de la ciudad de Goiás, otrora Villa Boa de Goyas, 1830.
View of the town of Goiás, once Villa Boa de Goyas, 1830.

Presença marcante na paisagem do Cerrado, os cupinzeiros com suas formas inusitadas. • Presencia destacada en el paisaje del cerrado, los hormigueros con sus formas inusitadas.
Termite mounds, with their unusual shapes, are a prominent feature of the Cerrado landscape.

Áreas Protegidas do

Cerrado

Áreas Protegidas del Cerrado • *Protected Areas of the Cerrado*

Goiás / Mato Grosso do Sul

. . . .

PAULO BERTRAN

ESCRITOR E HISTORIADOR

Campos Gerais dos Cerrados: nas Emas e nos Veadeiros

Os Cerrados são talvez entes anômalos, fragmentados por sua alta antigüidade e regidos por certa geometria do caos, em que cabem tanto seus bonzais naturais quanto bichos de existência insolúvel, como as lesmas voadoras do poeta cerratense Manoel de Barros.

Externamente quase desprezíveis, somem os Cerrados nas linhas do horizonte, ocultando uma intimidade de flores recônditas a coroar a vida de algum capim miserável ou, de repente, de um arbusto torto que ninguém supunha florescer com tal qual flor de rara beleza e frágil duração. A poesia do mundo antigo – 45 milhões de anos, segundo o grande Aziz Ab'Saber – conclusiva de uma poderosa expressão genética da história natural da América, em vias de desaparecimento e de refazimento antrópico.

Os Cerrados não são uniformizáveis. Variam conforme varie a altitude, a umidade e, sobremodo, conforme os ambientes geológicos em que se assentam, lembra-nos o naturalista Binômino da Costa Lima. Nisso é o ecossistema de maior diversificação de paisagens e de subespécies do Brasil, por ser o mais antigo adaptado aos trópicos. No último glaciário quase toda a atual Floresta Amazônica, por exemplo, era domínio dos Cerrados.

Os Campos Gerais dos Cerrados brasileiros são variações daquelas mesmas savanas universais, que na África foram o primeiro habitat do homem. Também assim na América do Sul, desde o Paraná até as Guianas: um terço do território brasileiro. Espaços abertos de caça e de coleta geral, sol geral, esquentando a carne gelada de homens de 50 mil anos, sedentos por calor, naquele período gélido em que viviam.

Sobraram raros vestígios de Cerrados intactos, tanto fora quanto na área coração dos campos de Goiás e que a Unesco, com a maior sensibilidade, elevou a patrimônios mundiais. O Parque das Emas e aquele outro – emblemático como um símbolo – da Chapada dos Veadeiros.

O Parque das Emas, cerca de 700 quilômetros a sudoeste de Brasília, é altamente expressivo daquilo que dizíamos dos Campos Gerais, das suas paisagens diversas coladas sobre o Rio Formoso – e não seria por acaso que algum sertanista do século XIX assim o nomeasse Formoso.

Com a Chapada dos Veadeiros há coisa também muito diversa, alicerçando fama paisagística desde o século XIX. E vinha de antes. Nos tempos coloniais, as serras e córregos da Chapada deram muito ouro. Há o registro de que, em poucos meses, sacaram naqueles ermos solenes da Serra de Sant'Ana, no Parque Nacional, algo como 15 arrobas do metal, mais de 220 quilos de ouro.

No ocaso mineratório, lá pelos anos de 1770, certo bacharel de direito, residente em Cavalcante, requereu uma sesmaria de terra nos baixios da Chapada e deu-lhe o nome de Paraíso, visão recorrente, vemos, deste ótimo climático, em que temos ainda a sorte de transcorrer nossas vidas.

Depois, no século XX, houve a intensa mineração dos enormes cristais de Veadeiros, gerados talvez pelo grande esforço e pelo aquecimento produzidos na região pelo sobremontamento das estruturas geológicas de antigo mar interno – grupo de rochas Paronoá – que desde há um bilhão de anos inundava os 200 quilómetros que vão de Brasília até a Chapada, em confronto com nova placa tectônica emergida no norte.

O encontro entre as duas, fez erguer-se a Chapada a quase 1.700 metros de altura, o ponto culminante do Planalto Central brasileiro. Desde aqueles 600 milhões de anos até hoje não se registraram mais eventos geológicos de base. A Chapada modela-se desde então em serenas erosões, docemente lambida pelo sol, ventos, chuvas, ao longo das eras muito velhas do Planeta Gaia.

Abre-se, agora, em paisagens magestáticas, conquanto suaves. Nos contornos curvilíneos planta-se a Chapada como um corpo de mulher, em eterna construção erótica pelo olhar hipnotizado do amoroso, estatelado de braços abertos para os signos aéreos de Veadeiros. Os Campos Gerais dos Cerrados, meio sacrossantos, da Chapada dos Veadeiros. Um dos zênites do mundo visível?

A Chapada dos Veadeiros surpreende o visitante pela admirável beleza de sua paisagem.
La Chapada de los Veadeiros sorprende al visitante por la admirable belleza de su paisaje.
Visitors are stunned by the breath-taking beauty of the landscape at Chapada dos Veadeiros.

Campos Gerais De Los Cerrados en las Emas
y en los Veadeiros

Los Cerrados (sabana brasileña) son tal vez entes anómalos, fragmentados por su alta antigüedad y regidos por una cierta geometría del caos, en los que caben tanto sus bonsáis naturales como animales de existencia insoluble, como los caracoles voladores del poeta del cerrado Manoel de Barros.

Externamente casi insignificantes, desaparecen los Cerrados en las líneas del horizonte, ocultando una intimidad de flores recónditas que coronan la vida de alguna hierbecilla miserable o, de repente, de un arbusto torcido que nadie supondría que iba a florecer así, cual flor de rara belleza y frágil duración. La poesía del mundo antiguo – 45 millones de años, según el gran Aziz Ab'Saber – conclusiva de una poderosa expresión genética de la historia natural de América, en vías de desaparición y de renacimiento antrópico.

Los Cerrados no son uniformizados. Varían de acuerdo con la variación de la altitud, la humedad y, sobremanera, según los ambientes geológicos en los que se asientan, nos recuerda el naturalista Binômino da Costa Lima. En eso es el ecosistema con mayor diversificación de paisajes y de subespecies de Brasil, por ser el más antiguo adaptado a los trópicos. En el último período glacial casi toda la actual selva amazónica, por ejemplo, era dominio de los Cerrados.

Los Campos Gerais de los Cerrados brasileños son variaciones de aquellas mismas sabanas universales, que en África fueron el primer habitat del hombre. También así en América del Sur, desde el Paraná hasta las Guayanas: un tercio del territorio brasileño. Espacios abiertos de caza y de recolección general, sol general, calentando la carne helada de hombres de 500 mil años, sedientos de calor, en aquel período gélido en el que vivían.

Sobraron raros vestigios de Cerrados intactos, tanto fuera como en el área del corazón de los campos de Goiás y que Unesco, con la mayor sensibilidad, elevó a patrimonios mundiales. El Parque das Emas (Avestruz brasileña) y aquel otro - emblemático como un símbolo – de la Chapada dos Veadeiros.

El Parque das Emas, cerca de 700 kilómetros al sudoeste de Brasilia, es altamente expresivo de lo que decíamos de los Campos Gerais, de sus paisajes diversos aplicados sobre el Río Formoso – y no fue por acaso que algún explorador del campo del siglo XIX le haya dado el nombre de Formoso (hermoso).

En el caso de la Chapada dos Veadeiros la cosa es muy diferente, ya que cimienta su fama paisajística desde el siglo XIX. Y venía desde antes. En los tiempos coloniales, las sierras y arroyos de la Meseta dieron mucho oro. Existe el registro de que en pocos meses, se sacaron, en aquellos descampados solemnes de la Sierra de Sant'ana, en el Parque Nacional, algo así como 15 arrobas del metal (1 arroba portuguesa = 15 kg. aproximadamente), más de 220 kilos de oro.

En el ocaso de la minería, allá por los años de 1770, cierto bachiller de derecho, residente en Cavalcante, solicitó una sesmaria (extensión de tierra inculta que los reyes de Portugal cedían para ser cultivada) en el bájo de la Meseta y – menos impresionable, pero tan poeta como Colón – le dio el nombre de Paraíso, visión recurrente, vemos, de este excelente medio climático, en el que tenemos aún la suerte de pasar nuestras vidas.

Después, en el siglo XX, hubo el intenso trabajo de minería de los enormes cristales de Veadeiros, generados, tal vez, por el gran esfuerzo y por el aumento del calor producidos en la región debido a la superposición de las estructuras geológicas de antiguo mar interno – grupo de rocas Paranoá – que desde mil millones de años antes inundaba los 200 kilómetros que van desde Brasilia hasta la Meseta, en confronto con una nueva placa tectónica emergida en el norte.

El encuentro de las dos, hizo que la Meseta subiera a casi 1.700 metros de altura, el punto culminante del Altiplano Central brasileño. Desde aquellos 600 millones de años hasta los días de hoy no se han registrado más eventos geológicos de base. La Chapada (Meseta) se modela, desde entonces, en serenas erosiones, dulcemente lamida por el sol, vientos y lluvias, a lo largo de las Eras muy viejas del Planeta Gea.

Se abre ahora, en paisajes mayestáticos, no obstante suaves. En los contornos curvilíneos se planta la Chapada como un cuerpo de mujer, en eterna construcción erótica por la mirada hipnotizada del amoroso, extendido de brazos abiertos a los signos aéreos de Veadeiros. Los Campos Gerais de los Cerrados, medio sacrosantos, de la Chapada dos Veadeiros. ¿Uno de los cenits del mundo visible?

PAULO BERTRAN

Historian and Writer

*General Meadows of the Cerrados
at Emas and Veadeiros*

The Cerrados are perhaps anomalous, fragmentary owing to their great antiquity, and governed by a sort of geometric chaos encompassing both natural bonsais and insoluble beasts like the flying slugs the cerrados poet Manoel de Barros envisaged.

Outwardly unremarkable, the Cerrados recede over the horizon, concealing in their intimacy recondite blooms that crown the life of dull grasses or a sudden burst of blossom on an unsuspecting, twisted bush whose rare beauty is matched only by its ephemeral duration. The poetry of the ancient world - dating back 45 million years according to the great Ab'Saber - is the conclusive genetic expression of America's prodigious natural history, on the verge of vanishing and being reshaped by Man.

The Cerrados cannot be made uniform. They vary as altitude, humidity and, above all, geological environment vary, recalls naturalist Binômino da Costa Lima. This feature makes them the ecosystem in Brazil with the greatest diversity of landscape and subspecies since the Cerrado is the oldest ecosystem adapted to the tropical climate. During the last Ice Age, for instance, almost the entire Amazon forest fell within the domain of the Cerrados.

The General Meadows of the Brazilian Cerrados are variants of the universal savannahs in Africa that were Man's primeval habitat. This is true of the South American continent, where the Cerrados stretch from Paraná in southern Brazil all the way north to the Guianas covering one third of Brazil's territory. Open plains for hunting and gathering, ubiquitous sunshine warming the shivering flesh of men 50,000 years ago, humans hankering for heat in the frosty environment of the age.

Rare remnants of the Cerrados have survived intact both in the heart of the Goiás upland plains and beyond, and UNESCO has now sensitively raised them to the status of World Heritage sites: the Emas Park and the emblematic symbol of the Cerrados, Chapada dos Veadeiros.

The Emas National Park, lying about 700 km southwest of Brasilia in Central Brazil, is an eloquent expression of what has just been said of the General Meadows, the varied landscape hugging the course of the Formoso River - no mere coincidence that some backwoodsman in the 19th century should have named it formoso (comely).

Chapada dos Veadeiros is quite another matter, the fame of its landscape stretching back to the 19th century and earlier still. In colonial times, the Chapada's hill ranges and riverbeds yielded up gold in abundance.

Cavalcante still preserves the old gold foundry mine where gold was extracted from seams in the rock. Records show that in a matter of months something like five quintals (more than 220 kg) of gold were dug and panned from the stark wildernesses of the Sant'ana Range in what is now the National Park.

When the gold rush began to subside around 1770, a certain bachelor of law who lived in Cavalcante applied for a lease of land in the plains of the Chapada. Less impressionable but just as poetic as Columbus, he called it Paraíso (paradise) - a recurrent view, it seems, of this perfect clime where we are lucky enough to spend our days.

Later, in the 20th century, instensive mining of enormous rock crystals began in Chapada dos Veadeiros. These crystals were forged by the prodigious pressure and consequent blinding heat produced in the region by the overlapping of the geological structures of an ancient inland sea, which for more than a billion years flooded the 200 kilometres separating Brasilia from the Chapada, and a new tectonic plate emerging to the north.

Where these two plates met, the Chapada was thrown up to almost 1,700 metres above sea level, the high point of Brazil's Central Plateau. In the intervening 600 million years no more major geological events have been recorded. Since then the Chapada has been shaped by serene erosion, lovingly licked by sun, wind and rain down the aeons of Planet Gaea.

Now it unfolds in majestic yet softly sculpted landscapes. The Chapada lies in its curvaceous confines like a woman's body, eternally cast in an erotic mould by the lover's entranced gaze, spreadeagle for the aerial signs of Veadeiros: the half-sacrosanct General Meadows of the Cerrados at Chapada dos Veadeiros. A zenith of the visible world?

Da economia de caça e coleta ao *boom* agrícola do século XX

Localização do sítio
"Áreas Protegidas do Cerrado".
Localización del sitio
"Áreas Protegidas del Cerrado".
*Location of the "Protected Areas
of the Cerrado" site.*

Estados de Goiás e Mato Grosso do Sul.
Estado de Goiás y Mato Grosso do Sul.
Goiás and Mato Grosso do Sul States.

Imagem de satélite da região onde está inserido o sítio "Áreas Protegidas do Cerrado".
Imagen de satélite de la región donde se encuentra el sitio "Áreas Protegidas del Cerrado".
Satellite image of the area surrounding the "Protected Areas of the Cerrado" site.

Parque Nacional Chapada dos Veadeiros.
Parque Nacional de la Chapada de los Veadeiros.
Chapada dos Veadeiros National Park.

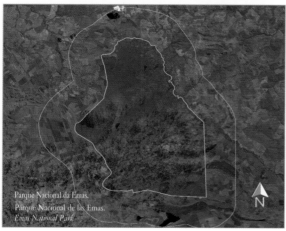

Parque Nacional da Emas.
Parque Nacional de las Emas.
Emas National Park.

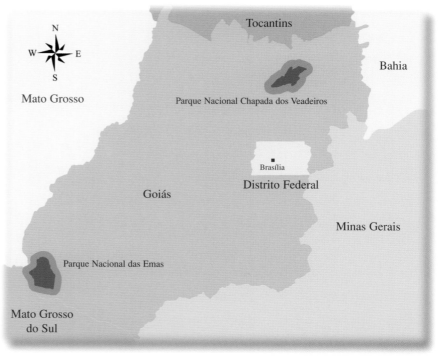

Localização do sítio "Áreas Protegidas do Cerrado". • Localización del sitio "Áreas Protegidas del Cerrado".
Location of the "Protected Areas of the Cerrado" site.

▬ Parques Nacionais e Estaduais. • Parques Nacionales y Estaduales. • *National and State Parks.*
▬ Zona-tampão. • Zona tampón. • *Buffer zone.*

O Cerrado constitui o segundo maior bioma das regiões neotrópicas e abarca uma área de dois milhões de quilômetros quadrados. Está quase que exclusivamente localizado no Planalto Central do Brasil, mas também encontra-se uma pequena área isolada de Cerrado no Planalto Huanchaca, na Região Nordeste da Bolívia. Seu ecossistema é comparável ao da Floresta Amazônica, em termos de biodiversidade, e muito mais rico que os demais de savana do Planeta.

A multiplicidade de paisagens que compõem o mosaico de áreas naturais do Cerrado, bem como seu isolamento continental durante dezenas de milhões de anos, favoreceram a especiação. Como os protótipos de plantas que ali se encontram datam de 90 milhões de anos ou são ainda mais antigos, da era cretácea, houve muito tempo para a formação de novas espécies.

Hoje, estão descritas nada menos que 6.387 espécies de angiosperma, de um total estimado de dez mil. Dessas, 44% são endêmicas, bem como aproximadamente um terço dos gêneros nativos.

O Cerrado do pleistoceno também já apresentava uma fauna mamífera em boa parte endêmica, curiosamente parecida com a da savana africana. Conviviam liptoternes, animais semelhantes a camelos, toxodontos pesados, que lembram rinocerontes, além de numerosos grupos de mamíferos edentados, sem paralelo em outras regiões do Planeta: tatus gigantes (*Glyptodontes*) e enormes preguiças terrestres (*Megalotérios*). Mas invasores provindos do norte na era glacial do pleistoceno, inclusive o ser humano, aniquilaram toda a grande fauna de mamíferos arcaicos na América Austral.

A exuberância do Buriti (*Mauritia flexuosa*) nas áreas de veredas da Chapada dos Veadeiros. • La exuberancia del Buriti (*Mauritia flexuosa*) en las veredas de la Chapada dos Veadeiros.
The exuberance of the Buriti palm (Mauritia flexuosa) in the vales of the Chapada dos Veadeiros.

Hoje, apenas mamíferos edentados menores, como os bichos–preguiça, tatus e tamanduás, ainda nos remetem a esse passado remoto. Entretanto, numerosas espécies conseguiram sobreviver e vêm sendo paulatinamente descobertas e descritas. Exemplos clássicos incluem o ratinho–de–focinho–comprido (*Juscelinomys candango*) e aves, como a tapaculo-de-Brasília (*Scytalopus novacapitalis*) e o bacurau-rabo-branco (*Caprimulgus candicans*) do Parque Nacional das Emas.

Todos esses recursos abundantes de fauna, frutas, fibras e madeira sustentaram, pelo menos durante os últimos onze mil anos, uma pujante economia de caça e coleta entre os ameríndios, que desenvolveram sociedades sofisticadas e bem–organizadas. Só a corrida do ouro promovida pelos colonizadores, no século XVIII, poria em marcha o declínio vertiginoso dessas sociedades indígenas.

Junto com a colonização do interior, promovida pela exploração do ouro, a pecuária extensiva de baixa intensidade estabeleceu-se como atividade tradicional, ocupando, desde então, parcelas cada vez maiores do Cerrado. Mas a partir dos anos 1970, as políticas públicas e os avanços tecnológicos possibili-taram novas formas de exploração do Cerrado. Esse *boom* agrícola do século XX tratou de derrubar a maior parte de sua cobertura vegetal nativa, para substituí-la por cultivos, principalmente de soja, e pas-tos de gramíneas exóticas, numa progressão mais alta do que em qualquer outro ecossistema brasileiro.

Suçuarana ou onça-parda (*Puma concolor linaraeus*).
Puma u onza parda (*Puma concolor linaraeus*).
Cougar (Puma concolor linaraeus).

Vista da cachoeira do Rio Preto. • Vista de la cascada del Río Preto. • *View of the Rio Preto Falls.*

As muitas fisionomias da paisagem local. • Las muchas fisonomías del paisaje. • *The many physiognomies of the landscape.*

O modelo de ocupação agropecuária nas terras do Cerrado caracteriza-se mais pelo aumento de produção obtido graças à incorporação de novas terras do que por ganhos em produtividade. Assim, extensas áreas da região têm sido desmatadas. Hoje, apenas 10% do Cerrado original ainda permanecem preservados.

A NATUREZA

O clima no Cerrado é subtropical e continental: chuvoso de outubro a março e seco nos outros meses do ano. No período da estiagem, ocorrem habitualmente incêndios, causados por raios, e queimadas provocadas pelo homem. Tanto a flora como a fauna são bem-adaptadas às estações de chuva e estiagem e também ao fogo. Este tem um papel importante na estruturação da paisagem e na regulação do ciclo de reprodução de diversas espécies de plantas.

Os incêndios provocados por ação antrópica, no entanto, passaram a constituir fonte de justificada preocupação. Todas as unidades de conservação do Cerrado sofrem queimadas, algumas, ano

Arara-canindé (*Ara ararauna*).
Guacamayo (*Ara ararauna*).
Blue and yellow macaw (Ara ararauna).

Tamanduá-bandeira (*Myrmecophaga tridactyla*).
Tamanduá bandera (*Myrmecophaga tridactyla*).
Giant anteater (Myrmecophaga tridactyla).

Ema (*Rhea americana*).
Avestruz (*Rhea americana*).
Greater rheas (Rhea americana).

Veado–campeiro (*Ozotoceros bezoarcticus*).
Venado campero (*Ozotoceros bezoarcticus*).
Pampas deer (Ozotoceros bezoarcticus).

Gavião carcará (*Polyborus plancus*).
Gavilán carancho (*Polyborus plancus*).
Audubon's crested caracara (Polyborus plancus).

após ano. As *taxa* (palavra originária do grego, plural de *taxon*, refere-se a unidades taxonômicas nomeadas, às quais indivíduos ou conjuntos de espécies são assinalados) mais sésseis chegam a sofrer extinção local. As condições ambientais favorecem, então, o desenvolvimento de espécies pioneiras.

A flora do Cerrado, bastante antiga, altamente diversificada e com elevados níveis de endemismo, também caracteriza-se por um gradiente de fisionomias definidas pela densidade da camada de vegetação rasteira e de espécies arbóreas que a qualidade do solo determina.

Os campos limpos têm cobertura vegetal exclusivamente rasteira, com suas gramíneas e ervas exuberantes. À medida que o solo melhora, surgem os campos sujos, incluindo palmeiras acaules e pequenas árvores retorcidas. Aos poucos, essa paisagem dá lugar aos Cerrados, com maior adensamento de árvores retorcidas, de casca espessa talhada pelo fogo e folhas grossas e carnudas. Os melhores solos sustentam as densas matas de galeria do cerradão, onde crescem árvores de tronco quase reto e copas altas, cobertas por uma trama de cipós vedando a penetração da luz, sem a qual a vegetação rasteira não cresce.

Ocorre que as atuais condições climáticas do Planeta e as alterações no nível de precipitação pluviométrica prejudicaram todos os sistemas florestais de copa alta.

Outro dado preocupante é a baixa representação desse bioma no Sistema Nacional de Unidades de Conservação. Sem merecer por muito tempo a devida atenção ecológica mundial, a recente classificação do bioma do Cerrado veio num momento já crítico de sua existência.

Cresce, assim, em importância e propriedade a inscrição pela Unesco da área referente aos dois maiores parques nacionais nesse tipo de bioma, o da Chapada dos Veadeiros e o das Emas, como Patrimônio Natural Mundial, no ano de 2001. Essa iniciativa tem o condão de projetar os sítios considerados de maior interesse ecológico para a proteção do Cerrado, no cenário da conservação internacional.

ÁREAS PROTEGIDAS DO CERRADO: PARQUES NACIONAIS CHAPADA DOS VEADEIROS E EMAS

O Parque Nacional das Emas localiza-se no extremo sudoeste de Goiás, pertencendo, na sua maior parte, ao município de Mineiros (GO) e o restante, aos municípios de Chapadão do Céu (GO) e Costa Rica (MS). Sua área preserva uma grande extensão dos únicos remanescentes de campos na Serra do Caiapó, divisor de águas das bacias dos rios Paraná, Araguaia e Taquari. Apresenta também diversidade florística notável: foram encontradas 601 espécies de plantas vasculares, apenas nas áreas abertas. Já nas terras mais baixas da região de drenagem do Rio Jacuba, que pertence à Bacia do Rio Paraná, dominam fisionomias mais densas do Cerrado.

A fauna silvestre do Parque Nacional das Emas é facilmente avistada pelos visitantes. As emas correm soltas pelos campos pontuados de enormes cupinzeiros esculpidos com as formas mais inusitadas. Quando as chuvas começam, em setembro ou outubro, eles ganham uma luminosidade esverdeada. São as larvas de vaga-lumes a atrair suas presas, os cupins alados.

Já foram identificados 354 aves, 72 répteis, 22 anfíbios e 78 espécies de mamíferos, muitos dos quais endêmicos nos cerrados. Mas os mamíferos de grande porte das savanas é que constituem a maior atração do Parque. Só ali se pode deparar com manadas de veados-campeiros (*Ozotocerus bezoarticus*), tamanduás-bandeiras (*Myrmecophaga tridactyla*), solitários, carregando os filhotes nas costas, lobos-guará (*Chrysocyon brachyurus*) com sua pelagem ruiva e juba preta – todas espécies ameaçadas de extinção. Entre todas as unidades de conservação da savana, o Parque das Emas concentra o maior número de projetos de pesquisa.

O Parque Nacional da Chapada dos Veadeiros, localizado ao norte do Estado de Goiás, nos municípios de Alto Paraíso, Cavalcante e Colinas, pertence à província geológica estrutural do

Paisagem marcante nos cerrados, os campos sujos. · Paisaje relevante de los cerrados, los campos sucios.
Grasslands with shrubs, the most distinctive landscape of the cerrado.

Tocantins e protege 85% de todas as terras com altitude superior a 1.400 metros no Cerrado. Constitui também o divisor de águas entre as bacias hidrográficas dos rios Maranhão e Paraná.

Como parte de um ecossistema peculiarmente influenciado pelo relevo, a área desse parque ganha importância porque ali as altitudes variam entre 500 e 1.760 metros. Daí sua flora apresentar tão grande diversidade de espécies, muitas endêmicas e adaptadas aos habitats rupestres. Um levantamento recente na Chapada dos Veadeiros produziu um rol das plantas florescentes, identificando mais de seis mil espécies.

A fauna não é menos rica. Um censo superficial realizado em 1998 registrou 295 espécies de aves, 34 anfíbios, 45 mamíferos e 49 peixes.

Veadeiros constitui um dos parques nacionais que recebe o maior número de visitantes no Brasil, atraídos tanto pelas inúmeras cachoeiras e corredeiras que o atravessam, principalmente as do Rio Preto e do Rio São Miguel, como pela beleza cênica de seus campos limpos, penhascos e escarpas quartzíticas.

O sítio Áreas Protegidas do Cerrado também resguarda praticamente todos os mamíferos de grande porte das savanas ameaçados de extinção: a onça-pintada (*Panthera onca*), o tatu–canastra (*Priodontes maximus*) e a anta (*Tapirus terrestris*). O mesmo se dá com as aves, como a águia-cinzenta (*Harpyhaliaetus coronatus*), o bacurau-rabo-branco (*Caprimulgus candicans*) e o pato-mergulhão (*Mergus octosetaceus*), também em risco de desaparecer.

Lobo–guará (*Chrysocyon brachyurus*).
Lobo guará (*Chrysocyon brachyurus*).
Red maned wolf (Chrysocyon brachyurus).

Canela-de-ema (*Vellozia sp.*), espécie característica da região dos cerrados. • La canilla de la avestruz (*Vellozia sp.*), especie característica de la región de los cerrados.
Vellozia (Vellozia sp.), species characteristic of the cerrado region.

Pepalantus (*Paepalanthus sp.*).
Pepalantus (*Paepalanthus sp.*).
Pepalantus (Paepalanthus sp.).

Para–tudo (*Gomphrena officinalis*).
Para todo (*Gomphrena officinalis*).
"Cure–all" (Gomphrena officinalis).

PROTEÇÃO

O Parque Nacional das Emas, criado em 1961, ocupa uma área de 131.868 hectares de terras devolutas dos estados de Goiás e atual Mato Grosso do Sul. Seu Plano de Manejo foi elaborado em 1981 e complementado por um Plano de Ação Emergencial, 1993. O Parque Nacional da Chapada dos Veadeiros, também instituído em 1961, conta atualmente com 242.085 hectares, após sucessivas reduções em sua área, e seu Plano de Manejo só foi estabelecido em 1998.

O Parque Nacional das Emas é quase uma ilha de Cerrado. O solo nas terras adjacentes é de boa qualidade e de fácil mecanização. Por isso, a monocultura mecanizada já tomou a maior parte da região, transformando-a radicalmente. A poluição por pesticidas, a invasão de gramíneas exóticas, o extermínio de animais silvestres, as queimadas e a erosão por manejo agrícola inadequado nas áreas circunvizinhas requerem atenção constante. O Parque das Emas é, hoje, um testemunho crítico da vida silvestre na região centro-sul do Cerrado.

Já as terras em volta do Parque Nacional da Chapada dos Veadeiros permanecem relativamente intocadas, exceções feitas à cidade de Alto Paraíso e à pecuária em pasto aberto que por ali se desenvolve.

Em maio de 2001, foi criada em torno do Parque da Chapada uma APA (Área de Proteção Ambiental, classe II) estadual de 872.000 hectares. Na vizinhança, existe também a reserva dos Kalunga, descendentes dos escravos africanos foragidos, que criaram um quilombo nos vãos da Serra Geral do Paranã, há mais de duzentos anos. Esse sítio abrange uma área de 240.000 hectares. E na região nordeste do Estado de Goiás está implantado o Parque Estadual de São Domingos com sua respectiva APA.

Vale da Lua e suas formações rochosas. • Valle de la Luna y suas formaciones rocosas. • *Valley of the Moon and its rock formations.*

Juntas, essas áreas de proteção natural na Chapada dos Veadeiros formam uma porção de mais de um milhão de hectares, favoráveis à preservação da biodiversidade do Cerrado, porque estão situadas no mais importante corredor genético no Brasil, que corre no sentido sul-norte ao longo do eixo Araguaia – Tocantins – Serra Geral de Goiás.

JUSTIFICATIVA DE INSCRIÇÃO

O sítio Áreas Protegidas do Cerrado, constituído por dois parques nacionais, totalizando 373.953 hectares, foi inscrito como Patrimônio Natural da Humanidade em 2001, seguindo os critérios (ii) e (iv). Esse bem natural desempenhou por milhares de anos um papel fundamental na manutenção da diversidade biológica da ecorregião do Cerrado. Graças à sua posição central e à variação de altitudes que as caracterizam, essas áreas serviram de refúgio relativamente estável para as espécies quando mudanças climáticas ocasionaram o deslocamento do Cerrado para o eixo norte-sul ou leste-oeste. Essa função de repositório biológico para as espécies torna-se tanto mais relevante neste momento em que o Planeta inicia um período de mudanças climáticas.

O sítio também apresenta um mosaico com todos os habitats essenciais que caracterizam esse ecossistema, abrigando 60% de todas as espécies da flora e quase 80% de todas as espécies de vertebrados descritos no Cerrado. Com exceção da lontra gigante, o sítio protege todos os grandes mamíferos em risco de extinção, além de inúmeros e raros pequenos mamíferos, aves de ocorrência endêmica e de várias espécies novas para a ciência, ali recentemente descobertas.

Verbenaceae (*Amazonia hirta benth.*).
Verbenaceae (*Amazonia hirta benth*).
Verbenaceae (Amazonia hirta benth).

O fogo como elemento presente na dinâmica do Cerrado.
El fuego como elemento presente en la dinámica del Cerrado.
Fire, an element that shapes the Cerrado.

De la economía de caza y cosecha al boom agrícola del siglo XX

El Cerrado constituye el segundo mayor bioma de las regiones neotrópicas y abarca un área de dos millones de kilómetros cuadrados. Está casi exclusivamente localizado en el Planalto Central de Brasil, pero también se encuentra una pequeña área aislada del Cerrado en el Planalto Huanchaca, en la región noreste de Bolivia. Su ecosistema se compara al de la selva amazónica, en términos de biodiversidad, y mucho más rico que los demás de sabana del planeta.

La multiplicidad de paisajes que componen el mosaico de áreas naturales del Cerrado, así como su aislamiento continental durante decenas de millones de años, favorecieron la formación de especies. Como los prototipos de plantas que allí se encuentran datan de 90 millones de años o son todavía más antiguos, de la era cretácea, hubo mucho tiempo para la formación de nuevas especies.

El Cerrado del pleistoceno también ya presentaba una fauna mamífera en buena parte endémica, curiosamente parecida con la de la sabana africana. Convivían liptoternes, animales semejantes a camellos, toxodontos pesados, que recuerdan rinocerontes, además de numerosos grupos de mamíferos edentados, sin paralelo en otras regiones del planeta: tatus gigantes (*Gliptodontes*) y enormes perezosas terrestres (*Megaloterios*). Pero invasores provenientes del norte en la era glacial del pleistoceno, incluso el ser humano, aniquilaron toda la gran fauna de mamíferos arcaicos en América Austral.

Hoy, sólo mamíferos edentados menores, como los perezosos, tatus y tamanduás, todavía nos remiten a ese pasado remoto. Mientras tanto, numerosas especies consiguieron sobrevivir y está siendo paulatinamente descubiertas y descritas. Ejemplos clásicos incluyen el ratón de hocico largo (*Juscelinomys candango*) y aves, como la tapaculo-de-Brasília (*Scytalopus novacapitalis*) y el bacurau-cola-blanca del Parque Nacional de las Emas (*Caprimulgus candicans*).

Todos esos recursos abundantes de fauna, frutas, fibras y madera sustentaron, por lo menos durante los últimos once mil años, una pujante economía de caza y cosecha entre los amerindios, que desarrollaron sociedades sofisticadas y bien organizadas. Sólo la carrera del oro promovida por los colonizadores, en el siglo XVIII, pondría en marcha la declinación vertiginosa de esas sociedades indígenas.

Junto con la colonización del interior promovida por la explotación del oro, la pecuaria extensiva de baja intensidad se estableció como actividad tradicional, ocupando, desde entonces, parcelas cada vez mayores del Cerrado. Predominó, por mucho tiempo, la idea de que sus suelos ácidos y de poca fertilidad sólo servían para la bovinocultura y la extracción de madera para producir carbón. Sólo a partir de los años 1970, las políticas públicas y los avances tecnológicos posibilitaron nuevas formas de explotación del cerrado. Ese boom agrícola del siglo XX, trató de derribar la mayor parte de su cobertura vegetal nativa, para sustituirla por cultivos, principalmente de soya, y pastos de gramíneas exóticas, en una progresión más alta que en cualquier otro ecosistema brasileño.

El modelo de ocupación agropecuaria en las tierras del Cerrado se caracteriza más por el aumento de producción obtenido gracias a la incorporación de nuevas tierras del que por ganacias en productividad. Así, extensas área de la región han sido desmatadas. Hoy sólo el 10% del Cerrado original permanece preservado todavía.

NATURALEZA

El clima en el Cerrado es subtropical y continental: lluvioso de octubre a marzo y seco en otros meses del año. En el período de sequía, ocurren habitualmente incendios causados por rayos y quemas causados por el hombre. Tanto la flora como la fauna son bien adaptadas a las estaciones de lluvia y de sequía y también al fuego. Este tiene un papel importante en la estructuración del paisaje y en la regulación del ciclo de reproducción de diversas especies de plantas.

Los incendios provocados por acción antrópica, sin embargo, pasaron a constituir fuente de justificada preocupación. Todas las unidades de conservación del Cerrado sufren quemas, algunas, año tras año. Las taxa más sésiles alcanzan a sufrir extinción local. Las condiciones ambientales favorecen, entonces, el desarrollo de especies pioneras.

La flora del Cerrado, bastante antigua, altamente diversificada y con elevados niveles de endemismo, también se caracteriza por un gradiente de fisonomías definidas por la densidad de la camada de vegetación rastrera y de especies arbóreas que la calidad de suelo determina. Los campos limpios tienen cobertura vegetal exclusivamente rastrera, con sus gramíneas y hierbas exhuberantes. A medida que el suelo mejora, surgen los campos sucios incluyendo palmeras acaules y pequeños árboles retorcidos. Poco a poco ese paisaje da lugar a los cerrados, con mayor densidad de árboles retorcidos, de corteza espesa tallada por el fuego y hojas gruesas y carnosas. Los mejores suelos sustentan las densas matas de galería del cerrado, donde crecen árboles de tronco casi recto y copas altas, cubiertas por una trama de cipés impidiendo la penetración de la luz, sin la cual la vegetación rastrera no crece.

Ocurre que las actuales condiciones climáticas del planeta y alteraciones a nivel de precipitación pluviométrica perjudicaron todos los sistemas forestales de copa alta. Por eso, los botánicos dudan de que sea posible una recuperación plena del Cerrado.

Otro lado procupante es la baja representación de ese bioma en el Sistema Nacional de Unidades de Conservación. Sin merecer por mucho tiempo la debida atención ecológica mundial, la reciente clasificación del bioma del Cerrado vino en un momento ya crítico de su existencia.

ÁREAS PROTEGIDAS DEL CERRADO:
Chapada de los Veadeiros y Parque Nacional de las Emas.

El Parque Nacional de las Emas se encuentra localizado en el extremo suroeste de Goiás, perteneciendo, en su mayor parte, al municipio de Mineros (GO) y el restante, a los municipios de Chapadão do Céu (GO) y Costa Rica (MS).

Su área preserva una gran extensión de los únicos remanescentes de campos en la Sierra del Caiapó, divisor de aguas de las Bacías de los Ríos Paraná, Araguaia y Taquari. Presenta también diversidad florística notable: fueron encontradas 601 especies de plantas vasculares, sólo en las áreas abiertas. Ya en las tierras más bajas de la región de drenaje del Río Jacuba, que pertenece a la Bacía del Río Paraná, dominan fisonomías más densas del Cerrado.

La fauna silvestre del Parque de las Emas es fácilmente avistada por los visitantes. Las avestruces corren sueltas por los campos puntuados de cupinzeiros (enormes montículos de tierra donde habitan las termitas), esculpidos con las formas más inusitadas. Cuando las lluvias comienzan, en septiembre u octubre, estos montículos adquieren una luminosidad con destellos verdosos. Son las larvas de luciérnagas atrayendo sus presas, las termitas aladas.

Ya fueron identificados 354 aves, 72 reptiles, 22 anfibios y 78 especies de mamíferos, muchos de los cuales son endémicos en los cerrados. Pero los mamíferos de gran tamaño de las sabanas constituyen la mayor atracción del parque. Sólo allí se puede deparar con manadas de venados camperos (*Ozotocerus bezoarticus*), tamanduás bandera solitarios (*Myrmecophaga tridactyla*) cargando las crías en el lomo, lobos guará (*Chrysocyon brachyurus*) con su pelaje rojizo y melena negra – todas especies amenazadas de extinción.Entre todas las unidades de conservación de la sabana, el Parque de las Emas concentra el mayor número de proyectos de investigación.

El Parque Nacional de la Chapada de los Veadeiros, por su vez, se localiza, en el norte del Estado de Goiás, en los municipios de Alto Paraíso, Cavalcante y Colinas. Pertenece a la provincia geológica estructural de Tocantins y protege 85% de todas las tierras con altitud superior a 1400 m en el Cerrado. Se constituye también en divisor de aguas entre las bacías hidrográficas de los Ríos Maranhão y Paraná.

Como parte de un ecosistema peculiarmente influido por el relevo, el área de ese parque adquiere importancia porque allí las altitudes varían entre 500 y 1.760 metros. De ahí que su flora presenta tan gran diversidad de especies, muchas endémicas y adaptadas a los habitats rupestres. Uma encuesta reciente en la Chapada de los Veadeiros produjo un rol de las plantas florescentes identificando más de seis mil especies.

La fauna no es menos rica. Un censo superficial realizado en 1998 registró 295 especies de aves, 34 de anfibios, 45 de mamíferos y 49 de peces.

Veadeiros constituye uno de los Parques Nacionales que recibe el mayor número de visitantes en Brasil, atraídos tanto por las numerosas cascadas y cataratas que lo atraviesan, principalmente las del Río Preto y del Río San Miguel, como por la belleza escénica de sus campos limpios, peñascos y escarpados quartzíticos.

El sitio Áreas Protegidas del Cerrado también resguarda practicamente todos los mamíferos de gran porte de las sabanas amenazados de extinción: la onza pintada (*Panthera onca*), el tatú canasta (*Priodontes maximus*) y la anta (*Tapirus terrestris*). Lo mismo se da con las aves, como la águila ceniza (*Harpyhaliaetus coronatus*), el bacurau cola blanca (*Caprimulgus candicans*) y el pato zambullón (*Mergus octosetaceus*), también en riesgo de desaparecer.

PROTECCIÓN

El Parque Nacional de las Emas fue creado en 1961, ocupando un área de 131.868 hectáreas de tierras devueltas de los estados de Goiás y actual Mato Grosso do Sul. El Parque Nacional de la Chapada de los Veadeiros, instituido el mismo año, cuenta actualmente con 242.085 hectáreas, después de sucesivas reducciones en su área.

El Plan de Manejo del Parque Nacional de las Emas fue elaborado en 1981 y complementado por un Plan de Acción Emergencial, de 1993. El Plan de Manejo del Parque Nacional de la Chapada de los Veadeiros sólo fue establecido en 1998.

El Parque Nacional de las Emas es casi una isla del Cerrado. El suelo en las tierras adyacentes es de buena calidad y de fácil mecanización. Por eso, el monocultivo mecanizado ya tomó la mayor parte de la región., transformándola radicalmente. La contaminación por pesticidas, la invasión de gramíneas exóticas, el exterminio de animales silvestres, las quemas y la erosión por manejo agrícola inadecuado en las áreas vecinas requieren atención constante. El Parque de las Emas se volvió un testimonio crítico de la vida silvestre en la región centro sur del Cerrado.

En cambio las tierras alrededor del Parque Nacional de la Chapada de los Veadeiros permanecen relativamente intocadas, a excepción de la ciudad de Alto Paraíso y de la pecuaria a pasto abierto que se desarrolla en el lugar.

En mayo de 2001, fue creada alrededor del Parque de la Chapada una Apa (área de protección ambiental, clase II) estadual de 872.000 hectáreas. En la vecindad existe también la reserva de los Kalunga, descendientes de los esclavos africanos forajidos que crearon un quilombo en los vanos de la Sierra General del Paraná, hace más de doscientos años. Ese sitio abarca un área de 240.000 hectáreas. Y, en la región noreste del estado de Goiás, está implantado el Parque Estadual de São Domingos con su respectiva Apa.

Juntas todas esas áreas de protección natural en la Chapada de los Veadeiros forman una porción de más de un millón de hectáreas, de las más favorables para la preservación de la biodiversidad del Cerrado, porque se sitúan en el corredor genético más importante de Brasil, que corre en sentido sur-norte a lo largo del eje Araguaia – Tocantins – Sierra General de Goiás.

JUSTIFICATIVO DE INSCRIPCIÓN

El sitio Áreas Protegidas del Cerrado está constituído por dos Parques Nacionales, totalizando 373.953 hectáreas. Fue inscrito como patrimonio Natural de la Humanidad en 2001, siguiendo los criterios (ii) e (iv).

Ese bien natural desempeñó por millares de años un papel fundamental en la mantención de la diversidad biológica de la eco región del Cerrado. Gracias a su posición central y a la variación de altitudes que las caracterizan, esas áreas servirán de refugio relativamente estable para las especies cuando los cambios climáticos ocasionen el traslado del Cerrado para el eje norte-sur o este-oeste. Esa función de repositorio biológico para las especies se hace mucho más relevante en este momento en que el planeta inicia un período de cambios climáticos.

El lugar también presenta un mosaico con todos los habitats esenciales que caracterizan ese ecosistema, abrigando 60% de todas las especies de la flora y casi el 80% de todas las especies de vertebrados descritas en el Cerrado. Con excepción de la lontra gigante, el sitio protege todos los grandes mamíferos en riesgo de extinción, además de innumerables y raros pequeños mamíferos, aves de ocurrencia endémica y de varias especies nuevas para la ciencia, descubiertas allí recientemente.

From hunting and gathering to the agricultural boom of the 20ᵗʰ century

The Cerrado is the second largest neo-tropical biome, covering an area of two million square kilometres. It is virtually confined to Brazil's Central Plateau but there is also a small isolated enclave of Cerrado in the Huanchaca Plateau of northeastern Bolivia. The Cerrado ecosystem is comparable to that of the Amazon rainforest in terms of biodiversity, being much richer than other savannah habitats.

The contrasting landscapes comprising the mosaic of the Cerrado and its continental isolation for tens of millions of years have favoured speciation. Plant prototypes in the region date back 90 million years or more to the Cretaceous, giving ample time for new species to develop.

During the Pleistocene the Cerrado's mammalian fauna was already largely endemic, bearing a curious resemblance to that of the African savannah, complete with camel-like Liptoternes, lumbering Toxodonts resembling rhinoceroses besides numerous edentate mammal groups without parallel in other regions of the world: giant armadillos (Glyptodonts) and huge terrestrial sloths (Megalotheriums). Pleistocene Ice Age invaders from the North, man included, wiped out all the giant mammals in South America.

Today only smaller edentate mammals, including sloths, armadillos and anteaters, survive to remind us of this remote past. Many other species did survive, though, and are being progressively discovered and described. Classic examples are the long-nosed mouse (Juscelinomys candango) and birds like the Brasilia tapaculo (Scytalopus novacapitalis) and the white-winged nighthawk (Caprimulgus candicans).

All the abundant array of fauna, fruit, fibre and wood sustained a flourishing Amerindian hunting and gathering economy for at least eleven thousand years, developing sophisticated, well organised societies. It was only when the gold rush drew European settlers to the region that the sharp decline of these indigenous societies was set in motion.

Settlement of the hinterland in the wake of the gold rush brought low-intensity extensive cattle ranching, which soon became the region's traditional economic activity, taking over increasingly larger portions of the Cerrado. It was long believed that the Cerrado's acid, low-fertility soils were only suited to cattle ranching and removal of wood to make charcoal. From the 1970s onwards, however, public policies and technological advances brought new ways of exploring the Cerrado's economic potential. The agricultural boom in the mid-20ᵗʰ century destroyed most of the native vegetal cover, replaced by cash crops (mainly soybean) and pastures of exotic grasses at a rate faster than in any other Brazilian ecosystem.

Occupation of the Cerrado for agriculture and livestock activities has employed a model in which increased yields are obtained by rolling back the agricultural frontier rather than by achieving productivity gains. As a result, large tracts of the Cerrado have been cleared, only 10% of the original Cerrado vegetation surviving intact.

NATURE

The local climate is subtropical and continental: rainy from October to March and dry for the rest of the year. During the dry season, wild fires caused by lightning and burning by farmers are common. The flora and fauna are well adapted to the wet and dry seasons and to bush fires. Fire, indeed, plays a major role in shaping the landscape and regulating the reproductive cycle of many plant species.

Man-made fires, on the other hand, have become a source of justified concern. All the conservation units in the Cerrado suffer wild fires, in some cases year after year. More sessile taxa even suffer local extinction as a result. These environmental conditions, then, favour the development of pioneer species.

The Cerrado flora is fairly ancient and highly diversified with a high degree of endemism. The gradient of physiognomies is defined by the density of ground-level vegetation and arboreal species

which, in turn, are determined by the quality of the soil. In the open savannah grasslands the vegetal cover consists of exuberant grasses and herbaceous species and is exclusively low-lying. As the soil improves, the grasslands are replaced by dense scrubland featuring shrubs, acaulous palms and small, stunted trees. This landscape gradually gives way to denser open Cerrado forest of twisted trees with characteristically thick, fire-evolved bark and fleshy leaves. The best soils support the dense gallery forests (cerradão) where tall trees with nearly straight trunks support a matted canopy of lianas and creepers that shut out the light for most ground-level grasses and forbs.

Current climatic conditions on Earth and alterations in the level of rainfall have harmed all high-crown forest systems. As a result, botanists are doubtful about the prospects for full recovery of the Cerrado. Another worrying feature is the poor representation of this biome in Brazil's National Conservation Units Network. Long failing to attract due international ecological attention, the recent classification of this neglected biome has come at an already critical juncture for the Cerrado.

PROTECTED AREAS OF THE CERRADO
Chapada dos Veadeiros and Emas National Parks.

The Emas National Park is located at the southwestern tip of the State of Goiás, mostly in the municipal district of Mineiros (Goiás) but also partly in Chapadão do Céu (Goiás) and Costa Rica (Mato Grosso do Sul State). It preserves a large tract of the only remnants of meadows in the Caiapó Range, the watershed of the Paraná, Araguaia and Taquari Rivers. It also displays remarkable floristic diversity: 601 species of vascular plants have been identified in the open scrubland alone. On the terrain at lower altitudes in the drainage system of the Jacuba River – a tributary of the Paraná River basin – denser Cerrado vegetation predominates.

Visitors to the Emas Park can easily catch sight of the wild fauna. Emus roam freely across the savannah dotted here and there by huge termite mounds sculpted in the strangest shapes. At the start of the rainy season in September or October, the mounds glow a dim shade of green. This is nocturnal glow-worm larvae attracting their prey: winged termites.

Researchers have catalogued 354 bird species, 72 reptiles, 22 amphibians and 78 mammals, many of which are endemic to the Cerrados. The Park's main attraction, though, are its large savannah mammals. This is the one place where one is sure to come across bands of pampas deer (Ozotocerus bezoarticus), solitary giant anteaters (Myrmecophaga tridactyla) carrying their young on their backs, and red maned wolves (Chrysocyon brachyurus) with their russet coats and black manes – all endangered species. The Emas National Park boasts the largest number of research projects among savannah conservation units.

Chapada dos Veadeiros National Park, on the other hand, is located in the North of Goiás, straddling the municipal districts of Alto Paraíso, Cavalcante and Colinas. It is part of the Tocantins structural geological province and protects 85% of all the cerrado lands at altitudes above 1,400 metres. It is also the watershed of the Maranhão and Paraná river basins.

As part of an ecosystem strongly affected by relief, the area encompassed by the Park is particularly important because altitudes range from 500 to 1,760 metres. This explains the great diversity of species in the flora, many endemic and adapted to rupestrian habitats. A recent survey of Chapada dos Veadeiros identified more than six thousand species of flowering plants.

The fauna is equally rich. A superficial census carried out in 1998 recorded 295 bird species, 34 amphibians, 45 different mammals and 49 species of fish.

Chapada dos Veadeiros is one of the most visited national

parks in Brazil, its main attractions being the countless waterfalls and white-water rapids throughout its length and breadth, especially on the Preto and São Miguel Rivers, besides the scenic beauty of its open savannahs, cliff faces and quartzite scarps.

The Protected Areas of the Cerrado site also provides a safe haven for almost all the large endangered savannah mammals: the jaguar (Panthera onca), the giant armadillo (Priodontes maximus) and the tapir (Tapirus terrestris). The same is true for endangered bird species like the crowned eagle (Harpyhaliaetus coronatus), the white-winged nighthawk (Caprimulgus candicans) and the Brazilian merganser (Mergus octosetaceus), which might otherwise have become extinct.

PROTECTION

The Emas National Park was established in 1961 in 131,868 hectares of reclaimed land belonging to the states of Goiás and what is now Mato Grosso do Sul. The Management Plan for the Park was drafted in 1981 and supplemented in 1993 by an Emergency Plan of Action. The Chapada dos Veadeiros National Park was established in the same year, and currently covers an area of 242,085 hectares, following successive reductions to its original size. It was only in 1998 that it was provided with a Management Plan.

The Emas National Park is virtually an island of cerrado. Soil in adjacent areas is rich and easily mechanised. As a result, mechanised cash cropping has taken over much of the surrounding area, radically transforming it. Pesticide pollution, invasion by exotic grasses, extermination of wild animals, bush fires and erosion caused by mismanagement of adjacent arable land all require constant attention.

The land surrounding Chapada dos Veadeiros National Park, by way of contrast, remains relatively undisturbed, the only exceptions being the town of Alto Paraíso and free-range cattle ranching in the region. A Class II state environmental protection area (APA) of 872,000 hectares was established in May 2001 ringing the entire Park. There is also a 240,000-hectare reserve in the vicinity belonging to the Kalunga community, descendants of escaped African slaves who set up an enclave two hundred years ago in the folds of the Serra Geral do Paranã hills. In addition, in the northeastern tip of Goiás stands the São Domingos State Park with its respective APA.

All told, these nature reserves around Chapada dos Veadeiros comprise a buffer zone of more than one million hectares, providing highly favourable conditions for preserving the biodiversity of the Cerrado. It is located, moreover, in Brazil's most important genetic corridor running South-North from the Araguaia to Tocantins and Serra Geral de Goiás.

LISTING CRITERIA

The Protected Areas of the Cerrado site comprises two National Parks totalling 373,953 hectares. It was listed as World Natural Heritage in 2001 under criteria (ii) and (iv). This natural heritage has for thousands of years played a vital role in preserving the biological diversity of the Cerrado ecosystem. Owing to its central location and the range of altitudes within the site, it has served as a relatively stable refuge for many species when climate change has displaced the Cerrado along a North-South or East-West axis. Its role as a biological repository is all the more crucial when the planet is entering upon a period of climate change.

The site likewise displays a patchwork of all the main habitats that characterise the Cerrado, harbouring 60% of all the flora and almost 80% of all the vertebrate species catalogued in the entire ecosystem. With the exception of the giant otter, the site protects all the large endangered mammals in addition to smaller mammalians, endemic birds and various recently discovered species previously unknown to science.

Casa de Cora Coralina, às margens do Rio Vermelho • La casa de Cora Coralina en las márgenes del Río Vermelho.
Cora Coralina's house on the Vermelho River.

Centro Histórico da Cidade de

Goiás

Centro Histórico de la Ciudad de Goiás • *Historic Centre of the Town of Goiás*

GOIÁS

· · · · · · · · · · · · · · · · · ·

SIRON FRANCO

ARTISTA PLÁSTICO

Janelas de Malacacheta

Nasci, em 1947, na cidade de Goiás, na Rua D'Abadia, n°25, em frente à igreja de mesmo nome. As primeiras impressões que guardo em minha memória são tetos de igrejas com suas fachadas, que para mim pareciam enormes cabeças coroadas, e as esculturas do mestre Veiga Valle, cujas obras estão, em grande parte, reunidas no Museu da igreja da Boa Morte.

Tinha ainda o mercado, com o colorido de sua diversidade de formas estranhas; bancas com frutas, castanhas, pássaros, peles de onça e potes, cabeças, filhotes de jaguatiricas, garrafas com cobras e raízes na pinga, açougue com partes de boi expostas, tropas de burros carregados de mercadoria, bicho empalhado, gaiolas e peneira dependuradas, periquitos vivos, pilões, bolo de arroz vendido bem de manhãzinha aos gritos, cabeças de madeira de ex-votos – tudo isso se mistura em minha mente; as casas com suas cores, ocres, azuis, vermelhas, lilases, rosas pratas... muitas ainda existem até hoje, com magníficos baixos relevos e com uma particularidade que mais me impressionava: as janelas de malacacheta, aquele mineral que substituía com muita beleza os vidros nas casas coloniais.

As noites de festividades da cidade me encantavam e ao mesmo tempo me metiam medo. A Procissão do Fogaréu, para mim, era uma coisa real; os farricocos com seus capuzes ameaçadores, a perseguição, os passos, a marcha rápida, os tambores, os toques de clarim antes da prisão de Cristo, o canto de Verônica, triste, comovido, e a aparição da impressionante escultura – esculpida por Veiga Valle – do Senhor Morto, com suas vestes roxas e a cabeleira postiça com uma coroa de espinhos ferindo a face ensangüentada de Cristo. Tudo isso, para mim, era real, concreto e verdadeiro.

No final da tarde as pessoas sentavam-se em frente às portas, ao relento, a contar histórias de mulas-sem-cabeça, assombrações, lobisomens que apareciam atrás da Matriz. Crianças correndo e brincando, minha mãe chegava com a peneira repleta de alfenins verdadeiras obras-de-arte. Esta é a Goiás Velho de minha infância, cujas imagens do Morro de Cantagalo circundando a velha cidade foram tão marcantes que transferi seu perfil para a logomarca criada para homenagear o mais novo Patrimônio Histórico da Humanidade da Unesco.

Chafariz de Cauda, tendo ao fundo a Igreja de Santa Bárbara e a Colina de Cantagalo.

Chafariz de Cauda, con la Iglesia de Santa Bárbara y la Colina de Cantagallo, al fondo.

Cauda Fountain, with the Church of Santa Barbara and Cantaglo Hill in the background.

Ventanas de Mica

Isinglass Panes

Nací en 1947 en la ciudad de Goiás, en la Rua D'Abadia nº25, enfrente de la iglesia del mismo nombre. Las primeras impresiones, que guardo en mi memoria son techos de iglesias con sus fachadas, que para mí parecían enormes cabezas coronadas, y las esculturas del maestro Veiga Valle, cuyas obras están, en gran parte, reunidas en el Museo de la iglesia de la Buena Muerte en la ciudad.

Había además el mercado, con el colorido de su diversidad de formas extrañas; blancas con frutas, castañas, pájaros, pieles de jaguar y potes, cabezas, crías de jaguatiricas, (jaguares de pequeño tamaño) botellas con culebras y raíces en el aguardiente, carnicerías con pedazos del buey expuestos, manadas de burros cargados de mercancía, animales disecados, jaulas y cedazos colgados, periquitos vivos, pilones, bollo de arroz vendido muy de mañanita a gritos, cabezas de madera de exvotos – todo eso se mezcla en mi mente; las casas con sus colores, ocres, azules, rojas, lilas, rosas, platas... muchas todavía existen hasta hoy, con magníficos bajorrelieves y con una particularidad que me impresionaba más; las ventanas de mica, aquel mineral que substituía con mucha belleza los vidrios en las casas coloniales.

Las noches de festividades de la ciudad me encantaban y al mismo tiempo me daban miedo. La Procesión del Fogaréu (antorchas), para mí, era una cosa real; los farricocos (encapuzados) com seus capuces amenazadores, la persecución, los pasos, la marcha rápida, los tambores, los toques de clarín antes de la prisión de Cristo, el canto de la Verónica, triste, conmovido y la aparición de la impresionante escultura esculpida por Veiga Valle del Señor Muerto, con sus ropajes morados y la cabellera postiza con una corona de espinas hiriendo la faz ensangrentada de Cristo. Todo eso para mí era real, concreto y verdadero.

Al caer la tarde, las personas se sentaban delante de las puertas, al aire libre, a contar historias de mulas sin cabeza, espantos, hombres lobo que aparecían atrás de la Parroquia. Niños corriendo y jugando, mi madre llegaba con el cedazo repleto de alfenins (dulces hechos con una masa blanca) verdaderas obras de arte. Esta es la Goiás Velho de mi infancia, cuyas imágenes desde el Morro de Cantagalo circundando la vieja ciudad fueron tan importantes que transferí su perfil a la logomarca creada para homenajear el más nuevo sitio brasileño inscrito en la Lista de Patrimonio de la Humanidad.

I was born in the town of Goiás at 25, Rua D'Abadia, opposite the church of the same name in 1947. The first impressions etched on my memory are of the church rooftops and façades - they seemed like enormous crowned heads to my mind - and the sculptures of Master Veiga Valle, most of whose work is now on display in the Museum attached to the Boa Morte church.

Then there was the market with its colourful array of strange shapes: stalls with fruit, nuts, birds, jaguar skins and earthenware pots, ocelot cubs, bottled snakes and medicinal roots in firewater, butcher's counters piled with chopped and severed ox parts, donkey trains loaded with wares, stuffed animals, hanging cages and sieves, live parakeets, mortars and pestles, rice cakes sold by bawling hawkers in the early morning, ex-voto wooden heads. All this is a kaleidoscopic jumble in my mind. The bright-coloured house fronts - ochre, blue, red, lilac, silver-pink... Many are still there today with their magnificent bas-reliefs and the peculiarity that struck me most: their isinglass window-panes. Mica was a handsome substitute for glass in the old colonial houses.

The nocturnal festivals in the town bewitched and scared the wits out of me. For me the Torch Procession was for real: the robed torch-bearers with their awesome hoods, the chase, the steps, the quick march, the drums, the bugle calls before Christ's arrest, Veronica's sad, heart-rending wail and the impressive apparition of Veiga Valle's sculpture of the Slain Lord bedecked with purple garments and false hair, the crown of thorns piercing His bloodied brow. To me it was all real, palpable and true.

At dusk people sat out in front of their homes in the open air telling tales of headless mules, ghosts and werewolves that haunted the dark alleys behind the parish church. Children scampering and romping, my mother coming out with a bowl full of icing-sugar decorations - veritable works of art. This is the Goiás Velho of my childhood. The Cantagalo Hill loomed so large above the old town that I have transferred its outline to the logo created to celebrate the latest addition to Unesco's World Heritage List.

Uma jóia em adobe e taipa dos tempos do ouro

Localização da cidade
Localización de la ciudad
Location of the town

Estado de Goiás · Estado de Goiás · *Goiás State*

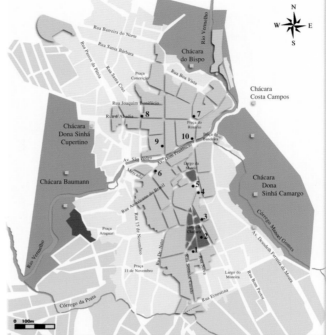

1. Museu das Bandeiras.
   Museo de las Banderas.
   The Pioneer Museum.
2. Chafariz de Cauda.
   Chafariz de Cauda.
   The Cauda Fountain.
3. Antigo Quartel.
   Antiguo Cuartel.
   Old Barracks.
4. Museu de Arte da Boa Morte.
   Museo de Arte de la Buena Muerte.
   Boa Morte Museum.
5. Palácio Conde Dos Arcos.
   Palacio Conde de los Arcos.
   Conde dos Arcos Palace.
6. Igreja São Francisco de Paula.
   Iglesia de San Francisco.
   The Church of São Francisco.
7. Igreja Nossa Senhora do Rosário.
   Iglesia de Nuestra Señora del Rosario.
   The Church of Nossa Senhora do Rosário.
8. Igreja Nossa Senhora da Abadia.
   Iglesia de Nuestra Señora de Abadía.
   The Church of Nossa Senhora da Abadia.
9. Igreja Nossa Senhora do Carmo.
   Iglesia Nuestra Señora del Carmen.
   The Church of Nossa Senhora do Carmo.
10. Casa de Cora Coralina.
    La casa de Cora Coralina.
    Cora Coralina's house.

Zona inscrita no Patrimônio Mundial. · Zona inscrita en el Patrimonio Mundial. · *Area inscribed as World Heritage.*

Zona tombada pelo Iphan (Zona-tampão). · Zona protegida por el Iphan (Zona tampón) ·
Area under Iphan preservation order (buffer zone).

Zona de expansão · Zona de expansión · *Expansion area*

Imagem de satélite da região onde está inserida a cidade.
Imagen de satélite de la región donde se encuentra la ciudad.
Satellite image of the surrounding Goiás town.

A atual Cidade de Goiás foi fundada em 1727, nos contrafortes ocidentais da Serra Dourada, por Bartolomeu Bueno da Silva, o filho, que por ali já havia estado quarenta anos antes, acompanhando seu pai, de mesmo nome e alcunha – Anhangüera. Surgiu como um pequeno arraial às margens do Rio Vermelho, inicialmente chamado Sant'Ana.

A lembrança do ouro dos índios *Goyas* ainda povoava o imaginário dos bandeirantes que partiam de São Paulo em expedições exploratórias, desrespeitando os limites do Tratado de Tordesilhas. Assim, acabaram por incorporar ao território brasileiro mais de 3 milhões de quilômetros quadrados de terras oficialmente pertencentes aos espanhóis.

Os reflexos da Serra Dourada materializavam-se no precioso metal que o leito do Rio Vermelho generosamente deixava nas bateias aventureiras. Rapidamente surgiram também outros arraiais: o da Barra, Ouro Fino, Ferreiro. Foi, porém, o de Sant'Ana que o governador de São Paulo, Dom Luís de Mascarenhas, Conde d'Alva, escolheu, em 1739, como sede da comarca instituída para melhor controle das minas. O vilarejo de exploradores de ouro transformou-se, então, em vila administrativa e recebeu o nome de Villa Boa de Goyas, em homenagem a Bartolomeu Bueno.

Em 1748, a Capitania de São Paulo foi desmembrada em mais duas: Mato Grosso e Goiás. O primeiro governador da recém–criada Capitania de Goiás, Dom Marcos de Noronha, Conde dos Arcos (1749-1755), transformou a vila em pequena capital. Construiu a Casa de Fundição, o Palácio e o Quartel. Seu sucessor ergueu a Casa de Câmara e Cadeia, em 1761.

Vista da cidade com o Quartel e a Casa de Câmara e Cadeia, tendo ao fundo a Serrra Dourada.
Vista aérea de la ciudad, con la Casa de Cámara y Prisión al centro y al fondo la Sierra Dorada.
Aerial view of the town, with the Barracks and the Chamber House and Jail in the centre and Serra Dourado in the background.

José de Almeida, Barão de Mossâmedes (1772-1777), restaurou estradas e pontes, construiu a Fonte da Carioca, o Chafariz de Cauda e o Teatro. Entretanto, é a Luís da Cunha Meneses (1778-1783) que se deve creditar a estruturação da cidade que conhecemos hoje, pois foi o responsável pela elaboração, em 1782, do prospecto de Villa Boa de Goyas para reordenar o processo de ocupação urbana. Além disso, arborizou a cidade, alinhou suas ruas e organizou a bela Praça do Chafariz.

Mas, a partir de 1770, o Rio Vermelho, de pródigo, passa a avarento e os resultados da exploração do ouro decaem fortemente. Inicia, então, um longo período de estagnação para Goiás, o que explica a preservação da fisionomia da urbe.

As feições da cidade modesta e encantadora de então foram preservadas ao longo do tempo e chegam hoje praticamente com as mesmas características originais. Essa comparação é possível graças às descrições e desenhos deixados pelos naturalistas estrangeiros que visitaram a região nas primeiras décadas do século XVIII, entre eles Saint-Hilaire, Pohl e Burchell.

A alteração do nome de Villa Boa de Goyas para Cidade de Goiás só ocorreria no período imperial e acompanhada de melhorias urbanas significativas, como a criação do Hospital, da Biblioteca

Desenhos da paisagem urbana da Cidade de Goiás, de autoria desconhecida (1761).
Diseños del paisaje urbano de la Ciudad de Goiás, de autoría desconocida (1761).
Drawings of the urban landscape of the Town of Goiás, unknown artist (1761).

Imagens sacras de Nossa Senhora do Parto e do Arcanjo São Miguel, de Veiga Valle.
Imágenes sacras de Nuestra Señora del Parto y del Arcángel San Miguel, de Veiga Valle.
Sacred images of Nossa Senhora do Parto and the Archangel Michael, by Veiga Valle.

Pública e do Liceu. Apesar da letargia econômica, grande ascensão cultural marcou esse período da cidade, berço de poetas e artistas, como Veiga Valle, considerado o maior escultor goiano por suas belíssimas e delicadas peças de estatuária religiosa. Já a doceira Cora Coralina, nascida em 1889, se tornaria, a partir dos anos de 1970, escritora e poetisa reverenciada em todo o país.

O maior trauma para a Cidade de Goiás viria com a perda de suas atribuições administrativas. Alegando dificuldades em governar o Estado a partir de uma cidade tão isolada, Pedro Ludovico, interventor nomeado por Getúlio Vargas, promoveu, em 1937, a transferência da capital para Goiânia.

Só depois da inauguração de Brasília, em 1960, que provocou um surto desenvolvimentista em todo o Planalto Central, a cidade retomaria lentamente seu crescimento. Essa pequena jóia que nos restou do tempo do ouro consolidou-se como pólo regional, em decorrência de sua rede de ensino especializada, do bom atendimento hospitalar e, principalmente, amparada por um significativo patrimônio cultural.

Pela autenticidade de seu traçado urbano, Goiás testemunha ainda hoje a organização de uma vila do século XVIII, exemplo da conquista de um território colonial que rompeu as limitações de um tratado.

Como embrião e precursora de Goiânia e Brasília no impulso de ocupação e desenvolvimento do território central da nação, a velha cidade torna-se anualmente a capital do Estado durante alguns dias do mês de julho, quando o governo de Goiás volta a ocupar o Palácio Conde dos Arcos.

URBANISMO E ARQUITETURA

Evolução urbana

Os primeiros arruamentos do Arraial de Sant'Ana, surgido às margens do Rio Vermelho nos primórdios da mineração, se organizaram em três sentidos: em direção a sudeste, isto é, dos caminhos vindos de São Paulo, em direção ao norte e a oeste, rumo a Cuiabá.

Assim, ruas e becos se implantaram, sem formar os tradicionais ângulos retos. Esse planejamento não ortogonal resultou da interligação dos três largos de formato triangular, onde foram espontaneamente se instalando os edifícios do poder, de culto e, à sua volta, o casario.

Três pontes de madeira faziam essa interligação, possibilitando o cruzamento do rio, desde o início presença fundamental na paisagem urbana.

Permanece íntegro esse traçado urbano, com seu calçamento em pedras irregulares, emoldurado a leste e ao norte pelos morros Dom Francisco e Cantagalo, e ao sul pelos longos contrafortes da Serra Dourada, que conferem ao sítio histórico, nas palavras do arquiteto Augusto da Silva Telles, "um valor paisagístico suplementar por seu caprichoso perfil no horizonte, pelo colorido que apresenta a partir dos reflexos dos raios solares e pela massa arbórea que a encobre parcialmente".

Tipologia

O conjunto arquitetônico de característica vernacular tem como exceção algumas igrejas e prédios públicos, cujos projetos vinham do Reino, como a Casa de Câmara e Cadeia. Representa singularmente a capacidade do bandeirante em adaptar às dificuldades locais, aos materiais disponíveis e

Forro da igreja de São Francisco de Paula (1761), de Antônio da Conceição.
Artesón de la Iglesia de San Francisco de Paula (1761), de Antônio da Conceição.
The ceiling of the Church of São Francisco de Paula (1761), by Antônio da Conceição.

Casa de Camâra e Cadeia, construída em 1761, atual Museu das Bandeiras. • Casa de Cámara y Prisión, construída en 1761, actual Museo de las Banderas.
The Chamber House and Jail, constructed in 1761, is today the Pioneer Museum.

à ausência de mão–de–obra especializada, as técnicas trazidas de São Paulo e oriundas de Portugal.

"Cochichando umas com as outras", no dizer de Cora Coralina, as casas se abrem direta-mente para a rua, em cadenciamento constante de portas e janelas, cujo número depende da largura dos lotes. Esses, de modo geral, são estreitos e compridos, estendendo-se da rua com a fachada até o muro dos fundos, limitando quintal e pomar. Um portão nesse muro em taipa ou adobe se abre para os becos, que hoje chamaríamos de ruas de serviço.

O casario é predominantemente térreo e mistura o colonial e o eclético. Compõe um agru-pamento de arquiteturas diferentes bastante harmonioso, já que o tamanho e as proporções das edi-ficações não se alteraram com as modificações ocorridas no final do século XIX e início do XX.

Nessa época, muitas fachadas foram transformadas com a introdução de ornamentos colhidos em diversos estilos. Certos edifícios públicos resultam de construções residenciais que chegaram à feição atual, após séculos de inúmeras reformas e adaptações. Apresentam volumetria e elemen-tos compositivos, que não comprometem sua singeleza e sobriedade formal.

Da mesma forma, a arquitetura religiosa prima pela simplicidade, ainda que os forros

Variações das esquadrias em madeira .
Variaciones de las escuadras en madera.
Variations of the wooden window frames.

Hospital São Pedro de Alcantara e Igreja Nossa Senhora do Carmo.
Hospital São Pedro de Alcântara y Iglesia Nuestra Señora del Carmen (1755).
São Pedro de Alcântara Hospital and The Church of Nossa Senhora do Carmo (1755).

Detalhe do sino da Igreja do Carmo.
Detalle de la campana de la Iglesia del Carmo.
Carmo Church bell (detail).

pintados das igrejas de São Francisco e de Nossa Senhora d´Abadia e o frontão da Igreja da Boa Morte demonstrem certa erudição.

Formas arquitetônicas e sistemas construtivos

Edifícios públicos e moradas são feitos de pau-a-pique, taipa ou adobe, em sua maioria, sem ornamentação significativa. Apenas no interior das igrejas notam-se traços de um barroco tardio, expressos em imagens, talhas e pinturas, encomendadas aos poucos artesãos residentes na região pelas irmandades religiosas.

Nas estruturas de cobertura predomina a solução de duas águas. Interessantes variações, no entanto, podem revelar-se ao olhar atento. Nas casas de esquina, por exemplo, onde o prolongamento da empena lateral esconde o caimento do telhado que lhe fica atrás, e com o artifício da colocação de telhas como beiral, o observador tem a impressão de uma continuidade que não existe.

Variadas foram as soluções adotadas para beirais, platibandas e outros detalhes arquitetônicos, tais como desenho, ritmo e proporções de esquadrias. Varandas e sacadas em madeira ou ferro, salientes da fachada, encontram-se habitualmente nos sobrados, mas esses constituem raridade em Goiás. Tudo pode ser comparado às tipologias existentes em Portugal e colônias, como Évora e Açores, por exemplo.

As construções religiosas de maior porte são, em geral, feitas em taipa de pilão ou pedra, e as mais simples, em adobe. A maioria dessas edificações data da segunda metade do século XVIII, quando o ouro já se encontrava em processo de esgotamento. Talvez, por isso, os elementos decorativos e estéticos não se vinculam, formal e plasticamente, aos edifícios característicos das ordens religiosas estabelecidas no litoral da colônia. Assemelham-se mais à primeira fase da arquitetura religiosa de Minas Gerais.

Como bem observa Silva Telles, "a graça e o pitoresco dessa arquitetura, funcional para a sociedade da época, revelam-se, principalmente, na flexibilidade dos alinhamentos dos logradouros e nas descontinuidades que ocorrem nas seqüências de frontarias e nos planos de telhados".

PROTEÇÃO

Entre 1950 e 1951, o atual Iphan tombou como monumentos históricos as principais igrejas de Goiás, o Quartel do XX, a Casa de Câmara, o Palácio Conde dos Arcos, o Chafariz de Cauda e a Rua da Fundição.

O Conjunto Arquitetônico e Urbanístico da Cidade de Goiás foi tombado pelo Iphan em 1978. Em 1988, decreto estadual ampliou a Área de Proteção Ambiental da Serra Dourada, assegurando a permanência da paisagem preservada, desde o centro até o cume da serra. Em 1996, foi elaborado o Plano Diretor da cidade.

No mesmo ano, a candidatura da Cidade de Goiás ao título de Patrimônio Mundial promoveu o significativo crescimento dos investimentos privados direcionados à sua preservação. Ressaltem-se ações do Estado, como a retirada da fiação aérea no Centro Histórico.

A obtenção do título, em 14 de dezembro de 2001, propicia eficaz redução de intervenções inadequadas em imóveis da área tombada. Foi o que ocorreu, por exemplo, na recente reconstrução de algumas edificações no Centro Histórico, danificadas pela enchente de janeiro de 2002. Para aplicar recursos provenientes do Fundo do Patrimônio Mundial e de ações federais e estaduais, na restauração dos imóveis, a condição essencial foi o respeito às suas características originais.

Centro histórico, permeado pela vegetação dos quintais e emoldurado pela Serra Dourada. • Centro histórico, invadido por la vegetación de los quintales y enmarcado por la Sierra Dorada.
The old town centre, interspersed with garden vegetation with Serra Dourada in the distance.

Igreja de São Francisco.
Iglesia de San Francisco.
São Francisco Church.

Ritmo de portas e janelas e movimentação dos telhados do casario colonial. · Ritmo de puertas y ventanas y movimiento de los tejados del caserío colonial.
Sequence of doors and windows and patchwork of roofs on the colonial houses.

Procissão do Fogaréu. · Procesión del Fogaréu. · *Torchlight procession.*

JUSTIFICATIVA DA INSCRIÇÃO

A Cidade de Goiás, situada no Planalto Central do Brasil, localiza-se a 15º 56' 4" de latitude S, 50º 58' 25" de longitude W, distante aproximadamente 1.300 quilômetros do litoral.

Seu Centro Histórico, que perfaz uma área de 40,3 hectares, foi inscrito na Lista do Patrimônio Cultural da Humanidade, em dezembro de 2001, sob os critérios (ii) e (iv) da Convenção.

Com seu traçado e sua arquitetura, a cidade histórica de Goiás constitui um notável exemplo de núcleo urbano com características européias, admiravelmente adaptadas às condições climáticas, geográficas e culturais da área central da América do Sul.

A Cidade de Goiás também apresenta a evolução de uma estrutura urbana e arquitetônica representativa da colonização da América do Sul, que fez uso completo dos materiais e técnicas disponíveis, em meio a uma paisagem excepcional e bastante conservada.

O arruamento é definido pela disposição do casario. Ao centro, a Igreja do Rosário. • El trazado de calles está definido por la disposición del caserío. Al centro, la Iglesia del Rosario.
The layout of the streets is defined by the arrangement of the houses. In the centre is the Rosário Church.

Una joya en adobe y tapial de barro de los tiempos del oro.

La actual Ciudad de Goiás fue fundada en 1727, en los contrafuertes occidentales de la Serra Dourada, por Bartolomeu Bueno da Silva, el hijo, que por allí había pasado cuarenta años antes acompañando a su padre, del mismo nombre y apodo – Anhanguera. Surgió como una pequeña aldea a las márgenes del Río Vermelho, inicialmente llamada Sant'Ana.

El recuerdo del oro de los indios Goyas todavía poblaba el imaginario de los bandeirantes que partían de São Paulo en expediciones, sin respetar el Tratado de Tordesillas. Así, acabaron por incorporar al territorio brasileño más de tres millones de kilómetros cuadrados de tierras oficialmente pertenecientes a los españoles.

Los reflejos de la Serra Dourada se materializaban en el precioso metal que el lecho del Río Vermelho generosamente dejaba en las bateas aventureras.

Rápidamente surgieron también otras aldeas: la de la Barra, Ouro Fino y Ferreiro. Sin embargo, fue la Aldea de Sant'Ana la que el gobernador de São Paulo, Don Luís de Mascarenhas, Conde d'Alva, escogió, en 1739, como sede de la comarca instituida para tener un mejor control de las minas. La pequeña villa de explotadores de oro se transformó en villa administrativa y recibió el nombre de Villa Boa de Goyás, en homenaje a Bueno.

En 1748, la Capitanía de São Paulo fue desmembrada en otras dos: Mato Grosso y Goiás.

El primer gobernador de la recién creada Capitanía de Goiás, Don Marcos de Noronha, Conde dos Arcos (1749-1755), transformó la villa en pequeña capital. Construyó la Casa de Fundición, el Palacio y el Cuartel. Su sucesor irguió la Casa de Câmara e Cadeia (sede municipal de la administración y de la justicia) en 1761.

José de Almeida, Barón de Mossâmedes (1772-1777), restauró caminos y puentes, construyó la fuente de la Carioca, el Chafariz de Cauda (fuente pública) y el Teatro. Sin embargo, es a Luís da Cunha Meneses (1778-1783), a quien se le debe dar el crédito de la estructuración de la ciudad que conocemos hoy, pues él fue responsable de la elaboración, en 1782, del prospecto de Villa Boa de Goyás para reordenar el proceso de ocupación urbana. Además, arborizó la ciudad, alineó sus calles, y organizó la bella Praça do Chafariz (fuente pública).

A partir de 1770, el Río Vermelho se transformó de pródigo en avaro y los resultados de la explotación del oro decayeron fuertemente. Empieza, entonces, un largo periodo de estancamiento para Goiás, lo que explica la preservación de la fisonomía de la urbe.

Las facciones de la ciudad modesta y encantadora de entonces fueron preservadas a lo largo del tiempo y llegan hasta hou prácticamente con las mismas características originales. Esa comparación es posible gracias a las descripciones y dibujos dejados por los naturalistas extranjeros que visitaron la región en, las primeras décadas del siglo XVIII, entre ellos Saint-Hilaire, Pohl y Burchel.

La modificación del nombre de Villa Boa de Goyás para Ciudad de Goiás sólo iba a suceder en el periodo imperial y fue acompañada por mejoras urbanas significativas, como la creación del Hospital, de la Biblioteca Pública y del Liceo. A pesar de la letargia económica, una gran ascensión cultural señaló ese periodo de la ciudad, cuna de poetas y artistas, como Veiga Valle, considerado el mayor escultor goiano, por sus bellísimas y delicadas piezas de estatuaria religiosa. Ya la confitera Cora Coralina, nacida en 1889, se convirtió, a partir de los años de 1970, escritora y poetisa reverenciada en todo el país.

El mayor trauma para la Ciudad de Goiás llegó con la pérdida de sus atribuciones administrativas. Alegando dificultades para gobernar el estado a partir de una ciudad tan aislada, Pedro Ludovico interventor nombrado por Getúlio Vargas, promovió, en 1937, la transferencia de la capital a Goiania.

Sólo después de la inauguración de Brasilia, en 1960, que provocó un brote desarrollista en todo el Altiplano Central, la ciudad iba a reanudar lentamente su crecimiento. Esa pequeña joya, que nos quedó de los tiempos del oro, se consolidó como polo regional, como resultado de red de enseñanza especializada, de la buena atención hospitalaria y, principalmente, amparada por un significativo patrimonio cultural.

Por la autenticidad de su trazado urbano, Goiás atestigua todavía hoy la organización de una villa del siglo XVIII, ejemplo de la conquista de un territorio colonial que rompió las limitaciones de un tratado.

Como embrión y precursora de Goiania y Brasilia en el impulso de ocupación del territorio central de la nación, la vieja ciudad se convierte anualmente en la capital del estado durante algunos días del mes de julio, cuando el gobierno de Goiás vuelve a ocupar el Palácio Conde dos Arcos.

EL URBANISMO Y LA ARQUITECTURA

Las primeras demarcaciones de las calles de la aldea, o sea, el Arraial Sant'Ana, surgido a las márgenes del Río Vermelho en los primordios de la explotación de minas, se organizaron en tres sentidos: a sudoeste, de los caminos que venían de São Paulo, al norte y a oeste, rumbo a Cuiaba.

Así, calles y callejones se implantaron sin formar los tradicionales ángulos rectos. Esa planificación no ortogonal, resultó de la interconexión de tres plazas de formato triangular, donde espontáneamente se instalaron los edificios del poder, del culto y, en su rededor, las casas.

Tres puentes de madera hacían esa interconexión, permitiendo cruzar el río, desde el principio una presencia fundamental en el paisaje urbano.

Permanece íntegro ese trazado urbano, con sus calles de piedras irregulares, enmarcado al este y al norte por los cerros Don Francisco y Cantagalo, y al sur por los largos contrafuertes de la Serra Dourada, que le dan al sitio histórico, en las palabras de Silva Teles, "un valor paisajístico suplementario por su caprichoso perfil en el horizonte, por los colores que presenta a partir de los reflejos de los rayos solares y por la masa arbórea que la cubre parcialmente".

El conjunto arquitectónico, de característica vernácula, tiene como excepciones algunas iglesias y edificios públicos, cuyos proyectos venían del Reino, como es el caso de la Casa de Câmara e Cadeia (sede municipal de la administración y de la justicia. Representa singularmente la capacidad del bandeirante en adaptar las técnicas traídas de São Paulo y oriundas de Portugal a las dificultades locales, en un ambiente caracterizado por la escasez de los materiales disponibles y por la ausencia de mano de obra especializada.

"Susurrando unas con las otras ", las casas se abren directamente a la calle, en una cadencia constante de puertas ventanas, cuya cantidad es proporcional al ancho de los lotes. Éstos, por lo general, son angostos y largos, extendiéndose desde la calle principal hasta el muro del fondo, casi siempre de barro enlistonado, tapial de barro, o de adobes, y abriéndose para un callejón, que hoy llamaríamos de calle de servicio.

Las casas son predominantemente de un solo piso y mezclan lo colonial y lo ecléctico. Componen una agrupación de arquitectura bastante armoniosa, ya que el tamaño y las proporciones de las edificaciones no cambiaron con las modificaciones ocurridas a fines del siglo XIX y principios del XX.

En esa época, muchas fachadas se transformaron con la introducción de ornamentos inspirados por diversos estilos. Ciertos edificios públicos resultan de construcciones residenciales que llegaron a su forma actual, después de siglos de innumerables reformas y adaptaciones. Presentan volumetría y elementos de composición que no comprometen su sencillez y sobriedad formal.

De la misma forma, la arquitectura religiosa prima por la sencillez, aunque los forros pintados de las iglesias de São Francisco y de Nossa Senhora d'Abadia y el frontón de la Igreja da Boa Morte demuestren una cierta erudición.

Edificios públicos y viviendas son hechos de tapiales de barro enlistonado o de adobes, en su mayoría, sin ornamentación significativa. Solamente en el interior de las iglesias se notan rasgos de un barroco tardío, expresos en imágenes, tallas y pinturas, pedidos a los pocos artesanos residentes en la región por las hermandades religiosas.

En las estructuras de cubierta predomina la solución de dos aguas. Interesantes variaciones, sin embargo, pueden revelarse a la mirada atenta. En las casas de esquina, por ejemplo, en las casas de esquina, donde el prolongamiento del muro piñón esconde la inclinación del tejado, que queda atrás, y con el artificio de la colocación de tejas como alero, el observador tiene la impresión de una continuidad que no existe.

Fueron variadas las soluciones adoptadas para los aleros, muretes y otros detalles arquitectónicos, tales como diseño, ritmo y proporciones de marcos de ventanas y puertas. Terrazas y balcones en madera o hierro, proyectándose de la fachada, son comunes en las casas de dos pisos, pero éstas son raras en Goiás.

Todo se puede comparar con las tipologías existentes en Portugal y sus colonias, como Évora y Azores, por ejemplo.

Las construcciones religiosas de mayor porte son, generalmente, hechas con tapiales de barro enlistonado, o con piedra, y las más sencillas, con adobes. La mayoría de esas construcciones proviene de la segunda mitad del siglo XVIII, cuando el oro ya se encontraba en proceso de agotamiento. Tal vez por ello, los elementos decorativos y estéticos no se vinculan, formal y plásticamente, a los edificios característicos de las órdenes religiosas establecidas en el litoral de la colonia. Se asemejan más a la primera fase del desarrollo de la arquitectura religiosa de Minas Gerais.

Como bien observa Silva Teles: "la gracia y lo pintoresco de dicha arquitectura, funcional para la sociedad de la época, se revelan principalmente en la flexibilidad de las alineaciones de los espacios públicos y en las discontinuidades que ocurren en las secuencias de fachadas y en los lienzos de los tejados."

PROTECCIÓN

Entre 1950 y 1951 el actual Iphan inventarió como monumentos históricos las principales iglesias de Goiás, el Quartel, la Casa da Câmara, el Palácio Conde dos Arcos, el Chafariz de Cauda (fuente pública) y la Rua da Fundição.

El Conjunto Arquitectónico y Urbanístico de la Ciudad de Goiás fue inventariado por el Iphan en 1978. En 1988, un decreto de ese estado amplió el Área de Protección Ambiental de la Serra Dourada, asegurando la permanencia del paisaje preservado desde el centro hasta la cima de la sierra.

En ese mismo año, la candidatura de la ciudad al título de Patrimonio Mundial promovió el significativo crecimiento de las inversiones privadas dirigidas a su preservación. Hay que destacar las acciones del estado, como la retirada de los cables aéreos del Centro Histórico.

La obtención del título, en diciembre de 2001, ha favorecido una eficaz reducción de intervenciones inadecuadas en inmuebles del área inventariada. Fue lo que ocurrió, por ejemplo, en la reciente reconstrucción de algunas edificaciones en el Centro Histórico damnificadas por la inundación de enero de 2002. Para aplicar recursos provenientes del Fondo del Patrimonio Mundial de la Unesco y de acciones de los estados y de la federación, en la restauración de los inmuebles, la condición esencial fue el respeto a sus características originales.

JUSTIFICATIVO DE LA INSCRIPCIÓN

La Ciudad de Goiás, ubicada en el Altiplano Central de Brasil, está localizada a 15º 56' 4" de latitud S, 50º 58' 25" de longitud W, distante aproximadamente 1.300 km del litoral.

Su Centro Histórico que abarca un área con el total de 40,3 ha, fue inscrito en la Lista del Patrimonio Cultural d la Humanidad, en diciembre de 2001, bajo los criterios (ii) y iv) de la Convención.

Con su trazado y su arquitectura, la ciudad histórica de Goiás constituye un notable ejemplo de núcleo urbano con características europeas admirablemente adaptadas a las condiciones climáticas, geográficas y culturales del área central de América del Sur.

La Ciudad de Goiás también representa la evolución de una forma de estructura urbana y arquitectónica representativa de la colonización de América del Sur, que utilizó plenamente los materiales y técnicas disponibles, dentro de un paisaje excepcional y bastante conservado.

A gold-rush-days treasure in wattle and daub

The town now known as Cidade de Goiás or Goiás Velho was founded in 1727 in the western foothills of the Dourada Range. It was founded by Bartolomeu Bueno da Silva, the younger, who had travelled through the area forty years earlier accompanying his namesake father, also popularly referred to as "Anhanguera". It was initially just a small village on the banks of the Vermelho River, originally called Sant'Ana.

Tales of the Goyas Indians' gold continued to fire the imagination of the bandeirante pioneers who ventured inland from São Paulo on semi-official expeditions that flouted the national boundaries set by the Tordesillas Treaty. They eventually incorporated more than three million square kilometres of uncharted land that officially belonged to the Spanish crown into Brazil's vast territory.

The allure of the Dourada Range took material form in the precious metal that the bed of the Vermelho River generously washed into the prospectors' pans.

In rapid succession the villages of Barra, Ouro Fino and Ferreiro sprang up. In 1739, however, Dom Luís de Mascarenhas, Count d'Alva, then Governor of São Paulo province, chose the Village of Sant'Ana as the county seat to improve control over the gold mines. The gold prospecting village became an administrative town and was renamed Villa Boa de Goyas to honour Bartolomeu Bueno.

In 1748, the province or "captaincy" of São Paulo was dismembered to create another two: Mato Grosso and Goiás.

The first Governor of the new Captaincy of Goiás, Dom Marcos de Noronha (1749-1755), Count of Arcos, turned the fledgling town into a small provincial capital. He built the Foundry House, the Governor's Palace and the Barracks. His successor added the Chamber House and the Jail in 1761.

José de Almeida, Baron of Mossâmedes (1772-1777), restored roads and bridges, built the Carioca and Cauda fountains and the local Theatre. However, it was Luís da Cunha Meneses (1778-1783) who laid out the streets of Goiás. In 1782, he drafted a prospectus for Villa Boa de Goyas setting out rules for urban settlement, thus shaping the town as we know it today. He lined the streets with trees and organised the fine Chafariz Square.

The once prodigal Vermelho River, however, soon turned stingy. From 1770 onward, gold prospecting rapidly declined. Thus began a lengthy period of stagnation, which explains the preservation of the town's physiognomy.

The charming, modest aspect of the town as it was then has been preserved, remaining virtually unchanged to this day. The comparison is made possible by the descriptions and drawings bequeathed us by foreign naturalists visiting the region in the early decades of the 18th century, among them Saint-Hilaire, Pohl and Burchell.

The imperial period in the 19th century saw the town's name changed from Vila Boa to Cidade de Goiás. This was accompanied by substantial urban improvements and the building of amenities like the Hospital, the Public Library and the local Lycée. Despite the sluggish economy, this was the town's cultural heyday when local poets and artists rose to fame, like Veiga Valle, considered Goiás's greatest sculptor. Without ever leaving the town, Valle produced delicate religious statues of great beauty. Cora Coralina, born in 1889, a one-time confectioner, became a writer and poet of national acclaim in the 1970s.

Cidade de Goiás's greatest trauma was the loss of its administrative functions and status. Alleging difficulties in governing the state from such a backwater, Pedro Ludovico, who had been appointed temporary governor of Goiás by Getúlio Vargas, transferred the seat of state government to Goiânia in 1937.

It was only when Brazil's new capital, Brasilia, was inaugurated in 1960 that the Central Plateau region witnessed a surge in development. Cidade de Goiás gradually resumed growth. This small treasure that had survived from the gold-rush days soon became a regional hub owing to its specialised teaching network, good healthcare services and, above all, on account of its substantial cultural heritage.

The authentic, unaltered urban layout makes Goiás a living witness to the organisation of Brazil's 18th-century provincial towns. It represents the conquest of colonial territory that broke the bounds and bonds of an international Treaty.

URBAN DESIGN AND ARCHITECTURE

The first streets in Arraial de Sant'Ana, which sprang up on the banks of the Vermelho River when prospecting began, pointed in three directions: Southeast to São Paulo from where the settlers hailed, North and West towards Cuiabá.

So streets and alleyways were laid out with utter disregard for the traditional right-angles. This non-orthogonal town planning stemmed from the connection of three triangular squares where the administrative and religious buildings were spontaneously erected, the first houses scattered about them. Three wooden bridges fording the river, from the outset an omnipresent feature of the urban landscape, inter-connected the squares.

This urban layout remains intact with its irregular stone paving framed to East and North by the Dom Francisco and Cantagalo hills and to the South by the foothills of the Dourada Range. In the words of Augusto da Silva Teles, they imbue the historic site with "an added landscape dimension comprised by the capricious outline on the horizon, the colours infused by the reflection of the sun's rays and the mass of trees that partly cover it."

The architecture has a distinctly local flavour contrasting with some of the churches and public buildings, the designs for which had come straight from Portugal, like the Chamber House and the Jail, for instance. It singularly represents the bandeirantes' ability to adapt techniques imported from Portugal via São Paulo to local difficulties. These included the scarcity of readily available materials and the absence of skilled construction workers.

"Tattling to one another," the houses open straight onto the street in a constant cadence of doors and windows, the number of the latter depending on the width of the plot of land. The plots are usually narrow and elongated, stretching from the street at the front to the back wall (almost invariably made of mud and wattle or adobe) that gives onto a back-alley – what we would now call a service access alley.

The rows of houses are predominantly single-storey, their style a mix of colonial and eclectic. There is a harmonious blend of different styles since the size and proportions of the buildings have not been altered by the changes made in the late 19th and early 20th centuries.

Religious architecture in Goiás Velho is likewise marked by its simplicity although the painted ceilings in the churches of São Francisco and Nossa Senhora d'Abadia and the frontispiece at the Boa Morte church display a degree of erudition.

Public buildings and private homes are mainly built of wattle and daub or adobe without any significant ornamentation. Only the interiors of the churches show signs of late baroque style in their images, carvings and paintings commissioned at intervals from local craftsmen by the religious orders to which the buildings belonged.

The roofs are predominantly two-planed but interesting variations may catch the attentive eye. In corner houses, for instance, an extension of the lateral gable hides the slope of the roof behind, and the artifice of using the roof tiles as an overhang give the observer the impression of a non-existent continuity.

A variety of solutions were adopted for overhangs, platbands and other architectural details such as the design, rhythm and proportions of mouldings. Wooden or iron porches and balconies projecting from the façade are a common feature on two-storey buildings - but they are few and far between in Cidade de Goiás.

The style and type of building are comparable to those encountered in Portugal and its overseas colonies, at Évora or in the Azores, for example.

Larger religious buildings are generally built of pounded lath and plaster, the simpler ones of adobe. Most of these buildings date from the second half of the 18th century when the gold seams were already giving out. The decorative and ornamental elements bear a resemblance to the first phase of religious architecture in neighbouring Minas Gerais State.

As Silva Teles aptly observes, "the charming, picturesque quality of this architecture - functional by the standards of society at the time - lies mainly in the flexible alignment of the streets and the truncated sequences of house fronts and rooftops."

PROTECTION

Between 1950 and 1951, the National Heritage Institute, since renamed Iphan, placed preservation orders on the main churches in Cidade de Goiás in addition to the XX Barracks, the Chamber House, the Conde dos Arcos Palace, the Cauda Fountain and all the buildings in Foundry Street.

In 1978, Iphan placed a preservation order on the Architectural and Urban Complex of Cidade de Goiás. In 1988, a state decree expanded the Serra Dourada Environmental Protection Area securing preservation of the landscape surrounding the town from the old town centre to the top of the hill range. In 1996, the town's Urban Development Plan was finally concluded.

In the same year, the town's nomination to the list of World Heritage sites produced a substantial increment in preservation initiatives. The state government also contributed by removing the overhead power and phone lines from the Old Town centre.

Goiás Velho's listing as World Heritage in December 2001 has helped reduce unsuitable modifications to properties in the area under preservation orders. This has been the case, for instance, in the recent rebuilding of properties in the Old Town centre damaged by the flood in January 2002. The allocation of funds from Unesco's World Heritage Fund and from federal and state sources to restoration work on properties sustaining damage has been conditioned to a commitment to preserve their original characteristics.

LISTING CRITERIA

Cidade de Goiás (or Goiás Velho) is located in Brazil's Central Plateau uplands approximately 1,300 kilometres inland from the coast, its geographical co-ordinates being 15° 56' 4" S and 50° 58' 25" W.

The Old Town centre, comprising an area of 40.3 hectares was listed as a World Cultural Heritage site in December 2001 under criteria (ii) and (iv) of the Convention.

The urban design and architecture of the colonial town of Goiás are a fine example of a European-style urban nucleus admirably adapted to the climatic, geographic and cultural conditions of central South America.

Cidade de Goiás also displays the evolution of a form of urban and architectural design typical of South American colonisation. Here the full range of materials and techniques available at the time was put to use in an exceptional, relatively well preserved landscape.

Ninhal de Biguás (*Phalacrocorax brasilianus*) ao entardecer no Pantanal. • Nidal de Biguás (*Phalacrocorax brasilianus*) al atardecer en el Pantanal.

Área de Conservação do

Pantanal

Área de Conservación del Pantanal • *Pantanal Conservation Area*

Mato Grosso / Mato Grosso do Sul

. . . .

MANOEL DE BARROS

POETA

Águas

Desde o começo dos tempos águas e chão se amam,
Eles se entram amorosamente
E se fecundam.
Nascem formas rudimentares de seres e de plantas
Filhos dessa fecundação.
Nascem peixes para habitar os rios
E nascem pássaros para habitar as árvores,
Águas ainda ajudam na formação das conchas e dos
caranguejos,
As águas são a epifania da Natureza,
Agora penso nas águas do Pantanal
Nos nossos rios infantis
Que ainda procuram declives para correr,
Porque as águas deste lugar ainda são espraiadas
Para o alvoroço dos pássaros.

Prezo os espraiados destas águas com as suas
Beijadas garças,
Nossos rios precisam de idade ainda para formar
Os seus barrancos
Para pousar em seus leitos,
Penso com humildade que fui convidado para o
Banquete destas águas,
Porque sou de bugre,
Porque sou de brejo.
Acho que as águas iniciam os pássaros
Acho que as águas iniciam as árvores e os peixes
E acho que as águas iniciam os homens,
Nos iniciam,
E nos alimentam e nos dessedentam,
Louvo esta fonte de todos os seres, de todas as
Plantas, de todas as pedras,
Louvo as natências do homem do Pantanal,
Todos somos devedores destas águas,
Somos todos começos de brejos e de rãs,
E fala dos nossos vaqueiros carrega murmúrios
Destas águas,
Parece que fala de nossos vaqueiros tem consoantes
líquidas
E carrega de umidez as suas palavras,
Penso que os homens deste lugar
São a continuação destas águas.

Aguas

Desde el comienzo de los tiempos agua y suelo se aman,

ellos se entran amorosamente

y se fecundan.

Nacen formas rudimentarias de seres y de plantas

hijos de esa fecundación.

Nacen peces para habitar los ríos

aguas también ayudan en la formación de las conchas

y de los Cangrejos,

las aguas son la Epifanía de la Naturaleza,

ahora pienso en las aguas del Pantanal

en nuestros ríos infantiles

que aún buscan declives para correr,

porque las aguas de ese lugar todavía son desparramadas

para alborozo de los pájaros

aprecio los desparramos de esas aguas con sus

besadas garzas,

nuestros ríos necesitan edad aún para formar

sus barrancos

para posar en sus cauces,

pienso con humildad que fui invitado para el

banquete de estas aguas,

porque soy de bugre

porque soy de brejo

creo que las aguas inician a los pájaros

creo que las aguas inician a los árboles y a los peces

y creo que las aguas inician a los hombres,

nos inician

y nos alimentan y sacian nuestra sed,

alabo esta fuente de todos los seres, de todas las

plantas, de todas las piedras,

alabo las nacientes del hombre del Pantanal,

todos somos deudores de estas aguas,

somos todos inicios de brejo y de ranas,

y el habla de nuestros vaqueros carga susurros

de estas aguas,

parece que el habla de nuestros vaqueros tiene

consonantes líquidas,

y carga la humedad de sus palabras,

pienso que los hombres de este lugar

son la continuación de esas aguas.

Waters

From the beginning of time

Water and soil have loved each other.

They intermingle tenderly

And are fecund made.

Rough shapes of beasts and plants are born

Issue of this spawning.

Fish are born to teem the rivers

And birds to throng the trees.

Waters too shape shells and crabs.

The waters are Nature's epiphany.

My thoughts turn now to the Pantanal,

To our toddling rivers

Still seeking slopes to splash down.

The waters of this place sprawl still

For the tumult of birds.

I prize these basking waters

And their snowy egrets kissed.

Our rivers require age

To carve out banks

To cradle their beds.

I seem a humble guest

At this watery banquet

For I am of the abos,

I am of the bog.

I feel the waters breed the birds,

I feel the waters beget trees and fish

And I feel the waters fashion man.

They frame us and feed us

And slake our thirst.

I praise this source of all

Beings and plants and rocks.

I praise the loam in the marshland man.

We are all deep in debt to these waters.

We are all the stems of bogs and frogs.

And these waters burble

In our herdsmen's brogue:

Their consonants are liquid

And moist their words.

People in this place are,

I feel, these waters' kith and kin.

Um caleidoscópio chamado Pantanal

Localização da
Área de Conservação do Pantanal.
Localización del
Área de Conservación del Pantanal.
*Location of the
Pantanal Conservation Area.*

Estados de Mato Grosso e Mato Grosso do Sul.
Estados del Mato Grosso y Mato Grosso do Sul.
Mato Grosso and Mato Grosso do Sul States.

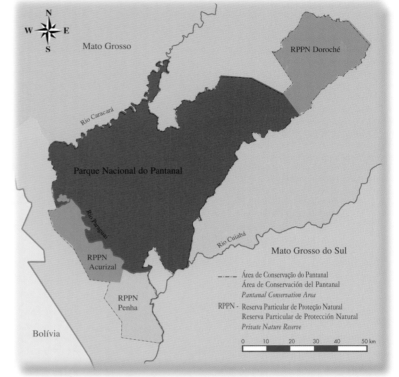

Localização da Área de Conservação do Pantanal. • Localización del Área de Conservación del Pantanal.
Location of the Pantanal Conservation Area.

Imagem de satélite da Área de Conservação do Pantanal.
Imagen de satélite del Área de Conservación del Pantanal.
Satellite image of the Pantanal Conservation Area.

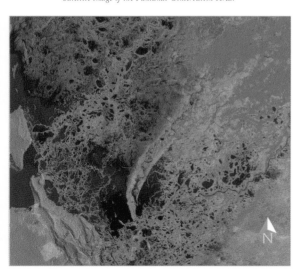

O Pantanal constitui o maior sistema inundável contínuo de água doce do mundo e um dos mais produtivos ecossistemas de vida silvestre no Planeta. É essa mistura de flora e fauna, unida aos meios aquáticos, que produz a fantástica riqueza de espécies e de processos biológicos e ecológicos por toda a sua extensão.

Batizado, inicialmente, de Lagoa de Xarayes, num engano dos primeiros viajantes espanhóis, que acreditaram ser a imensa planície uma lagoa na qual nascia o Rio Paraguai, o Pantanal só foi entendido como uma área de campos de inundação de um mesmo rio, em meados do século XVIII, pelas monções paulistas.

Desde então, a região vem resistindo a mais de dois séculos de exploração pelo homem, sem padecer, pelo menos até os anos 1970, de danos ambientais mais significativos. Isso porque, após o ciclo de mineração do ouro no século XVIII, a atividade tradicionalmente desenvolvida ali foi a pecuária bovina extensiva, de impacto relativamente baixo sobre o meio ambiente. Mesmo nas últimas décadas, o bioma do Pantanal foi protegido pela distância dos grandes centros consumidores e pela falta de infra-estrutura de energia e de transporte, que adiaram bastante sua exploração econômica mais intensiva.

Isso explica porque a exuberância de sua flora e fauna ainda impressiona tanto. Como ponto de encontro de biomas muito diversos – o da Amazônia, do Cerrado, do Chaco e da Mata Atlântica –, o Pantanal pode reunir, sob o mesmo olhar perplexo, desde plantas aquáticas amazônicas, como a vitória-régia, até os espinheiros e mandacarus típicos do semi-árido.

As baías no Pantanal. • Las bahías en el Pantanal. • *The bayoux of the Pantanal.*

Florestas, cerrados, campinas higrófilas ocorrem em mosaico, abrigando o que se considera o paraíso faunístico da América do Sul, cuja riqueza mal começa a ser conhecida. São mais de 650 espécies de aves, quase 300 espécies de peixes, 95 de mamíferos, 40 de anfíbios, 160 de répteis, sem contar com a enorme quantidade de insetos, fundamental para a sobrevivência de pássaros, peixes e batráquios que povoam a região. Entre as espécies de mamíferos constante da região encontram-se a onça–pintada (*Panthera onca*), a jaguatirica (*Felis pardalis*), o macaco–da–noite (*Aotus trivirgatus*), o tatu–canastra (*Priodontis maximus*), o cervo (*Blastocerus dichotomus*), o lobo–guará (*Chysosyon brachyurus*) e a ariranha (*Pteronura brasiliensis*) – todas em risco de extinção.

É todo esse patrimônio natural da humanidade que a Unesco quer proteger dos efeitos do desordenado processo de ocupação do território e do declínio das atividades tradicionais que ora se verificam. A agricultura extensiva, o garimpo e a urbanização acelerada têm provocado a poluição das águas e o assoreamento dos rios, ocasionando a cheia permanente de áreas cada vez maiores. Comprometido o ambiente aquático, sofre toda a biodiversidade da região.

Ariranha (Pteronura brasiliensis).
Ariaraña (*Pteronura brasiliensis*).
Giant otter (Pteronura brasiliensis).

Vista aérea do Pantanal • Vista aérea del Pantanal • *Aerial view of the Pantanal*

Variedades de aves aquáticas, atraídas pela concentração de peixes no período da vazante. • Variedades de aves acuáticas, atraídas por la concentración de peces en el período de la crecida.
Varieties of aquatic birds attracted by the concentration of fish in the dry season.

A NATUREZA

A área do Pantanal corresponde a uma planície de aproximadamente 140 mil quilômetros quadrados, encravada no centro da América do Sul, por onde correm o Rio Paraguai e seus afluentes.

Essa imensa depressão, que corresponde a uma vez e meia ao tamanho de Portugal e com altitudes que variam de 80 a 150 metros, tem a forma de uma ferradura e abrange parte dos estados de Mato Grosso e Mato Grosso do Sul, no Centro-oeste brasileiro, estendendo-se também pelo Paraguai e Bolívia.

De formação geológica recente, provavelmente ocorrida após a separação da antiga Gondwana e o soerguimento dos Andes, a planície pantaneira começa a ser entulhada com sedimentos oriundos dos planaltos circundantes, erodidos e carreados pela água.

Ainda longe de se completar, o desenho de sua paisagem – para o qual contribuem os solos e os nutrientes dos planaltos, a flora e a fauna de quase todas as grandes formações vegetais do Brasil – vem se traçando lentamente para integrar um conjunto de plantas, animais e eventos ecológicos único.

Piúna, denominação dada localmente ao ipê-roxo (*Tabebuia heptaphylla*).
Piúna, denominación dada en el Pantanal al ipé violeta (*Tabebuia heptaphylla*).
Pink trumpet trees (Tabebuia heptaphylla).

Capivara (*Hydrochaerus hydrochaeris*).
Capivara (*Hydrochaerus hydrochaeris*).
Capybara (Hydrochaerus hydrochaeris).

Veado–campeiro (*Ozotoceros bezoarcticus*) .
Venado campero (*Ozotoceros bezoarcticus*).
Pampas deer (Ozotoceros bezoarcticus).

Jaquatirica (*Leopardus pardalis*).
Leopardo (*Leopardus pardalis*).
Ocelot (Leopardus pardalis).

Anta (*Tapirus terrestris*) ocupa matas de galeria ao longo dos rios.
Anta (*Tapirus terrestris*), ocupa matorrales de galería que se extienden a lo largo de los ríos.
Tapir (Tapirus terrestris) inhabit the gallery forests that extend along the river banks.

A principal característica dessa porção de terras baixas é que ela está submetida a cheias periódicas. Graças à sua pequena declividade, à baixa permeabilidade dos solos e à existência de uma única abertura ao sul, o Fecho do Morro, a depressão pantaneira retém as águas das chuvas intensas que caem, entre novembro e março, nos planaltos que a cercam quase totalmente.

Toda a massa de água que transborda dos rios flui para dentro do sistema, muda sua dinâmica, se espalha sobre a planície, perde velocidade e, generosamente, oferece todos os nutrientes trazidos dos longínquos planaltos, para que a vida comece a brotar na planície.

Ano após ano, século após século, milênio após milênio, esse fenômeno continua se repetindo sobre o fundo arenoso da depressão, sujeita a temperaturas elevadas e estação seca prolongada.

Como um coração do Pantanal, o hidroperíodo é, portanto, o responsável pelas constantes mudanças da paisagem. Conforme bombeia mais ou menos água para a região, seu desenho se transforma.

Rios surgem, rios desaparecem, ciclos regulares mesclados com irregularidades regulares, fenômenos que se repetem com regularidade estatística e quando, finalmente, a ciência julga que pode modelá-lo, apreendê-lo, tudo se modifica. Foi assim em 1942, em 1974 e também em 1985. Deve ter sido assim muitas outras vezes.

Uma paisagem construída nessas condições não poderia resultar absolutamente homogênea. Ao contrário do que ocorre nos brejos e pântanos típicos, as águas da planície de inundação do Rio Paraguai estão em constante movimento, constituindo um fenômeno único no mundo: vegetações de origens variadas abandonaram suas características primitivas, adaptaram-se a um ambiente anfíbio e juntas formaram um complexo fitogeográfico sem similar.

Rico caleidoscópio em que se sucedem paisagens totalmente diversificadas, o desenho desse milagre apresenta atualmente grandes áreas de campos nativos, floresta de galeria, matas semidecíduas, florestas sempre verdes, florestas inundáveis, diferentes fisionomias de cerrado e brejos. Mas já sabemos, a um giro do caleidoscópio, tudo pode mudar brutalmente.

Em grandes linhas, poderíamos dizer que o Pantanal é uma versão anfíbia do Cerrado. Mas como registrar todas as peculiaridades do mosaico pantaneiro? Como definir essa paisagem em permanente transformação e ainda em busca de seu estado clímax?

A humanidade deve ter a graça de continuar acompanhando a magia de sua gênese para responder a essas perguntas, pois é na mutação constante do ambiente do Pantanal que se encerra a mais fantástica lição de vida deste Planeta.

.

O COMPLEXO DE ÁREAS PROTEGIDAS

Considerando que o Pantanal é, na verdade, um conjunto de vários pantanais totalmente diferenciados, parecia fisicamente impossível proteger, em um único local geográfico, amostras da biodiversidade e dos fenômenos biogeoquímicos representativos de todos os ambientes da planície.

A eleição da Área de Conservação do Pantanal constituiu um grande desafio, na medida em que a salvaguarda dessa diversidade aparentemente exigiria uma Unidade de Conservação para cada tipo de ecossistema.

Nesse sentido, o complexo formado pelo Parque Nacional do Pantanal e pelas Reservas Particulares de Proteção Natural de Acurizal, Penha e Dorochê significa uma estratégia de proteção ímpar e eficiente, porque reúne em uma só região uma expressiva quantidade

Os carandás (*Copernicia alba*) nos campos inundáveis do Pantanal. · Los carandás (*Copernicia alba*) en los campos inundables del Pantanal.
Caranday wax palms (Copernicia alba) in the floodland meadows of the Pantanal.

de paisagens, ecossistemas e biodiversidade do Pantanal Mato-grossense e dos diferentes ciclos envolvidos.

O conjunto representa uma miniatura da bacia hidrográfica do Rio Paraguai, pois nele se encontram pequenos rios que descem das montanhas até a planície inundável, reproduzindo, em escala reduzida, os processos hidrodinâmicos, sedimentares e biológicos da bacia.

No corredor biológico e geográfico constituído pelo Parque e pelas reservas estão representados diversos elementos–chave da gênese pantaneira: tanto os que se iniciam com a erosão das montanhas e terras altas circundantes, como os que resultam do depósito de sedimentos e nutrientes na planície.

O modelo dessa fenomenologia que rege a gênese pantaneira poderá ser guardado em regime perpétuo, se garantida a integridade das condições ecológica e geomorfológica das reservas de Acurizal e Penha.

Já o complexo formado pela planície pantaneira e a Serra do Amolar permitirão proteger um dos maiores patrimônios de diversidade biológica no Brasil, pois soma ecossistemas os mais variados, desde os típicos da planície até os dos campos de altitude, a cerca de 900 metros.

A pecuária extensiva, importante atividade econômica na região,
ocupa os campos nativos.
La pecuaria extensiva, importante actividad económica en la región,
utiliza los pastizales nativos.
Extensive cattle ranching, that uses native pastures,
is an important economic activity in the region.

Arara-azul-grande (*Anodorhynchus hyacinthinus*).
Guacamayo Azul (*Anodorhynchus hyacinthinus*).
Hyacinth macaw (Anodorhynchus hyacinthinus).

As encostas da Serra do Amolar são cobertas por diversos tipos de vegetação, com cerrado e mata seca ou mata caducifólia, formada sob forte influência da flora do Chaco, mesclada a elementos da mata seca existente ao sul da Floresta Amazônica, notadamente no norte da Bolívia. Esse habitat está entre aqueles de conservação considerada prioritária na América Latina.

A dramática paisagem do Parque Nacional do Pantanal, emoldurada pela Serra do Amolar, é geralmente descrita como mágica. O local tem grande valor estético e inclui paisagens inimagináveis.

PROTEÇÃO

Todas as áreas que compõem o Complexo de Áreas Protegidas estão legalmente amparadas. O Parque Nacional, por meio de um decreto federal, as RPPNs, por uma portaria federal. Vale ressaltar que as reservas desse tipo estão subordinadas ao Sistema Nacional de Unidades de Conservação, que lhes impõe as mesmas restrições de uso de um parque nacional.

Além disso, o Parque Nacional do Pantanal conta com um Plano de Ação Emergencial, adotado em 1994, e com um Plano de Pesquisa, iniciado em 1997. Vale lembrar, ainda, que essa unidade de conservação também constitui um sítio protegido pela Convenção de Ramsar, que trata do uso racional e desenvolvimento sustentável das zonas úmidas.

Encontram-se ainda em fase de elaboração os planos de manejo do Parque e das Reservas, que terá por função o controle e o monitoramento dos fatores de risco para a conservação do Complexo. Entre os considerados essenciais estão aqueles capazes de comprometer a qualidade, a quantidade e a dinâmica da água que flui para o Pantanal.

Da água que converge dos planaltos circundantes dependem os fenômenos biogeo-químicos, que mantêm a planície pantaneira, em seu processo de gênese. Assim, também é do controle das atividades desenvolvidas nas terras altas que depende a manutenção das áreas protegidas.

JUSTIFICATIVA DE INSCRIÇÃO

A Área de Conservação do Pantanal tem uma superfície inscrita de 187.818 hectares e localiza-se na porção sudoeste do Estado do Mato Grosso e noroeste do Estado do Mato Grosso do Sul, adjacente à fronteira com a Bolívia. Para efeitos de localização geográfica podem ser utilizadas as coordenadas da pista de pouso da reserva Acurizal: 17°49'51"S e 057°33'06"W.

A Área de Conservação do Pantanal foi inscrita como Bem Natural na Lista de Patrimônio da Humanidade, no ano de 2000, sob os critérios (ii), (iii) e (iv) da Convenção.

O sítio é representativo do conjunto do Pantanal e ilustra os processos ecológicos e biológicos em curso na região. A associação dos montes Amolar e dos ecossistemas dominantes de zonas úmidas de água doce conferem um gradiente ecológico inigualável, assim como uma paisagem espetacular.

Mas sua importância não se restringe à conservação da flora local. O sítio tem ainda um papel–chave na dispersão das matérias nutritivas por toda a bacia e constitui a reserva mais importante da região para a manutenção do estoque de peixes do Pantanal. Os habitats protegidos dentro de sua área abrigam um número considerável de espécies ameaçadas. A Área de Conservação do Pantanal também garante os estoques de água para a fauna, pois é a única região do Pantanal que permanece parcialmente inundada na estação seca.

Tuiuiú (*Jabiru mycteria*), ave símbolo do Pantanal.
Tuiuiú (*Jabiru mycteria*), ave símbolo del Pantanal.
Jabiru stork (Jabiru mycteria), symbol of the Pantanal.

Un Caleidoscopio llamado Pantanal

El Pantanal constituye el mayor sistema inundable continuo de agua dulce del mundo y uno de los más productivos ecosistemas de vida silvestre del planeta. Esa mezcla de flora y fauna, unida a los medios acuáticos, es la que produce la fantástica riqueza de especie y de procesos biológicos y ecológicos por toda su extensión.

Bautizado inicialmente de Laguna de Xarayes, por equívoco de los primeros viajeros españoles, que creyeron ver en la inmensa llanura una laguna en la cual nacía el Río Paraguay, el Pantanal sólo fue entendido como una área de campos de inundación de un mismo río, a mediados del siglo XVIII, por los monzones paulistas.

Desde entonces, la región viene resistiendo más de dos siglos de explotación del hombre, sin padecer, por lo menos hasta los años 1970, de daños ambientales más significativos. Debido principalmente a que, después del ciclo de mineración de oro en el siglo XVIII, la actividad tradicionalmente desarrollada en el lugar fue la pecuaria bovina extensiva, de impacto relativamente bajo sobre el medio.En las últimas décadas, el bioma del Pantanal fue protegido por la distancia que los separa de los grandes centros consumidores y por la falta de infraestructura de energía y de transporte, que postergaron bastante su explotación económica más intensiva.

Eso explica por qué impresiona tanto todavía la exuberancia de su flora y fauna. Como punto de encuentro de biomas muy diversos – el de Amazonia, del Cerrado, del Chaco y de la Mata Atlántica -, el Pantanal puede reunir, bajo la misma mirada perpleja, desde plantas acuáticas amazónicas, como la vitória-régia, hasta los espineros y mandacarús típicos del semiárido.

Florestas, cerrados, campiñas higrófilas se proliferan en mosaico, resguardando lo que se considera el paraíso fáunico de América del Sur, cuya riqueza mal comienza a ser conocida. Son más de 650 especies de aves, casi 300 especies de peces, 95 de mamíferos, 40 de anfibios, 160 de reptiles, sin contar el superávit de insectos, fundamental para la sobre vivencia de pájaros, peces y batracios que pueblan la región. Entre las especies de mamíferos en riesgo de desaparecer y que merecen especial cuidado, bajo el punto de vista de la ciencia de la conservación, se encuentran la onza pintada (*Pantera onca*), la jaguatirica (*Felis pardalis*), el mono de la noche (*Aotus trivirgatus*), el tatú canasta (*Priodontis maximus*) el ciervo (*Blastocerus dichotomus*), el lobo guará (*Chysosyon brachyurus*) y la ariarãna (*Pteronura brasiliensis*).

La Unesco quiere proteger de los efectos del desordenado proceso de ocupación del territorio y de la decadencia de las actividades tradicionales que hoy se verifican, todo ese patrimonio natural a la humanidad. La agricultura extensiva, el garimpo y la urbanización acelerada ha provocado la contaminación de las aguas y el asesoramiento de los cursos de agua, ocasionando la creciente permanente de áreas cada vez mayores. Comprometido el ambiente acuático, sufre toda la biodiversidad de la región.

LA NATURALEZA

El área del Pantanal corresponde a una planicie de aproximadamente 140.000 km2, enclavada en el centro de América del Sur, por donde corren el Río Paraguay y sus afluentes.

Esa inmensa depresión, con una vez y media el tamaño de Portugal y altitudes que varían de 80 a 150 metros, tiene la forma de una herradura y abarca parte de los estados de Mato Grosso y Mato Grosso do Sul, en el centro Oeste brasileño, extendiéndose también por Paraguay y Bolivia.

De formación geológica reciente, probablemente ocurrida después de la separación de la antigua Gondwana y el erguimiento de Los Andes, la llanura pantanera comienza a ser abarrotada con sedimentos oriundos de las mesetas circundantes erosionadas y acarreadas por el agua.

Aún lejos de completarse, el diseño de su paisaje, para el cual contribuyen los suelos y los nutrientes de las altiplanicies, la flora y la fauna de casi todas las grandes formaciones vegetales de Brasil, se está trazando lentamente para integrar un conjunto único de plantas, animales y acontecimientos ecológicos.

La principal característica de esa franja de tierras bajas es que ella está sometida a crecientes periódicas. Gracias a su pequeño declive, a la baja permeabilidad de los suelos y a la existencia de una única abertura al sur, el Fecho del Morro, la depresión pantanera retiene las aguas de las lluvias intensas que caen, entre noviembre y marzo, en las planicies que la cercan casi totalmente.

Toda la masa de agua que transborda de los ríos fluye para dentro del sistema, cambia su dinámica, se expande sobre la llanura, pierde velocidad y, generosamente, ofrece todos los nutrientes traídos de las lejanas mesetas, para que la vida comience a brotar en la planicie.

Año tras año, siglo tras siglo, milenio tras milenio, ese fenómeno continúa repitiéndose sobre el fondo arenoso de la depresión, sujeta a temperaturas elevadas y a la prolongada estación de sequía.

Como un corazón del Pantanal, el hidroperíodo es, por lo tanto, el responsable por las constantes mudanzas de paisaje. Conforme bombea más o menos agua para la región, se transforma su diseño.

Ríos surgen, ríos desaparecen, ciclos regulares mezclados con irregularidades regulares, fenómenos que se repiten con precisión estadística y cuando finalmente la ciencia juzga que puede modelarlo, aprehenderlo, todo se modifica. Fue así en 1942, fue así en 1974 y también lo fue en 1985. Debe haber sido así muchas otras veces.

Un paisaje construido en esas condiciones no podría resultar absolutamente homogéneo. Al contrario de lo que ocurre en los brezos y pantanos típicos, las aguas de la planicie de inundación del Río Paraguay están en constante movimiento, constituyendo un fenómeno único en el mundo: vegetaciones de orígenes variados abandonaron sus características primitivas, se adaptaron a un ambiente anfibio y juntas formaron un complejo fitogeográfico sin igual.

Rico caleidoscopio en que se suceden paisajes totalmente diversificados, el diseño de ese milagro presenta actualmente grandes áreas de campos nativos, floresta de galería, plantas semicaducas, florestas siempre verdes, florestas inundables, diferentes fisonomías de cerrado y matorrales. Pero ya sabemos, a un giro del caleidoscopio, todo puede cambiar brutalmente.

A grandes líneas, podríamos decir que el Pantanal es una versión anfibia del Cerrado. Pero, ¿Cómo registrar todas las peculiaridades del mosaico pantanero?¿Cómo definir ese paisaje en permanente transformación y aún en busca de su estado de climax?

La humanidad debe tener la gracia de continuar acompañando la magia de su génesis para responder a esas preguntas, pues es en la mutación constante del ambiente del Pantanal que se encierra la más fantástica lección de vida de este planeta.

EL COMPLEJO DE ÁREAS PROTEGIDAS

Considerando que el Pantanal es, en verdad, un conjunto de varios Pantanales totalmente diferenciados, parecía físicamente imposible proteger, en un único local geográfico, muestras de la biodiversidad y de los fenómenos biogeoquímicos representativos de todos los ambientes de la planicie.

La elección del Área de Conservación del Pantanal constituye un gran desafío, en la medida en que la salvaguarda de esa diversidad aparentemente exigiría una Unidad de Conservación para cada tipo de ecosistema.

En ese sentido, el complejo formado por el Parque Nacional del Pantanal y por las Reservas Particulares de Protección Natural de Acurizal, Penha y Dorochê significa una estrategia de protección única y eficiente, porque reúne en una sola región una expresiva cantidad de paisajes, ecosistemas y biodiversidad del Pantanal matogrosense y de los diferentes ciclos involucrados.

El conjunto representa una miniatura de la Bacía Hidrográfica del Río Paraguay, pues en él se encuentran pequeños ríos que descienden de las montañas hasta la planicie inundable, reproduciendo, en reducida escala, los procesos hidrodinámicos, sedimentarios y biológicos de la Bacía.

En el corredor biológico y geográfico constituido por el Parque y por las Reservas están representados diversos elementos clave de la génesis pantanera: tanto los que se inician con la erosión de las montañas y tierras altas circundantes, como los que resultan del depósito de sedimentos y nutrientes en la llanura.

El modelo de esa fenomenología que rige la génesis pantanera podrá ser preservado en régimen perpetuo, si se garantiza la integridad de las condiciones ecológicas y geomorfológica de las reservas de Acurizal y Penha.

Ya el complejo formado por la llanura pantanera y la Sierra del Amolar permitirá proteger uno de los mayores patrimonios de diversidad biológica de Brasil, pues suma ecosistemas de los más variados, desde los típicos de la planicie hasta los dos campos de altitud, a cerca de 900 metros.

Las cuestas de la Sierra del Amolar son cubiertas por diversos tipos de vegetación, con cerrado y mata seca o mata de hojas caducas, formada bajo fuerte influencia de la flora del Chaco mezclada a elementos de la mata seca existente al sur de la Selva Amazónica, especialmente en el norte de Bolivia. Ese habitat está entre aquellos de conservación considerada prioritaria en América Latina.

El dramático paisaje del Parque Nacional del Pantanal, enmarcado por la Sierra del Amolar, generalmente es descrito como mágico. El lugar tiene gran valor estético e incluye paisajes inimaginables.

PROTECCIÓN

Todas las áreas que componen el Complejo de Áreas Protegidas están legalmente amparadas. El Parque Nacional, mediante un decreto federal, las RPPNs, a través de una Orden Federal. Vale resaltar que las reservas de ese tipo están subordinadas al Sistema Nacional de Unidades de Conservación, que les impone las mismas restricciones de uso de un parque nacional.

Además de eso, el Parque Nacional del Pantanal cuenta con un Plan de Acción de Emergencia, de 1994, y con un Plan de Investigación, de 1997. Vale recordar todavía que esa unidad de conservación también constituye un lugar protegido por la Convención de Ramsar, que trata del uso racional y desarrollo sustentable de las zonas húmedas.

Se encuentran además en fase de elaboración los planes de manejo del Parque, así como de las Reservas. Su función será el control y monitoración de los factores de riesgo para la conservación del Complejo. Entre los considerados esenciales están los capaces de comprometer la calidad, la cantidad y la dinámica del agua que fluye para el Pantanal.

Del agua que converge de las mesetas circundantes dependen los fenómenos biogeoquímicos que mantienen la llanura pantanera, en su proceso de génesis. Así, también es del control de las actividades desarrolladas en las tierras altas que depende la manutención de las áreas protegidas.

JUSTIFICATIVO DE INSCRIPCIÓN

El Área de Conservación del Pantanal fue inscrita como Bien Natural en la Lista de Patrimonio de la Humanidad, el año 2000, bajo los criterios (ii), (iii) e (iv) de la Convención.

El sitio es representativo del conjunto del Pantanal e ilustra los procesos ecológicos y biológicos en curso en la región. La asociación de los montes Amolar y de los eco sistemas dominantes de zonas húmedas de agua dulce confieren un gradiente ecológico incomparable, así como un paisaje espectacular.

Pero su importancia no se restringe a la conservación de la flora local. El sitio tiene además un papel clave en la dispersión de las materias nutritivas por toda la bacía y constituye la reserva más importante de la región para la manutención del estoque de peces del Pantanal. Los habitats protegidos dentro de su área abrigan un número considerable de especies amenazadas. El Área de Conservación del Pantanal también garantiza los estoques de agua para la fauna, pues es la única región del Pantanal que permanece parcialmente inundada en la estación de sequía.

A kaleidoscope called the Pantanal

The Pantanal is the largest continuous freshwater floodland system on Earth and is home to one of the world's most productive wildlife ecosystems. It is the mixture of flora and fauna associated with the aquatic environment that produces the amazing profusion of species and biological and ecological processes encountered throughout its length and breadth.

Spanish explorers mistakenly took the vast plain to be a lagoon at the source of the Paraguay River and initially named it the Xarayes Lagoon. Only in the mid-18th century did the monções inland river expeditions discover that the Pantanal was actually a series of floodplains of a single river, not the source of the Paraguay.

From then on, the region resisted more than two centuries of exploration by man without suffering any major environmental damage – at least until the 1970s. That is because, once the gold rush of the 18th century had declined, the traditional economic activity in the Pantanal was extensive cattle ranching, which had relatively low impact on the environment.

Even in recent decades, the distance from Brazil's main consumer centres and the lack of electricity and transportation infrastructure have protected the Pantanal biome, substantially delaying more intensive economic exploration.

That explains why the exuberance of its flora and fauna still seems so impressive to outsiders. As a place where very different biomes (the Amazon, the Cerrado, the Chaco and the Atlantic Forest) intersect, the Pantanal can baffle the eye by presenting alongside each other aquatic plants from the Amazon – like Victoria lilies – and thornbushes and giant mandacaru cereus cactuses, hallmarks of Brazil's semi-arid region.

Forests, scrubland and wetland meadows form a mosaic comprising what many consider to be the fauna paradise of South America, the wealth of which is only beginning to be mapped out. The Pantanal is the habitat of 650 species of birds, almost 300 species of fish, 95 mammals, 40 amphibians and 160 different reptiles, not to mention the vast array of insects on which the birds, fish and frogs that teem the floodplains all feed.

Among the mammals threatened with extinction deserving special attention from the standpoint of conservation science are the jaguar (Panthera onca), the ocelot (Felis pardalis), the northern owl (or night) monkey (Aotus trivirgatus), the giant armadillo (Priodontes maximus), the marsh deer (Blastocerus dichotomus), the maned wolf (Chrysocyon brachyurus) and the giant otter (Pteronura brasiliensis).

This is the extraordinary natural heritage that Unesco is keen to protect from disorderly land settlement and the decline of traditional activities now patent in the region.

Extensive cropping, prospecting and rapid urban growth have polluted the waters and silted up the watercourses, provoking permanent flooding of increasingly large tracts of the Pantanal. If the aquatic environment is harmed, all the region's remarkable biodiversity is jeopardised.

NATURE

The Pantanal is a huge floodplain deep in the heart of the South American continent measuring approximately 140,000 km2, through which the River Paraguay and its tributaries run.

This great, horseshoe-shaped hollow one and a half times the size of Portugal ranges in altitude from 80 to 150 metres above sea level. It covers part of Brazil's western states of Mato Grosso and Mato Grosso do Sul, extending across the border into Paraguay and Bolivia.

The Pantanal plain was formed in recent geological history, probably after the ancient Gondwana continent split and the Andes were thrust up. It has begun to be clogged with sediments progressively washed down from the surrounding upland plateaux by erosion.

The slow, unrelenting shaping of its landscape is still under way. The soils and nutrients from the plateaux, flora and fauna from almost all Brazil's major vegetation systems mesh together here to comprise a unique combination of plants, animals and ecological events.

The defining feature of this lowland plain is that it is subject to periodic flooding. The imperceptible inclination of the terrain, the relatively impermeable soil and the fact that there is only one exit to the South called Fecho do Morro prevent the water draining off into the Paraguay. So the Pantanal retains the heavy rainfall that pours down from the encircling uplands between the months of November and March each summer.

The torrential rain makes the rivers burst their banks, and the dynamics of the water flowing into the hollow is altered. It spreads out over the plain, slowing almost to a halt, and generously supplies the nutrients sluiced down from the distant uplands for life to bud abundantly in the lowland marshes.

Year after year, century after century, millennium after millennium this phenomenon is played out on the sandy loam of the floodplain, subject to high temperatures and a prolonged dry season.

As if it were the Pantanal's heart, the hydroperiod is the cause of the constant changes wrought on the landscape. As it pumps more or less water into the plains – or misses a beat – the lie of the land is transformed.

Rivers emerge, rivers disappear. Regular cycles blend with regular irregularities. Phenomena repeat themselves with statistical predictability and then, when Science finally claims to be able to model and fathom its workings, everything changes. That is what happened in 1942, in 1974 and again in 1985. This must have been the case countless times before, too.

A landscape forged in such conditions could hardly be homogenous in aspect.

Differently from what happens in typical swamps and marshes, the waters in the floodplain of the River Paraguay are in a state of constant flux. This has produced a phenomenon unique in the world: vegetation deriving from other habitats has abandoned its original traits and adapted to the amphibious environment mingling with other plants to form an unrivalled phytogeographic complex.

In this rich kaleidoscope utterly dissimilar landscapes occur in succession. The pattern of this miracle currently consists of large tracts of native grasslands, gallery forest, semi-deciduous woodlands, evergreen forest, floodland forest, different cerrado habitats and bogs. One turn of the kaleidoscope, though, and it may all change drastically from one moment to the next.

In broad terms, the Pantanal could be described as an amphibious version of the Cerrado. But how can we possibly register all the peculiarities of the Pantanal mosaic? How can we define a landscape in a state of permanent flux, pressing forward in quest of a climax?

Mankind must have the grace to keep watching the magic of its genesis. Only then can it answer these nagging questions, for the unceasing mutation of the Pantanal environment encapsulates this planet's most precious life lesson.

THE COMPLEX OF PROTECTED AREAS

Since the Pantanal is in fact a set of quite distinct wetland areas, it seemed physically impossible to protect a representative cross-section of the biodiversity and bio-geo-chemical phenomena covering the entire range of floodland habitats within a single geographic location.

Choosing a Pantanal Conservation Area poses a major challenge since protecting a representative biological cross-section would apparently require having a Conservation Unit for each of the different ecosystems.

In this sense, the set of protected areas consisting of the Pantanal National Park and the Acurizal, Penha and Dorochê Private Nature Reserves is a singular, efficient conservation strategy. It gathers within the confines of a single region a large quantity of distinct landscapes, ecosystems and biodiversity from the Pantanal besides the many different cycles peculiar to it.

The complex is a miniature version of the Paraguay River Hydrographic Basin. On a reduced scale, it contains rivers flowing down into the floodplain from the mountains, encapsulating the hydrodynamic, sedimentary and biological processes of the entire basin.

The biological and geographic corridor formed by the Reserves and the National Park comprises a number of key elements of the Pantanal's genesis. These include the processes stemming from erosion in the mountains of the surrounding upland plateaux and those deriving from the depositing of sediments and nutrients in the lowland plain.

Given their ecological and geomorphologic status, the Acurizal and Penha Reserves will perpetually conserve a model of the phenomena determining the genesis of the Pantanal – providing their integrity is preserved, that is.

The complex consisting of the Pantanal lowland plain and the Amolar Range, meanwhile, contains one of Brazil's finest natural heritage sites in terms of biological diversity. It combines ecosystems covering the entire spectrum from lowland plains to upland scrubland savannahs 900 metres above sea level.

The scarps of the Amolar Range are covered with diverse types of vegetation. These include Cerrados and Dry (or Caducifoliate) Scrubland formed by a strong Chaco component combined with floristic features of the dry scrubland lying to the south of the Amazon Forest, particularly in the northern reaches of Bolivia. This habitat is among those considered most in need of conservation in Latin America.

The stunning landscape composed of the Pantanal National Park with the Amolar Range looming in the background is often described as magical. The scenery is striking, its landscapes almost beyond imagining.

PROTECTION

All the areas encompassed by the Complex of Protected Areas have legal cover. The National Park was instituted by Federal Decree, the Private Reserves by a Federal Ruling. It should be stressed that reserves are subject to Brazil's National Conservation Units System. This means that they are placed under the same restrictions for use that apply to a National Park.

Moreover, an Emergency Action Plan for the National Park was drawn up in 1994 and a Research Plan elaborated in 1997. It is also worth mentioning that this conservation unit is protected by the Ramsar Convention on the rational use and sustainable development of Humid Zones.

Management Plans for the Park and the Biological Reserves are currently being prepared. The aim is to control and monitor factors posing a potential risk to conservation of the complex. The most important are those that may impair the quality, quantity and dynamics of the water flowing into the Pantanal floodplain.

The water draining from the surrounding uplands into the rivers that converge on the floodplain sustains the bio-geo-chemical phenomena underpinning the genesis of the Pantanal. So preservation of the Protected Areas depends directly on the control of activities taking place in the uplands.

LISTING CRITERIA

The Pantanal Conservation Area covers an area of 187,818 hectares. It straddles the Southeast of the state of Mato Grosso and the Northwest of Mato Grosso do Sul State along the frontier with Bolivia. For the sake of geographic location, the co-ordinates for the landing strip at the Acurizal Reserve can be used: 17° 49' 51" S and 057° 33' 06" W.

The Pantanal Conservation Area was listed as Natural World Heritage in 2000 under criteria (ii), (iii) and (iv).

The site is representative of the entire Pantanal complex with fine samples of the ecological and biological processes under way in the region. The association of the Amolar Mountains and the dominant humid zone freshwater ecosystems provides spectacular scenery besides an incomparable ecological gradient.

Its importance is not confined to conservation of the local flora, however. The site also plays a key role in the dispersal of nutrients throughout the entire basin. It is the most important reserve in the region for maintaining the Pantanal's fish stocks. The habitats under protection provide shelter for several endangered species. The Pantanal Conservation Area also guarantees stocks of water for the fauna, as this is the only part of the Pantanal to remain partially flooded throughout the dry season.

Vista aérea da região do Parque Nacional do Jaú. • Vista aérea de la región del Parque Nacional del Jaú.
Aerial view of the Jaú National Park area.

Parque Nacional do

Jaú

Parque Nacional del Jaú • *Jaú National Park*

Amazonas

. . . .

THIAGO DE MELLO

POETA E ESCRITOR

Cântico de esperança para a infância do Jaú

Antes do mais, devo reconhecer contente que a Unesco andou por bom caminho ao fazer patrimônio cultural da humanidade o Parque Nacional do Jaú, uma das mais extensas áreas de conservação do maior pedaço verde do Planeta Terra, a nossa Floresta Amazônica. Não me constranjo em revelar que ia escrevendo minha floresta, até cheio de razões: nela nasci, na margem direita do Paraná do Ramos, o braço mais longo e mais sinuoso do Rio Amazonas, em cujas águas aprendi a nadar antes de saber caminhar. Dela nunca me separo. Mesmo quando me vou por outras águas do mundo, levo a floresta dentro do meu peito. Nela vivo, repartindo a minha esperança com os caboclos meus irmãos de Barreirinha, a pequenina cidade plantada no coração do Amazonas, a quatrocentos quilômetros de Manaus. Mas convém que eu diga nossa. Ela recobre quase a metade do chão brasileiro, abençoada pelo maior rio do mundo, a pátria da água. E como ainda espalha os seus verdes por outros países da nossa América, ela é também latino-americana. Como o meu coração. Fique o dito pelo dito. Porque tem muito olho grande em cima das virtudes amazônicas.

Pois então vamos ao mais, que é o principal: a infância do Jaú. Infância que celebro cantando, neste amanhecer do Rio Andirá, o rio do meu coração, cujas águas de escamas esmaltadas me conhecem tanto. Que não se melindrem o Unini nem o Carabinani, e muito menos o Jaú, rios que correm na alma do Parque. Eles também viajam dentro de mim, embora eu ainda nem conheça o afago de suas águas.

A infância que meu cântico louva tem dois destinos. Canto melhor: são duas infâncias, que se reúnem e se abraçam. Uma é metáfora, a infância do próprio Parque. Outra é a infância mesmo, a criançada que mora no Jaú, para quem mando um ramo estrelado do meu amor.

Há milhões de anos que a Floresta Amazônica vem urdindo o milagre dos seus verdes. De si mesma ela se renova e se acrescenta, num comovente esforço para enfrentar a fúria do fogo e a mão da perversidade. Para dizer o que muita gente está começando a saber, a inteligência da floresta crê na utopia. Por isso ela faz como o seu grande rio, que a cada instante começa, lá na altura extrema da Cordilheira, onde as neves são eternas.

Já o Parque Nacional do Jaú tem um pouquinho mais de vinte anos, caboclo jovem, mas em cujo corpo viçoso já se levantam prodígios, desde que passou a conviver amorosamente com a Fundação Vitória Amazônica, linda menina em flor, que surgiu em 1990, para ajudar a vida a ser a cada instante um pouco melhor. Esta a sua sina e a sua paixão. Sabe a que veio esta moça que traz na fronte o selo da vitória, que cada dia amanhece mais crescida, até parece uma planta do jardim de minha mãe dona Maria, chamada amor-crescido. Veio para fundar a esperança que eu canto, porque trabalha com ciência, consciência e com a inteligência do coração.

Veio para preservar a vida vária e diversa de todos os seres que habitam no Parque, a plantinha rasteirinha, a sumaumeira imensa, a itaúba preta, a preguiça, a seringueira, a raiz do prodigioso mirantã, a borboleta-azulão, a formiga, o musgo esverdeado, o mureru aquático com suas flores lilazes, o cipó unha-de-gato, a multidão de palmeiras dançarinas do vento, as bromélias e as orquídeas, a frutinha do guaraná, o pirarucu, a coruja suynara, o tucano, o buritizeiro, o arbusto que só gosta do igapó, a imbaúba, a lontra, o pássaro-preto japiim – enfim, toda essa vida infinita que a ciência chama de biodiversidade. Riqueza que encerra princípios químicos ativos que a mãe Natureza inventou para servir à vida. A Vitória, porém, vai mais fundo e atinge o próprio cerne da sabedoria de quem ama e respeita a floresta, cuja preservação exige o imprescindível trabalho de melhorar a qualidade de vida dos seus habitantes, o povo da floresta. Povo do qual é parte essencial a criançada, essa curuminzada magrinha, de olhos brilhantes, que aparece correndo mal o barco aporta em qualquer barranco do interior da mata. Essa a infância cujo futuro eu canto e com a qual convivo e aprendo mais do que ensino, porque ela é quem mais nos mostra, nos pede, que é preciso aprender a soletrar o verbo amar.

Escrevo contente. Os cientistas, pesquisadores e técnicos da Vitória trabalham de mãos dadas com a gente que vive no Parque. As decisões são tomadas com a participação dos moradores, cuja sabedoria é respeitada. Afinal são eles os mais ilustres seres vivos da floresta. Seres mágicos, capazes de descobertas instintivas das virtudes de seus irmãos vegetais. São companheiros do vento, conversam com as estrelas da noite, ouvem o recado das nuvens, são parentes dos peixes, conhecem a linguagem do tempo pelo estremecer da pele das águas.Não desanimam da vocação solidária.

Ainda hei de chegar lá no Parque, entrar pelo encontro do Rio Jaú com o Negro, bem no flutuante do Ibama. Quero muito ver a luz das suas águas, as várzeas, as seringueiras, os cientistas trabalhando, os caboclos pescando no Unini, as crianças estudando na Escola Social, nome aliás escolhido pelos moradores. Quem me contou isso foi uma orquídea que o Jari Botelho, meu companheiro de infância, me trouxe lá das matas de Novo Airão. (O leitor me releve, mas fica para outro dia essa maravilha de poder conversar com árvore e muito especialmente com flor. É um dom que tenho de menino, não quero me gabar. São poucas aquelas que entendo o que dizem. Trato de me aperfeiçoar. Queria tanto aprender o idioma silencioso de certa bromélia que mora numa acapurana ao lado aqui de casa.)

Vou me entender com a Muriel, que viaja na proa de comando do barco Vitória todo embandeirado, mulher que sonha com os pés fincados na terra e na água. Quero ver o Jaú; entrar pelos seus varadouros; visitar a área-piloto do Seringalzinho; assistir a uma reunião dos cientistas da Fundação com os moradores; aprender com o difícil trabalho da organização comunitária (no qual já se alcançou muito, mas se sabe que ainda é preciso trabalhar muito, com ciência, paciência e paixão, para chegar aonde a vida da floresta quer), quero ouvir as histórias, ouvir também o silêncio sonoro da mata amanhecendo, sou capaz de cantar com as crianças uma cantiga quase de roda, dizer num fim de janta uma estrofe assim:

Filho da floresta, a água e a madeira
Viajam na luz dos meus olhos,
Explicam este jeito que tenho de amar as estrelas
E de levar na fronte o fulgor da esperança.

Depois dormir numa rede macia e acordar na madrugada do Jaú ouvindo o canto do murucututu. Guarde o meu cântico o Parque e sua infância.

Comecei com a Unesco, mulher cada dia mais jovem, e dela não me despeço, amanhã recomeço – lição do meu rio – a fazer a minha parte na construção da grande aurora. Porque lhe quero lembrar o exemplo luminoso do trabalho da Reserva Mamirauá, que se ergueu em patrimônio da verdadeira preservação. E, por fim, repartir com ela e com todos, como se reparte o pão, uma afirmação que fez Daisaku Ikeda, o poeta e filósofo japonês, presidente da Soka Gakkai Internacional, líder mundial da paz, que peleja pela defesa do meio ambiente e pelo respeito aos direitos humanos. Diz ele, com o vigor de sua sabedoria, que o mais precioso patrimônio da humanidade neste milênio que começa é a riqueza da Floresta Amazônica.

Cántico de esperanza para la infancia del Jaú

Antes de todo, debo reconocer contento que Unesco ha ido por un buen camino al declarar patrimonio cultural de la humanidad el Parque Nacional del Jaú, una de las más extensas áreas de conservación del mayor pedazo verde del planeta Tierra, nuestra Selva Amazónica. No me inhibo en revelar que casi estaba escribiendo mi selva, incluso porque estoy lleno de razones: en ella nací, en la margen derecha del Paraná de Ramos, el brazo más largo y más sinuoso del Río Amazonas, en cuyas aguas aprendí a nadar antes de saber andar. De ella nunca me separo. Aún cuando me voy por otras aguas del mundo, llevo la selva dentro de mi pecho. En ella vivo, repartiendo mi esperanza con los caboclos, mis hermanos de Barreirinha, la pequeñita ciudad plantada en el corazón de Amazonas, a cuatrocientos kilómetros de Manaos. Pero conviene que yo diga nuestra. Ella recubre casi la mitad del suelo brasileño, bendecida por el mayor río del mundo, la patria del agua. Y como además extiende sus verdes por otros países de nuestra América, ella es también latinoamericana. Como mi corazón.

Que lo dicho quede bien dicho. Porque hay por allí muchos ojos codiciosos encima de las virtudes amazónicas.

Pues entonces vamos a lo demás, que es lo principal: la infancia del Jaú. Infancia que celebro cantando, en este amanecer del río Andirá, el río de mi corazón, cuyas aguas de escamas esmaltadas me conocen tan bien. Que no se ofendan el Unini ni el Carabinani, y mucho menos el Jaú, ríos que corren en el alma del Parque. Ellos también viajan dentro de mí, aunque yo todavía ni conozca el cariño de sus aguas.

La infancia que mi cántico loa tiene dos destinos. Canto mejor: son dos infancias, que se reúnen y se abrazan. Una es metáfora, la infancia del propio Parque. Otra es la infancia verdadera, la muchachada que vive en el Jaú, a la que le mando un ramo de estrellas de mi amor.

Hace millones de años que la selva amazónica ha venido tejiendo el milagro de sus verdes. De sí misma ella se renueva y se aumenta, en un conmovedor esfuerzo para enfrentar la furia del fuego y la mano de la perversidad. Para decir lo que mucha gente está empezando a saber, la inteligencia de la selva cree en la utopía. Por eso, ella hace como su gran río, que a cada instante empieza, allá en la altura extrema de la Cordillera, donde las nieves son eternas.

Ya el Parque Nacional del Jaú tiene un poquito más de veinte años, es un caboclo joven, pero en cuyo cuerpo lozano ya se levantan prodigios, desde que empezó a convivir amorosamente con la Fundación Vitória Amazônica, linda niña en flor, que surgió en 1990 para ayudar a la vida a ser, a cada instante, un poco mejor. Éste, su hado y su pasión. Sabe a qué ha venido esta joven que trae en la frente el sello de la victoria, que cada día amanece más crecida, hasta parece una planta del jardín de mi madre, doña Maria, llamada amor-crecido. Vino para fundar la esperanza que yo canto, porque trabaja con ciencia, consciencia y con la inteligencia del corazón.

Ha venido para preservar la vida varia y diversa de todos los seres que habitan en el Parque, la plantita rastrerita, la sumaumeira inmensa, la itaúba preta, la preguiça, el cauchero, la raíz del prodigioso mirantã, la mariposa azul rey, la hormiga, el musgo verdoso, el mureru acuático con sus flores lilas, la liana uña de gato, la multitud de palmeras bailarinas del viento, las bromeliáceas y las orquídeas, la frutita del guaraná, el pirarucu, la lechuza suynara, el tucán, el buriti, el arbusto al que sólo le gusta el igapó (terreno pantanoso), la imbaúba, la nutria brasileña, el pájaro negro japiim – en fin, toda esa vida infinita que la ciencia llama de biodiversidad. Riqueza que encierra principios químicos activos que la madre Naturaleza inventó para servir a la vida. La Vitória, sin embargo, se profundiza más y alcanza el propio corazón de la sabiduría de los que aman y respetan la selva, cuya preservación exige el imprescindible trabajo de mejorar la calidad de vida de sus habitantes, el pueblo de la selva. Pueblo del que es una parte esencial la muchachada, esa curuminzada delgadita, de ojos brillantes, que surge corriendo luego que el barco aporta en cualquier ribera abarrancada del interior de la floresta. Esa es la infancia cuyo futuro yo canto y con la que convivo y aprendo más de lo que enseño, porque ella es quien nos muestra más, nos pide, que es necesario aprender a deletrear el verbo amar.

Escribo contento. Los científicos, investigadores y técnicos de la Vitória trabajan dando las manos a la gente que vive en el Parque. Las decisiones son tomadas con la participación de los habitantes, cuya sabiduría es respetada. Después de todo, son ellos los más ilustres seres vivos de la selva. Seres mágicos, capaces de descubrimientos instintivos de las virtudes de sus hermanos vegetales. Son compañeros del viento, charlan con las estrellas de la noche, oyen el recado de las nubes, son parientes de los peces, conocen el lenguaje del tiempo por el estremecimiento del cutis de las aguas. No desaniman de la vocación solidaria.

Aún he de llegar allá al Parque, entrar por el encuentro del río Jaú con el Negro, exactamente sobre el flotador de Ibama. Deseo ardientemente ver la luz das sus aguas, las vegas, los caucheros, los científicos trabajando, los caboclos pescando en el Unini, los niños estudiando en la Escuela Social, nombre, por cierto, escogido por los moradores. Quien me contó eso fue una orquídea que Jari Botelho, mi compañero de infancia, me trajo de allá de las florestas de Novo Airão. (El lector que me perdone, pero se va a quedar para otro día esa maravilla de poder conversar con árboles y muy especialmente con flores. Es un don que tengo desde la infancia, no quiero presumir. De pocos entiendo lo que dicen. Trato de perfeccionarme. Deseaba tanto aprender el idioma silencioso de cierta bromeliácea que vive en un árbol acapurana, aquí al lado de mi casa.)

Me voy a entender con Muriel, que viaja en la proa de comando del barco Vitória todo embanderado, mujer que sueña con los pies clavados en la tierra y en el agua. Quiero ver el Jaú, entrar por sus varaderos, visitar el área piloto del Seringalzinho, ir a una reunión de los científicos de la Fundación con los moradores, aprender con el difícil trabajo de la organización comunitaria (con el que ya se ha logrado mucho, pero se sabe que todavía hay que trabajar mucho, con ciencia, paciencia y pasión, para llegar adonde la vida de la selva quiere), quiero oír las historias, oír también el silencio sonoro de la floresta amaneciendo, soy capaz de cantar con los niños una canción casi de corro y decir, al terminar una cena, una estrofa así:

Hijo de la floresta, el agua y la madera
Viajan en la luz de mis ojos,
Explican esta forma que tengo de amar a las estrellas
Y de llevar en la frente el fulgor de la esperanza.

Después, dormir en una hamaca suave y despertar en la madrugada del Jaú oyendo el canto del murucututu.

Guarde mi cántico el Parque y su infancia.

Empecé con la Unesco, mujer cada día más joven, y de ella no me despido, mañana recomienzo – lección de mi río - a hacer mi parte en la construcción de la gran aurora. Porque quiero recordarle el ejemplo luminoso del trabajo de la Reserva Mamirauá, que se irguió en patrimonio de la verdadera preservación. Y por fin repartir con ella y con todos, como se reparte el pan, una afirmación que hizo Daisaku Ikeda, el poeta y filósofo japonés, presidente de Soka Gakkai Internacional, líder mundial de la paz, que lucha por la defensa del medio ambiente y por el respeto a los derechos humanos. Él dice, con el vigor de su sabiduría, que el patrimonio más precioso de la humanidad en este milenio que empieza es la riqueza de la selva amazónica.

Song of Hope for Jaú's Childhood

To begin with, I am glad to acknowledge that Unesco has taken the right path in listing the Jaú National Park as a world heritage site. After all, it is one of the biggest conservation areas in the biggest green area on Earth: our Amazon Forest. I am not ashamed to admit that I nearly wrote my forest for a number of reasons. I was born in it, on the right bank of Paraná dos Ramos, the longest, most sinuous tributary of the Amazon River, in whose waters I learnt to swim before I could even walk. I have never left it behind. Even when I travel over other waters of the world, I carry the forest in my heart. I live in it, sharing my hope with fellow caboclos in Barreirinha, a small town deep in the heart of Amazonas State, four hundred kilometres east of Manaus. I should, however, say our and not my for the Amazon covers half the land in Brazil, blessed with the biggest river in the world, the waterland. As its verdure spreads into other countries in our continent, it is Latin American, too. Like my heart.

Let it be. The Amazon's virtues arouse much envy.

So, let us get to the point: Jaú's childhood. A childhood I celebrate in song as day dawns on the Andirá River, the river that courses through me, whose pearly-scaled waters know me so well. No disrespect for the Unini or the Carabinani, much less for the Jaú, rivers that pervade the soul of the Park. They too run through me though I have yet to feel their waters' swirling embrace.

The childhood of my encomium is twofold. Fine-tuning it, two childhoods embrace and intertwine. One is metaphorical, the infancy of the Park itself. The other is childhood itself, the children who live in Jaú, to whom I send a star-spangled branch of my affection.

For millions of years the Amazon Forest has been working its green miracle. From its own stock it renews and adds to itself in a moving endeavour to thwart the fury of fire and the rough hand of perversity. To state what many are only beginning to grasp, the forest's intelligence believes in Utopia. It imitates its own great river, which begins over again each instant among the peaks of the Andes where the snows are ageless.

The Jaú National Park, meanwhile, is little over twenty years old now, a strapping young caboclo whose lithe loins have started to father prodigious fruit since it began to live lovingly with the Vitória Amazônica Foundation, a blooming lass who appeared in 1990 to help life become a bit better by the instant. That is her calling and her passion. This girl who bears the seal of victory on her brow knows what she is here for, and as each day dawns she has grown a little more, just like a plant called "grown-love" my mother, Maria, grew in her garden. She has come to set down the roots of the hope I sing, for she works with science, conscience and the intelligence of the heart.

Her mission is to preserve the myriad, diverse life of all the beings that inhabit the Park: the delicate weed in the undergrowth, the giant kapok-tree, the black itauba, the sloth, the rubber tree, the medicinal root of the prodigious mirantã, the great blue butterfly, the ant, the dark green moss, the gossamer fanwort cabomba with its lilac flowers, the cat's-claw liana, the host of palm trees dancing in the wind, the bromelias and orchids, the tiny bright guarana fruit, the hulking pirarucu, the Amazonian pygmy owl, the toucan, the murity fan palm, the shrub that abides only in the floodland forest, the imbauba trumpet tree , the otter, the yellow-rumped Cacique - in other words, all this ceaselessly teeming life that science terms biodiversity. This natural wealth stems from active chemical principles that Mother Nature has invented to serve life. Vitória, however, goes further still, penetrating the pithy wisdom of those who love and respect the forest. Preserving it inevitably requires working to improve the lot of its inhabitants, the people of the forest. Children are an essential part of them. The skinny, bright-eyed Indian kids who scamper about the moment a boat moors at any riverside jetty deep in the forest. These are the children whose future I sing, the kids I live among and learn from more than teach. They show and urge us that we must learn to spell the word love.

I am content to write. Vitória's scientists, researchers and technicians work shoulder-to-shoulder with the folk to whom the Park is home. Decisions are taken only after hearing the locals, whose know-how is given its due. After all, they are the most illustrious living beings in the forest. Magical beings capable of instinctive insight into the virtues of their vegetal brethren. They are the winds' companions, they talk to the stars at night, they hear the clouds' message, they are the fishes' kin, and they know the language of time by reading the ripples on the water's skin. They never run shy of their solitary vocation.

One day I shall make it to the Park. I shall enter it where the Jaú flows into the River Negro, where Ibama's boathouse is moored. I long to see the light dancing in its dappled waters, the meadows, the rubber trees, the scientists beavering away, the caboclos fishing in the Unini, the children at their classes in the Social School - a name the local community chose. This much I was told by an orchid that Jari Botelho, a childhood pal of mine, brought me from the woods in Novo Airão. (Forgive me, readers. This marvel of being able to talk to trees and especially flowers will have to keep for some other day. It is a gift I've had since I was a boy. I don't mean to brag. I understand what very few of them say but I'm striving to hone my skill. I would like to learn the silent tongue of a bromelia that lives in an acapu rana tree here beside my house.)

I shall have words with Muriel, who travels on the bows of the Vitória boat, all festooned with flags, a woman who dreams with her feet firmly planted on the ground and trailing in the water. I yearn to see Jaú first hand, to alight at the moorings, visit the Seringalzinho pilot rubber-tapping project, attend a meeting between the Foundation's scientists and the local inhabitants, learn the tricky craft of community organisation (which has already achieved much but still has a long way to go, forging ahead with science, patience and passion to get where the life of the forest wants). I long to hear the tales and listen to dawn's resounding silence in the jungle. I may even sing a near nursery rhyme with the children, recite a stanza like this after supper:

> Son of the forest, water and wood
> Travel in the twinkle of my eyes;
> They explain the way I love the stars
> And the flame of hope emblazoned on my brow.

Then lie down in a soft hammock and wake up in Jaú at daybreak to the twit-twoo of the murucututu.

May the Park and its childhood cherish my song.

I began with Unesco, a woman who grows younger by the day, and I shall not bid her farewell. Tomorrow I start over again (my river's lifelong lesson) doing my bit to build the great dawn. I would like to recall the shining example of the work undertaken at the Mamirauá Reserve that has become a veritable heritage of preservation. And finally to share with her and with one and all, as in the breaking of bread, a comment by Daisaku Ikeda, Japanese poet and philosopher, a world peace leader who struggles to promote environmental protection and respect for human rights. With earthy wisdom, Ikeda says that mankind's most precious heritage at the dawn of the new millennium is the wealth of the Amazon Forest.

As veias escuras da grande floresta

Localização do Parque.
Localización del Parque.
Location of the Park. —

Estado do Amazonas • Estado del Amazonas • *Amazonas State*

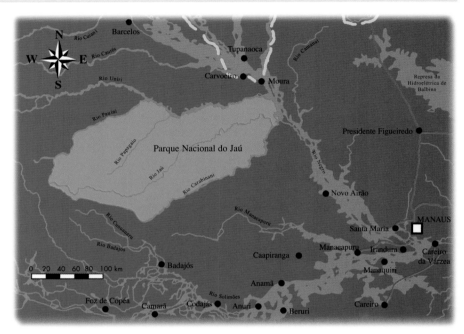

Localização do Parque Nacional do Jaú. • Localización del Parque Nacional del Jaú. • *Location of the Jaú National Park .*

Imagem de satélite da região onde está inserido o Parque.
Imagen de satélite de la región donde se encuentra el Parque.
Satellite image of the area surrounding the Park.

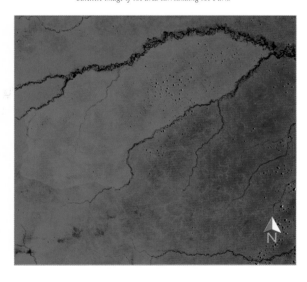

O Parque Nacional do Jaú é um dos parques mais extensos do Brasil e o segundo do mundo em florestas tropicais úmidas contínuas. Criado em 1986, estende-se por uma área equivalente à do Estado de Sergipe, abrangendo a bacia do rio escuro que lhe empresta o nome, o Rio Jaú. Inserido na Região Amazônica, a mais rica em biodiversidade do Planeta, o sítio confere uma rara oportunidade para a proteção de um conjunto excepcional de ecossistemas: o da floresta densa, os das inúmeras formas de matas abertas e os das chamadas águas pretas.

Nesse ponto assenta-se a originalidade dessa Unidade de Conservação: é a única do país que preserva toda a bacia de um rio volumoso e extenso – aproximadamente 450 quilômetros – do sistema de águas pretas. A coloração escura desse que constitui um dos três sistemas limnológicos encontrados na bacia do Rio Amazonas deve-se à grande quantidade de material orgânico transportado, ao contrário das águas mais claras, que arrastam sobretudo sedimentos terrestres.

Além de sua relevância como bem natural, há indícios de que o Parque também abrigue relíquias da ocupação humana na Amazônia. Os estudos arqueológicos ainda são insuficientes para decifrar as marcas deixadas naquela região por seus habitantes primitivos. Mas as inscrições em pedras (petroglifos) encontradas nas margens dos rios e os 17 sítios arqueológicos identificados na foz do Rio Jaú sugerem que o local tenha sido utilizado como passagem entre as bacias dos Rios Solimões e Negro. A ampliação das pesquisas certamente revelará como se deu o processo de ocupação da área pelos grupos indígenas de várias etnias que viveram no baixo Rio Negro, como os *Aroaqui, Tarumã, Manao, Tucum* e *Baré*.

As águas pretas do Rio Jaú devem-se à decomposição da matéria orgânica. • Las aguas oscuras del Río Jaú se deben a la descomposición de la materia orgánica.
The dark waters of the Jaú River are due to the decomposition of organic material.

Ali também existem testemunhos da infiltração portuguesa Rio Amazonas acima, mais efetiva a partir da segunda metade do século XVII. Em busca das valiosas drogas do sertão, os produtos extrativos que a floresta oferecia em abundância, os colonizadores deixariam umas poucas povoações na circunvizinhança do Parque, como Airão, a primeira vila da Bacia do Rio Negro, e Barcelos. Esta surgiu com a urbanização da aldeia dos índios *Mariaui*, em 1755, para receber o governo da recém-criada Capitania de São José do Rio Negro, que daria mais tarde origem ao atual Estado do Amazonas.

Mas, só no final do século XIX haveria uma forte corrente migratória para a região, mobilizada pelas perspectivas de uma nova atividade: a extração da borracha para alimentar a indústria estrangeira. Dotada da maior reserva mundial de seringueiras, a Amazônia atrairia grandes contingentes de trabalhadores nordestinos, tangidos pela seca e pela grave decadência econômica de seu lugar de origem.

A exploração da borracha, no entanto, jamais representaria uma ameaça para a biodiversidade daquela área, nem mesmo em seu período de auge (1887-1912). Além disso, com o declínio da

Inscrição em pedra sugerem indícios de ocupação humana primitiva na Amazônia.
Incripción en piedra sugiere indicios de ocupación humana primitiva en Amazonia.
Rock carvings indicate primitive human occupation of the Amazon.

Floresta de igapó, refletida nas águas escuras do Rio Jaú. · Selva de Igapó, reflejada en las aguas del Río Jaú. · *Floodland forest reflected in the waters of the Jaú River.*

Transporte fluvial, principal meio de locomoção na região. • Transporte fluvial, principal medio de locomoción en la región.
River transportation, the principal means of locomotion in the region.

atividade, grande parte da população migraria para centros urbanos mais desenvolvidos. Airão, por exemplo, foi completamente abandonada por volta de 1950. Suas ruínas se encontram no Parque. Atualmente, menos de mil pessoas habitam cerca de 1,5% da área total do Parque Nacional do Jaú. Não existem grupos indígenas entre a população local, composta, em sua maioria de caboclos nascidos na própria região. São, geralmente, filhos de agroextrativistas, de cultura tradicional. Vivem da coleta dos produtos da floresta, do cultivo da mandioca, da caça, da pesca de peixes e quelônios. Assim como em outras regiões da Amazônia, a população local busca quase sempre fixar-se às margens dos cursos d'água que, associados à floresta, garantem os meios de subsistência e de circulação.

Dentro da própria unidade encontram-se oito escolas sob responsabilidade das prefeituras de Novo Airão e Barcelos. Não existe posto de saúde. A maioria das doenças é tratada com automedicação e o uso de plantas medicinais encontradas na floresta. A atuação do Estado se limita a ações preventivas, por meio de visitas esporádicas de agentes da Fundação Nacional de Saúde.

Vitória-régia (*Euryle amazônica*), exuberante planta aquática característica da Amazônia.
Victoria real, (*Euryle amazônica*), exhuberante planta acuática característica de Amazonia.
Victoria lily (Euryle amazônica), exuberant aquatic plant characteristic of the Amazon.

Tartaruga-da-amazônia (*Podocnemis expansa*).
Tortuga de amazonia (*Podocnemis expansa*).
The Amazonian turtle (Podocnemis expansa).

Piranha-preta (*Serrasalmus rhombeus*).
Piraña negra (*Serrasalmus rhombeus*).
The black piranha (Serrasalmus rhombeus).

Anacã (*Deroptyus acciptrinus*).
Anacá (*Deroptyus acciptrinus*)
Red–fan parrot (Deroptyus acciptrinus).

Harpia ou gavião- real (*Harpia harpyja*), espécie rara das florestas de terra firme.
Harpía o gavilán real (*Harpia harpyja*), especie rara de las selvas de tierra firme.
Harpy eagle (Harpia harpyja), a rare species from the terra firma forests.

O Parque Nacional do Jaú tem uma área equivalente a 2.272.000 hectares, em que predomina a floresta tropical úmida densa, mas ali também estão presentes matas de igapó, campinaranas, buritizais e capoeiras. Com uma posição geográfica intermediária entre as formações sedimentares recentes e as mais antigas da Bacia Amazônica, o parque tem 65% de sua área sobre a Formação Solimões, com datação determinada do paleoceno e do pleistoceno. Essa grande extensão de geomorfologia única apresenta planalto em terrenos tabulares com grande dificuldade para a drenagem das águas pluviais.

Outras formações significativas dentro dos limites do Parque são terras mais antigas, datando do eopaleozóico, como as Formações Prosperança e Trombetas que, juntas, constituem 25% de sua cobertura. Sobre elas encontram-se as feições mais elevadas: colinas de topos aplainados, dissecadas em vales profundos em forma de V. Os topos apresentam altitudes de 150 a 200 metros.

A última feição geológica que merece destaque são os depósitos quaternários, sedimentos mais recentes, formados a partir das regressões marinhas ocorridas nos períodos glaciais, resultando no encaixe e aprofundamentos dos vales. Durante a transgressão holocênica, esses vales foram preenchidos por sedimentos, instalando-se, então, a atual rede de drenagem, com seus rios, igarapés, lagos e foz característicos.

O clima equatorial úmido, com médias térmicas acima dos 24°, somado à abundância de água, forma um ecossistema de grande biodiversidade, com altos índices de endemismos, como se pode verificar pela avaliação de sua fauna e flora. A variedade de habitats disponíveis também contribui para a preservação dessa diversidade, até para além da região do sítio. Por exemplo, os bancos de areia que surgem com a vazante dos rios, durante os meses de novembro a janeiro, são escolhidos por algumas espécies de aves residentes, como a *Phaetusa simplex*, a *Stema supercilaris* e a *Rynchops nigra*, para a nidificação. São também visitados por aves migrantes do hemisfério norte, da família Scolopacidae, que chegam na Amazônia Central. Essas aves utilizam os bancos de areia como locais de forrageio e ponto de parada na longa rota de migração para o sul do continente.

O rico inventário faunístico do Rio Jaú enumera cerca de 441 espécies identificadas de aves, 320 de peixes, 11 de quelônios, 4 de crocodilianos, 120 de mamíferos, algumas pouco conhecidas, como o macaco-bicó (*Cacajao melanocephalus*) e várias em risco de desaparecer: a onça-pintada (*Panthera onca*), a ariranha (*Pteronura brasiliensis*) e o peixe-boi (*Trichechus inunguis*). Os quelônios, em geral, principalmente as espécies aquáticas, constituem uma importante fonte de proteína animal para as populações da Amazônia, tanto pelo consumo de carne quanto dos ovos. Sua utilização comercial iniciou-se no século XVIII, quando já se aproveitavam os ovos no fabrico de óleo para a iluminação de ruas e casas, no consumo local e na indústria de cosméticos. Entre as espécies listadas de quelônios, a *Podocmemis expansa* e a *P. unifilis* estão ameaçadas de extinção, e todos os Chelidae são raros.

Na área do Parque conta-se aproximadamente um jacaré por quilômetro quadrado, sendo o *Caiman crocodilus* a espécie mais comum entre as quatro ali existentes. Poucas unidades de conservação na Amazônia têm populações estabelecidas das quatro espécies. A caça ao jacaré para o comércio de peles já não é praticada na região, desde meados dos anos 1970. As populações estão em recuperação e atualmente livres da exploração comercial. Mas o jacaré *Melanosuchus niger* ainda constitui uma espécie em extinção.

Em suma, e mesmo sem o sistema de fiscalização necessário, o Parque Nacional do Jaú tem um *status* de conservação considerado ótimo, em grande parte, graças às suas dimensões. Ali, até as espécies predadoras que necessitam de extensos e intocados habitats, para a manutenção de suas populações, dispõem das grandes áreas interfluviais inacessíveis ao homem. Os pontos estratégicos de proteção do Parque são as desembocaduras dos rios Jaú e Unini.

Ainda assim, esse sítio não está numa redoma de vidro. A caça e a pesca realizadas fora da

Interior da floresta de terra firme no Parque Nacional do Jaú • Interior de la selva de tierra firme en el Parque Nacional del Jaú.
Interior of the terra firma forest in the Jaú National Park.

Onça-pintada (*Panthera onca*). • Onza pintada (*Panthera onca*). • *Jaguar (Panthera onca).*   Macaco-barrigudo (*Lagothrix lagotricha*). • Mono barrigudo (*Lagothrix lagotricha*).
Humboldt's woolly monkey (Lagothrix lagotricha).

Detalhe da flora, nas margens do Rio Jaú.
Detalle de la flora en las márgenes del Río Jaú.
Flora, in detail, on the banks of the Jaú River.

Cobra-papagaio (*Coralus caninus*).
Cobra papagayo (*Coralus caninus*).
Emerald tree boa (Coralus caninus).

Jacaré-tinga (*Caiman crocodylus*).
Cocodrilo tinga (*Caiman crocodylus*).
Common caiman (Caiman crocodylus).

unidade afetam a abundância local. Dentro da área da unidade, a pesca comercial feita por grandes embarcações, a coleta de quelônios e de peixes ornamentais, que ocorrem principalmente no Rio Unini, também conflituam com o objetivo da conservação. Atividades mais impactantes, como o garimpo e a extração da madeira, felizmente não se desenvolvem na região do Parque.

A cobertura florestal do Parque está ligada às extensas e contínuas florestas úmidas da planície central da Amazônia, não havendo estradas de acesso, nem desmatamento em seu entorno. O patrimônio florístico protegido integra a paisagem característica do Baixo Rio Negro: as florestas de terra firme. Essa formação vegetal caracteriza-se por um extrato de imensas árvores emergentes, em geral cobertas por grande variedade de orquídeas e bromélias, e apresenta grande heterogeneidade na sua composição florística. Reúne até 180 espécies por hectare, com destaque para as três mais abundantes na área, a *Oenocarpus bacaba* (Aracaceae), a *Couepia oboxata* (Burseraceae) e a *Guarea carinata* (Meliaceae).

Já as florestas tropicais abertas, outra importante composição paisagística local, com seus igapós, lagos e campinaranas das elevações interfluviais, apresentam um mosaico bastante diversificado de vegetações, cuja riqueza de espécies está aparentemente relacionada às diferentes cotas e períodos de inundação a que estão submetidas essas florestas.

PROTEÇÃO

A importância do Parque Nacional do Jaú é determinada por seu excelente grau de conservação e pela extensa área de floresta tropical úmida que contém. O principal objetivo de sua criação foi defender os ecossistemas associados a uma bacia hidrográfica em sua totalidade. Por isso, protege uma gama variada e representativa das coberturas vegetais e da fauna características do Rio Negro.

Em 1977, uma expedição promovida pelo Instituto de Pesquisa da Amazônia (Inpa) na região do Rio Jaú já indicava o alto grau de endemismo e a aptidão da área para a conservação da natureza. Baseada no relatório dessa expedição e em materiais de arquivos, a delimitação do Parque Nacional do Jaú foi proposta em 1979, por meio do Decreto Federal nº 85.200, de 24 de setembro de 1980.

Em novembro de 1993, foi firmado um convênio de co-gestão entre o Instituto Brasileiro do Meio Ambiente e dos Recursos Naturais Renováveis (Ibama) e a Fundação Vitória Amazônica, tendo como objetivo a elaboração do Plano de Manejo do Parque Nacional do Jaú, estabelecendo ações de vigilância, fiscalização, administração, pesquisa, educação ambiental e manejo dos recursos do Parque. Desde então, equipes de pesquisadores de várias instituições, coordenadas pelos órgãos gestores, têm atuado na área continuamente.

Concluído em 1998 e em fase de implementação, o plano constitui um modelo de planejamento participativo em que se estabeleceram e consolidaram canais para a implantação de novas políticas conservacionistas na região. Exemplo a ser replicado em outras unidades na Amazônia, a elaboração do plano de manejo contou com a articulação entre os órgãos gestores da unidade e as prefeituras locais, as instituições de pesquisa interessadas e os habitantes da zona especial da unidade. O trabalho de busca de consenso entre esses diversos atores sociais, envolvidos direta ou indiretamente na gestão dos recursos do Parque, levou a novas experiências em planejamento de áreas protegidas na Amazônia, oferecendo à população local alternativas econômicas compatíveis com o objetivo da proteção ambiental.

A região conta ainda com outra iniciativa inovadora do governo brasileiro, no sentido de dar suporte a projetos de conservação e de regulação do uso dos recursos naturais da região, os "Corredores Ecológicos". De importância não apenas regional ou nacional, esse projeto de amplitude mundial faz parte do Programa para a Proteção da Floresta Tropical Brasileira (PP–G7), e conta com a participação do Ministério do Meio Ambiente, do Ibama, da Fundação Nacional do Índio e das instituições estaduais ligadas à área ambiental.

O rio confere singularidade ao modo de vida das populações locais. • El río imprime singularidad al modo de vida de las poblaciones ribereñas.
The river makes its mark on the riverside populations' way of life.

JUSTIFICATIVA DE INSCRIÇÃO

O Parque Nacional do Jaú está situado no centro do Estado do Amazonas, a aproximadamente 200 quilômetros a noroeste de Manaus, nos limites territoriais dos municípios de Barcelos, Novo Airão e Codajás. Localiza-se entre as coordenadas 1°00'-3°00' S e 61°30'-64°00' W.

Inscrito como bem natural, na Lista de Patrimônio da Humanidade, em 2000, sob os critérios (ii) e (iv) da Convenção do Patrimônio Mundial Cultural e Natural. O sítio protege uma amostra, vasta e representativa, da floresta das planícies centrais da Amazônia, bem como a totalidade da Bacia do Rio Jaú.

Uma das razões que justificam sua inscrição é a concentração de grande parte da diversidade biológica associada ao sistema de águas pretas. As dimensões do Parque também garantem a manutenção de importantes processos ecológicos e biológicos, tais como a oscilação na dinâmica das cheias e os incêndios naturais, oferecendo a singular oportunidade de estudar seus efeitos sobre a diversidade dos ecossistemas naturais

Peixe-boi (*Trichechus inunguis*).
Pez buey (*Trichechus inunguis*).
Amazonian manatee (Trichechus inunguis).

Las Venas Oscuras de la Gran Selva

El Parque Nacional del Jaú es uno de los más extensos de Brasil y el segundo del mundo en selvas tropicales húmedas continuas. Creado en 1986, el parque se extiende por un área equivalente al del Estado de Sergipe, abarcando la bacía del río oscuro que le da el nombre, el Río Jaú. Inserto en la región amazónica, la más rica en biodiversidad del planeta el lugar ofrece una rara oportunidad para la protección de un conjunto excepcional de ecosistemas: el de la selva densa, el de las innumerables formas de matorrales abiertos, así como los de las llamadas aguas negras.

En ese punto se asienta la originalidad de esa Unidad de Conservación: es la única del país preservando toda la bacía de un río voluminoso y extenso – aproximadamente 450 km – del sistema de aguas negras. La coloración oscura de ese que constituye uno de los tres sistemas limonológicos encontrados en la Bacía del Río Amazonas se debe a la gran cantidad de material orgánico transportado, al contrario de las aguas más claras, que arrastran sobre todo sedimentos terrestres.

Además de su relevancia como bien natural, hay indicios de que el parque también contiene reliquias de la ocupación humana en Amazonia. Los estudios arqueológicos todavía son insuficientes para descifrar las huellas dejadas en aquella región por sus habitantes primitivos. Pero las inscripciones en piedras (*petroglifos*) encontradas en las márgenes de los ríos y los 17 sitios arqueológicos identificados en la embocadura del Río Jaú sugieren que el lugar pudo haber sido utilizado como pasaje entre las Bacías de los Ríos Solimões y Negro. La ampliación de las investigaciones ciertamente revelará cómo se dio el proceso de ocupación del área por los grupos indígenas de varias etnías que vivieron en el bajo Rio Negro, como los Aroaqui, Tarumã. Manao, Tucum y Baré.

Allí también existen testimonios de la infiltración portuguesa Río Amazonas arriba, más efectiva a partir de la Segunda mitad del siglo XVII. En busca de las valiosas drogas del sertón, los productos extraídos que la selva ofrecía en abundancia, los colonizadores dejarían unas pocas poblaciones en las inmediaciones del parque, como Airão, la primera población de la Bacía de Río Negro, y Barcelós. Ésta surgió con la urbanización de la aldea de los indios Mariauí, en 1755, para recibir el gobierno de la recién creada Capitanía de San José de Río negro, que daría más tarde origen al actual estado de Amazonas.

Pero, sólo a fines del siglo XIX, habría una fuerte corriente migratoria para la región, movilizada por las perspectivas de una nueva actividad: la extracción del caucho para alimentar la industria extranjera. Dotada de la mayor reserva mundial de cauchuteros, Amazonia atraería grandes contingentes de trabajadores nordestinos, afectados por la sequía y por la grave decadencia económica de su lugar de origen.

La explotación del caucho, sin embargo, jamás representaría una amenaza para la biodiversidad de aquella área, ni siquiera en su período de auge (1887-1912). Además de eso, con la disminución de la actividad, gran parte de la población migraría para centros urbanos más desarrollados. Airão, por ejemplo, fue completamente abandonado alrededor de 1950. Sus ruinas se encuentran en el parque. Actualmente, menos de mil personas habitan cerca de 1,5% del área total del Parque Nacional del Jaú. No existen grupos indígenas entre la población local, compuesta en su mayoría de caboclos nacidos en la propia región. Generalmente, son hijos de agroextrativistas, de cultivo tradicional. Viven de la cosecha de los productos de la selva, del cultivo de la mandioca, de la caza, de la pesca de peces y quelonios. Así como en otras regiones de Amazonia, la población local busca casi siempre establecerse en las márqgenes de los cursos de agua, que asociados a la selva, garantizan los medios de subsistencia y de circulación.

NATURALEZA

El Parque Nacional del Jaú tiene un área equivalente a 2.272.000 hectáreas en la cual predomina la selva tropical húmeda densa, pero allí también están presentes bosques de igapó, campinaranas, buritizales y capoeiras. Con una posición geográfica intermedia entre las formaciones sedimentarias recientes y las más antiguas de la Bacía Amazónica, el parque tiene 65% de su área sobre la Formación Solimões, con fecha determinada del paleoceno y del pleistoceno. Esa gran extensión de geomorfología única presenta meseta en terrenos tabulares con gran dificultad para el drenaje de las aguas pluviales.

Otras formaciones significativas dentro de los límites del parque son tierras más antiguas, datando del Eopaleozoico, como las Formaciones Prosperanza y Trombetas que juntas constituyen el 25% de su cobertura. Sobre ellas se encuentran las formaciones más elevadas: colinas de topes planos, disecadas en valles profundos en forma de V. Los topes presentan altitudes de 150 a 200 metros.

La última formación geológica que merece destacarse son los depósitos cuaternarios, sedimentos más recientes, formados a partir de las regresiones marinas ocurridas en los períodos glaciales, resultando en el encaje y profundización de los valles. Durante la transgresión holocénica, esos valles fueron henchidos por sedimentos, instalándose, entonces, la actual red de drenaje, con sus ríos, igarapés, lagos y desembocaduras característicos.

El clima ecuatorial húmedo, con medias térmicas por arriba de los 24 °, sumado a la abundancia de agua, forma un ecosistema de gran biodiversidad, con altos índices de endemismos, como se puede verificar por la evaluación de su fauna y flora. La variedad de habitats disponibles también contribuye para la preservación de esa diversidad, hasta para más allá de la región del sitio. Por ejemplo, los bancos de arena que surgen con la vaciante de los ríos, durante los meses de noviembre a enero, son escogidos por algunas especies de aves residentes, como la Phaetusa simplex, la Stema supercilaris y la Rynchops nigra, para la nidificación. También son visitados por aves migrantes del hemisferio norte, de la familia Scolopacidae, que llegan a la Amazonia Central. Esas aves utilizan los bancos de arena como lugares de forraje y punto de parada en la larga ruta de migración para el sur del continente.

El rico inventario faunístico del Río Jaú enumera cerca de 441 especies identificadas de aves, 320 de peces, 11 de quelonios, 4 de cocodrilanos, 120 de mamíferos, algunas poco conocidas, como el mono-bicó (*Cacajao melanocephalus*) y varias en riesgo de desaparecer: la onza pintada (*Panthera onca*), la ariaraña (*Pteronura brasiliensis*) y el pez buey (*Trichechus inunguis*). Los quelonios en general, principalmente las especies acuáticas, constituyen una importante fuente de proteína animal para las poblaciones de Amazonia, tanto por el consumo de carne como de huevos. Su utilización comercial se inició en el siglo XVIII, cuando ya se aprovechaban los huevos en la fabricación de aceite para la iluminación de calles y casas, en el consumo local y en la industria de cosméticos.Entre las especies listadas de quelonios, la Podocmemis expansa y la P. unifilis están amenazadas de extinción, y todos los Chelidae son raros.

En el área del parque se cuenta aproximadamente un cocodrilo por km^2, siendo el Caiman crocodilus la especie más común entre las cuatro allí existentes. Pocas unidades de conservación en Amazonia tienen poblaciones establecidas de las cuatro especies. La caza del cocodrilo para el comercio de pieles ya no es practicada en la región, desde mediados de los años 1970. Las poblaciones están en recuperación y actualmente libres de la explotación comercial. Pero el cocodrilo Melanosuchus niger todavía constituye una especie en extinción.

En resumen, y aún sin el sistema de fiscalización necesario, el Parque Nacional del Jaú tiene un estatus de conservación considerado excelente, en gran parte, gracias a sus dimensiones. Allí, hasta las especies predadoras que necesitan de extensos e intocados habitats, para la mantención de sus poblaciones, disponen de las grandes áreas interfluviales inaccesíbles al hombre. Los puntos estratégicos de protección del parque son las desembocaduras de los Ríos Jaú y Unini.

Aún así, ese sitio no está en una redoma de vidrio. La caza y la pesca que se realizan fuera de la Unidad afectan la abundancia local. Dentro del área de la unidad, la pesca comercial realizada por grandes embarcaciones, la cosecha de quelonios y de peces ornamentales, que ocurren principalmente en el Río Unini, también confluyen con el objetivo de la conservación. Actividades más impactantes, como el garimpo y la extracción de madera, felizmente no se desarrollan en la región del parque.

La cobertura florestal del parque está ligada a las extensas y contínuas selvas húmedas de la llanura central de Amazonia, no habiendo carreteras de acceso, ni desmatamiento en su alrededor. El patrimonio florífero protegido integra el paisaje característico del bajo Río Negro: las selvas de tierra firme.Esa formación vegetal se caracteriza por un extracto de inmensos árboles emergentes, en general cubiertos por gran variedad de orquídeas y bromelias, y presenta gran heterogeneidad en su composición florífera. Reúne hasta 180 especies por hectárea, destacándose las tres más abundantes en el área, la Oenocarpus bacaba (*Aracaceae*), la Couepia obovata (*Burseraceae*) y la Guarea carinata (*Meliaceae*).

Ya las selvas tropicales abiertas, otra importante composición paisajística local, con sus igapós, lagos y campinaranas de las elevaciones interfluviales, presentan un mosaico bastante diversificado de vegetaciones, cuya riqueza de especies está aparentemente relacionada a las diferentes cuotas y períodos de inundación a que están sometidas estas selvas.

PROTECCIÓN

La importancia del Parque Nacional del Jaú está determinada por su excelente grado de conservación y por la extensa área de selva tropical húmeda que contiene. El principal objetivo de su creación fue defender los ecosistemas asociados a una bacía hidrográfica en su totalidad. Por eso, protege una gama variada y representativa de las coberturas vegetales y de una fauna características del Río Negro.

En 1977, una expedición promovida por el Instituto de Investigación de Amazonia (INPA) en la región del Río Jaú ya indicaba el alto grado de endemismo y la aptitud del área para la conservación de la naturaleza. Basada en el informe de esa expedión y en materiales de archivos, la delimitación del Parque Nacional del Jaú fue propuesta en 1979, mediante el Decreto Federal nº 85.200, del 24 de septiembre de 1980.

En noviembre de 1993, fue firmado un convenio de cogestión entre el Instituto Brasileño del medio Ambiente y de los Recursos Naturales Renovables (Ibama) y la Fundación Vitória Amazónica, teniendo como objetivo la elaboración del Plan de Manejo del Parque Nacional del Jaú, estableciendo acciones de vigilancia, fiscalización, administración, investigación, educación ambiental y manejo de los recursos del parque.

Concluído en 1998 y en fase de implementación, el plan constituye un modelo de planificación participativo en que se establecieron y consolidaron canales para la implantación de nuevas políticas conservacionistas en la región. El trabajo de búsqueda de consenso entre esos diversos actores sociales, comprometidos directa o indirectamente en la gestión de los recursos del parque, llevó a nuevas experiencias en planificación de áreas protegidas en Amazonia, ofreciendo a la población local alternativas económicas compatibles con el objetivo de protección ambiental.

La región cuenta con otra iniciativa innovadora del gobierno brasileño, en el sentido de dar soporte a proyectos de conservación y de regulación del uso de los recursos naturales de la región, los "Corredores Ecológicos". De importancia no sólo regional o nacional, ese proyecto de amplitud mundial hace parte del programa para la Protección de la Selva Tropical Brasileña (PP-G7), y cuenta con la participación del Ministerio de Medio Ambiente, del Ibama, de la Fundación Nacional del Indio y de las instituciones estaduales ligadas al área ambiental.

JUSTIFICATIVO DE INSCRIPCIÓN

El Parque Nacional del Jaú se encuentra localizado en el centro del estado de Amazonas, aproximadamente a 200 km al noroeste de Manaos, en los límites territoriales de los municipios de Barcelós, Novo Airão y Codajás. Se localiza entre las coordinadas 1° 00´-3° 00´S y 61° 30´-64°00´W.

Se encuentra inscrito como bien natural, en la Lista de Patrimonio de la Humanidad, el 2000, bajo los criterios (ii) e (iv) de la Convención del Patrimonio Mundial, Cultural y Natural. El sitio protege una muestra, vasta y representativa, de la selva de las llanuras centrales de Amazonia, así como de la totalidad de la Bacía del Río Jaú. Una de las razones que justifican su inscripción es la concentración de gran parte de la diversidad biológica asociada al sistema de aguas negras. Las dimensiones del parque también garantizan la mantención de importantes procesos ecológicos y biológicos, tales como la oscilación en la dinámica de las crecientes y los incendios naturales, ofreciendo la singular oportunidad de estudiar sus efectos sobre la diversidad de los ecosistemas naturales.

Dark veins of the mighty forest

The Jaú National Park is one of the biggest in Brazil and the second largest area of continuous tropical rainforest under protection in the world. Created in 1986, the Park covers an area the size of Sergipe State, encompassing the entire basin of the dark river that lends it its name, the Jaú. Located in the heart of the Amazon region, whose biodiversity is unmatched in the world, the site provides a rare opportunity to protect an exceptional set of ecosystems: dense jungle, various forms of open tropical forest and the so-called black waters.

The unique feature of this Conservation Unit is that it is the only one in Brazil to preserve the entire basin of a black-water-system river that is both voluminous and long – approximately 450 km in all. It is one of the three limnological systems in the Amazon Basin and its dark colour is due to the great quantity of organic material it transports, in contrast to the lighter, silty waters in other rivers carrying mostly soil sediments.

Relics of early human occupation of the Amazon have been unearthed within the confines of the Park, adding another component to its importance as natural heritage. Archaeological research is as yet insufficient to decipher the traces primitive inhabitants of the region left behind them. Inscriptions on rocks (petroglyphs) found along the river banks and the 17 archaeological sites identified at the mouth of the Jaú River suggest that this was a crossing point between the basins of the Solimões and Negro rivers that merge to form the mighty Amazon. Further research will certainly shed light on the area's settlement by indigenous groups of diverse ethnic strains living in the lower reaches of the River Negro, including the Aroaqui, Tarumã, Manao, Tucum and Baré tribes.

There are also vestiges of Portuguese penetration into the upper reaches of the Amazon River, growing more intense in the second half of the 17th century. Scouring the hinterland in search of valuable backland drugs and the products that could be extracted in abundance from the forests, the early settlers left behind them a handful of villages in the vicinity of the Park. These include Airão, the first outpost established in the Negro River Basin, and Barcelos. The latter was a Mariaui Indian village urbanised in 1755 to serve as the seat of the recently created Captaincy of São José do Rio Negro, later to become the present state of Amazonas.

It was only in the late 19th century, however, that migrants moved in droves into the region, drawn by the prospects of a new activity: rubber tapping to supply foreign industry. As the Amazon had the world's largest reserve of rubber trees, it attracted huge contingents of workers driven from the drought-stricken Northeast and fleeing the economic slump in their homelands. Even when the rubber trade was booming (1887 to 1912), it never posed a threat to the region's biodiversity. As the boom fizzled, most of the local population migrated to more developed urban centres. Airão, for example, was completely abandoned in about 1950 and its ruins still stand in the Park.

Slightly fewer than a thousand people now occupy an area equivalent to about 1.5% of the Jaú National Park. No indigenous groups inhabit the area, the local population consisting mostly of caboclos (mestizoes of Amerindian and Portuguese descent) born locally. Most are the descendants of rubber-tappers, gatherers and subsistence farmers with a traditional Amazonian culture and lifestyle. They live by tapping, gathering, manioc cultivation, hunting, fishing and turtle trapping. As in other areas of the Amazon, they settle mainly along the banks of the watercourses that, together with the forest, provide them with their means of subsistence and locomotion.

NATURE

The Jaú National Park covers an area of 2,272,000 hectares in which dense tropical rainforest predominates interspersed with floodland woods, meadows on the inter-fluvial ridges, murity palm groves and underbrush.

The Park occupies an intermediate position on a scale between recent sedimentary formations and the oldest geological formations in the Amazon Basin. About 65% of the Park is covered by the Solimões Formation.

Other relevant formations within the confines of the Park are older, dating from the Eopaleozoic Era, like the Prosperança and Trombetas Formations.

The last geological features that merit special mention are the more recent quaternary deposits left by marine regressions in the Ice Ages which provoked an interlocking and deepening of the valleys. During the Holocene transgression these valleys were filled with sediments. That determined the present drainage network with its characteristic rivers, creeks, lakes and delta.

The humid equatorial climate, with temperatures averaging 24°C, associated with the abundance of water makes for an ecosystem marked by great biodiversity. Observation of the fauna and flora reveals a high degree of endemism. The variety of habitats in the Park likewise contributes to the preservation of this biodiversity, even beyond the limits of the site.

For instance, the sandbanks that emerge when the rivers recede between November and January are ideal nesting places for some species of resident birds, like the large-billed tern (Phaetusa simplex), the yellow-billed tern (Sterna supercilaris) and the black skimmer (Rynchops nigra). They are also visited by birds of the Scolopacidae family – which includes sandpipers, turnstones, curlews and snipes – migrating from the Northern Hemisphere in their passage through Central Amazonia. These birds forage on the sandbanks, which they use as a staging post on their long journey to the South of the American continent.

The rich inventory of fauna on the Jaú River registers 441 identified species of birds, 320 fish species, 11 turtles, 4 crocodilians and 120 different mammals, some of which are little known, like the black-headed uakari monkey (Cacajao melanocephalus) and several other endangered species such as the jaguar (Panthera onca), the giant otter (Pteronura brasiliensis) and the Amazonian manatee (Trichechus inunguis).

In the area encompassed by the Park there is approximately one crocodilian per square kilometre, the caiman (Caiman crocodilus) being the most common of the four species in the region. Few Amazon conservation units possess established populations of all four species. Alligator hunting for skin trading has been virtually abolished in the region since the mid-seventies. Crocodilian populations are recovering and are currently free from commercial exploration. The Melanosuchus niger black caiman is still on the verge of extinction, though.

In brief, even without the necessary inspection facilities, conservation status in the Jaú National Park is excellent, mainly owing to its sheer size. Even predator species that require large, undisturbed ranges to keep up their numbers find shelter there on the large, inaccessible inter-fluvial holms. The strategic points for investment in the Park are the mouths of the Jaú and Unini rivers.

Even so, this site is by no means under a glass dome. Fishing and hunting in the vicinity affect the abundance of stocks inside the Park. Activities carried out inside the Unit that threaten the endeavour to preserve the area include commercial fishing by large fishing vessels and the capturing of turtles and ornamental fishes, mainly on the Unini River. Activities that have a more devastating impact (e.g. lumbering and prospecting) fortunately do not take place in the region of the Park.

The Park's forest cover is connected to great, unbroken swathes of rainforest in the central Amazon plain. No access roads lead to the site and none of the jungle surrounding it has been felled. The protected flora heritage is typical of the landscape in the lower reaches of the River Negro: terra firma forest.

Colossal trees that break through the matted forest canopy, often covered by a great variety of orchids and bromelias, mark this sort of vegetation. Its floristic make-up is very varied with up to 180 different species per hectare. The three most abundant species in the area are bacaba palms (Oenocarpus bacaba of the Aracaceae), coco plums (Couepia obovata of the Burseraceae) and muskwood (Guarea carinata of the Meliaceae).

The open tropical forest – another major element of the local landscape – consists of floodlands and meadows on the inter-fluvial ridges. The profuse mosaic of plant species is apparently associated with variations in the levels and periods of flooding to which these forests are prone.

PROTECTION

The importance of the Jaú National Park can be gauged by the excellent level of conservation and the vast area of tropical rainforest it contains. The prime purpose of creating the Park was to protect ecosystems associated with an entire hydrographic basin. It thus brings under protection a wide, representative variety of vegetal covers and fauna characteristic of the River Negro region.

In 1977, the Amazon Research Institute (INPA) organised an expedition to the region of the Jaú River. It recorded a high level of endemism, deeming the area suitable for nature conservation. On the basis of the expedition's report and of archive material, demarcation of the Jaú National Park was proposed in 1979 and made law by Federal Decree no. 85,200 on September 24th, 1980.

In November 1993, a joint management agreement was drawn up between the Federal Environment Agency (IBAMA) and the Vitória Amazônica Foundation with a view to preparing a Management Plan for the Jaú National Park. It addressed aspects like control, supervision, administration, research, environmental education and management of the Park's resources.

The Management Plan was concluded in 1998 and is now being implemented. It is a fine example of participatory planning that establishes and consolidates channels for the implementation of new conservation policies in the region.

The Brazilian Government, meanwhile, has also been working on an innovative initiative for the entire region. It goes under the name of "Ecological Corridors" and is designed to provide support for conservation projects and moves to regulate the use of natural resources in the region. Not simply of regional or national relevance, this project of global significance is part of the PP-G7 Programme for the Protection of Brazil's Tropical Forests, combining the resources of the Brazilian Ministry for the Environment, IBAMA, the National Indian Foundation and state environment agencies.

LISTING CRITERIA

The Jaú National Park is situated in central Amazonas State approximately 200 km northwest of the state capital, Manaus, on the boundaries of the municipal districts of Barcelos, Novo Airão and Codajás. Its geographical co-ordinates are 1°00' – 3°00' S and 61°30' – 64°00' W.

The Park was listed as Natural World Heritage in 2000 under criteria (ii) and (iv) of the Convention on Cultural & Natural World Heritage. The site protects an enormous, representative sample of rainforest in the central plains of the Amazon, taking in the entire Jaú River Basin. One of the justifications for it being listed is the concentration in the site of much of the biodiversity associated with the black-water system. The sheer size of the Park likewise ensures the maintenance of important ecological and biological processes including fluctuations in the dynamics of flooding and natural bush fires. This provides a unique opportunity to observe their effects on the diversity of natural ecosystems.

Baía com a formação Dois Irmãos ao fundo, a inconfundível imagem de Fernando de Noronha.
Bahía con los Dos Hermanos al fondo, la inconfundible imagen de Fernando de Noronha.
Bay with the Two Brothers peaks in the background, the unmistakable image of Fernando de Noronha.